年度案例
50佳

法官系列

《年度案例50佳》编选组 编

人民法院出版社

图书在版编目（ＣＩＰ）数据

年度案例50佳. 法官系列 / 《年度案例50佳》编选组编. -- 北京 : 人民法院出版社，2024.5
ISBN 978-7-5109-4021-7

Ⅰ. ①年… Ⅱ. ①年… Ⅲ. ①案例－汇编－中国
Ⅳ. ①D920.5

中国国家版本馆CIP数据核字(2024)第026004号

年度案例50佳（法官系列）

《年度案例50佳》编选组　编

策划编辑	赵　刚	
责任编辑	杨佳瑞	
封面设计	姜安琪	
出版发行	人民法院出版社	
地　　址	北京市东城区东交民巷27号（100745）	
电　　话	（010）67550638（责任编辑）　　67550558（发行部查询）	
	65223677（读者服务部）	
客 服 QQ	2092078039	
网　　址	http://www.courtbook.com.cn	
E - mail	courtpress@sohu.com	
印　　刷	保定市中画美凯印刷有限公司	
经　　销	新华书店	
开　　本	787毫米×1092毫米　1/16	
字　　数	445千字	
印　　张	24.75	
版　　次	2024年5月第1版　2024年7月第2次印刷	
书　　号	ISBN 978-7-5109-4021-7	
定　　价	98.00元	

《年度案例 50 佳（法官系列）》

专家委员会

（按姓氏拼音排序）

蔡 虹	陈 伟	高其才	辜明安	顾永忠
黄明儒	黄武双	金可可	黎江虹	李顺德
林 维	刘剑文	刘凯湘	马长生	马一德
潘剑锋	钱明星	孙 鹏	唐亚南	童德华
汪世荣	王 迁	王 霞	王 竹	温世扬
吴光荣	吴汉东	谢鸿飞	许身健	许中缘
杨立新	姚 辉	余凌云	湛中乐	张家勇
张丽英	张双根	张新宝	章恒筑	赵万一
赵旭东	周光权			

　　为深入学习贯彻落实党的二十大精神，认真践行习近平法治思想，充分发挥典型案例在统一法律适用、法治宣传、社会预期引领等方面的积极作用，人民法院出版社与教授加案例研究中心联合策划出版"年度案例50佳"丛书。

　　本丛书的策划及出版主要具有如下几个特点：

高规格

　　为了保障入选案例的高质量和典型性，征稿之初即组建了"年度案例50佳"专家委员会。专家委员会紧贴司法实际需求，围绕稿件所涉法学领域，注重理论与实务结合，在专家委员会组成上精心遴选，从科研院校法学专家、行业协会、学术团体、法律媒体中邀请了42名专家学者，他们不仅多为博士生导师，且是各法学专业领域顶级学者，对每个入选案例均作出了专业、到位的专家点评。

严选拔

　　本丛书全部入选案例，皆经过《年度案例50佳》秘书处初选、专家评审、专家复核、出版社三审等多个环节反复论证，层层筛选，确保精品。其中有些案例稿件反复发给作者不断修改完善，做到精益求精。

新体例

　　本丛书体例经历了反复打磨和推敲，最终从读者的角度及需求出发，回归"书是用来读"的本质来设计图书体例，被誉为"用案例培养法律新人的范式"。本丛书创新性地设计了以下三个重点栏目：

【当事人各方观点及思维分析】分别概述各方当事人观点、理由及思维，让各当事人的观点和想法一目了然，做到知"己"知"彼"。[为使案情更加清晰，《年度案例 50 佳（法官系列）》将此栏目并入【基本案情】栏目之中]

【审判 / 代理思路】简要阐述法官与律师对于案件的审判或代理思路，"透视"法官与律师的裁判 / 代理思维及适用法律进路。

【案件 / 代理点睛】作者"表白"案件审理（代理）的亮点及价值，直击该案"灵魂"，体现专业核心竞争力。

大推广

积极对接新华网、央视网、光明网、法治网、中国法院网、中国网、环球网、今日头条、凤凰网等各类主流媒体、省级官媒、法治媒体，对于入选的作者及案例进行全方位宣传报道，拟开通年度案例 50 佳的短视频平台，让"年度案例 50 佳"作者的影响力及标签，广而告之，深入人心。

本书作为"年度案例 50 佳"丛书之一——法官系列，收录了 50 篇来自法院系统积极推选的优秀案例分析，经过严格选拔、专家评审、编审校对，最终结集成册。本书能够顺利出版，得益于专家委员会的各位专家，以及中国人民大学张新宝教授为本丛书命名的"画龙点睛"之功，在此对参与本书案例编选的各位专家学者表示由衷的感谢。对上海市高级人民法院、北京市高级人民法院、江西省高级人民法院、浙江省高级人民法院、湖北省高级人民法院、陕西省高级人民法院、河南省高级人民法院、重庆市高级人民法院、福建省高级人民法院、山东省高级人民法院、江苏省高级人民法院、内蒙古自治区高级人民法院对推选优秀案例工作的大力支持，在此深表谢意。此外，非常感谢人民法院出版社和教授加案例研究中心各位老师为丛书体例、内容编辑作出的努力和贡献。

目前，首届《年度案例 50 佳》系列丛书已经陆续面世，我们有理由相信并期待：每年的《年度案例 50 佳》投稿、评选、出版，会拨动法律精英人士的心弦，也将成为法律人士的一大"盛事"！

《年度案例 50 佳》编选组
二〇二四年五月

CONTENTS **目录**

❶ 福建某公司、上海某公司诉陈某某、北京某公司专利权权属纠纷案

——知识产权案件中预备合并之诉的理解与适用

一审：北京知识产权法院（2020）京 73 民初 845 号（2022 年 12 月 28 日）

基本案情

陈某某系上海某公司的员工，任技术经理职务。后福建某公司与上海某公司签订借调协议，约定陈某某借调至福建某公司工作。陈某某在福建某公司负责公司主要产品的研发、设计、选型等工作，其中包括专利申请事务，经手大量福建某公司关于燃气发电产品的技术文件。2017 年 10 月至 2019 年5 月，陈某某向吴某某（福建某公司的法定代表人、董事、投资人）、李某某、邱某某、肖某某等发送多封电子邮件，内容涉及移动式充发电车的技术交底方案、设计研发进展汇报、专利申请具体事宜等。陈某某于 2019 年从上海某公司离职，离职后两个月即申请了涉案专利一至四，专利权人为北京某公司，发明人为张某某、陈某某。福建某公司、上海某公司认为，福建某公司自 2017 年 12 月至 2021 年 8 月间，共申请了名称为便于集装的货箱及发电移动充电车、移动燃气供气装置及其系统、车载式移动充电设备及发电移动充电车等 21 件发明或实用新型专利。北京某公司原本作为福建某公司的推广代理商，不掌握燃气发电及移动充电车技术，其之所以能申请四项专利，是陈某某协助北京某公司在极短的时间内完成了专利申请文件。故福建某公司、上海某公司向法院提出如下诉讼请求：（1）判令北京某公司向原告转移涉案四项专利权或专利申请权；（2）陈某某、北京某公司共同赔偿原告为本案支出的合理支出共计104206 元；（3）如上述诉讼请求不能获得支持，则请求法院判令：（1）陈某某、北京某公司停止侵害商业秘密的行为，包括销毁已生

产的侵权产品、停止提供侵权服务；（2）陈某某、北京某公司停止不实宣传并向福建某公司、上海某公司赔礼道歉；（3）北京某公司向福建某公司、上海某公司转移涉案专利的专利权或专利申请权；（4）陈某某、北京某公司共同赔偿福建某公司、上海某公司经济损失及合理支出共计 167 万元；（5）本案诉讼费用由陈某某、北京某公司共同承担。

原告福建某公司、上海某公司诉称：福建某公司是一家专门从事移动充电车/移动充电集装箱的研发、生产和销售的高新技术企业。陈某某系上海某公司的员工，任技术经理职务。后陈某某借调至福建某公司工作。陈某某在福建某公司负责公司主要产品的研发、设计、选型等工作，其中包括专利申请事务，经手大量福建某公司关于燃气发电产品的技术文件，掌握大量技术信息。陈某某于 2019 年从上海某公司离职，离职后两个月即申请了多项以陈某某为发明人、北京某公司为专利权人的涉案专利。涉案专利的技术方案与陈某某在福建某公司从事的研发工作高度关联。综上，福建某公司、上海某公司向北京知识产权法院提起诉讼。

被告陈某某辩称：涉案专利不属于职务发明创造。涉案专利的发明人除陈某某外尚有他人，并非由陈某某独立完成。陈某某在上海某公司未从事过移动充电车的箱体或充电发电系统的开发和管理工作。陈某某与福建某公司无劳务关系。

被告北京某公司辩称：涉案专利不属于职务发明创造。涉案专利由陈某某和张某某共同研发完成，发明人为陈某某和张某某。涉案专利申请时，陈某某已从上海某公司辞职，不存在利用福建某公司、上海某公司任何物质技术条件的可能性。北京某公司不明知、不应知陈某某是否获取了福建某公司、上海某公司的商业秘密。

第三人张某某述称：本人是涉案专利的发明人之一，在涉案专利申请中作出了主要贡献，涉案专利是大家集思广益的智慧结晶。作为对学者的荣誉奖励，故在涉案专利证书上署陈某某为联合发明人。

法院经审理查明：涉案专利一至四的申请日为 2019 年 7 月 26 日，专利权人为北京某公司，发明人为张某某、陈某某。2014 年 1 月 2 日，甲方上海某公司与乙方陈某某签订《劳动合同书》，陈某某从事技术经理工作。2019 年 5 月 14 日，上海某公司与陈某某签订《劳动合同解除及免责、弃权协议》。2017 年 10 月至 2019 年 5 月，陈某某向吴某某（福建某公司的法定代表人、董事、投资人）、李某某、邱某某、肖某某等人发送多封电子邮件，内容涉及移动式充电车的技术交底方案、设计研发进展汇报、专利申请具体事宜等。

福建某公司自 2017 年 12 月至 2021 年 8 月间，共申请了名称为便于集装的货箱及发电移动充电车、移动燃气供气装置及其系统、车载式移动充电设备及发电移动充电车等 21 件发明或实用新型专利。另查明，北京某公司曾经是福建某公司的代理商。

核心争议焦点

1. 涉案专利发明人陈某某是否属于专利法上的"本单位"人员；

2. 涉案专利是否与陈某某在原单位承担的本职工作或者原单位分配的任务有关；

3. 对于福建某公司、上海某公司作为原告提出的预备合并之诉应当如何处理。

审判思路

法院经审理认为：在 2017 年 10 月至 2019 年 5 月，陈某某作为福建某公司的临时工作人员，可视为福建某公司专利法意义上的"本单位"人员。福建某公司分配给陈某某的工作任务包括设计各种型号的移动充电车及相关部件的设计、选型和订购，并准备专利申请技术文件，与专利代理公司沟通专利申请流程。陈某某能够接触、获取到与移动充电车、车载静音集装箱等有关的技术资料和信息。涉案专利技术方案与陈某某发送的技术交底书存在相当程度上的关联性。在陈某某从上海某公司离职一个月后，北京某公司即委托了专利代理公司，两个月后即申请了涉案专利，且未能对研发过程、技术来源等作出充分、合理的说明。涉案专利应属职务发明创造。在案证据不足以充分证明北京某公司亦对涉案专利技术方案的实质性特点作出了创造性贡献，故涉案专利的权利人或申请人应为原告。原告以预备合并之诉的方式明确了其诉讼请求，确认关于职务发明创造的专利权权属纠纷为先位之诉，若该项诉请无法得到支持，则请求法院审理作为备位之诉的侵害商业秘密纠纷。预备合并之诉已属允许原告就在同一案件中提出两种不同的案由进行依次审理的特殊诉讼合并形态，使原告在一次诉讼中穷尽自己可能获得利益的路径，就在同一事实中受到的损失最大限度地获得司法救济。法院在经过审理已支持原告提出的职务发明创造专利权权属纠纷这一先位之诉的基础上，对其提出的侵害商业秘密的备位之诉，不再作进一步评述。因此作出判决：一、确认

四项涉案专利的专利权或专利申请权归福建某公司、上海某公司所有；二、驳回原告福建某公司、上海某公司的其他诉讼请求。

案件点睛

本案涉及绿色新能源领域的技术创新，围绕四项与"集装箱型燃气发电充电车"有关的核心技术争议纠纷，原告同时主张了专利权权属纠纷之诉和侵害商业秘密纠纷之诉。法院在审理中对知识产权案件中较为鲜见的预备合并之诉的法律适用进行了有益的探索尝试，是以创新的方式保护创新，发挥能动司法的作用，服务保障创新创业的实践之一。

预备合并之诉从广义上分为主观预备合并之诉①与客观预备合并之诉。关于客观预备合并之诉，也即理论界通常所指的预备合并之诉，在大陆法系例如德国、日本和我国台湾地区的民事诉讼法律规范中没有明确规定，但通过大量的理论研究和司法判例逐渐发展得较为成熟精细。我国民事诉讼制度对于包括客观预备合并之诉在内的诉的合并研究多限于对域外法的介绍或理论证成。在纷繁复杂的民事纠纷面前，当事人难以判断何种诉讼请求最为恰当，但又希望一次性解决纠纷，客观预备合并之诉不失为一种符合诉讼经济的选择。

关于预备合并之诉，也即理论界通常所称的客观预备合并之诉，或诉的客观预备合并，通常是指在同一诉讼程序中，原告针对相同被告提起主位（或先位）之诉，同时提起或者追加提起备位（或后位）之诉，原告请求若主位之诉败诉则对备位之诉作出判决；若主位之诉胜诉，则备位之诉无需审判。② 由于《民事诉讼法》没有明确规定，理论探讨亦存在诸多分歧，司法实践中对预备合并之诉的适用总体数量较少，但近年来逐渐有法院对此予以关注和研究。

既有判决中关于预备合并之诉的论述包括："预备合并是相同当事人在同一诉讼中提出的两个以上具有先后满足顺序的诉讼请求的预备合并。原告针对不同当事人提出两个诉讼，不符合备位诉讼的法理。""袁某某提出的第二项诉讼请求是在第一项诉讼请求不能获得法院支持情况下的预备性诉讼请求，在诉讼法学理论上称之为预备合并之诉，并不违反我国民事诉讼法的相关规

---

① 关于主观预备合并之诉学界争议较大，本文不作探讨，文中所提及的预备合并之诉均指向客观预备合并之诉。

② 江伟：《民事诉讼法》，中国人民大学出版社 2013 年版，第 36 页。

定。原审法院对此予以审理并作出裁判，符合诉讼便利和经济的原则，也有利于法院对当事人争议裁判的协调统一。""皖协公司提出的第三项诉讼请求和第四项诉讼请求不能并存，故属于预备合并关系，因二者不可能同时获得胜诉判决，至多只能有一个获得胜诉判决，所以不能对二者合并计算诉讼标的额，只能择其较高者计算。"[1] 可见，实践中各法院对预备合并之诉的认识基本一致，也大多持肯定态度。但在具体的适用规则上存在一定差异。例如，原告诉讼请求中并未明确先后请求之间的顺位，法院将其解释为具有先后顺序的预备合并之诉；原告前后诉讼请求并非互斥的关系，法院亦将其理解为预备合并之诉。[2]

相较于民商事案件中多见涉及预备合并之诉的情形，知识产权案件审理中原告提出预备合并之诉的情况中并不常见。本案是知产案件审判实践中适用预备合并之诉的尝试之一。

在审理之初，原告表示针对其主要指控的被告申请涉案专利的行为，同时主张专利权权属纠纷和侵害商业秘密纠纷之诉。原告一方面认为，涉案专利系职务发明创造，权利应归属于原告；另一方面认为，被告申请涉案专利侵害了原告的商业秘密，应承担侵权责任，因此涉案专利的权利亦应归属于原告。法院经过初步审理，发现原告主张上述两类请求的本质均是基于同一事实即被告申请涉案专利侵害了原告的权利而产生，原告希望通过不同的法律关系尽可能多地寻求救济。因此，较之分案而言，预备合并之诉可能与实际情况更为贴切。经法院释明后，原告以预备合并之诉的方式明确了其诉讼请求，即当先位之诉无法得到支持时，可以其备位之诉请求法院作出判决。原告非常明确地主张关于职务发明创造的专利权权属纠纷为先位之诉，考虑可能一是较获得侵权损害赔偿而言，原告更倾向于拿回涉案专利权；二是原告根据证据和诉讼策略预判，对权属纠纷的胜诉把握更大，故由此确定先、后位之诉。即便先位之诉不获支持，若侵害商业秘密的主张成立，原告仍有希望拿回涉案专利权。

法院首先对原告优先主张的专利权权属纠纷进行了审理。本案中原告提交了近百份电子邮件、研发资料和专利申请情况，用以证明涉案专利与原告

---

[1] 参见最高人民法院（2022）最高法民终 175 号案、（2019）最高法民申 1016 号案，广东省高级人民法院（2018）粤民初 120 号案，江苏省徐州市中级人民法院（2018）苏 03 民终 590 号案，江苏省睢宁县人民法院（2018）苏 0324 民初 3428 号案等。

[2] 参见浙江省湖州市中级人民法院（2014）浙湖商终字第 185 号案、湖北省黄石市中级人民法院（2017）鄂 02 民终 1204 号案等。

分配给被告的任务有关，法院经过审查，并将四项涉案专利与原告的技术方案一一比对，认定涉案专利与原告分配的任务有关，属于职务发明创造。

在支持了原告的先位之诉后，是否还应就备位之诉在判决中作进一步评述，法院作了如下考虑：首先，预备合并之诉本身已属允许原告在同一诉讼程序中提出两种不同案由，要求依次审理的特殊诉讼合并形态。对原告而言，额外获益包括可在一次诉讼中就同一事实遭受的损失，穷尽多条路径最大限度地获取司法救济；对被告而言，则意味着诉讼地位更加不利。若再将主位之诉和备位之诉均同样进行评判，则被告会完全陷入原告拟制的诉讼环境中，明显欠缺公平性。其次，从原告提起预备合并之诉的用意来分析，实现主位之诉请求的权利是其主要目的，备位之诉用以防不时之需。若主位之诉请求得以满足，原告也并无太大意愿去争议备位之诉请求能否获胜；亦无需浪费司法资源就被告承担败诉的既定结果再次加以强化。再者，预备合并之诉的程序价值本就在于对两诉的差异化处理。若再对备位之诉予以评判会进一步加大本已超负荷运转的法官工作量，审判人员辗转于两诉之间，过程复杂。预备合并之诉的设置初衷和意义亦无法体现。因此本案中，法院针对原告提出的权属和侵权两种不同种类的诉请，要求其以预备合并之诉方式作进一步明确，并在经过审理已支持权属争议先位之诉的基础上，不再评价作为侵害商业秘密的备位之诉。

需要说明的是，法院虽然在判决中未评述备位之诉，但在诉讼过程中包括庭审时，对备位之诉与主位之诉仍同时进行了全面审理。这就涉及预备合并之诉中备位请求的审理时机——应在认定主位请求不成立之后才开始，还是二者同步进行？笔者倾向于后者。因为主位请求与备位请求通常在逻辑上会存在紧密关联。尽管两诉在裁判的角度上有先后顺序差异，但由于二者所依据的基本事实无实质差异，同时审理符合审判思维和认知规律。预备合并之诉的"预备"仅对于裁判结果有限制，对法官的推理和判断顺序不产生限制。如将主位请求与备位请求分开审理，无论是启动备位请求的时机，还是对于当事人的影响方面，在实务操作中都难以准确把握。

本案因各方当事人均未提起上诉故不涉及二审的问题。但仍有必要对二审中预备合并之诉的法律适用作如下探讨：

一审主位之诉胜诉的情况：此种情况下，一审法院未对备位之诉进行评判，通常由被告提起上诉。二审法院如果认为原审认定正确，则驳回上诉，维持原判。二审法院如果认为主位之诉的认定存在错误，应撤销原判，针对主位之诉进行改判，或者驳回原告的主位诉请，指令一审法院对备位之诉继续审理。原因在于：其一，在一审判决未对备位之诉进行实体评述的情况下，为避免当事人的审级利益损失，二审不能径行对备位之诉作出裁判；其二，被告不服主位之诉胜诉判决提起的上诉，通常不涉及备位之诉，二审亦不能超范围审理；其三，就法律效力来看，主位之诉的结果至二审判决作出时才最终确定，此时备位之诉的启动条件才能成就，从而开始备位之诉的一审判定。

一审主位之诉败诉、备位之诉胜诉的情况。此种情况下，一审法院对主位之诉和备位之诉均进行了评判，当事人可根据败诉情况各自提起上诉，二审法院根据上诉范围进行审理，可分为：（1）原告对主位之诉上诉，被告对备位之诉上诉。二审应对主位之诉和备位之诉皆进行审理，对两诉均须作出处理。（2）原告不上诉，被告对备位之诉上诉。二审围绕备位之诉进行审理。（3）原告对主位之诉上诉，被告对备位之诉不上诉。二审围绕主位之诉进行审理。

一审主位之诉和备位之诉均败诉的情况。此种情况下，一审法院对主位之诉和备位之诉都进行了评判，通常由原告提起上诉。二审法院围绕其上诉范围进行审理。原告针对主位之诉、备位之诉择一或一并上诉，二审法院根据原告的上诉理由进行审理并作出相应裁判。

案例编写人　北京知识产权法院　刘仁婧

 **专家点评**

李顺德　**中国社会科学院法学研究所研究员、博士生导师**

本案涉及对知识产权案件中"预备合并之诉"法律适用的审理，这是本案最大的亮点。"预备合并之诉"通常是指客观预备合并之诉，源于大陆法系国家和地区的理论研究和司法实践，缺乏明确的法律规范，尽管在我国民商事案件审理实践中较为鲜见，且具体的适用规则存在一定差异，但是实践中各法院大多对其持肯定态度，认识基本一致，面对纷繁复杂的民事纠纷，不失为一种符合诉讼经济的选择，亦不违反我国《民事诉讼法》的相关规定，值得关注。

本案一审法官对案情的梳理、分析及审判思路非常清晰，勇于探索创新，处理得当，作为典型优秀案例实至名归，可圈可点。

编写人对本案例的编写、评价，简明、扼要，思路清晰、深入简出，堪称案例评析的范文，特别是对本案可能面临的二审中"预备合并之诉"的法律适用的探讨，貌似"添足"，实则"点睛"之笔。

相关法条

《中华人民共和国专利法》（2008 年修正）

第六条第一款[①]　执行本单位的任务或者主要是利用本单位的物质技术条件所完成的发明创造为职务发明创造。职务发明创造申请专利的权利属于该单位；申请被批准后，该单位为专利权人。

《中华人民共和国专利法实施细则》

第十三条　专利法第六条所称执行本单位的任务所完成的职务发明创造，是指：

（一）在本职工作中作出的发明创造；

（二）履行本单位交付的本职工作之外的任务所作出的发明创造；

（三）退休、调离原单位后或者劳动、人事关系终止后 1 年内作出的，与其在原单位承担的本职工作或者原单位分配的任务有关的发明创造。

专利法第六条所称本单位，包括临时工作单位；专利法第六条所称本单位的物质技术条件，是指本单位的资金、设备、零部件、原材料或者不对外公开的技术信息和资料等。

---

① 该法已于 2020 年修正，本条未作变动。

❷ VMI 荷兰公司诉萨驰华辰机械（苏州）有限公司、萨驰机械工程（上海）有限公司侵害发明专利权纠纷案

——知识产权案件技术贡献率的精确计算

案件索引

一审：江苏省苏州市中级人民法院（2016）苏 05 民初 780 号（2018 年 6 月 29 日）

二审：江苏省高级人民法院（2018）苏民终 1384 号（2021 年 10 月 28 日）

基本案情

原告 VMI 荷兰公司诉称：VMI 荷兰公司系名称为"切割装置"的发明专利权利人。该公司认为，被告萨驰华辰机械（苏州）有限公司（以下简称萨驰苏州公司）、萨驰机械工程（上海）有限公司（以下简称萨驰上海公司）生产并销售的 SRS–H 型智能化半钢子午胎一次法成型机等产品，落入了涉案专利权保护范围。两公司未经许可制造、销售、许诺销售被控侵权产品的行为，侵犯了 VMI 荷兰公司涉案专利权，故请求法院判令：（1）二被告立即停止侵害涉案发明专利权的行为；（2）赔偿 VMI 荷兰公司经济损失人民币 2500 万元和维权合理费用 50 万元；（3）本案诉讼费由二被告承担。

被告萨驰苏州公司辩称：（1）VMI 荷兰公司现有证据不能证明被诉侵权产品 SRS–H 型产品落入涉案专利的保护范围。且 VMI 荷兰公司除了 SRS–H 型产品以外，没有其他证据揭示其他型号被诉侵权产品的具体技术特征，因此无法判断是否构成侵权。（2）VMI 荷兰公司主张的赔偿数额没有依据。

被告萨驰上海公司未答辩，亦未提交证据。

法院经审理查明：VMI 荷兰公司是专利名称为"切割装置"发明专利权人，于 2012 年 7 月 4 日获得授权，该专利现行有效。

VMI 荷兰公司主张按照侵权人因侵权所获得的利益确定损害赔偿金额。

1. 关于被诉侵权产品在市场上销售的总数及利润。在萨驰集团上市招股说明书中记载，萨驰苏州公司于 2014 年销售 SRS–H 型轮胎成型机 2 台，平均售价 637.8 万元 / 台；2015 年前三个季度销售 SRS–H 型机器 10 台，平均售价 679.5 万元 / 台。2015 年 10 月以后，萨驰苏州公司至少销售了 8 台 SRS–H 型机器。2014 年和 2015 年萨驰苏州公司销售被诉侵权产品的平均利润率为 20%。

2. 关于涉案专利技术对被诉侵权产品利润的贡献率。VMI 荷兰公司认为，可以通过比较具有涉案切割装置的轮胎机与不具有涉案切割装置的轮胎机"输送故障率差"进行推算。具体计算公式为：故障次数差 × 每次故障平均修复耗时 ÷ 单胎生产时间 = 专利避免故障而提高的产量，专利避免故障而提高的产量 ÷ 每日产量 = 专利对总产量的贡献率 = 专利对成品利润的贡献率。

其中，关于故障次数差。被诉侵权产品发生切割故障的次数很少，几乎为零。萨驰苏州公司第一副总工程师李某军在全国橡胶网上发表《SRS–H 型智能一次法成型机的研制》一文，提到 SRS–H 型产品"采用特殊的裁断方式，去掉裁刀垫板，使得角度调整更灵活，物流输送故障率大大降低"。VMI 荷兰公司申请了 Allan Martimo 作为技术专家到庭作证，其在轮胎行业工作了约 24 年，主要从事轮胎成型机、轮胎工业化和轮胎开发等领域。该技术人员陈述，对于切割装置而言，行业中曾使用位于切割器上的刀具进行切割，每日的故障次数至少约 45 次，多则 60 次，经行业内第一次技术改进后故障次数降低到每天 30 次，经第二次技术改进即 VMI 荷兰公司引入涉案专利的改进措施后，故障次数可降低到每天 0 次。

3. 关于每次故障平均修复耗时。故障修复需要停机、工人维护、移除故障带束层、机械重新归位对中、重新启动等工序。Allan Martimo 陈述，出现了故障最快需要 2 分钟修复，根据故障情况以及操作人员的熟练度上限时间可能需要 50 分钟。

4. 关于单胎生产时间和每日产量。据上市招股说明书记载，SRS–H 型机器日产高达 1800 条轮胎，轮胎平均生产周期低于 38 秒。

江苏省苏州市中级人民法院于 2018 年 6 月 29 日作出（2016）苏 05 民初 780 号民事判决：一、萨驰苏州公司、萨驰上海公司立即停止侵犯 VMI 荷兰公司名称为"切割装置"发明专利权的行为；二、萨驰苏州公司、萨驰上海公司于判决发生法律效力之日起 10 日内赔偿 VMI 荷兰公司经济损失及其为制止侵权行为所支付的合理开支共计人民币 306 万元；三、驳回 VMI 荷兰公司其他诉讼请求。

宣判后，VMI荷兰公司、萨驰苏州公司、萨驰上海公司均提出上诉。江苏省高级人民法院于2021年10月28日作出（2018）苏民终1384号民事判决：驳回上诉，维持原判。

核心争议焦点

知识产权案件中如何精确计算技术贡献率。

审判思路

法院生效裁判认为：被诉侵权产品落入VMI荷兰公司涉案专利权的保护范围。本案按照被告的侵权获利计算损害赔偿，计算公式为侵权产品销售量 × 侵权产品单位利润 × 专利技术贡献率。侵权产品销售量至少为20台，侵权产品平均利润率为20%，关于涉案专利技术贡献率具体分析如下：

涉案切割装置系轮胎成型机的核心零部件之一，通过比较具有涉案切割装置的轮胎成型机与不具有涉案切割装置的机器在切割环节的输送故障次数差，结合每次出现故障后需要重新调整角度、移除发生故障的带束层、重新设置机器等错失部分生产时间而导致的产量下降量，计算出涉案专利避免故障而提高的产品，进而得出专利技术对产品总产量的贡献率，也即涉案专利对整机利润的贡献率。涉案专利对整机利润的贡献率＝专利对总产量的贡献率＝专利避免故障而提高的产量 ÷ 每日产量，专利避免故障而提高的产量＝故障次数差 × 每次故障平均修复耗时 ÷ 单胎生产时间。

关于故障次数差的问题。根据现场勘验显示，涉案专利的故障次数几乎为零。而现有技术的故障次数和故障修复耗时，根据VMI荷兰公司聘请的技术专家到庭作证，其陈述行业中曾使用位于切割器上的刀具进行切割，故障次数为每日最少45次，后改进为切割带上新增加热刀进行切割，故障次数降低为每日30次左右。每次故障修复耗时根据故障的复杂情况和维修人员操作的熟练程度最少需要2分钟，多则50分钟。萨驰苏州公司未提交现有技术故障率为零的证据，也未提交相应的反驳证据推翻VMI荷兰公司技术专家的陈述。故法院采纳VMI荷兰公司技术专家的意见，涉案专利与传统切割装置相比，能使故障率大大降低，每天至少可以降低的故障次数为30次至45次。SRS-H型机器单胎生产时间为38秒，每日产量为1800条。法院选定接近最快修复时间的平均故障修复耗时 3 分钟。根据上述计算公式，计算可得涉案专利对利润的贡献率 =（30 次~45 次）×3 分钟 ÷38 秒 ÷1800 条 =7.89%~11.84%。

综上，法院认定被告侵权获利 =（2 台 ×637.8 万元 +18 台 ×679.5 万元）×20%×（7.89%~11.84%）。本案中以该两金额的平均值 266 万元作为损失赔偿额。同时，法院支持 VMI 荷兰公司为维权支付的合理费用为 40 万元。

案件点睛

随着科技发展，一件产品中包含多个部件、集成多个专利的情况越来越普遍，而对产品价值增量有贡献的因素不仅包含特定的专利技术，还可能包含其他专利技术或者非专利技术等。在计算专利侵权损害赔偿时，如何将特定专利以外的其他技术或者特征产生的产品利润排除，正确评估特定专利技术对产品的价值增量，成为知识产权司法实践中的疑难问题。

一、现状检视：技术贡献率量化的司法困境

在传统民法中，侵权损害赔偿遵循全面赔偿原则，即对赔偿受到的损害给予的赔偿金，应当按照损害（本身）的价值来计算，损失的范围决定了赔偿的范围。[1] 专利民事侵权领域同样适用该原则，并遵循价值分析是知识产权获取金钱救济的逻辑起点，[2] 将专利权人损失或侵权人获利中可归因于特定专利技术的合理比例分摊出来，由此，法律规定了技术分摊原则。[3]

技术分摊原则，是指法院在根据销售量、单位售价、成本、利润等因素确定侵权人的利润额之后，还需考虑到专利对整个利润额的贡献程度，并将其百分比乘以侵权人所获的净利润额来决定最后的赔付额。[4] 但法律并未规定具体的技术分摊方法，如何正确运用技术分摊原则，在个案中找寻到适宜且可信赖的技术分摊方法（技术贡献率的计算方法），存在诸多难点。

其一，技术贡献率的量化涉及技术事实查明、知识产权市场价值确定等复杂问题。从技术上讲，一件产品，尤其是科技产品或大型机器设备，都是

---

[1] 程啸：《侵权责任法》，法律出版社 2015 年版，第 679 页。

[2] 吴汉东：《知识产权损害赔偿的市场价值分析：理论、规则与方法》，载《法学评论》2018 年第 1 期。

[3] 《最高人民法院关于审理侵犯专利权纠纷案件应用法律若干问题的解释》第 16 条对于技术贡献率问题进行了规定，但并未涉及具体计算方法。

[4] 管育鹰：《专利侵权损害赔偿额判定中专利贡献度问题探讨》，载《湖南警察学院学报》2010 年第 23 期。

由众多零部件组成，不仅包含专利技术，还包含非专利技术，且通常集成多项专利技术。从运营上讲，产品从方案生成到实现终端销售，需要历经设计、加工、营销等多个环节。正是在技术、营销等多元因素的共同作用下才得以实现产品利润，在此情况下，要确定特定专利技术对产品销售利润的贡献比例，除了要考虑产品所包含的专利类别、技术含量和市场价值，还要考虑产品的商标价值、产品质量以及市场营销等多种非技术因素。这一过程不仅涉及技术事实查明，还涉及市场营销学、经济学等专业分析方法的复合运用。

其二，技术贡献率的量化有赖于多项数据支持，缺少任何一项都无法进行测算。实践中，一方面，权利人对于技术贡献率的证据举证困难。基于专利属于无形资产，涉及专利价值等技术贡献率的证据一般难以直接提供。在以侵权获利作为计赔方法时，基于侵权事实的证据由侵权人掌握，权利人无法直接确定侵权获利在侵权人全部收入中的比例，从而计算"合理扣除"的数额。另一方面，权利人对于技术贡献率相关证据的举证意愿不强，存在"重侵权证据，轻赔偿证据"的倾向。在商业竞争日趋激烈的当下，考虑到维权效率和成本，大部分权利人会将"实际收益要大于机会成本"的经济学理念代入诉讼中，注重对侵权证据的搜集，而忽视损害赔偿证据。[1]

其三，技术贡献率的量化缺少有效司法经验借鉴。当前，我国对技术分摊原则的适用相对简单且适用比例低，还"没有实现具体化和规则化"[2]。实践中，绝大多数法院的做法"不是确定一个可以量化的数字比例，而仅仅是在判决中提及曾考虑此因素"[3]。在个别案例中，法院也仅是根据案情酌定技术贡献率，没有具体细化的计算方式。

---

① 边仁君：《专利侵权损害赔偿规则的标准、困境与重构》，载《知识产权》2021年第3期。根据该文统计，在2014—2018年审结的9896件专利权人胜诉且获得损害赔偿救济的侵权案件中，适用法定赔偿的案件有9346件，占比94.4%。
② 戴建志：《知识产权损害赔偿研究》，法律出版社1997年版，第39页。
③ 和育东：《专利侵权赔偿中的技术分摊难题——从美国废除专利侵权"非法获利"赔偿说起》，载《法律科学》2009年第3期。

二、破解之道：以"故障率差值法"计算效率型专利的技术贡献率

（一）认定技术贡献率的司法路径

目前司法实践中，对技术贡献率的量化主要有以下四种路径[①]：第一种，将技术贡献率作为法定赔偿的考量因素。[②]第二种，酌定技术贡献率。法院综合考虑专利价值、产品价值、专利在侵权产品结构上的比例或功能上的价值、产品所解决的技术问题等多种因素后，在一定范围内确定相应的数值。[①]第三种，参考评估报告、鉴定意见等确定技术贡献率。法院将第三方机构提供的经济分析报告、评估鉴定意见等作为确定技术贡献率的重要依据。[④]第四种，通过建模等方式精确计算技术贡献率。法院根据个案情况创设量化模型，逐一计算模型各项因子后量化计算技术贡献率。[⑤]

上述路径中，第一种路径仅仅是将技术贡献率作为法定赔偿的考量因素，并不涉及具体计算。第二种路径实则是法定赔偿的酌定模式在技术贡献率问题上的适用，都是综合考虑多种因素后确定数值。此种方式缺乏明确的量化标准，易被人诟病具有"随意性"和"武断性"。第三种路径属于准数量计算型方式，但基于现行法律规定未对技术贡献率的评估作出明确指引，且评估机构对技术复杂的无形资产的评估经验有限，存在因评估报告、鉴定意见不被采信而导致无法适用的风险。第四种路径准确率最高但适用难度最大，无论是技术事实查明还是多种分析方法运用，都对裁判者提出了很高的要求，

[①] 经检索发现，全国范围内涉及技术贡献率量化的案件不多，本文以近年来最高人民法院知识产权法庭作出的生效裁判、获评全国法院知识产权典型案例的案件和由地方人民法院作出的受社会广泛关注的案件为研究样本，对技术贡献率的司法认定问题进行了类型化梳理。

[②] 如广州知识产权法院（2015）粤知法专民初字第 1229 号案件。该案中，法院结合涉案专利的市场价值、被诉侵权产品部件在实现整款汽车应急启动电源的市场利润时所发挥的作用、电源主机外观对产品的整体视觉效果产生重要影响等因素，适用法定赔偿的酌定赔偿数额。

[①] 如最高人民法院（2018）最高法民再 111 号案件。该案中，法院考虑到涉案专利有益效果的技术特征主要体现在产品部分结构，而产品还包括其他部件，故酌定涉案专利对于侵权产品利润的贡献度为 50%。

[④] 如浙江省宁波市中级人民法院（2019）浙 02 民初 165 号案件。该案中，法院着重考量了当事人提交的经济学分析报告，通过产品价值提升率法确定贡献率的保守最低值，酌定专利贡献率为 20%。

[⑤] 如最高人民法院（2019）最高法知民终 833 号案件。该案中，法院以涉案专利技术及其价值所占侵权产品销售卖点的比重认定技术贡献率，确定涉案专利的技术贡献率为1/3。

因此在司法实践中适用不多。

（二）"故障率差值法"数学模型的构建及运用

本案采用第四种建模方法，创设"故障率差值法"计算技术贡献率，模型构建及运用分为以下三个步骤：

第一步，建模构思。模型构建的核心要义是要将模型架构在确定涉案专利技术对产品主要贡献点的基础上。专利技术按照对产品的贡献可大致分为四类：提高效率型、创设或改善功能型、降低成本型、兼具上述两种或三种特征型。[①]涉案专利"切割装置"系轮胎成型机的核心零部件之一，根据专利说明书记载及当事人陈述，其价值在于减少机器故障率，提高产品整机的生产效率，因此，涉案专利属于提高效率型专利。

基于提高效率型专利对整机利润的贡献度主要体现在产量的提升方面，因此可以从专利技术提高生产效率、提高产品产量的角度衡量其对产品利润的贡献率。假设在两台相同生产率的轮胎成型机上，一台使用现有技术的切割装置（非侵权可替代），另一台使用涉案专利技术的切割装置，比较两台机器在切割环节的故障次数，每次出现故障后，需要重新调整角度、移除发生故障的带束层、重新设置机器等错失部分生产时间，而采用涉案专利后减少的故障次数，就是轮胎制造商避免失去的生产力，从而提高的产量，这也正体现了涉案专利的价值。

第二步，模型构建。在第一步建模思路的指引下，通过比较两台机器的"输送故障率差"，计算出两台机器间的产量差，再运用经济学分析方法，推演出"产量贡献率"与"技术贡献率"之间的逻辑转换关系，最终计算出技术贡献率的数值。本案创设的计算模型为：涉案专利对整机利润的贡献率 = 专利对总产量的贡献率 = 专利避免故障而提高的产量 ÷ 每日产量，专利避免故障而提高的产量 = 故障次数差 × 每次故障平均修复耗时 ÷ 单胎生产时间。

第三步，模型运用。充分运用技术调查官、技术专家、专家辅助人等多种技术事实查明方法，并配套适用举证妨碍等证据规则，逐一查明上述公式中需要用到的各项数据。

涉案专利技术相对现有技术而言，每天可以降低的故障次数为 30 次至 45 次。每次故障修复耗时，约为每次 2 分钟至 50 分钟之间。被控侵权机器的单胎生产时间为 38 秒，每日产量为 1800 条。同时选定接近最快修复时

---

① 李亚临：《从一件"50 大"典型案例，简评专利贡献率的确定》，载微信公众号"知产力"，2022 年 6 月 2 日。

间的平均故障修复耗时 3 分钟进行测算。经计算，涉案专利对产量的贡献率 =（30~45 次）× 3 分钟 ÷ 38 秒 ÷ 1800 条 =7.89%~11.84%。同时，根据产量贡献率与专利技术贡献率之间的逻辑互换关系，涉案专利技术的贡献率亦为 7.89%~11.84%。

三、经验启示：对量化技术贡献率问题的多维思考

第一，从案件事实查明来看，技术贡献率的量化需要综合运用多种技术事实查明机制。技术贡献率在量化时，最主要的考量因素是技术上的客观考虑，包括专利技术解决的问题、技术的创新度、对产品价值的贡献点等，这些事实直接影响着专利市场价值的判定，决定着法院对知识产权损害赔偿的司法定价，是否以知识产权的"合理价值"裁判为基础。[1] 因此，对于相关技术事实的查明，要充分发挥技术调查官、专家辅助人等技术事实查明制度的优势。本案中，法院指派了三位技术调查官、双方当事人各聘请了两位专家辅助人参与案件的技术事实查明，这些人员既有来自国家知识产权局专利局专利审查协作中心的审查员，还有车辆轮胎生产一线的工程师、海外技术专家、高等院校教授。各位专家的技术意见覆盖了涉案专利理论研究、实操经验以及国内外技术发展概况等，解决了技术贡献率计算过程中涉及的现有技术情况、故障次数差、每次故障修复耗时等核心技术争点问题。

第二，从举证责任分配来看，技术贡献率的量化需强化民事证据规则的适用。在计算技术贡献率时，不仅要考虑涉案专利的技术价值、市场价值及零部件比重，而且要排除其他可能对产品价值有正向影响的因素，最终确定较为合理的专利贡献度数值。无论是从正向角度直接确定专利的价值，还是从反向角度排除其他对产品利润有贡献的因素，证据规则都应贯穿适用整个过程。[2] 本案中，法院不仅积极引导当事人举证，确定了技术贡献率计算的"每日产量""单胎生产时间"等要素，而且合理分配举证责任，在原告方已就技术贡献率计算的各项数据充分举证的情况下，适时将举证责任转移至被

---

① 吴汉东：《知识产权损害赔偿的市场价值基础与司法裁判规则》，载《中外法学》2016 年第 6 期。

② 在最高人民法院（2019）最高法知民终 147 号涉腾达路由器侵害发明专利权纠纷案中，基于被告无正当理由拒不提供有关侵权规模基础事实的证据材料，最高人民法院对被告提出的技术贡献率抗辩不予支持；在江苏省高级人民法院（2015）苏知民终字第00172 号涉汽车发动机同步传动装置侵害发明专利权纠纷案中，江苏省高级人民法院认为并无证据显示还有其他因素对实现侵权产品的价值具有重要贡献，因此认定涉案专利贡献率为 100%。

告，并在被告拒不提交相应反证的情况下，依法适用举证妨碍规则，确定了技术贡献率计算中"现有技术的故障次数""每次故障平均修复耗时"等核心数据，使得现有证据具备了计算"输送故障率差"和"产量贡献率"的条件。

第三，从案件解决路径来看，技术贡献率的量化需要合理运用多种分析方法。本案创设"故障率差值法"数学模型，以"产量贡献率"来推算"技术贡献率"符合经济规律和案件实际，恰好印证了"以专利技术的商业市场价值为基础，依赖于该专利技术对产品增值的独特贡献，这一方法能够适用于多专利、多部件产品的场合"的司法观点。[1] 对于效率型专利而言，"产量贡献率"可作为评估诉争专利技术价值的起点，其与"技术贡献率"之间具有等于或约等于的逻辑转换关系。在经济学视野下，专利对总产量的贡献率可视为对社会总福利的贡献率，在假定社会总福利分配公平的情况下，将社会总福利的增长率等同于设备制造企业的利润增长率具有合理性。涉案专利技术对产品整机的贡献主要是对产品产量的贡献，在没有更合理的计算方式的情况下，将此种对产量的贡献率等同于对产品利润的贡献率更符合经济学规律。因此，本案中将计算技术贡献率转化为计算产量贡献率，从而圆满解决了无法直接计算技术贡献率的难题。

案例编写人　江苏省苏州市中级人民法院　徐飞云　胡　亮

 **专家点评**

吴汉东　　中南财经政法大学资深教授、博士生导师，中国法学会知识产权法学研究会名誉会长，教育部人文社科重点研究基地知识产权研究中心名誉主任

本案为精准计算多专利组成侵权产品的损害赔偿数额，创设了计算效率型专利技术贡献率的"故障率差值法"。这是我国司法实践中运用数学模型来确定专利侵权损害赔偿数额的重要尝试，同时也更是我国知识产权审判工作中理论与实践相结合的一大创举。在专利密集型产业日益繁荣的当下，专利产品侵权势必呈现出日益复杂的局面，合理确定专利侵权损害赔偿数额的司法工作任务无疑也会更加艰巨。本

---

① 朱理：《专利侵权损害赔偿计算分摊原则的经济分析》，载《现代法学》2017 年第 5 期。

案首创的"故障率差值法"数学模型，不仅能够为同类案件的解决提供关键的案例参考，同时也为我国在专利侵权损害赔偿数额计算，乃至知识产权审判中开展工作方法创新提供重要的经验借鉴。

相关法条

《中华人民共和国专利法》（2008 年修正）

第六十五条第一款[①]　侵犯专利权的赔偿数额按照权利人因被侵权所受到的实际损失确定；实际损失难以确定的，可以按照侵权人因侵权所获得的利益确定。权利人的损失或者侵权人获得的利益难以确定的，参照该专利许可使用费的倍数合理确定。赔偿数额还应当包括权利人为制止侵权行为所支付的合理开支。

《最高人民法院关于审理侵犯专利权纠纷案件应用法律若干问题的解释》

第十六条第一款、第二款　人民法院依据专利法第六十五条第一款的规定确定侵权人因侵权所获得的利益，应当限于侵权人因侵犯专利权行为所获得的利益；因其他权利所产生的利益，应当合理扣除。

侵犯发明、实用新型专利权的产品系另一产品的零部件的，人民法院应当根据该零部件本身的价值及其在实现成品利润中的作用等因素合理确定赔偿数额。

---

①　该法已于 2020 年修正，对应 2020 年《专利法》第 71 条。

❸ 浙江某化工股份有限公司诉孟某、阿某某专利权权属纠纷案
——专利权属类案件中技术方案发明人的认定

一审：浙江省杭州市中级人民法院（2021）浙 01 知民初 274 号（2022 年 8 月 26 日）

基本案情

阿某某于 2016 年至 2019 年间在浙江某化工股份有限公司（以下简称浙江某化工公司）研发部门负责技术研发工作，全面负责公司新产品、新技术、现有产品应用方面的研究开发及技术革新等。浙江某化工公司发现阿某某从浙江某化工公司离职后，通过设立青岛某新能源材料技术研究院有限公司（以下简称青岛某技术研究院公司）、青岛某新能源材料有限公司（以下简称青岛某材料公司），以公司或其妻子孟某名义申请包括专利号为 ZL20202009××××.× 的"一种溶液萃取的分相装置"专利在内的一系列专利，并使用前述技术与浙江某化工公司原合作对象合作相关项目。浙江某化工公司就此向公安机关报案，阿某某因侵犯商业秘密罪被判处有期徒刑四年，并处罚金 80 万元。浙江某化工公司认为，涉案实用新型专利的技术方案尽管不属于刑事案件中的商业秘密，但系阿某某在浙江某化工公司工作期间执行工作任务、利用公司的物质技术条件所完成的发明创造，应属于职务发明创造，遂请求法院确认涉案实用新型专利权属于浙江某化工公司。

浙江某化工公司认为：涉案专利实际发明人为阿某某，孟某与阿某某系夫妻关系，阿某某以孟某的名义申请了涉案专利。阿某某 2007 年毕业于四川大学化工学院过程装备与控制工程专业后，于 2007 年 7 月入职浙江某化工公司，自 2016 年 2 月开始担任浙江某化工公司研发部经理助理，于 2017 年 2

月开始担任"企业研究院研发五室主任"，直至其本人于 2019 年 9 月口头提出离职。阿某某在浙江某化工公司工作期间，尤其是 2016 年至 2019 年，在公司研发部门负责技术研发工作，另外，其在担任企业研究院研发五室主任期间，全面负责公司新产品、新技术、现有产品应用方面的研究开发及技术革新等。涉案专利所涉溶液萃取的分相装置，是浙江某化工公司经过多年时间、投入大量资金和人力研发的重要项目，阿某某系相关项目的主要参与和负责人。涉案专利系阿某某在离职后一年内作出的与其在浙江某化工公司承担的本职工作或者分配的任务有关的发明创造。

阿某某、孟某在第一次答辩时提出，在孟某名下的专利技术方案与浙江某化工公司无关，系青岛某技术研究院公司的其他人员刘某某的发明创造、孟某也参与其中，故涉案专利权应当属于青岛某技术研究院公司。后，又提出涉案专利的实际发明人为第三方设备提供商杭州某环保机械设备有限公司（以下简称杭州某环保设备公司）的员工，因此该技术方案来自杭州某环保设备公司，杭州某环保设备公司亦出具了相关的微信聊天记录、《关于锂萃取设备的说明》《销售合同》等证据，故涉案专利与浙江某化工公司无关。

核心争议焦点

涉案专利技术方案实际发明人如何确定。

审判思路

法院经审理认为：对发明人的判断关系到涉案专利权的归属。本案中，尽管涉案专利权登记的发明人为孟某，但结合孟某与阿某某在审理过程中多次陈述及在公安机关的相关陈述，孟某显然并非涉案专利的实际发明人，对此双方亦无异议，故确认孟某并非涉案专利的发明人。发明人是指对发明创造的实质性特点作出创造性贡献的人，因此涉案专利的技术方案应当来源于发明人。阿某某、孟某认为涉案专利的技术方案来自杭州某环保设备公司的员工，故该技术方案来自杭州某环保设备公司，杭州某环保设备公司亦出具了相关的微信聊天记录、《关于锂萃取设备的说明》《销售合同》等证据。然而，结合相关证据来看，杭州某环保设备公司提供的相关设备图纸产生时间不明、来源不清，《销售合同》及采购清单未载明技术方案亦无对技术方案的约定，阿某某、孟某所称杭州某环保设备公司员工的身份亦不明确。上述证据尚不足以证明涉案技术方案来自杭州某环保设备公司，故阿某某、孟某关于涉案专利的实际发明人系杭州某环保设备公司员工的抗辩不成立。

阿某某、孟某在公安机关的讯问笔录、询问笔录中多次陈述涉案专利的实际发明人为阿某某，青岛某科技服务平台有限公司知识产权代理人的询问笔录中明确：涉案专利联系人为青岛某材料公司的阿某某。阿某某、青岛某技术研究院公司当庭明确（2020）浙01知民初755号（浙江某化工公司以青岛某技术研究院公司、阿某某为被告向浙江省杭州市中级人民法院提起专利权权属纠纷。庭审中，青岛某技术研究院公司、阿某某明确该专利的实际发明人为阿某某，浙江某化工公司认可该专利实际发明人为阿某某，以下简称755号案）案件中专利的实际发明人为阿某某。经比对，涉案专利与755号案中专利号为"ZL20192124××××.×"名称为"一种溶液萃取分相器"的技术领域均是一种溶液萃取的分相装置，均系为了解决现有技术中萃取处理时间长、占地面积大、效率低问题，二者的技术方案高度相关。755号案专利中的混合器17相当于涉案专利的管式搅拌器15，卧式管式萃取分管5相当于涉案专利的萃取分层管11、卧式分流槽9相当于涉案专利的萃取分流槽17，并且分流槽中均安装有导流板，二者的工作原理完全相同，技术方案实质相同。结合阿某某、孟某在本案中先后称实际发明人为刘某某、杭州某环保设备公司，相关陈述自相矛盾的情况，认定涉案专利实际发明人为阿某某。

涉案专利的申请日为2020年1月15日，涉案专利技术方案的作出时间应当早于涉案专利申请日。阿某某通过微信提出离职的时间为2019年9月26日，故发明创造作出日距阿某某离职时间在一年内。

阿某某自2016年2月开始担任浙江某化工公司研发部经理助理，2017年2月开始担任"企业研究院研发五室主任"，其间负责并参与离子液体合成技术研究与开发项目、当雄措盐湖提锂项目。

经无实质差异技术方案比对：涉案专利与浙江某化工公司的盐湖提锂项目的技术领域、技术问题相同，工作原理相同，技术方案高度相关。

阿某某、孟某辩称萃取的方式是多种的，应当合理确定阿某某在浙江某化工公司工作任务范围为萃取提锂技术下的离子液体萃取提锂技术，不应当无限扩大。对此，法院认为，《专利法实施细则》中规定"与承担的本职工作有关"，并未要求与本职工作完全一致；涉案专利所涉领域与阿某某本职工作均系用于盐湖水提锂，仅是在方式方法上稍有不同，故对阿某某、孟某的抗辩不予采信。

综上，涉案专利系实际发明人阿某某在离职后一年内作出，且系与其在浙江某化工公司承担的本职工作相关的发明创造，属于职务发明创造，故其专利权应归属于浙江某化工公司。

专利权是科技成果转化的基础与核心，对新时代建设知识产权强国推动高质量发展起着重要作用。本案系涉及员工离职后发明创造权属确认的典型案件，借助专业技术调查官的参与、技术图纸的审查、无实质差异技术方案的比对，准确界定职务发明创造与非职务发明创造，实现了保护企业物质技术投入与鼓励人才正当流动之间的利益平衡，为技术创新主体依法保护创新成果提供了行为指引。

案例编写人　浙江省杭州市中级人民法院　梁　琨

吴汉东　　中南财经政法大学资深教授、博士生导师，中国法学会知识产权法学研究会名誉会长，教育部人文社科重点研究基地知识产权研究中心名誉主任

本案作为职务发明专利权属纠纷的典型案件，涉及员工离职后相关职务发明创造的权利归属认定问题。职务发明脱胎于发明创造之智力投入和物质投入的分离，其不仅是激励技术创新的重要手段，也是分配创新成果的有效机制。但与此同时，在利益驱使下，单位与员工之间的专利权属争夺也由此形成。一直以来，如何展开职务发明创造与非职务发明创造的准确界定也是司法实践中所面临的重大难题。本案引入技术调查官审查技术图纸，并展开无实质差异技术方案比对的做法，是以专业人员介入化解知识产权审判难题的有益尝试，使法律判断的作出能够更为精确、高效，对同类案件的合理处置具有极强的借鉴意义。

相关法条

《中华人民共和国专利法》（2008年修正）

第六条第一款、第二款[①]　执行本单位的任务或者主要是利用本单位的物质技术条件所完成的发明创造为职务发明创造。职务发明创造申请专利的权利属于该单位；申请被批准后，该单位为专利权人。

非职务发明创造，申请专利的权利属于发明人或者设计人；申请被批准后，该发明人或者设计人为专利权人。

《中华人民共和国专利法实施细则》

第十三条　专利法第六条所称执行本单位的任务所完成的职务发明创造，是指：

（三）退休、调离原单位后或者劳动、人事关系终止后1年内作出的，与其在原单位承担的本职工作或者原单位分配的任务有关的发明创造。

第十四条　专利法所称发明人或者设计人，是指对发明创造的实质性特点作出创造性贡献的人。在完成发明创造过程中，只负责组织工作的人、为物质技术条件的利用提供方便的人或者从事其他辅助工作的人，不是发明人或者设计人。

---

① 该法已于2020年修正，本条序号未作变动，但内容已作调整。

❹ 山东某教育有限公司诉宜昌甲职业培训学校、宜昌乙职业培训学校侵害作品复制权、发行权纠纷案

——试题类作品"独创性"的判断方法

案件索引

一审：湖北省宜昌市中级人民法院（2021）鄂 05 知民初 4 号（2021 年 10 月 15 日）

二审：湖北省高级人民法院（2022）鄂知民终 81 号（2023 年 1 月 30 日）

基本案情

原告山东某教育有限公司成立于 2014 年 12 月 30 日，经营范围包括非学历性职业技能培训等。2015 年以来，先后编写了《电力系统分析内部讲义》《电力系统分析网络精讲班内部讲义》及《考前必做 1200 题 | 电力系统分析》（2021 年版）等培训教材。该书在封面上印有"国家电网考试培训指定教材""2021 国家电网校园招聘考试极速提升""快速刷题 应试有道"等字样。该书共分九章，分别为："第一章 电力系统的基本概念；第二章 电力系统各元件特性及数学模型；第三章 电力系统潮流分析与计算；第四章 电力系统无功功率和电压调整；第五章 电力系统有功功率和频率调整；第六章 电力系统故障的基本概念；第七章 电力系统简单故障的分析与计算；第八章 同步发电机的数学模型（专科不考）；第九章 电力系统的稳定性。"全书的题目基本类型为单选题、多选题和判断题，共 1200 道题，共计 106 页。

被告宜昌甲职业培训学校、宜昌乙职业培训学校分别成立于 2018 年 7 月 17 日和 2019 年 1 月 21 日，经营范围包括电气理论及实操相关专业从业人员职业培训等内容。二被告编写了 21 届国家电网校园招聘考试《电力系统分析精编全真题库 1200 题》。该书共分三个部分：即单选题 700 道、多选题 250 道、判断题 250 道，共 1200 道题，全书 131 页。

2020年1月12日，原告申请湖北省武汉市尚信公证处办理保全证据的公证。当日，公证人员通过公证处的工作手机登录宜昌甲职业培训学校运营的微信公众号"备考管家"购买了"奕诚教育"2021届国家电网校园招聘考试《电力系统分析 精编全真题库1200题》等15册书。同时，湖北省武汉市尚信公证处保全的电子数据记录单及网页截图记载，网页记载当日已有598人购买。在2021年3月31日上午11时27分在微信公众号"备考管家"网页上显示八个类型的网络培训班价格从3800元至12800元不等，购买网络课程的人数已达2413人。培训班的课程包括电路、电力等内容。

原告山东某教育有限公司于2021年1月4日向宜昌市中级人民法院提起诉讼，请求：（1）判令被告宜昌甲职业培训学校、宜昌乙职业培训学校立即停止侵犯作品《考前必做1200题｜电力系统分析》（2021年版）复制权和发行权的行为；（2）判令被告宜昌甲职业培训学校立即停止销售侵权作品21届国家电网校园招聘考试《电力系统分析 精编全真题库1200题》，并销毁所有在印、库存的前述侵权作品；（3）判令被告宜昌甲职业培训学校即时删除微信公众号"备考管家"上销售的课程视频、断开侵权链接、全面清除侵权内容；（4）判令被告宜昌甲职业培训学校、宜昌乙职业培训学校连带赔偿2362600元；（5）判令被告宜昌甲职业培训学校、宜昌乙职业培训学校在其运营的微信公众号"备考管家""奕诚总部"上连续3日推送内容经原告审定的致歉声明以消除不良影响；（6）判令被告宜昌甲职业培训学校、宜昌乙职业培训学校承担本案诉讼费、保全费、公证费、律师费等全部诉讼费用。

山东某教育有限公司诉称：（1）原告对《考前必做1200题｜电力系统分析》（2021年版）享有著作权；（2）被告的《电力系统分析 精编全真题库1200题》，抄袭《考前必做1200题｜电力系统分析》（2021年版）的内容，已侵犯其作品复制权和发行权。由于宜昌甲职业培训学校在微信公众号"备考管家"上销售该侵权图书，宜昌乙职业培训学校负责开具销售发票，二者构成共同侵权，应当承担连带赔偿责任。

宜昌甲职业培训学校、宜昌乙职业培训学校辩称：（1）山东某教育有限公司对《考前必做1200题｜电力系统分析》（2021年版）不享有著作权，因该书未经出版，也没有书号、图书在版编目（CIP）数据等信息，不是合法出版物。（2）《考前必做1200题｜电力系统分析》（2021年版）不属于汇编作品，而是基于考试大纲对题库内容进行选择，判断、选择等题型是考试通用题型，在题目编排上不具有独创性；作者也未作出具有独创性的分析讲解、知识点归纳或者解题方法介绍，不是原创作品。（3）《电力系统分析 精编全真题库

1200 题》的试题来源于历年真题、网络上的公共题库以及专业老师编辑的题目，不是抄袭，无需赔偿其损失。因此，山东某教育有限公司主张的诉讼请求缺乏依据。

在诉讼过程中，经法院审核对比，发现宜昌甲职业培训学校、宜昌乙职业培训学校编写的 21 届国家电网校园招聘考试《电力系统分析 精编全真题库 1200 题》中有 329 道单选题、224 道多选题和 252 道判断题在以下方面与山东某教育有限公司的作品《考前必做 1200 题｜电力系统分析》（2021 年版）内容相同：（1）题目类型完全相同；（2）每题的题干完全相同；（3）题目的选项内容及选项的排列顺序相同；（4）题目中有图示的，所附图示相同；（5）题干或选项中有数值的，数值内容相同。

湖北省宜昌市中级人民法院经审理后作出判决：一、被告宜昌甲职业培训学校、宜昌乙职业培训学校自本判决生效之日起立即停止侵犯原告山东某教育有限公司的作品《考前必做 1200 题｜电力系统分析》（2021 年版）复制权和发行权的行为；二、被告宜昌甲职业培训学校自本判决生效之日起立即停止销售侵权作品《21 届国家电网校园招聘考试 电力系统分析 精编全真题库 1200 题》；三、被告宜昌甲职业培训学校自本判决生效之日起 3 日内在其微信公众号"备考管家"删除涉及侵权作品《21 届国家电网校园招聘考试 电力系统分析 精编全真题库 1200 题》的图片及视频资料，并销毁所有在印及库存的前述侵权作品；四、被告宜昌甲培训学校、宜昌乙职业培训学校自本判决生效之日起 15 日内连带赔偿原告山东某教育有限公司的经济损失 25 万元；五、驳回原告山东某教育有限公司的其他诉讼请求。

核心争议焦点

1. 原告山东某教育有限公司涉案作品《考前必做 1200 题｜电力系统分析》（2021 年版）是否构成著作权法意义上的作品，该公司是否享有著作权；

2. 被告宜昌甲职业培训学校、宜昌乙职业培训学校编写的培训试题本《电力系统分析 精编全真题库 1200 题》是否构成侵权；

3. 被告如何承担民事责任。

审判思路

法院经审理认为：首先，要审查《考前必做 1200 题｜电力系统分析》

（2021年版）是否属于著作权法意义上的作品及其权属，应该重点审查该书是否具有独创性。依照《著作权法》第11条规定，构成法人作品要符合三要件，即：由法人主持；代表法人意志创作；由法人承担责任。是否体现法人意志是认定法人作品的关键。第一，从《考前必做1200题｜电力系统分析》（2021年版）封面上载明主编和编写人姓名、编印单位，以及内容简介，可以证明该书的编撰与山东某教育有限公司息息相关。第二，结合该作品第一版、第二版标注编印单位的官网地址以及所附二维码、微信公众号，足以确认该作品体现了法人意志，该成果符合法人单位创作的特征，依法应认定为法人单位工作成果，原告系该书的作者。按照《著作权法实施条例》第6条规定，著作权自作品创作完成之日起产生。因此，涉案作品著作权的取得系事实行为，涉案作品是否出版不影响创作者对涉案作品著作权的取得。对作品独创性的判断应当结合作品所在的领域、作品类型进行分门别类的判断，同时应当将作品的独创性高低与著作权保护范围、侵权认定相结合，不应一般性地、孤立地对作品的独创性进行认定。就本案而言，涉案试题涉及电力系统分析原理，属于科学领域的作品，应当考虑试题的创作空间，设定与其创作空间相适应的独创性高度，其独创性标准不应与小说、绘画等文学、艺术领域作品的独创性标准等量齐观。虽然涉案试题系较为简短的选择题、判断题，但每道题都系该领域内专业人员根据如何从多方面考察从业者能力水平的要求，基于特定知识点设计而成，包含了编写人员对出题角度和文字内容、题目形式的个性表达。虽然出题者要受制于考试大纲、知识点等的限制，但就特定的知识点，不同的出题者基于不同的考察角度独立编写的试题大多会呈现不同的表达形式，仍然可以表现出题者独有的知识选择和形式安排，因而涉案作品《考前必做1200题｜电力系统分析》（2021年版）具有一定的独创性，属于著作权法意义上的作品。

其次，按照"接触加实质性相似"的方法审查被控图书《电力系统分析精编全真题库1200题》是否侵权。《著作权法》第10条第1款第5项、第6项规定了著作权中的复制权和发行权。宜昌乙职业培训学校在诉讼中认可其编著了被控侵权图书，但否认宜昌甲职业培训学校与其共同实施了侵权行为。经核实，从被控侵权图书封面载明的编印出品单位、培训分校、联系电话、地址以及销售侵权作品的微信公众号"备考管家"等信息中，可以认定二者共同实施了被控侵权行为，即复制和发行被控侵权图书的行为。审理著作权侵权纠纷，按照"接触加实质性相似"的方法，从被诉侵权人是否接触过权利人作品、被诉侵权作品与权利人作品之间是否构成实质性相似等方面进行判断。第一，要确定是否构成"接触"，即被诉侵权人有研究、复制对方作品的机会。原告从 2016 年起即编写了《电路｜内部讲义》（2016 年版）、《电路强化提高班内部讲义》（2017 年版），后期经不断修改、完善，至 2020 年已完成了涉案作品。而被告成立的时间均晚于原告，且其编写的被控侵权图书晚于原告的作品，故原告的作品创作在先。双方当事人均从事电力行业技能考试培训，且在全国各地开设分校，被告能够接触涉案作品或具有接触涉案作品的机会。第二，是否构成实质性相似。应当比较作者在作品表达中的取舍、选择、安排、设计等是否相似。本案涉及的试题系较为简短的选择题、判断题，表达方式受到一定的限制，故对试题的保护范围亦应予以限制，在认定是否构成实质性近似时应当严格把握，应将构成侵权的试题限于相同或者基本相同的范围。经比对，被控侵权图书与原告涉案作品内容大量雷同，甚至连错误之处亦相同，抄袭内容的比例达 67% 以上，构成实质性相似，故二被告侵犯了原告对涉案作品享有的发行权和复制权。

最后，审查被告承担侵权责任的方式，依法确定赔偿数额。虽然《著作权法》第 52 条规定有赔礼道歉这一民事责任承担方式，但被告没有侵害人身权，没有损害公司的商誉，故对原告提出"赔礼道歉"的诉讼请求不予支持。按照《著作权法》第 54 条第 2 款、第 3 款规定，因权利人的实际损失、侵权人的违法所得、权利使用费难以计算，经综合考虑被告办培训班的时间、培训规模、开设分校数量以及原告维权费用等情况，酌情确定赔偿数额为 25 万元。因二被告构成共同侵权，应当承担连带赔偿责任。

 案件点睛

本案判决的最大亮点及价值，提出了法院面对不同作品类型如何判断其独创性的方法，即对作品独创性的判断，应当结合作品所在的领域、作品类型进行分门别类的判断，同时应当将作品的独创性高低与著作权保护范围、侵权认定相结合，不应一般性地、孤立地对作品的独创性进行认定。

案例编写人 湖北省宜昌市中级人民法院 吴如玉

专家点评

马一德　　中南财经政法大学法学院教授、博士生导师，中国知识产权研究会副理事长，中国法学会知识产权法学研究会副会长

作品的独创性判断一直是著作权领域审判的难题，如行政机关组织考试的试题，可能根据《著作权法》第5条规定的具有行政性质的文件而不受著作权法保护。除此之外，单个试题主要考察自然规律、客观事实等共有领域的知识，可选择要素有限，满足独创性要求相对困难，因此，关于试题作品的著作权保护，实践中产生了很多纠纷并且存在较大争议。本案中，审理法院对此类作品的独创性认定标准进行了明确，即虽然试题类型有限，出题者要受制于考试大纲、知识点等的限制，但就特定的知识点，不同的出题者基于不同的考察角度独立编写的试题大多呈现不同的表达形式，仍然可以表现出题者个性的知识选择和形式安排，有可能构成独创性的作品，这为此后类似案件的审理提供了参考。

相关法条

《中华人民共和国著作权法》

第十条　著作权包括下列人身权和财产权：

……

（五）复制权，即以印刷、复印、拓印、录音、录像、翻录、翻拍、数字化等方式将作品制作一份或者多份的权利；

（六）发行权，即以出售或者赠与方式向公众提供作品。

……

第十一条第三款　由法人或者非法人组织主持，代表法人或者非法人组织意志创作，并由法人或者非法人组织承担责任的作品，法人或者非法人组织视为作者。

第五十二条第五项　有下列侵权行为的，应当根据情况，承担停止侵害、消除影响、赔礼道歉、赔偿损失等民事责任：

（五）剽窃他人作品的；

第五十四条第二款　权利人的实际损失、侵权人的违法所得、权利使用费难以计算的，由人民法院根据侵权行为的情节，判决给予五百元以上五百

万元以下的赔偿。

《中华人民共和国著作权法实施条例》

第二条 著作权法所称作品，是指文学、艺术和科学领域内具有独创性并能以某种有形形式复制的智力成果。

第六条 著作权自作品创作完成之日起产生。

❺ 上海某建材有限公司诉上海某建材岩棉有限公司等侵害商标权纠纷案
——商标恶意诉讼反赔之诉的裁量标准

案件索引

一审：上海市普陀区人民法院（2021）沪 0107 民初 23804 号（2022 年 10 月 26 日）

二审：上海知识产权法院（2023）沪 73 民终 198 号（2023 年 4 月 4 日）

基本案情

本诉原告（反诉被告）上海某建材有限公司将经案外人广东新元素板业有限公司（以下简称新元素公司）授权使用的第 3462948 号樱花图文组合商标使用在矿岩棉商品上。2021 年，原告某建材有限公司发现本诉被告（反诉原告）上海某建材岩棉有限公司等制造、销售大量标记"樱花"的岩棉商品。原告主张二被告在耐火材料商品外包装上突出使用"樱花"，属于在相同商品上使用与原告近似的标识，故诉至法院，请求二被告停止侵权并销毁库存商品，消除影响，赔偿损失 100 万元及合理支出 5.7 万元。

审理中，二被告提出反诉，请求上海某建材有限公司赔偿其为本案支出的律师费 10 万元。

原告认为；二被告制造、销售了大量标记"樱花"的岩棉商品。原告主张二被告在耐火材料商品外包装上突出使用"樱花"，属于在相同商品上使用与原告近似的标识，构成商标侵权。

二被告辩称；原、被告的商标不存在冲突，二被告生产销售的产品与其自有商标核准使用范围一致，属于规范使用自有商标，不构成商标侵权。对于商标类别，（2020）沪 0107 民初 18871 号案（以下简称 18871 号判决）已认定涉案产品属于被告注册类别，并不属于原告主张的商品类别。

反诉原告认为：上海某建材有限公司滥用权利，恶意提起本诉，根据18871号判决，其明知岩棉商品属于上海某建材岩棉公司第18663567号"樱花"文字商标核准的商品类别，不属于耐火材料，仍执意起诉，是为恶意，应当就其恶意诉讼给其造成的损失承担赔偿责任。

反诉被告辩称：本案并非恶意诉讼，其拥有合法商标许可使用权，二反诉原告构成侵权。即便认定其需承担责任，反诉原告亦应待本诉判决认定本诉被告不侵权判决生效后，另行起诉。

法院经审理查明：

一、与涉案商标相关的事实

2008年5月28日，案外人新元素公司注册了第3462948号商标（以下简称权利商标），核定使用商品类别为第19类：包括耐火材料、非金属隔板等，有效期限至2028年5月27日。2013年3月18日，新元素公司与上海某建材有限公司签订《商标使用许可合同》，排他性许可上海某建材有限公司在矿岩棉产品包装上使用权利商标。2018年2月2日，双方再次签订《商标使用许可合同》，许可期限至2023年3月17日。双方又签订《补充合同》，授权上海某建材有限公司可针对侵犯权利商标使用权的行为进行维权。

二、被诉侵权事实及相关情况

（一）被诉侵权事实

2021年6月28日，案外人上海文某装饰材料有限公司委托人上海某建材有限公司法定代表人杜某对购买材料的收货过程进行公证保全。其中，《检验报告》显示样品名称为防火黑棉，委托单位和生产单位分别为二被告上海某建材岩棉有限公司等，检验项目为耐火性能，检验依据为GB/T-9978.1-2008。涉案产品包装上贴有产品标签，标签上注明产品名称为幕墙防火保温岩棉板，并印有二被告的公司名称。提货单载明产品名称为"幕墙防火保温岩棉板"，产品包装为樱花包装，产品标签为樱花标签。产品外包装上有"樱花岩棉"字样。上海某建材有限公司主张涉案产品包装上及产品标签上的"樱花"与其权利商标中的文字部分"樱花"近似，且根据提货单中的产品名称和检验报告的内容，涉案产品类别为耐火材料，构成在同种商品上使用近似商标。

（二）其他相关事实

2020 年 12 月 17 日，上海某建材有限公司对相关网页内容进行公证保全。新型建材岩棉公司官网中岩棉产品介绍中有"防火材料""防火结构""具有耐高温""A 级不燃防火材料，熔化温度大于 1000℃，有效延缓火势蔓延"等内容。根据国家建筑工程质量监督检验中心微信公众号的查询结果，有多份委托单位为上海某建材岩棉有限公司的《国家建筑工程质量监督检验中心检验报告》，样品名称分别为岩棉板、幕墙防火封堵岩棉板（CFS）、防火岩棉等，检验项目为耐火性能、放射性等，报告日期为 2015 年至 2020 年。另有多份《检验报告》，产品名称为幕墙防火封堵岩棉板（CFS）、防火黑棉，生产单位为二被告，检验项目为耐火性能，检验和判定依据均为 GB/T-9978.1-2008。

上海某建材有限公司因涉案侵权商品按照 GB/T-9978.1-2008 标准进行耐火性能检测，主张其属于"耐火材料"，侵权时间至少从 2015 年开始。

三、与二被告抗辩不侵权等反诉相关的事实

（一）与商品类别认定相关的信息

由国家市场监督管理总局、国家标准化管理委员会发布的 GB/T9978.1—2008《建筑构件耐火试验方法第 1 部分》中载明：本部分规定了各种结构构件在标准受火条件下确定其耐火性能的试验方法；GB23864—2009《防火封堵材料》中载明：规范性引用文件包括 GB/T9978.1 建筑构件耐火试验方法第 1 部分通用要求；耐火性能技术要求包括耐火完整性、耐火隔热性；GB/T18930—2020《耐火材料术语》中载明：耐火材料指物理和化学性质适宜于在高温环境下使用的非金属材料。

另根据百度百科的查询结果，耐火材料为耐火度不低于 1580℃的一类无机非金属材料。

（二）相关案件及在先行政处罚等事实

上海某建材岩棉有限公司等曾于 2020 年 9 月 28 日就上海某建材有限公司、杜某涉嫌侵害商标权及不正当竞争纠纷向上海市普陀区人民法院提起诉讼，即 18871 号案。该案一审判决书中载明如下与本案相关的事实：（1）2017 年 1 月 28 日，上海某建材岩棉有限公司等注册第 18663567 号"樱花"文字商标，核定使用商品类别为第 19 类：岩棉制品（建筑用）等。上海某建材岩棉有限公司等另自 2000 年起获核准注册第 1488179 号樱花图文组合等"樱花"系列商标。第 1488179 号樱花图文组合商标获评上海市著名商标；樱花品牌岩棉制品获评上海建材行业名优产品、江苏名牌产品等称号。（2）2020年12月中国绝热节能材料协会出具情况说明：上海某建材岩棉有限公司"樱花"牌岩棉是国内岩棉行业的高端知名品牌，附件中有对岩棉和耐火材料的介绍，从使用温度角度判断，岩棉不是耐火材料。（3）上海某建材有限公司在外包装上印制"樱花 ® 岩棉"字样，曾于 2020 年 6 月 3 日被上海市青浦区市场监督管理局认定构成对上海某建材岩棉有限公司等第 18663567 号注册商标专用权的侵害，责令上海某建材有限公司停止侵权，并处罚款 5 万元。上海某建材有限公司未提起行政复议或行政诉讼，并自述已全额缴纳罚款完毕（以下简称青浦行政处罚案）。（4）2018 年 11 月，上海某建材有限公司法定代表人杜某曾在第 17 类、第 19 类上申请注册"杜樱花""ABM"商标，均被驳回。该案一审审理期间，上海某建材有限公司提起本案诉讼。

（三）费用支出

为处理本案纠纷，即应诉本诉并提出反诉，上海某建材岩棉有限公司支付律师费 10 万元。

核心争议焦点

1. 上海某建材岩棉有限公司等是否侵害上海某建材有限公司的注册商标许可使用权；

2. 上海某建材有限公司的起诉是否构成权利滥用，如构成，其需要承担的相应责任为何。

审判思路

一、关于争议焦点 1 上海某建材岩棉有限公司等是否侵害上海某建材有限公司的注册商标许可使用权

根据《商标法》第 57 条第 2 项、第 3 项之规定，在同一种商品上使用与其注册商标近似的商标，或者在类似商品上使用与其注册商标相同或者近似的商标，容易导致混淆的；销售侵犯注册商标专用权的商品的，均属于侵犯注册商标专用权的行为。《最高人民法院关于审理注册商标、企业名称与在先权利冲突的民事纠纷案件若干问题的规定》第 1 条第 2 款则规定，原告以他人超出核定商品的范围等方式使用的注册商标，与其注册商标相同或者近似为由提起诉讼的，人民法院应当受理。本案中，上海某建材有限公司主张上海某建材岩棉有限公司等在涉案商品上使用"樱花"商标，超出其自有注册商标核定商品范围，构成在同种商品上使用近似商标，侵犯其注册商标许可使用权。结合商标侵权判定的规定，法院认为，本诉原告的该项主张难以成立。主要理由如下：

首先，上海某建材有限公司权利商标的核定使用商品类别包括耐火材料，涉案被诉侵权商品为幕墙防火保温岩棉板、防火黑棉、防火岩棉等岩棉制品。庭审中，涉诉双方均确认耐火材料和岩棉制品（建筑用）分属19类商品类别下的两个不同细分类。根据国家市场监督管理总局、国家标准化管理委员发布的强制性国家标准和推荐性国家标准，耐火材料的术语包括耐火度等与防火材料的耐火性能完整性及隔热性等判定准则归口于不同主管部门，分属不同标准。而上海某建材岩棉有限公司等对其岩棉产品进行的检验项目为耐火性能测试，其依据的GB/T—9978标准列明于GB23864—2009防火封堵材料的规范性引用文件。可见涉案商品虽根据GB/T–9978.1—2008标准进行耐火性能检测，但送检产品具耐火性能与其属于耐火材料并不等同。第三方中国绝热节能材料协会出具的情况说明等亦可印证，即依照对耐火材料和岩棉的介绍，并结合使用温度判断，岩棉并不属于耐火材料。故法院认定，就商品类别而言，尽管均属商标核定类别第19类，但被诉侵权商品与第3462948号商标核定使用的商品类别并不相同。

其次，根据《最高人民法院关于审理商标民事纠纷案件适用法律若干问题的解释》（以下简称《商标纠纷解释》）第9条之规定，商标近似是指被控侵权的商标与原告的注册商标相比较，其文字的字形、读音、含义或者图形的构图及颜色，或者其各要素组合后的整体结构相似，或者其立体形状、颜色组合近似，易使相关公众对商品的来源产生误认或者认为其来源与原告注册商标的商品有特定的联系。第10条则规定，商标相同或近似比对的原则包括：以相关公众的一般注意力为标准；既要进行对商标的整体比对，又要进行对商标主要部分的比对，比对应当在比对对象隔离的状态下分别进行；判断商标是否近似，应当考虑请求保护注册商标的显著性和知名度。本案中，观察本诉原告权利商标各组成要素的布局，"樱花"文字在整体标识中占比小，较之花朵图案亦明显较小，与使用的纯"樱花"文字比较，主要辨识部分差异较大，且根据二被告举证，其"樱花"品牌岩棉制品屡获业内奖项，知名度明显优于原告权利商标。故法院认定，二者不构成近似，不致造成混淆。

综上，被告享有第 18663567 号"樱花"商标专用权，其与关联公司在生产销售的商品上完整使用该注册商标，并标注有产品名称"岩棉"，落入其注册商标核定使用商品类别，属于对自有注册商标的规范使用，其对岩棉产品进行耐火性能等功能测试，并不影响对其商品类别的判断。原告关于二被告在生产销售的同种商品上使用与其注册商标近似的商标，构成商标侵权的主张，难以成立，对本诉原告的全部诉讼请求，法院不予支持。

二、关于争议焦点 2 上海某建材有限公司的起诉是否构成权利滥用，如构成其需要承担的相应责任为何

根据《民法典》第 132 条之规定，民事主体不得滥用民事权利损害国家利益、社会公共利益或者他人合法权益；第 1165 条规定，行为人因过错侵害他人民事权益造成损害的，应当承担侵权责任。《商标法》第 7 条第 1 款规定，申请注册和使用商标，应当遵循诚信原则。《民事诉讼法》第 13 条规定，民事诉讼应当遵循诚信原则。《最高人民法院关于适用〈中华人民共和国民法典〉总则编若干问题的解释》第 3 条第 1 款规定，对于滥用民事权利，人民法院可以根据权利行使的对象、目的、时间、方式、造成当事人之间利益失衡的程度等因素作出认定。综合本案情形，反诉被告提起本案诉讼的行为明显有违诚信原则，已超出正当维权的界限，系对注册商标许可使用权和民事起诉权的滥用。主要理由如下：

上海某建材有限公司在本案中主张构成侵权的被告主体之一上海某建材岩棉有限公司恰是青浦行政处罚案及 18871 号案商标权利方。注册商标应规范使用，不得以超出核定使用商品的范围或改变显著特征、拆分等方式进行使用。上海某建材有限公司虽以获案外人商标授权作为不侵权抗辩，但其将图文组合商标中的"樱花"字样抽离后单独使用，该使用方式显然违反了注册商标规范使用的要求。结合相关许可协议上明确载明许可商标的注册号，并附有商标图案，上海某建材有限公司对此理应知情。另外，法院结合以下事实，亦可认定上海某建材有限公司在实际商标使用时存在超出核定使用商品范围的情况，且对此明知，包括：前后两次许可协议中商品名称"矿岩棉"增加了"耐火材料"的变化，然商标局备案公告中许可商品仅为"耐火材料"；上海某建材有限公司的产品包装上使用"樱花岩棉"名称，然而，第 19 类商品分类中明确有岩棉制品和耐火材料的细分。再考虑到上海某建材岩棉有限公司及关联企业"樱花"品牌岩棉制品在先注册、在先使用及市场知名度和美誉度，上海某建材有限公司法定代表人杜某多次申请类似商标被驳回记录等情况，其非但未作合理避让，反而难避全面攀附之嫌，上述不规范使用方式更难谓善意。

上海某建材有限公司在外包装上印制"樱花®岩棉"字样，业已经青浦行政处罚案认定构成商标侵权，其后又涉诉18871号案，在该案审理期间，提起本案之诉。上海某建材有限公司作为建材同业经营者，在经商标侵权行政处罚后，理应对相关事实及法律评价具有一定的预判。本案中，其主张上海某建材岩棉有限公司的商标侵权行为表现形式与青浦行政处罚案及18871号案中后者基于其自有注册商标在相关商品上使用商标的行为完全一致。综合本案与青浦行政处罚案及18871号案的情况，上海某建材有限公司始终无法作出合理解释的事实包括：第19类商品分类中对"岩棉制品"与"耐火材料"作了细分，即便上海某建材岩棉有限公司等对其产品进行了耐火性测试，但其产品上始终清晰标注"岩棉"等指向岩棉制品的字样；反倒是其在核定使用商品类别为"耐火材料"的情况下，在产品上使用了"岩棉"等字样；强制性国家标准和推荐性国家标准显示耐火材料与防火材料归口于不同主管部门，分属不同标准，上海某建材有限公司坚持将产品进行耐火性测试与耐火材料概念等同，又未能提供有力的反驳证据。

综上，法院认为，上海某建材有限公司提起本案诉讼并非正当的维权诉讼，而是将提起诉讼作为干扰市场同业主体的手段，违背了基本的善意、审慎原则，不仅损害了上海某建材岩棉有限公司的合法权益，也严重浪费了司法资源，损害了司法权威，构成对权利的滥用。

为避免诉累，节约司法资源，规制滥用知识产权诉讼的行为，本诉的胜诉被告可以在同一诉讼程序中一并请求滥用诉权的本诉原告赔偿本诉被告因诉讼所支付的合理开支。参照《商标纠纷解释》第17条规定，合理开支包括权利人或者委托代理人对侵权行为进行调查、取证的合理费用，可以将律师费用计算在赔偿范围内。本案中，上海某建材有限公司的起诉行为构成权利滥用，造成了上海某建材岩棉有限公司等不必要的律师费用支出，该费用理应由上海某建材有限公司负担。法院将综合本案案情、律师工作量、行业收费标准等予以酌情支持。

案件点睛

本案是探索适用商标反赔制度的典型案件。司法实践中，由人民法院依法裁处商标恶意诉讼的案例较为鲜见。

本案准确把握商标恶意诉讼反赔的适用尺度，全面考虑各类因素，包括

相关行政与民事诉讼的认定情况、双方当事人经营历史、商标注册申请、在先使用情况、市场知名度等，判定原告提起本诉的行为构成商标恶意诉讼，为"滥用权利类"的商标恶意诉讼的认定提供了较为全面的参考判定标准。本案的另一典型之处在于，在一案中以反诉形式受理反赔之诉，便于案件事实查明、节约司法资源，契合最高人民法院倡导的一次性实质解纷理念，切实维护当事人的合法权益。

2019 年修正的《商标法》第 68 条第 4 款首次出现商标恶意诉讼相关条款。《最高人民法院关于知识产权侵权诉讼中被告以原告滥用权利为由请求赔偿合理开支问题的批复》（以下简称《批复》）首次明确对于原告滥用权利提起诉讼，被告可请求原告赔偿合理开支。2023 年，国家知识产权局发布《中华人民共和国商标法修订草案（征求意见稿）》（以下简称《商标法修订草案征求意见稿》），该征求意见稿第 84 条首次引入商标恶意诉讼反赔制度。本案探索适用商标反赔制度，支持反诉原告的合理诉请，明确了"商标恶意诉讼"的裁判规定，具有一定示范意义。

此外，结合本案的审理，梳理商标恶意诉讼认定的思路：

1. 商标恶意诉讼的概念和构成要件。我国现行法律体系中缺乏对于"恶意诉讼"的明确定义，但司法实践中已对此形成了较为统一的认识，即认为：恶意诉讼是指民事诉讼中，诉讼行为人基于不合法的动机和目的，故意提起民事诉讼，借助诉讼的合法形式谋取不当利益，致使相对人造成损失的行为。商标恶意诉讼是指以商标权为权利基础提起恶意诉讼。

商标恶意诉讼有四项构成要件：（1）行为人提起商标侵权诉讼；（2）该诉讼给被侵权人造成实际损害后果；（3）二者之间有因果关系；（4）提起诉讼的行为人具有主观恶意。

2. 主观"恶意"的判定。在上述四项构成要件之中，主观"恶意"要件较难判定。司法实践中常出现类案不类判的情况，各地法院对于提起诉讼是否具有"恶意"的认定截然不同。获权时存在"恶意"或起诉时存在"恶意"，均应认定为"主观恶意"要件成立。

（1）获权时存在"恶意"。商标权人明知商标权为非法取得，并以此为权利基础提出诉讼，应当判定为"恶意"。虽然"恶意注册申请商标"与"恶意诉讼"中的恶意一词不能完全等同，但是商标申请注册时具有的"恶意"必然属于"恶意诉讼"中主观"恶意"的重要考量因素。《商标法修订草案征求意见稿》第 22 条对于"商标恶意注册申请"的类型进行了明确划分，符合该条款规定情形的，即可评价为"非法取得商标权"。

（2）起诉时存在"恶意"。商标权人在获权时并不属于非法取得注册商标的情形，但后期权利商标或经历无效宣告、撤销等行政程序，或经行政处罚确认存在商标侵权情形，商标权人起诉时明知权利商标存在瑕疵，仍提起诉讼，此时应当被判定为存在"恶意"。商标的权利状态是动态变化的。本案的原被告同为建材行业经营者，自2013年起就"樱花"商标即存在争议，有多起行政处罚和民事诉讼。上海某建材有限公司在外包装上印制"樱花®岩棉"字样的行为已经青浦行政处罚案认定构成商标侵权，其后又涉诉18871号案。本案中，原告主张的被控侵权行为与前述两案中被告在相关商品上适用其自有注册商标的行为完全一致。上海某建材有限公司在经商标侵权行政处罚后，自述已全额缴纳罚款，应知被告的行为并不构成商标侵权。上海某建材有限公司非但未作合理避让，反而将提起本案诉讼作为干扰市场同业主体的手段，违背了善意、审慎原则，起诉时存在"恶意"。

3. 反赔之赔偿额的确定。反赔之诉的赔偿范围应当与商标恶意诉讼的损害结果相适应。《商标法修订草案征求意见稿》第84条未对反赔之赔偿数额进行明确规定。司法实践中，对于是否支持消除影响缺乏统一评价标准。

（1）财产损失可参照适用《商标法》第63条的规定确定赔偿金额。商标恶意诉讼反赔之诉的赔偿金额可参照《商标法》第63条第1~3款的规定进行判定。《商标法》第63条融合了损害填平原则和惩罚性赔偿机制。商标恶意诉讼反赔之诉的赔偿金额包括恶意诉讼所造成的实际损失和所支付的合理费用。若实际损失或所获利益难以确定，可适用法定赔偿，由法院充分考量恶意诉讼行为的各类情节酌定赔偿金额。

商标恶意诉讼赔偿也可引入惩罚性赔偿机制。对于恶意提起商标诉讼，情节严重的，可以在按照恶意诉讼受害方具体损失金额或恶意诉讼行为人获利数额的一倍以上五倍以下确定赔偿数额。惩罚性赔偿不仅具有震慑、警示功能，还能够进一步补偿恶意诉讼受害方的潜在损失。

（2）商誉受损可适用消除影响的民事责任。商标恶意诉讼不但可能使得被侵权方遭受经济损失，还可能对被侵权方的商誉、市场评价产生负面影响。司法实践中对于是否支持消除影响存在不同观点，个别案件裁判认为通过经济赔偿已足以弥补损失，故对于消除影响的诉请不予支持。然而，经济赔偿无法填平商誉损害，若原告商誉因商标恶意诉讼受到明显不利影响，则应适用消除影响的民事责任。

案例编写人　上海市普陀区人民法院　刘亚玲　张佳璐　俞　璐

专家点评

黄武双　　华东政法大学教授、博士生导师，中国科学技术法学会副会长，中国法学会知识产权法学研究会副会长

本案是一起有关判决恶意提起诉讼方承担责任的典型案例。针对恶意诉讼提起的民事诉讼，首先应当准确认定被告的主观恶意。这里的主观恶意，指起诉方在提起诉讼时是明知对方没有侵权而仍提起诉讼。一般而言，商标经过无效宣告、撤销等行政程序，或经行政处罚确认存在不规范使用而侵犯他人商标权的情形，"权利人"仍以该商标为权利基础起诉他人侵犯商标权，可以认定"权利人"在起诉时明知自己缺乏权利基础。本案的原被告同为建材行业经营者，自2013年起就"樱花"商标存在争议，历经多起行政处罚和民事诉讼，在双方的权利边界已经厘清的情况下，本案被告仍提起侵犯商标权之诉，明显存在主观"恶意"。

恶意诉讼，本质上是一种不正当竞争行为，可以按照《反不正当竞争法》第17条的规定责令提起恶意诉讼之人承担损害赔偿等民事责任。关于因恶意诉讼导致被告商誉损害的，可以通过消除影响的方式恢复其商誉。

相关法条

《中华人民共和国民法典》

第一百三十二条　民事主体不得滥用民事权利损害国家利益、社会公共利益或者他人合法权益。

第一千一百六十五条　行为人因过错侵害他人民事权益造成损害的，应当承担侵权责任。依照法律规定推定行为人有过错，其不能证明自己没有过错的，应当承担侵权责任。

《中华人民共和国商标法》

第七条第一款　申请注册和使用商标，应当遵循诚实信用原则。

《最高人民法院关于适用〈中华人民共和国民法典〉总则编若干问题的解释》

第三条　对于民法典第一百三十二条所称的滥用民事权利，人民法院可以根据权利行使的对象、目的、时间、方式、造成当事人之间利益失衡的程度等因素作出认定。

❻ 北京某科技公司诉上海某文化公司 侵害作品信息网络传播权纠纷案

——《马拉喀什条约》① 与《著作权法》的衔接适用：
无障碍版电影构成合理使用的认定

案件索引

一审：北京互联网法院（2020）京 0491 民初 14935 号（2021 年 4 月 26 日）

二审：北京知识产权法院（2021）京 73 民终 2496 号（2022 年 9 月 26 日）

基本案情

本案系全国首例无障碍电影著作权侵权案，北京某科技公司依法享有影视作品《我不是潘金莲》（又名《我叫李雪莲》，以下简称涉案影片）在中国大陆地区独占专有的信息网络传播权。北京某科技公司发现上海某文化公司未经合法授权，擅自通过其开发运营的"无障碍影视"App（以下简称涉案App）安卓手机端应用程序、苹果手机端应用程序、安卓平板电脑端应用程序提供涉案影片无障碍版的在线播放服务。涉案影片经济价值极大，上海某文化公司非法提供涉案影片无障碍版在线播放服务的行为极大地侵害了北京某科技公司对涉案影片享有的独占性信息网络传播权，给北京某科技公司造成了极大损失，并且北京某科技公司为了维权支付了相应的合理费用，故请求法院支持其诉讼请求。

原告北京某科技公司认为：（1）涉案影片无障碍版并未构成新作品。涉

---

① 本文中《马拉喀什条约》系《关于为盲人、视力障碍者或其他印刷品阅读障碍者获得已出版作品提供便利的马拉喀什公约》的简称。

案影片无障碍版仅是对涉案影片中的演员表情动作、环境、情景转换的简单描述，与涉案影片之间不存在可以被客观识别的显著差异，不具有独创性，不构成独立于涉案影片的新作品。（2）上海某文化公司在涉案App上提供涉案影片无障碍版并未获得合法授权。涉案影片无障碍版播放时显示的制作单位是后期自行添加的，不能基于该信息认定涉案影片无障碍版的著作权归属于案外人中国盲文出版社。上海某文化公司称其获得案外人中国盲文出版社的合法授权不能成立。（3）上海某文化公司在涉案App上提供涉案影片无障碍版播放服务的行为不在《马拉喀什条约》及2020年《著作权法》相关规定的适用范围之内，并未构成合理使用。因为涉案App未将使用该App的用户范围控制在视听障碍者这一特殊人群；同时，虽然《残疾人权利公约》第9条第2款第2项规定缔约国应当确保向公众开放或提供设施及服务的私营实体为残障人创造无障碍环境，但其也仅意味着该公约为缔约国设定义务，并不能直接干预和影响公司、团体和自然人等私主体。《马拉喀什条约》与我国现行《著作权法》为盲人规定的版权限制与例外适用的作品范围基本相同，限定为以盲文形式表现的文字作品，而本案中上海某文化公司实施的侵权行为针对的是电影作品，与文字作品相比属于不同的作品类别，故涉案侵权行为并不能适用《马拉喀什条约》。

上海某文化公司辩称：上海某文化公司在公益网络平台向残障人士无偿提供无障碍影片不构成侵权。具体理由为：（1）涉案App是其与中国盲文出版社合作的专为残障人士服务的无障碍影视网络平台，是针对残障群体的无偿公益网络平台，平台上的影视节目均为中国盲文出版社制作出版发行，涉案影片的无障碍版是改编形式的新作品，其版权归中国盲文出版社所有。（2）依照《著作权法》的规定，将已经发表的作品改成盲文出版，可以不经著作权人许可，不向其支付报酬。上海某文化公司在涉案App中无偿向残障人士提供无障碍影片符合上述规定，属于合理使用，不应被认定为侵权。（3）依照《残疾人权利公约》第30条规定，中国作为缔约国有义务确保残疾人获得以无障碍模式提供的电视节目、电影、戏剧和其他文化活动；有义务确保保护知识产权的法律不构成不合理或歧视性障碍，阻碍残疾人获得文化资料。中国作为缔约国应当履行公约约定义务，限制著作权人的权利。如果法院为保护知识产权判决停止在网络传播无障碍影视作品，则构成对残疾人的歧视性障碍。如果法院为保护知识产权判决被告在网络传播无障碍影视作品须经著作权人许可并支付报酬或者赔偿损失，则构成不合理阻碍残疾人获得文化资料。

法院经过一审、二审均认定上海某文化公司构成侵权，并应承担停止侵权和赔偿损失的责任。

核心争议焦点

1. 本案是否应直接适用《马拉喀什条约》的规定；
2. 涉案影片无障碍版是否构成新作品；
3. 上海某文化公司在涉案 App 上提供涉案影片无障碍版是否构成合理使用。

审判思路

北京知识产权法院围绕本案涉及的核心焦点问题具体阐述如下：

一、关于本案的法律适用问题

双方当事人均认可，北京某科技公司于 2020 年 1 月 21 日进行侵权公证，涉案 App 自北京某科技公司进行侵权公证以来一直持续提供涉案影片无障碍版的播放服务。而 2020 年《著作权法》于 2021 年 6 月 1 日起施行，故本案涉及新旧《著作权法》的衔接适用问题。根据《最高人民法院关于审理著作权民事纠纷案件适用法律若干问题的解释》第 29 条 "除本解释另行规定外，人民法院受理的著作权民事纠纷案件，涉及著作权法修改前发生的民事行为的，适用修改前著作权法的规定；涉及著作权法修改以后发生的民事行为的，适用修改后著作权法的规定；涉及著作权法修改前发生，持续到著作权法修改后的民事行为的，适用修改后著作权法的规定" 之规定，由于上海某文化公司的被诉侵权行为从 2010 年《著作权法》施行时期持续到 2020 年《著作权法》施行后，故本案应当适用 2020 年《著作权法》的相关规定。同时，鉴于《马拉喀什条约》的相关规定已体现在 2020 年《著作权法》中，故本案不再直接适用《马拉喀什条约》的规定。不过，对于 2020 年《著作权法》相关条款的理解可以参考《马拉喀什条约》的相关规定。

二、关于涉案影片无障碍版是否构成新作品的认定

2020 年《著作权法》第 10 条第 11 款第 14 项规定："改编权，即改变作品，创作出具有独创性的新作品的权利。"第 13 条规定："改编、翻译、注

释、整理已有作品而产生的作品，其著作权由改编、翻译、注释、整理人享有，但行使著作权时不得侵犯原作品的著作权。"本案中，上海某文化公司主张涉案影片无障碍版是在涉案影片基础上改编形成的新作品，著作权由案外人中国盲文出版社享有，故其经中国盲文出版社合法授权后在涉案 App 上提供涉案影片无障碍版并未构成侵权。对此，法院认为，著作权法意义上的改编，是在保留原作品基本表达的基础上，通过改变原作品并创作出新作品的行为。而根据查明的事实可知，涉案影片无障碍版相较于涉案影片而言，其变化是在涉案影片画面及声效基础上添加相应配音、手语翻译及声源字幕，并在片头片尾添加"中国无障碍电影"字样 LOGO、"国家出版基金项目""'十三五'国家重点出版物出版规划项目""制作单位：中国盲文出版社、上海永乐股份有限公司、康艺无障碍影视发展中心"等字样并配有声音朗读。涉案影片无障碍版的这种变化仅是在涉案影片基础上所作的适当修改及增加，并未影响涉案影片的基本内容和表达，尚未创作出新作品，不属于著作权法意义上的改编。据此，涉案影片无障碍版后期添加的"制作单位：中国盲文出版社、上海永乐股份有限公司、康艺无障碍影视发展中心"等内容不能用于判定涉案影片无障碍版的著作权归属。因此，对于上海某文化公司认为其已获得作为新作品的涉案影片无障碍版的著作权人中国盲文出版社的合法授权而播放涉案影片无障碍版的行为未构成侵权之主张，法院不予支持。

三、关于上海某文化公司在涉案 App 上提供涉案影片无障碍版是否构成合理使用的认定

2020 年《著作权法》第 24 条第 1 款第 12 项规定，以阅读障碍者能够感知的无障碍方式向其提供已经发表的作品，可以不经著作权人许可，不向其支付报酬，但应当指明作者姓名或者名称、作品名称，并且不得影响该作品的正常使用，也不得不合理地损害著作权人的合法权益。因此，对于上海某文化公司的被诉侵权行为是否构成合理使用的认定，需要判断其是否符合2020 年《著作权法》第 24 条第 1 款第 12 项规定的要件要求。

关于"以阅读障碍者能够感知的无障碍方式向其提供已经发表的作品"的要件要求。2020 年《著作权法》第 24 条第 1 款第 12 项规定的合理使用条款是 2020 年《著作权法》相较于 2010 年《著作权法》的重要修改内容之一。虽然现行法律对于该条款的具体内涵尚没有解释，但对于该条款的理解可以参考《马拉喀什条约》的相关规定。《马拉喀什条约》第 2 条规定，在本条约

中：（1）"作品"是指《保护文学和艺术作品公约》（即《伯尔尼公约》）第2条第1款所指的文学和艺术作品，形式为文字、符号和（或）相关图示，不论是已出版的作品，还是以其他方式通过任何媒介公开提供的作品；（2）"无障碍格式版"是指采用替代方式或形式，让受益人能够使用作品，包括让受益人能够与无视力障碍或其他印刷品阅读障碍者一样切实可行、舒适地使用作品的作品版本。无障碍格式版为受益人专用，必须尊重原作的完整性，但要适当考虑将作品制成替代性无障碍格式所需要的修改和受益人的无障碍需求。第3条规定：受益人为不论有无任何其他残疾的下列人：（1）盲人；（2）有视觉缺陷、知觉障碍或阅读障碍的人，无法改善到基本达到无此类缺陷或障碍者的视觉功能，因而无法以与无缺陷或无障碍者基本相同的程度阅读印刷作品；或者（3）在其他方面因身体残疾而不能持书或翻书，或者不能集中目光或移动目光进行正常阅读的人。据此可知，基于《马拉喀什条约》的相关条款内涵，2020年《著作权法》第24条第1款第12项规定中所述"阅读障碍者能够感知的无障碍方式"应当包含着对该种"无障碍方式"的特殊限定，即应当仅限于满足阅读障碍者的合理需要，供阅读障碍者专用。本案中，双方当事人均认可，涉案影片无障碍版在侵权公证时可供不特定公众注册登录并观看，在本案诉讼过程中涉案App进行了版本更新，更新版本对于注册人的身份审查核验机制进行了变化，截至本案二审期间，涉案App可供残障人士注册登录后观看涉案影片无障碍版。但这也意味着，即便涉案App版本更新后，能够感知涉案影片无障碍版这种无障碍方式的群体也并不限于阅读障碍者。因此，上海某文化公司的被诉侵权行为并不符合"以阅读障碍者能够感知的无障碍方式向其提供已经发表的作品"的要件要求。

关于"不得影响该作品的正常使用"以及"不得不合理地损害著作权人的合法权益"的要件要求。保障残障人士的阅读权利，为残障人士提供阅读便利，使阅读障碍者拥有更多获得作品的机会，是2020年《著作权法》第24条第1款第12项规定的合理使用条款的应有之义。但是，在保障阅读障碍者权益的同时，也需要平衡对著作权人合法权益的维护。正如一审判决所述，涉案影片无障碍版能够实质呈现涉案影片的具体表达，公众可通过观看或收听的方式完整地获悉涉案影片的全部内容，被诉侵权行为对涉案影片起到了实质性替代作用，影响了涉案影片的正常使用；涉案App面向不特定的社会公众开放，导致原属于授权播放平台的相关流量被分流，势必会影响北京某科技公司通过授权涉案影片使用获得的经济利益，造成了对著作权人合法权益的损害。

因此，自北京某科技公司进行侵权公证时至本案二审期间，上海某文化公司的被诉侵权行为虽然发生了一些变化，但均不属于2020年《著作权法》第24条第1款第12项规定的构成合理使用的范畴。尤其是考虑到上海某文化公司称其在技术上具有审查核验残障人士具体类别的可操作性、涉案App能够改版实现仅供阅读障碍者专用并未体现。故对上海某文化公司认为被诉侵权行为构成合理使用，其已尽到合理审查义务的上诉主张，法院不予支持。

案件点睛

《马拉喀什条约》于2022年5月5日起对我国正式生效，而我国《著作权法》及其实施条例的修订仍在进行中。如何在现行法律框架下实现国内法与国际条约的衔接适用，考验着司法的智慧。

2020年《著作权法》第24条第1款第12项规定的"以阅读障碍者能够感知的无障碍方式向其提供已经发表的作品"构成合理使用的条款是2020年《著作权法》相较于2010年《著作权法》的重要修改内容之一，但现行法律对于该条款所述"阅读障碍者""已经发表的作品""能够感知的无障碍方式"等概念尚没有明确解释。为正确适用法律，本案运用系统解释的法律解释方法，考量该条款的修改与《马拉喀什条约》对我国正式生效密切相关的特定情况，结合《马拉喀什条约》有关"无障碍格式版""受益人"等相关规定，作出该条款所述"阅读障碍者能够感知的无障碍方式"应当包含着对该种"无障碍方式"的特殊限定，即应当仅限于满足阅读障碍者的合理需要、供阅读障碍者专用的解释，从而对提供涉案影片无障碍版的行为是构成侵权抑或属于合理使用作出认定与判断。

本案系全国首例无障碍电影著作权侵权纠纷，相关认定对于平衡著作权人与阅读障碍者的权益保护需求、对于无障碍版电影的行业发展与行为规范将起到重要的指引作用。

本案获评北京法院2022年度知识产权司法保护十大案件，同时获评2022年北京市版权十大事件之一。

案例编写人　北京知识产权法院　崔宇航

专家点评

王迁　　华东政法大学法律学院教授、博士生导师，中国版权协会副理事长

　　本案被告本可以完成功德无量的善举——免费向残疾人提供无障碍电影。但在电影权利人起诉前，被告在提供该服务时并没有采用任何措施以验证残疾人的身份。在权利人起诉后，被告虽然增加了身份验证机制，但其中身份证号和残疾证号为选填项，填入手机号即可通过获取验证码的方式登录并点播电影。其没有采取有效的残疾人身份验证措施，无视觉和听觉残疾的公众也可以免费欣赏涉案电影，而且其观赏体验并不会因电影中添加的手语和画外音解说而受到多少影响。这样一来，被告服务的对象并未限于残疾人，还包括并没有视觉或听觉残疾的人。这显然会与对电影作品的正常利用相冲突，不合理地损害权利人的合法权益。即使根据修改后的《著作权法》，被告的行为也并非合理使用。法院的判决是对《马拉喀什条约》精神的精准把握，为日后向残疾人提供无障碍格式作品厘清了法律界限。

相关法条

　　《中华人民共和国著作权法》（2020年修正）

　　第十条第一款第十二项、第十四项　著作权包括下列人身权和财产权：

　　（十二）信息网络传播权，即以有线或者无线方式向公众提供，使公众可以在其选定的时间和地点获得作品的权利；

　　（十四）改编权，即改变作品，创作出具有独创性的新作品的权利；

　　第十一条第一款　著作权属于作者，本法另有规定的除外。

　　第十二条第一款　在作品上署名的自然人、法人或者非法人组织为作者，且该作品上存在相应权利，但有相反证明的除外。

　　第十三条　改编、翻译、注释、整理已有作品而产生的作品，其著作权由改编、翻译、注释、整理人享有，但行使著作权时不得侵犯原作品的著作权。

　　第二十四条第一款第十二项　在下列情况下使用作品，可以不经著作权人许可，不向其支付报酬，但应当指明作者姓名或者名称、作品名称，并且不得影响该作品的正常使用，也不得不合理地损害著作权人的合法权益：

　　（十二）以阅读障碍者能够感知的无障碍方式向其提供已经发表的作品；

❼ 株式会社良品计画诉北京无印良品投资有限公司等侵害商标权纠纷案

——销售自有商品与替他人推销类似服务的判断标准

案件索引

一审：上海市普陀区人民法院（2019）沪 0107 民初 6794 号（2020 年 6 月 30 日）

二审：上海知识产权法院（2021）沪 73 民终 29 号（2022 年 5 月 30 日）

基本案情

原告株式会社良品计画（以下简称良品计画）诉称：二被告北京无印良品投资有限公司（以下简称无印良品投资公司）、北京无印良品家居用品有限公司（以下简称无印良品家居公司）在其自营店铺及所开展的特许经营活动中使用中文简体和繁体"无印良品"商标作为其店招及店面装潢使用，上述行为与原告第 4471277 号、第 16240403 号、第 30514711 号、第 15098155 号"無印良品"商标核定使用的替他人推销、特许经营的商业管理、商业管理辅助构成相同或类似服务，侵害了原告对该四个注册商标享有的专用权，请求判令二被告：（1）立即停止商标侵权行为；（2）向原告连带赔偿经济损失及合理费用 250 万元；（3）在微信公众号"无印良品官方旗舰店""无印良品"、无印良品投资公司网站以及在二被告中国大陆所有门店发表公开声明、消除影响。

被告无印良品投资公司、无印良品家居公司辩称：二被告实施的行为是通过零售或批发直接向消费者出售商品（服务）的行为，该服务明显不属于原告商标核定使用的第 35 类"替他人推销"的服务类别。早于原告商标注册前，二被告即在第 24 类商品上注册并使用了"无印良品"商标。经过不间断的使用，该商标在业内已经具有极高的知名度，二被告系在自己商品商标核定的使用范围内合理使用涉案标识。综上，原告诉请应予驳回。

法院经审理查明：原告良品计画系第 4471277 号、第 16240403 号、第 30514711 号、第 15098155 号"無印良品"商标权利人。其中第 4471277 号、第 16240403 号商标被核定在在线推销（替他人）、替他人推销等商品和服务上使用；第 15098155 号商标核定在第 35 类商业管理辅助等服务上使用；第 30514711 号商标被核定在第 35 类特许经营的商业管理、替他人推销等服务上使用。案外人棉田公司在第 24 类棉织品、毛巾等商品上拥有"無印良品""无印良品"商标，棉田公司将这些商标许可二被告使用。二被告在其自营店铺及所开展的特许经营活动中使用中文简体和繁体"无印良品"商标作为其店招及店面装潢使用。

上海市普陀区人民法院于 2020 年 6 月 30 日作出（2019）沪 0107 民初 6794 号民事判决：二被告停止商标侵权行为并在微信公众号"无印良品"及 27 家实体店铺刊登声明、消除影响，赔偿经济损失及合理费用 200 万元。

一审判决后，原、被告均不服，上诉至上海知识产权法院。上海知识产权法院于 2022 年 5 月 30 日作出（2021）沪 73 民终 29 号民事判决：撤销一审判决，改判无印良品投资公司、无印良品家居公司立即停止侵害良品计画第 4471277 号、第 16240403 号、第 30514711 号"無印良品"注册商标专用权的行为；无印良品投资公司、无印良品家居公司赔偿良品计画经济损失及合理费用共计 250 万元；无印良品投资公司、无印良品家居公司连续 30 日在"无印良品"微信公众号首页、无印良品投资公司网站首页发布书面声明，消除影响，在无印良品投资公司、无印良品家居公司直营店内显著位置以明显方式发布书面声明、消除影响；驳回良品计画其余一审诉讼请求。

核心争议焦点

二被告行为是否构成对原告四个注册商标专用权的侵害。

审判思路

原告主张二被告的侵权行为为在自营店铺及所开展的特许经营活动中使用中文简体和繁体的"无印良品"商标，包括：（1）在自营店铺中使用被诉商标；（2）通过无印良品投资公司微信公众号"无印良品""无印良品 Natural Mill"宣传并开展特许经营推广活动；（3）无印良品投资公司、无印良品家居公司于 2018 年 3 月和 2019 年 3 月两次参加"中国国际家用纺织品及辅料（春夏）博览会"，在两次参展过程中两公司宣传其开展的特许加盟活动，并举行"无印良品品牌发布会"；（4）在无印良品投资公司、无印良品家居公司开展的 27 家特许加盟店中，许可加盟商使用被诉商标。原告主张上述行为与其第 16240403 号、第 4471277 号、第 30514711 号商标核定使用的替他人推销和推销替他人服务构成相同或类似服务，与第 30514711 号商标核定使用的特许经营的商业管理构成相同服务，与第 15098155 号商标核定使用的商业管理辅助构成类似服务。

二被告主张其行为属于在其商品商标"无印良品"核定使用的商品范围内使用，其实施的行为亦与良品计画商标核定使用的服务类别既不相同也不类似。

法院经审理认为：二被告开设直营店及开展特许加盟活动的行为已经超出了其商品商标核定使用的范围。关于二被告开设直营店的行为，该行为所涉的服务目的、内容、方式、对象与替他人推销的服务具有高度的相似性，二被告行为易使相关公众产生混淆。因此，二被告开设直营店的行为与替他人推销的服务类别构成类似服务，但与商业管理辅助及特许经营的商业管理服务既不相同也不类似；关于开展特许加盟活动的行为，二被告开展特许加盟服务的行为与特许经营的商业管理在服务目的、服务内容上具有一致性。二者构成类似服务。此外，二被告开展特许加盟服务的目的是发展加盟商，以达到将商品出售给加盟商获利并许可其推销商品的目的，故发展加盟商的行为也是推销商品的一种方式，二被告开展特许加盟的行为同样与替他人推销服务构成类似服务，但该行为与商业管理辅助服务既不相同也不类似。鉴于第 15098155 号商标核定的服务类别为商业管理辅助服务，故二被告行为不构成对该注册商标专用权的侵害，但侵害了其余三个注册商标的专用权。

关于消除影响的范围，鉴于一审判决确定的刊登声明的 27 家店铺中仅有北京的一家直营店尚在经营中，其余店铺均已关闭，故二审将刊登声明、消除影响的实体店铺范围变更为该店铺，另二被告还应在无印良品投资公司网站上刊登声明，消除影响。关于赔偿金额，根据权利商标的知名度、二被告实施侵权行为的范围、二被告的主观恶意程度等因素，原告主张的 250 万元的赔偿金额，可予全额支持。

本案原告主张权利的商标核定的服务类别为替他人推销，被告开设的自营店铺及发展的加盟店内销售的商品以自营商品为主，故本案主要争议焦点在于上述两种服务类别能否认定为类似服务。

一、类似商品或服务认定的法律规则

我国《商标法》第 57 条规定了多种商标侵权行为的表现形式，其中就相同商品使用相同商标的行为及类似商品使用相同商标的行为规定了不同认定标准，即在同种商品上使用与注册商标相同商标行为不需要再判断是否会造成混淆的后果，而就类似商品使用相同商标的，则还需满足容易导致混淆的后果才能认定为系商标侵权行为。因此，当两商品或服务类别并不相同时，不仅需要对二者是否构成类似商品或服务进行认定，还需要就混淆后果进行判定。根据我国《最高人民法院关于审理商标民事纠纷案件适用法律若干问题的解释》（以下简称《商标纠纷解释》）第 11 条的规定，类似商品，是指在功能、用途、生产部门、销售渠道、消费对象等方面相同，或者相关公众一般认为其存在特定联系、容易造成混淆的商品。类似服务，是指在服务的目的、内容、方式、对象等方面相同，或者相关公众一般认为存在特定联系、容易造成混淆的服务。此外，司法解释也未排除商品与服务之间构成类似，其明确商品与服务类似，是指商品和服务之间存在特定联系，容易使相关公众混淆。根据《商标纠纷解释》第 12 条的规定，认定商品或者服务是否类似，应当以相关公众对商品或者服务的一般认识综合判断；《商标注册用商品和服务国际分类表》《类似商品和服务区分表》可以作为判断类似商品或者服务的参考。根据上述规定，在判断商品或服务是否构成类似服务时，虽然可以将《商标注册用商品和服务国际分类表》《类似商品和服务区分表》作为参考，但不能作为唯一的标准。实际判定时还需根据相关公众的认知作出相应判定，即应采用主观标准，不同经营者提供的商品或服务即使位于分类表的不同群组之中，也可能被认定为"类似商品或服务"。同样，即使商品或服务位于分类表的相同群组之中，也可能被认定为"不类似"。①

二、销售自有商品和替他人推销在审判实践中的纷争

司法实践中，就本案所涉的替他人推销与销售自有商品是否构成相同或类似服务的问题，争议已久。主要原因在于销售商品服务类别在分类表中的缺失，导致实际从事销售商品服务的商场、超市等经营主体在对自己的商标寻求注册服务类别时，只能在最接近其服务类型的第 35 类替他人推销服务下申请注册，但其实际使用时却将该商标用于销售商品的服务上。一旦他人将

---

① 王迁：《论"相同或类似商品（服务）"的认定——兼评"非诚勿扰"案》，载《知识产权》2016 年第 1 期。

其商标用于销售商品服务时就会产生是否系相同或类似服务之争。在原国家工商行政管理总局商标局 2004 年 8 月 13 日作出的《关于国际分类第 35 类是否包括商场、超市服务问题的批复》（商标申字〔2004〕第 171 号）中明确，"第 35 类的服务项目不包括'商品的批发、零售'，商场、超市的服务不属于该类的内容。该类'推销（替他人）'服务的内容是：为他人销售商品（服务）提供建议、策划、宣传、咨询等服务。"2012 年 3 月 23 日，原国家工商总局《关于超市服务与"推销（替他人）"服务是否属于类似服务的问题的批复》（商标监字〔2012〕第 43 号）中再次明确，"超市服务"与"推销（替他人）"不属于类似服务。

基于上述两批复的精神，当时很多法院据此认为替他人推销服务和商场、超市销售商品的服务既不是相同服务也不是类似服务。如广东省广州市中级人民法院在好又多管理咨询服务（上海）有限公司与张家港市好又多连锁超市有限公司等侵害商标权及不正当竞争纠纷一案中认定被告所从事的是商场、超市服务，其主要活动是批发、零售；而原告商标核定使用的服务项目"推销（替他人）"的内容是为他人销售商品（服务）提供建议、策划、宣传、咨询等。因此，二者既不相同，也不构成类似服务。[1] 但随着该类诉讼的增多，越来越多的法官和学者意识到，商标侵权的类似判定和商标注册申请审查制度中的区别。商标注册申请审查，强调标准的客观性、一致性和易于操作性，为了保证执法的统一性和效率，商标行政主管机关以《类似商品和服务区分表》为准进行类似商品划分并以此为基础进行商标注册和管理，符合商标注册审查的内在规律。[2] 但是，当纠纷进入诉讼阶段，随着经济的发展，市场形态变化的多样性，市场主体经营模式的复杂性，商品和服务的类型也在不断地更新和发展，类似商品和服务的类似关系并不是一成不变的。因此，诉讼阶段的类似商品（服务）的判断不应当拘泥于商标行政主管机关对商品或服务类别的规定，还是需回到司法解释关于类似商品和服务的判定标准，即以相关公众的主观标准为原则，以相关公众对商品或者服务的一般认识综合判断。此外，考虑到商品销售服务在商标注册类别中的缺失，有的法院将商品销售服务直接归为替他人推销服务的类别中，以解决商场、超市虽然在替他人推销服务类别上注册了第 35 类商标，实际却未使用的困局。[3] 但考虑到司

① 参见广东省广州市中级人民法院（2011）穗中法民三初字第 10 号民事判决书。
② 周云川：《商品类似判断及其与〈类似商品和服务区分表〉的关系》，载《人民司法》2011 年第 18 期。
③ 参见广东省高级人民法院（2014）粤高法民三终字第 123 号民事判决书。

法审判与商标行政审查之间的关联性，将二者认定为相同服务后，可能会产生与行政批复冲突的后果。2021年12月，最高人民法院再审改判的"华润"商标侵权案中明确，销售商品服务与替他人推销服务构成类似服务。自此，既弥补了商品销售服务注册类别缺失的遗憾，也体现了对商场、超市企业诚信经营成果的尊重，保护了这些企业的合法利益。最高人民法院在该案中认为，被告华润商店将自己所代理或购进的各类品牌灯饰进行归类并统一销售，以方便消费者选购，其所销售的灯饰产品显示的标识及相关信息仍来源于其代理或购进的灯饰品牌，而"华润灯饰"系为销售上述灯饰产品所提供的服务标识。上述销售模式与涉案商标核定使用的（替他人推销）服务存在交叉和重合，二者构成类似服务。[①]

三、商品销售和替他人推销类似服务的认定方法

本案中，原告商标核定的是替他人推销服务，二被告在其店铺内提供的系出售自有商品的服务，在对二者类似性进行具体判断时，应当以普通消费者对两服务的客观认识进行综合判断，判断两服务在服务内容、服务对象、服务方式、销售渠道及销售习惯等方面是否具有一致性；二者在服务性质上是否具有紧密的联系；在被诉服务范围内使用涉案标识后，是否会导致相关公众误认为两服务来自同一市场主体或者来自有特定联系的市场主体，从而混淆二者的服务来源。

本案二被告开设直营店的服务目的、内容、方式、对象与实施替他人推销服务的服务提供者具有高度的相似性，二者均是在一定的场所向消费者销售商品，所服务的消费群体、销售方式也是相同的，二者仅存在销售的是他人产品还是自有产品的区分，但对普通消费者而言不易区分。二被告店铺采用与原告商标相同或近似标识后，易使相关公众产生混淆，认为二者提供的系相同服务或二者存在一定的关联关系。因此，二被告开设直营店的行为与原告商标核定的替他人推销的服务类别构成类似服务。二被告开展特许加盟服务的目的是发展加盟商，以实现将商品出售给加盟商获利并许可其推销商品，故发展加盟商的行为也是推销商品的一种方式，二被告开展特许加盟的行为同样与替他人推销服务构成类似服务。

---

① 参见最高人民法院（2021）最高法民再338号民事判决书。

案件点睛

商标注册分类表中并无销售商品的服务类别，当因该类服务产生纠纷时，商标权人通常以其商标核定的替他人推销服务作为权利主张。但原国家工商行政管理总局的相关文件明确，替他人推销服务不包括商业企业销售商品的活动，故审判实践中，销售商品服务与替他人推销服务能否被认定为类似服务争议非常大。本案以相关公众对商品或者服务的一般认识作为判断类似服务的基本原则，详细阐述和分析了二者构成类似服务的判定标准及认定原则，可以成为解决该类问题的典型案例。

案例编写人　上海知识产权法院　杜灵燕

专家点评

王迁　　华东政法大学法律学院教授、博士生导师，中国版权协会副理事长

本案最值得称道之处，是正确地区分了在申请商标注册时和在判断认定侵权时，对"相同或类似服务"的不同判断标准。在申请商标注册时，申请人必须按规定的商品与服务分类表填报使用商标的商品或服务类别及商品名称，提出注册申请（如希望经营加牛奶的可可饮料和加可可的牛奶饮料的经营者需要分别在第 30 类和第 29 类申请注册）。这是为了便利商标的分类注册和管理。但法院在商标侵权诉讼中对"相同或类似服务"的判断是为了防止相关公众的混淆并保护商标权人的合法利益，此时分类表只是参考，相关公众的认知才具有决定性的意义。特别是"服务"由人的活动构成，人类活动的复杂性和多样性意味着商业现实中的"服务"也是"横看成岭侧成峰"。此时，必须对"服务"进行整体观察，根据其本质特征和给相关公众留下的印象进行评判。对于通过商场、超市销售商品的服务，依商标注册和管理部门的解释，并不属于分类表中第 35 类"替他人推销服务"，因为该类服务仅限于为他人销售商品（服务）提供建议、策划、宣传、咨询。但是，分类表中不存在通过商场、超市等销售商品的服务类别，相关经营者只能注册第 35 类服务。同时，商场、超市往往销售他人制造的商品，消费者很难理解为什么这不属于"替他人推销服务"。同时，许多商场、超市也销售所谓"自有品牌"，消费者通常对这些销售行为等同视之，不会进行区分。因此，在本案原告已经在第35类注册了涉案商标且已实施了相关销售服务的情况下，法院正确地认定被告开设直营店及开展特许加盟活动与原告已注册商标的服务属于类似服务。该判决是对司法解释的合理应用，对今后类似案例的裁判有很大的参考价值。

 **相关法条**

《中华人民共和国商标法》

第五十七条第二项　有下列行为之一的，均属侵犯注册商标专用权：

（二）未经商标注册人的许可，在同一种商品上使用与其注册商标近似的商标，或者在类似商品上使用与其注册商标相同或者近似的商标，容易导致混淆的；

《最高人民法院关于审理商标民事纠纷案件适用法律若干问题的解释》

第十一条第一款、第二款　商标法第五十七条第（二）项规定的类似商品，是指在功能、用途、生产部门、销售渠道、消费对象等方面相同，或者相关公众一般认为其存在特定联系、容易造成混淆的商品。

类似服务，是指在服务的目的、内容、方式、对象等方面相同，或者相关公众一般认为存在特定联系、容易造成混淆的服务。

⑧ 深圳某公司诉杭州某科技公司 侵害作品信息网络传播权纠纷案

——NFT数字作品交易属性及平台责任的认定

案件索引 ....

一审：杭州互联网法院（2022）浙0192民初1008号（2022年4月22日）

二审：浙江省杭州市中级人民法院（2022）浙01民终5272号（2022年12月30日）

基本案情 ....

深圳某公司主张：漫画家马某某以"不二马"为笔名，"不二马大叔"为微博名，创造"我不是胖虎"（以下简称"胖虎"）动漫形象。2021年3月，深圳某公司与作者马某某签署《著作权授权许可使用合同》，约定深圳某公司经授权享有"胖虎"系列作品在全球范围内独占的著作权财产性权利及维权权利。深圳某公司在杭州某科技公司经营的Bigverse平台发现，用户"anginin"铸造并发布了"胖虎打疫苗"NFT，售价899元。该NFT作品与马某某在微博发布的插图作品完全一致，甚至NFT作品右下角依然带有"@不二马大叔"的水印。铸造作品过程中，杭州某科技公司平台仅要求用户上传NFT作品图片，填写作品名称、作品简介、作品描述、作品标签及艺术家介绍等基本信息，未要求用户就作品提交任何权属证明。在用户铸造完NFT作品后，作品右下角状态显示"审核中"，直至审核通过。《平台用户服务协议》第三点第三条表示：Bigverse平台不承担对用户上传的内容是否具有著作权或著作权人的授权进行审核的义务。深圳某公司认为，NFT作品一旦被铸造上链，便难以像传统互联网信息一般易于处理，杭州某科技公司作为专业NFT平台，理应尽到更高的知识产权保护义务，对于在其平台发布的NFT作品权属情况进行初步审核。而在本案中侵权作品明显带有"@不二马大叔"水印的情况下，杭州某科技公司却依然允许案涉作品发布上架，表明其审核机制形同虚设。杭州某科技公司一方面完全免除自身对作品的审核义务，另一方面又收取一级市场（首次成交价的10%）及二级市场交易费用（卖家赚取差价的2.5%），并且在NFT作品铸造、销毁、赠与的过程中都会收取燃料费，显然直接参与了侵权作品的发行并获取收益。深圳某公司认为，杭州某科技公司的行为严重侵害了深圳某公司享有的著作权，给其造成了经济损失。

杭州某科技公司主张：一是"NFT数字作品及其交易的相关数据均保存于区块链服务器中，通常而言，该区块链节点之间无法形成共识而无法删除"与事实不符。首先，区块链存证及应用中的基本通识是出于经济效率原因，作品或实物不会上链，上链的只是其对应的哈希值。国内联盟链中存储的哈希值可直接删除，不存在无法删除的情况。其次，对于NFT数字作品的救济，采取从平台中删除、屏蔽等方式即可，而杭州某科技公司在收到深圳某公司的起诉材料后，已立即从平台中删除、屏蔽了涉案图片。最后，根据法院查明的事实："非同质化通证（NFT）不存储数字作品文件，只是记录了数字作品文件的数据特征，NFT本身不具备任何直接转变为画面的数据，不能'观赏'，只是一个抽象的信息记录。"故将NFT数字作品打入地址黑洞，并不能产生救济权利人信息网络传播权的法律效果。二是杭州某科技公司未从侵权作品中获取任何利益。针对涉案NFT，杭州某科技公司已将代理人购买涉案NFT的款项899元退还至其账户。且在涉案上传者铸造作品时，杭州某科技公司并未收取铸造费，故未从案涉作品信息网络传播中直接获得经济利益。根据《著作权法》第54条"侵犯著作权或者与著作权有关的权利的，侵权人应当按照权利人因此受到的实际损失或者侵权人的违法所得给予赔偿"之规定，杭州某科技公司不应对涉案侵权用户的侵权行为承担损害赔偿责任。三是NFT数字商品不属于法律规定的物权客体，根据物权法定原则，在数字商品上无法设置"所有权"，因此"NFT交易实质上是数字商品所有权转移"的说法存在错误，严重违反《民法典》规定。

法院经审理查明：深圳某公司经漫画家马某某授权享有"我不是胖虎"系列作品独占性著作财产权，后其在杭州某科技公司经营的Bigverse平台发现，用户"anginin"铸造并发布了"胖虎打疫苗"NFT，售价899元。该NFT作品与马某某在微博发布的插图作品构成相同，NFT作品右下角依然带有"@不二马大叔"的水印。用户在铸造作品过程中，被控平台仅要求用户上传NFT作品图片，填写作品名称、作品简介、作品描述、作品标签及艺术家介绍等基本信息。在用户铸造完NFT作品后，作品右下角状态显示"审核中"，直至审核通过。用户上传的案涉作品图片文字的原文件存储在Bigverse平台服务器中。作品铸造完成后，用户上传的案涉作品即可在Bigverse平台进行售卖，登录平台，在"我的"页面，点击藏品，即可看到用户上传的作品。

Bigverse平台收到作品铸造申请后，由系统对作品进行人工审核，审核内容包括在"全国作品登记信息公示系统"中查询是否有拟铸造的作品登记信息，在搜索引擎中查询是否有拟铸造的作品信息等步骤。购买者在Bigverse平台注册账号，浏览并选定特定作品，点击"购买"按钮后完成支付。支付后，作品购买成功，平台从中抽取10%佣金及33元燃料费，即作品铸造及流通时需要分别消耗一次燃料费。购买者完成作品购买后，可重新设定新的出售价格，实现作品的二次流通，平台同样从出售价格中获得佣金及燃料费。作品被赠与或销毁，会消耗燃料次数，用户在平台每次产生数据时都会消耗燃料费。

审理中，Bigverse平台披露账号"anginin"的注册用户为"王某某"。原被告均确认被控侵权的《胖虎打疫苗》图与涉案《胖虎打疫苗》图相同，且确认代币销毁就是将代币从流通中永久性去除。

核心争议焦点

1. NFT数字作品铸造、交易是什么法律性质；
2. 被控Bigverse平台的属性及责任如何认定；
3. 民事责任如何承担。

审判思路

法院经审理认为：一是NFT数字作品的交易流程涉及铸造、上架发布、出售转让三个阶段。其中，在NFT数字作品的"铸造"阶段，涉及复制行为；在NFT数字作品的上架发布阶段，涉及信息网络传播行为；在NFT数字作品的出售转让阶段，不涉及复制行为，也不涉及信息网络传播行为。二是NFT数字作品作为数字藏品的一种形式，符合网络虚拟财产的特征，具有财产利益的属性。NFT数字作品使用的技术虽可以较为有效地避免其后续流转中被反复复制的风险，但鉴于NFT数字作品的网络虚拟财产属性，其出售转让过程难以适用发行权予以规制，故目前NFT数字作品交易适用权利用尽原则尚缺乏法律依据。三是 NFT 数字作品交易服务平台应当对其网络用户侵害信息网络传播权的行为负有相对于一般网络服务提供者而言较高的注意义务，除一般网络服务提供者应当承担的义务外，还应当审查 NFT 数字作品来源的合法性，采用"一般可能性"标准对平台交易的 NFT 数字作品权属作初步审查。本案中，杭州某科技公司未能尽到相应的注意义务，其对被诉侵权行为的发生具有主观上的过错，应当承担帮助侵权的民事责任。四是涉案 NFT 数字作品仅交易过一次，且杭州某科技公司述称其使用的区块链为联盟链，故作为停止侵权的救济措施之一，要求杭州某科技公司将涉案 NFT 打入黑洞地址具有合理性。五是综合考虑涉案 NFT 数字作品的交易金额、杭州某科技公司收取的费用、深圳某公司为制止侵权行为支付的合理费用等因素，采取法定赔偿的方式确定赔偿金额为 4000 元。

案件点睛

本案系全国首例涉"NFT 数字作品"侵权案，法院在本案中对 NFT 数字作品的法律属性、NFT 数字作品形成及流转过程中相关行为的法律性质、NFT 数字作品交易平台的法律责任、停止侵害民事责任的具体承担方式等问题进行了积极探索，并形成了相应的司法审查标准。本案判决坚持规范与发展并重，对于构建公开、透明、可信可溯源的链上数字作品新业态，保障文化数字化战略实施，促进数字化产业发展具有积极意义。本案入选 2022 年中国法院十大知识产权案件、2022 年度浙江法院十大知识产权案件、2022 年度中国网络治理十大司法案件、2022 年度 AIPPI 中国分会版权十大热点案件。

近年来，数字藏品作为一种兼具文化价值和收藏价值的新型数字出版物，逐渐成为风靡全球的潮流风向标，同时也给数字化作品的知识产权保护带来了全新挑战。伴随着数字藏品交易的快速发展，一系列新的法律问题接踵而至。NFT 交易模式对于传统著作权理论造成重大冲击，复制权与信息网络传播权、发行权之间的边界愈加模糊。司法应当通过运用多种法律解释方法为新业态、新模式提供规则引领。

一、NFT 与 NFT 数字作品

（一）财产权客体的特征属性

财产权客体须具备价值性、稀缺性、可支配性、排他性、可交易性等特征。

NFT 数字作品是基于区块链节点之间的信任和共识机制，在区块链上所形成的独一无二的数字资产，具有经济价值、知识产权价值、审美价值、收藏价值等。每一个 NFT 都具备唯一且不可篡改的序列号，从而使每一个 NFT 都指向特定人的权利，需要投入等值对价才能交易，有限的数量使得 NFT 数字作品符合稀缺性特点。持有者可通过 NFT 数字作品私钥的控制，实现对 NFT 数字作品的排他性支配，而支配行为均可以在区块链上形成数据记录，因此，NFT 数字作品具有可支配性和排他性。NFT 数字作品的稀缺性和价值性使其具有交易价值，借助于区块链自身的共识机制和 NFT 数字作品发售者的开发运营，NFT 数字作品可以拥有被社会普遍认同的价值共识，继而产生交易需求，故 NFT 数字作品具有可交易性。综上，NFT 数字作品符合财产权客体的共同属性特征。

（二）网络虚拟财产的特征属性

根据《民法典》第 127 条"法律对数据、网络虚拟财产的保护有规定的，依照其规定"之规定，网络虚拟财产，是指虚拟的网络本身以及存在于网络上的具有财产性的电磁记录，是一种能够用现有的度量标准度量其价值的数字化的新型财产。[①]NFT 数字作品区别于现实存在的有形财产与无形财产，系以数据代码形式，存储于互联网虚拟空间，符合网络虚拟性特征。数字作品本身系通过 0 和 1 两个二进制位数构成的计算机代码通过编译形成，显示于可视界面的即为数字作品，又通过区块链技术赋予其唯一标记。由于 NFT 数字作品数量的限量性和区块链节点之间的信任和共识机制，从而产生"特定性""稀缺性""价值性"等效果。NFT 数字作品以数据代码形式存在于虚拟空间且具备价值属性时，已具有"数字商品"属性，同时亦具备一定的独立性、特定性和支配性，属于虚拟财产范畴。[②]需要指出的是，NFT 数字作品这一网络虚拟财产的"所有权"并不同于民法物权领域中的所有权。持有人对 NFT 数字作品"所有权"的排他性和可支配性局限于网络服务器和区块链技术范围内，其享有的权利实际上主要表现为"所有权身份"和二次交易时的支配权。

二、NFT 数字作品交易的行为属性

NFT 表现为区块链上一组加盖时间戳的元数据，其与存储在网络中某个位置的某个数字文件具有唯一且永恒不变的指向性，NFT 的"非同质化"特

---

① 杨立新主编：《民法总则重大疑难问题研究》，中国法制出版社 2011 年版，第 292 页。
② 王江桥：《NFT 交易模式下的著作权保护及平台责任》，载《财经法学》2022 年第 5 期。

征为数字作品进行在线交易提供便利。本案中，涉案 Bigverse 平台中 NFT 数字作品的交易流程为：网络用户（上传）"铸造"—上架发布—出售转让，应当根据 NFT 数字作品交易流程对行为属性进行判断。

（一）"铸造"阶段

在 NFT 数字作品的"铸造"阶段，网络用户将存储在终端设备中的数字化作品复制到 NFT 数字作品交易平台的中心化服务器上，产生了一个新的作品复制件，应当属于"以印刷、复印、拓印、录音、录像、翻录、翻拍、数字化等方式将作品制作一份或者多份"的复制行为，当然构成著作权法中受复制权规制的复制行为。因该复制是网络传播的一个必备步骤，其目的在于以互联网方式向社会公众提供作品，故复制本身给权利人造成的损害已经被因信息网络传播给权利人造成的损害后果所吸收，理应无需单独对此予以评价。

（二）上架发布阶段

在 NFT 数字作品的上架发布阶段，NFT 数字作品的铸造者（发布者）通过将 NFT 数字作品在交易平台上架发布的形式，使公众可以在选定的时间和地点获得该作品，此种获得既可以是不以受让为条件的在线浏览，也可以是在线受让之后的下载、浏览等方式。该种提供上传作品的公开浏览，属于受信息网络传播权规制的交互式传播行为。

（三）出售转让阶段

在 NFT 数字作品的出售转让阶段，交易双方完成 NFT 数字作品对价的支付和收取后，区块链中与之对应的 NFT 作相应的变更记录。在上述转让交易过程中，NFT 数字作品始终存在于作为"铸造者"的网络用户最初上传的服务器中，未发生存储位置的变动，由于 NFT 数字作品的交易条件及交易过程中采用了智能合约技术，整个交易过程由智能合约中嵌入的"自动执行"代码触发完成。我国《著作权法》将"发行"定义为"通过销售或其他所有权转让形式向公众提供其作品原件或复制件的专有权利"，可见发行权系著作权人以赠与或者出售作品的载体（原件和复制件）的形式将作品内容提供给受让人，与之伴随的是作品原件和复制件上物权的移转。NFT 数字作品出售转让的结果是在不同的民事主体之间移转财产性权益，并非物权的移转，故其虽能产生类似于"交付"的后果，但尚不能落入发行权的规制范畴。NFT 数字作品的"所有权"不应理解为民法中的物权意义上的所有权，NFT 数字作品交易呈现的后果是该数字作品的"持有者"发生了变更，相应地，基于该 NFT 数字作品的财产性权益在不同的民事主体之间发生了移转。

（四）能否适用"发行权用尽原则"

首先，基于当前立法规定，著作权领域的"发行权用尽原则"的适用基础是作品与其有形载体的不可分性，网络改变了 NFT 数字作品的传播方式，公众无需转移有形载体就可以获得作品的复制件，这一过程不会导致作品有形载体在物理意义上的转移。其次，NFT 数字作品虽然可以作为特定化的"数字商品"进行交易，但法律并未赋予其一项财产性权利地位，这意味着 NFT 数字作品交易并非以作品载体所有权的方式提供作品原件或复制件，亦缺乏了适用"发行权用尽原则"的前提和基础。

从技术进步和产业发展的角度，"发行权用尽原则"在数字网络空间是否具有存在的必要性仍须回归到版权法领域利益平衡的考量之中，将"发行权用尽原则"扩张解释至数字网络空间需要立法智慧，同时综合考量数字作品上传的合法性审查、稳定可靠的交易规则、所有权的形式要件等因素以确立认定标准。

三、NFT 数字作品交易平台的责任边界

为网络用户铸造和交易 NFT 数字作品提供网络服务属于一种新型的网络服务，有观点认为，NFT 数字作品交易平台不仅是促成交易的中介平台，也扮演着网络出版者的角色，其所提供的"铸造服务"是作品成为商品的重要步骤，故应当视其为出版机构，承担相应的出版注意义务，同样在事前审查阶段具有一定的审查义务。[①] 基于提供网络服务的性质、平台的控制能力、可能引发的侵权后果以及平台的营利模式，NFT 数字作品交易平台应当对其网络用户侵害信息网络传播权的行为负有相对于一般网络服务提供者而言较高的注意义务。

案例编写人　　浙江省杭州市中级人民法院　王　玲
杭州互联网法院　叶胜男

---

① 丛立先、钱鹏宇：《NFT 数字作品交易平台的法律责任》，载《版权理论与实务》2022 年第 9 期。

专家点评

马一德　　中南财经政法大学法学院教授、博士生导师，中国知识产权研究会副理事长，中国法学会知识产权法学研究会副会长

近年来，元宇宙、虚拟现实正成为数字经济发展的重要领域，NFT 保证了虚拟世界数字资产的唯一性、真实性和永久性，类似于现实世界的数字商品交易市场依此得以建立并蓬勃发展。但关于 NFT 交易的法律属性尚不明晰，这也制约了数字商品交易市场的发展。本案作为 NFT 第一案，其明晰了 NFT 铸造交易行为在著作权法上的后果，即 NFT 数字作品的交易流程涉及"铸造"、上架发布、出售转让三个阶段。其中，在 NFT 数字作品的"铸造"阶段，涉及复制行为；在 NFT 数字作品的上架发布阶段，涉及信息网络传播行为；在 NFT 数字作品的出售转让阶段，并不产生新的复制件和交互式传播，不涉及信息网络传播行为，也不涉及复制行为，不存在适用权利用尽原则的必要。该案认定符合国际条约共识，值得赞同，对于本领域相关纠纷的处理具有较高的示范和参考性意义。

相关法条

《中华人民共和国民法典》

第一百一十五条 物包括不动产和动产。法律规定权利作为物权客体的，依照其规定。

第一百一十六条 物权的种类和内容，由法律规定。

第一百二十七条 法律对数据、网络虚拟财产的保护有规定的，依照其规定。

第一千一百九十五条 网络用户利用网络服务实施侵权行为的，权利人有权通知网络服务提供者采取删除、屏蔽、断开链接等必要措施。通知应当包括构成侵权的初步证据及权利人的真实身份信息。

网络服务提供者接到通知后，应当及时将该通知转送相关网络用户，并根据构成侵权的初步证据和服务类型采取必要措施；未及时采取必要措施的，对损害的扩大部分与该网络用户承担连带责任。

权利人因错误通知造成网络用户或者网络服务提供者损害的，应当承担侵权责任。法律另有规定的，依照其规定。

第一千一百九十七条 网络服务提供者知道或者应当知道网络用户利用其网络服务侵害他人民事权益，未采取必要措施的，与该网络用户承担连带责任。

《中华人民共和国著作权法》

第三条第四项 本法所称的作品，是指文学、艺术和科学领域内具有独创性并能以一定形式表现的智力成果，包括：

（四）美术、建筑作品；

第十条第六项、第十二项 著作权包括下列人身权和财产权：

（六）发行权，即以出售或者赠与方式向公众提供作品的原件或者复制件的权利；

（十二）信息网络传播权，即以有线或者无线方式向公众提供，使公众可以在其选定的时间和地点获得作品的权利；

⑨ 杨某、吴某诉王某、王某某等 股东资格确认纠纷案

——扩大股权让与担保中债权人至第三人的适用

案件索引

一审：陕西省咸阳市中级人民法院（2021）陕 04 民初 69 号（2022 年 7 月 19 日）

二审：陕西省高级人民法院（2022）陕民终 486 号（2023 年 2 月 8 日）

基本案情

咸阳某某房地产开发有限公司（以下简称房地产公司）系陕西省招商引资进入咸阳投资的企业，公司在经营过程中出现资金困难，而向西安某某置业有限公司（以下简称置业公司）借款。2016 年 11 月 14 日，置业公司、房地产公司、王某、王某某、杨某、吴某签订《协议书》。约定因房地产公司资金短缺，为使"宏晔仁和天地"项目正常运转，置业公司向房地产公司出借 5000 万元，由王某、王某某双方为房地产公司提供担保，杨某、吴某将自身持有房地产公司 75% 的股权合计以 1500 万元转让给王某和王某某作为反担保，借款期限 18 个月，年利率 18%。在借款期内，王某、王某某不实际参与房地产公司正常管理。同时，《协议书》第 6 条约定"若房地产公司未按协议约定偿还置业公司 5000 万元本金及利息，杨某应向王某、王某某支付 2000 万元违约金，同时王某、王某某将以持有房地产公司 75% 股权的身份，正式全面接管房地产公司的运营管理……"因房地产公司逾期还款，王某某多次通知杨某召开房地产公司股东会议，主要议题为公司法定代表人变更、选举执行董事和监事、管理人员人事任免、制订公司管理方案等。

2019 年 6 月 27 日，杨某、吴某向陕西省咸阳市中级人民法院提起诉讼。

原告杨某、吴某（被上诉人）认为：其与王某、王某某之间的股权转让

系对包括房地产公司与置业公司在内 6500 万元借贷款项的股权让与担保，其真实目的是用股权为借款提供担保保证，并非真实的"股权转让"，何况，案涉协议的融资款项与股权转让的实际价值相差悬殊。而案涉协议第 6 条又系明显的"流质"条款约定，既非当事人真实意思表示，更是法律禁止的无效约定。王某、王某某据此以"股东"身份行使"股东权利"，企图接管控制公司的行为，不仅违反《协议书》融资借款目的，而且有悖诚信原则，严重侵害了杨某、吴某的合法权益。请求法院判令：（1）确认案涉《协议书》第 6 条关于流质条款约定无效。（2）确认王某、王某某不具有房地产公司股东资格，不享有房地产公司股东权益。（3）确认杨某、吴某系案涉 75% 股权的合法股东。（4）在房地产公司向置业公司偿还借款债务后，由王某将暂登记在其名下房地产公司 42% 的股权变更登记至杨某名下，8% 的股权变更登记至吴某名下；由王某某将暂登记在其名下房地产公司 25% 的股权变更登记至吴某名下。（5）本案诉讼费由王某、王某某承担。

被告王某、王某某（上诉人）辩称：（1）涉案《协议书》系六方为挽救房地产公司，解决社会矛盾，由股权转让加有条件的股权回购，不同时期内房地产公司经营管理人的变更和对经营管理人由于管理不善的惩罚约定等有名合同或无名合同混合组成的"无名合同"，是六方真实意思表示，合法有效。（2）杨某、吴某认为原、被告之间系让与担保关系，而非股权转让关系，并要求返还股权，该主张没有事实与法律依据，应依法驳回，《协议书》中的约定不构成让与担保的要件和法律后果。《协议书》中约定，王某、王某某和杨某、吴某之间股权转让和有条件的股权回购当事人关系，并非股权让与担保关系。《协议书》中约定的 1500 万元是股权转让款，是杨某、吴某的个人财产，5000 万元是借款，原告将二者混为一谈，是对《协议书》真实意思表达的歪曲。涉案《协议书》中约定的担保责任是个人责任的"人保"，不具备"财保"性质的"让与担保"构成要件。（3）案涉《协议书》第 6 条不是"流质"条款，是双方真实意思的表达。涉案 75% 股权并未按照质押的规定办理出质登记，设立权利质权，《协议书》中也没有关于设立质权的约定，因此，《协议书》第 6 条根本不存在构成流质条款的前提。依据《协议书》第 6 条，杨某应给王某、王某某赔偿 2000 万元违约金。（4）杨某和吴某系夫妻关系，吴某对杨某的债务应承担连带偿还责任。

第三人房地产公司认为，杨某、吴某起诉状中事实与理由属实。（1）本案房地产公司基于《协议书》向置业公司实际借款 6500 万元。2016 年房地产公司因项目开发急需资金，拟向置业公司借款 6500 万元，为对该笔借款提供担保，由杨某、吴某以股权让与的方式提供担保，将该 6500 万元借款分两部分，其中 1500 万元以房地产公司 2000 万元注册资金的 75% 核算，由置业公司提供至王某、王某某，经杨某、吴某账户转入房地产公司；5000 万元直接由置业公司向房地产公司提供。此后房地产公司与置业公司历次对账中，均由置业公司作为出借人，房地产公司作为借款人，对 5000 万元、1500 万元的借款本金及 18% 的年利率进行本息对账。（2）各方交易核心为借款，而非股权转让交易，王某、王某某不是房地产公司真实股东。（3）借款期内房地产公司始终保持积极的还款意愿，但置业公司、王某、王某某利用债权人监管之便，恶意阻碍公司外部融资及内部经营管理。因根据《协议书》约定，房地产公司印章及财务支出均由置业公司监管，房地产公司 2017 年拟通过外部融资还款，但置业公司拒绝用印，直接阻碍房地产公司通过外部融资方式进行借款还款。

第三人置业公司同意王某、王某某的答辩意见。本案王某、王某某的股权转让真实合法。王某、王某某系独立民事主体，股权转让不符合让与担保条件，不应认定为让与担保。王某、王某某是房地产公司实际股东。

王某、王某某一审反诉请求：（1）确认原、被告之间股权转让行为有效；（2）反诉被告停止阻挠反诉原告行使房地产公司股东权利的行为；（3）反诉被告杨某向反诉原告支付违约金 2000 万元；（4）反诉被告吴某对上述违约金承担连带清偿责任；（5）反诉费用由反诉被告承担。

反诉被告杨某答辩称：（1）案涉协议书形成股权让与担保关系，并非股权转让，双方并无真实股权转让交易的意思表示。①协议约定杨某、吴某将自身持有房地产公司部分或全部 75% 的股权以 1500 万元转让给王某、王某某作为担保和保证，由王某、王某某为房地产公司担保，置业公司借给房地产公司 5000 万元。②协议中所涉 1500 万元实为借款，协议约定杨某、吴某收到股权转让款后，应立即转给房地产公司。杨某、吴某也实际履行了该约定。之后多次对账中，1500 万元均按本息进行对账。③协议中所涉 1500 万元远低于房地产公司 75% 股权真实价值，明显不符合市场交易规则及常理。④协议中明确限制王某、王某某作为登记股东的实体权利，不符合真实股权转让交易中受让人的交易目的。（2）王某、王某某并非房地产公司真实股东，不享有股权权利，其主张股权权利所依据的合同条款属无效流质条款。（3）王某、王某某反诉的 2000 万元违约金因借款法律关系产生，并非本案股权让与担保纠纷的法律后果，不应予以承担。《协议书》第 6 条约定"如房地产公司未按协议约定偿还置业公司 5000 万元本金及利息，杨某应向王某、王某某双方支付 2000 万元违约金"，可见，该违约责任因借贷法律关系引发，应在置业公司与房地产公司借款纠纷案中提起，不应在本案中审理。如果本案中再次判决 2000 万元违约金，则会出现就同一借款事实违约金显现畸高，违背民法公平原则，故王某、王某某关于违约金的反诉请求不能成立，应予驳回。

陕西省咸阳市中级人民法院一审判决：一、确认案涉《协议书》第 6 条约定"房地产公司未按协议约定偿还置业公司 5000 万元本金及利息，王某、王某某将以持有房地产公司 75% 股权的身份，正式全面接管房地产公司的运营管理"的条款无效；二、确认杨某、吴某系案涉 75% 股权的合法股东；三、驳回原告杨某、吴某的其他诉讼请求；四、驳回反诉原告王某、王某某的反诉请求。

王某、王某某向陕西省高级人民法院提出上诉，陕西省高级人民法院二审判决：驳回上诉，维持原判。

核心争议焦点

1. 合同性质问题。公司之间借贷并签订借款合同，第三人为债务人提供担保，同时约定将债务人股东的股份形式上转移至债权人股东名下作为反担保，债务人到期不能清偿债务，债权人的股东承担保证责任后，债务人股东股份归债权人股东所有的，对该约定如何定性。

2. 在股权让与担保中，已经完成财产权利变动的第三人，其地位如何定性。

审判思路

对于本案争议焦点，法院认为：

第一，关于合同性质的问题，《协议书》约定的股权转让条款的性质应当结合实际因素综合分析判断，不能仅凭《协议书》约定的股权转让的外观认定。第二，根据《最高人民法院关于适用〈中华人民共和国民法典〉有关担保制度的解释》（以下简称《担保制度的解释》）第 68 条规定，债务人或者第三人与债权人约定将财产形式上转移至债权人名下……按照其实际构成的法律关系处理。此处所指债权人仅界定为"债权人"略显狭隘，应当延伸包括"第三人"。本案中，《协议书》关于杨某、吴某转让房地产公司股权的目的是为《协议书》约定的借款提供担保。《协议书》约定"为了使某项目正常运转，置业公司借给房地产公司人民币 5000 万元，由王某、王某某双方为房地产公司担保，杨某、吴某将自身持有房地产公司部分或全部共 75% 的股权合计以 1500 万元转让给王某和王某某作为反担保和保障"。王某、王某某虽然不是主合同债权人，但是其支付的股权转让款是为了提高交易增信，确保置业公司借款和其以股权转让款名义享有房地产公司的债权能够得到充分有效地实现，因此，《担保制度解释》第 68 条规定债务人或者第三人与债权人约定将财产形式上转移至债权人名下……按照其实际构成的法律关系处理。此处所指债权人不仅包括"债权人"置业公司，还包括"第三人"王某、王某某。

其一，从签约目的看，《协议书》关于杨某、吴某转让房地产公司股权的目的是为《协议书》约定的借款提供担保，故该笔款项名义上是股权转让款，实际上仍属给房地产公司的借款范畴。其二，从王某、王某某是否行使股东权利、承担房地产公司经营风险看，王某、王某某名为房地产公司股东，实际不行使股东权利，不承担公司的经营风险，即实际不享有股东权利。其三，《协议书》约定了借款和股权转让款的固定收益，符合到期还本付息的债权投资形式。其四，从交易的对价来看，股权转让、股权回购通常反映股权的真实价格；而让与担保中受让方获得股权的对价一般为主合同借款的本息或者象征性的股权价格。本案中，虽然杨某、吴某提供的《资产评估报告》《房地产抵押价格初评估报告》不能必然证明《协议书》签订时房地产公司资产总价值超过 3.8 亿元，75% 股权价值达到 2.85 亿元，但是依据常识即可判断拥有上百亩地处咸阳市核心地段待开发土地、上万平方米待售面积楼盘的房地产公司 75% 的股权，让王某、王某某以 1500 万元股权转让对价获得，明显不符合常理。其五，人民法院在审理案件中应当通过穿透式审判思维，查明当事人的真实意思，探求真实法律关系。本案中王某、王某某受让杨某、吴某在房地产公司股权，系为置业公司向房地产公司借款及其以股权转让款形式提供的借款设置反担保，其享有的权利不应超过以股权设定反担保这一目的，王某、王某某不能作为房地产公司的股东接管房地产公司。《协议书》约定的股权转让条款的本质是股权让与担保，王某、王某某上诉主张没有事实及法律依据，《协议书》关于"王某、王某某将以持有房地产公司 75% 股权的身份，正式全面接管房地产公司的运营管理"的约定属流质条款而应认定为无效。

案件点睛

2021 年 1 月 1 日起施行的《担保制度解释》第 68 条规定："债务人或者第三人与债权人约定将财产形式上转移至债权人名下……按照其实际构成的法律关系处理。"根据上述司法解释的规定，股权让与担保是债务人或者第三人为担保债务的履行，将其持有公司的股权转移于债权人。本案适用以上规定，并认为让与担保中让与担保权人不仅包括"债权人"还包括"第三人"。该案对股权让与担保当事人范围的明晰有利于廓清司法实践中关于此类问题的认识，便于更好地理解与适用《担保制度解释》第 68 条之规定，其裁判要点应当结合实际因素综合分析判断，通过穿透式审判思维，查明当事人的真实意思，探求真实法律关系，本案法院认为让与担保中让与担保权人不仅包括"债权人"还包括"第三人"，也在立法空缺的情形下提供了对非典型担保之"股权让与担保"的标准，对于我国担保领域的立法完善和司法发展均具有启示意义。

在审理该案件中陕西省高级人民法院层层剥茧、条分缕析地通过穿透式审判思维，查明当事人的真实意思，探求真实法律关系，最终认定王某、王某某仅系杨某、吴某以房地产公司 75% 股权提供的让与担保的担保权人而非房地产公司的实际股东，其享有的权利不应超过以股权设定担保这一目的，王某、王某某不能作为房地产公司的股东接管房地产公司。《协议书》约定的股权转让条款的性质应当结合签约目的、投资人是否行使股东权利、承担公司经营风险、股权转让价格、是否约定股权回购等因素综合分析判断，不能仅凭《协议书》约定的股权转让的外观得出结论。王某、王某某登记为房地产公司股东，可以参照适用类似担保物权的规定，认定其具有担保效力。在主债务期限届满后仍未履行的情况下，置业公司和王某、王某某对变价后的股权价值享有优先受偿权，但杨某、吴某对房地产公司享有的股东权利并未丧失。

完善股权让与担保，尤其是关涉公司控制权的股权让与担保，对优化我国营商环境、拓宽公司融资途径具有重要意义，该案例确认的裁判规则符合法律规定和公司治理的基本原则精神，具有一定的普遍性，对于类案审理具有一定的指导价值，有助于统一裁判思路，规范法官自由裁量权，增强民商事审判的公开性、透明度以及可预期性，提高司法公信力。在审理该案件中法院层层剥茧、条分缕析地通过穿透式审判思维，查明当事人的真实意思，探求真实法律关系，最终认定债务人或者第三人与债权人或者第三人订立合同，约定将财产形式上转让至债权人或者第三人名下。合同如果约定债务人到期没有清偿债务，财产归债权人或第三人所有的，应当认定该部分约定无效，但不影响合同其他部分的效力。当事人根据上述合同约定，已经完成财产权利变动的公示方式转让至债权人或第三人名下，债务人到期没有清偿债务，债权人请求确认财产归其或第三人所有的，人民法院不予支持，但债权人请求参照法律关于担保物权的规定对财产拍卖、变卖、折价优先偿还其债权的，人民法院依法予以支持。完善股权让与担保，尤其是关涉公司控制权的股权让与担保，对优化我国营商环境、拓宽公司融资途径具有重要意义，该案例确认的裁判规则符合法律规定和公司治理的基本原则精神，具有一定的普遍性，对于类案审理具有一定的指导价值。有助于统一裁判思路，规范法官自由裁量权，增强民商事审判的公开性、透明度以及可预期性，提高司法公信力。

案例编写人　陕西省高级人民法院　李　鑫

 **专家点评**

谢鸿飞　　中国社会科学院法学研究所研究员、博士生导师，中国法学会民法学研究会副会长

　　股权让与担保作为一种非典型担保方式，在担保债权实现方面具有显著优势，日益成为商事实践中常用的担保方式和重要的融资手段。在本案对合同性质存有争议的情况下，结合合同目的、合同内容、合同约定的权利义务关系及实际履行情况，依法综合认定合同的性质及其效力。让与担保的担保权人受让股权后能否作为公司股东行使股东权利的问题一直存在争议，人民法院的审判直面合同性质、合同效力、股权归属与担保责任等复杂纠纷，不仅考虑到合同、物权与担保的法律规定，还从公司法视阈审查股东权利行使与义务履行问题，多维度视角全面思考股权让与担保审理的特殊性。本案判决对于类案审理具有指导价值，有利于创设安全、公平、稳定的法治环境，营造良好营商环境。

相关法条

《中华人民共和国民法典》

第一百四十六条 行为人与相对人以虚假的意思表示实施的民事法律行为无效。

以虚假的意思表示隐藏的民事法律行为的效力，依照有关法律规定处理。

《最高人民法院关于适用〈中华人民共和国民法典〉有关担保制度的解释》

第六十八条 债务人或者第三人与债权人约定将财产形式上转移至债权人名下，债务人不履行到期债务，债权人有权对财产折价或者以拍卖、变卖该财产所得价款偿还债务的，人民法院应当认定该约定有效。当事人已经完成财产权利变动的公示，债务人不履行到期债务，债权人请求参照民法典关于担保物权的有关规定就该财产优先受偿的，人民法院应予支持。

债务人或者第三人与债权人约定将财产形式上转移至债权人名下，债务人不履行到期债务，财产归债权人所有的，人民法院应当认定该约定无效，但是不影响当事人有关提供担保的意思表示的效力。当事人已经完成财产权利变动的公示，债务人不履行到期债务，债权人请求对该财产享有所有权的，人民法院不予支持；债权人请求参照民法典关于担保物权的规定对财产折价或者以拍卖、变卖该财产所得的价款优先受偿的，人民法院应予支持；债务人履行债务后请求返还财产，或者请求对财产折价或者以拍卖、变卖所得的价款清偿债务的，人民法院应予支持。

债务人与债权人约定将财产转移至债权人名下，在一定期间后再由债务人或者其指定的第三人以交易本金加上溢价款回购，债务人到期不履行回购义务，财产归债权人所有的，人民法院应当参照第二款规定处理。回购对象自始不存在的，人民法院应当依照民法典第一百四十六条第二款的规定，按照其实际构成的法律关系处理。

⑩ 杨某某诉顾某某等健康权纠纷案

——产品责任纠纷中生产者和销售者对外责任承担方式的认定

案件索引

一审：上海市奉贤区人民法院（2022）沪 0120 民初 3394 号（2023 年 1 月 30 日）

二审：上海市第一中级人民法院（2023）沪 01 民终 5466 号（2023 年 4 月 27 日）

基本案情

顾某某于 2021 年 5 月从上海市闵行区颜某电动自行车经营部（已注销，经营者是被告夏某）处购买四轮电动车一辆，停放于其与配偶被告黄某某所有的上海市奉贤区奉城镇南街 240 弄 60 号房屋院内。彼时该房屋由包含杨某某在内的多名租客租住使用。2021 年 11 月 10 日，上述四轮电动车的电池箱起火引燃周边可燃物并扩大成灾，事故造成 5 人受伤，大量财物受损。杨某某产生损失共计 104236.37 元，故诉至法院，要求电动车电池生产方上海某狼电池有限公司（以下简称某狼电池）、电动车生产商某县小巴士新能源科技有限公司（以下简称某县小巴士）、某州小巴士新能源科技有限公司（以下简称某州小巴士）、电动车销售方夏某及房屋所有人顾某某、黄某某共同承担侵权损害赔偿责任。

原告杨某某请求：各被告赔偿杨某某医疗费 70475.77 元、误工费 18000 元、住院伙食补助费 2300 元、护理费 3210 元、营养费 3000 元、交通费 1000 元、精神损害抚慰金 5000 元、律师费 5000 元、财物损失 10900 元、住宿费用 2364 元、核酸费用 60 元、保全担保费 500 元、鉴定费 1950 元。

顾某某、黄某某辩称：顾某某、黄某某虽是夫妻关系，但车辆是顾某某的，与黄某某无关。本案事故发生是电动车起火造成的，与作为房东的顾某某、黄某某无关。针对杨某某主张的各项费用：医疗费由法庭审核；误工费不认可，杨某某未提交其误工收入情况；营养费、护理费过高，由法院予以调整；交通费由法院酌定；本案杨某某未构成伤残，不认可精神损害抚慰金；律师费过高，请求法院予以调整；财物损失没有任何依据，不认可；住宿费用也无法律依据；鉴定费由法院认定。

某县小巴士、某州小巴士共同辩称：火灾事故认定书明确涉案事故系锂电池箱起火引燃周边可燃物并扩大成灾，故锂电池位置是起火点。本案电动车出厂时不安装电池，电池由消费者根据型号自由选择和购买。某县小巴士是受被告某州小巴士委托加工电动车的主要部件，某州小巴士所销售的电动车不含电池和充电器，并在使用说明中载明了安全注意事项。对杨某某主张的各项费用意见同顾某某、黄某某。

夏某辩称：不同意杨某某的诉讼请求，涉案电动车连同电池是夏某销售给顾某某，电池是向某狼电池购买，但夏某销售的产品是正规厂家的合格产品，电动车使用前经过调试，没有任何异常，杨某某的证据不足以证明是产品质量原因导致的火灾。且火灾的扩大是由于顾某某、黄某某的原因所导致。

某狼电池辩称：某狼电池不能确定涉案电动车中的电池系某狼电池所出售。顾某某、黄某某出租的房屋环境较差，且出租给了8户，还在场地里堆放了很多可燃物，并没有采取消防措施。作为电动车的所有人，顾某某、黄某某充电时未进行适当的看管，还将电动车放置在房屋唯一通道口充电，导致起火后杨某某等人无法正常逃离，因此顾某某、黄某某对损害的扩大具有责任。且顾某某、黄某某系残疾人，应当购买残疾人专用的车辆，而非一般车辆，更不该在充电时私拉电线。因此，顾某某、黄某某应当承担主要责任。对杨某某主张的费用：医疗费中的外购药应当有医嘱；护理费无异议；住宿费不予认可，住宿费发票的开票日期是 2021 年 11 月 13 日，住宿 4 日，但是杨某某受伤是 2021 年 11 月 10 日，不可能在 2021 年 11 月 13 日就已经住了 4 日；误工费也不认可。

核心争议焦点

1. 涉案电动车（含电池）是否存在质量缺陷；
2. 顾某某、黄某某是否对电动自行车存在使用管理不当的问题。

审判思路

杨某某因涉案火灾的发生而受伤，并产生损失，相关责任方应当对杨某某承担相应的赔偿责任。

对于前文所述第一项争议焦点，根据消防部门的调查，显示涉案火灾系由于顾某某、黄某某所购四轮电动车电池箱起火引燃周围可燃物所导致。又根据消防部门的调查及勘验，明确事发前涉案房屋场院内无异常，场院内停放的其余电动车并无充电迹象，而顾某某、黄某某所购四轮电动车充电器与拖线板、电动车呈连接状态，可见当时该四轮电动车应处于充电状态。之后，四轮电动车右前侧有烟冒出，并有火光，结合消防部门的认定，可见涉案四轮电动车在充电过程中电池箱发生起火。又根据消防部门在现场提取电池箱内部分散落电池的损毁情况，电池箱起火应当系其中的部分电池起火所导致，此亦符合一般常识。而电动车电池充电系产品应当具有的使用性能，充电过程中起火系异常现象，对此，电池的生产商、销售商应当对涉案电动车为何在充电时起火作出解释。而本案审理过程中，某狼电池、夏某均主张其生产、销售的产品具有合格证明，却又无法对车辆起火原因作出合理解释，也不申请对起火原因进行司法鉴定。由于电池的设计、生产具有复杂性、专业性特征，普通消费者和非专业人员难以知晓运作原理，作为受害者的杨某某，也难以就产品质量与起火原因有关事宜进行举证。故在杨某某提供火灾事故认定书明确火灾系涉案四轮电动车的电池箱起火所导致后，其主张产品存在质量缺陷已经达到民事证据证明力标准，若产品的生产者、销售者否认其产品质量存在缺陷，应当提供证据予以证明。而本案中，夏某、某狼电池提供的证据不足以达到其证明目的，夏某、某狼电池又不申请司法鉴定，故其应当承担相应举证不能的后果。综上，法院认定涉案电池存在质量缺陷。因产品缺陷造成他人损害，被侵权人可以向产品的生产者请求赔偿，也可以向产品的销售者请求赔偿。本案中，夏某系电池的销售方，且其提交了出货单等证据证明其电池系向被告某狼电池购买。某狼电池虽认为涉案电池已经烧毁无法辨认是否系其生产的产品，但其确认曾向被告夏某供应电池，且某狼电池并无证据证明被告夏某曾向其他供应商购买电池，故结合一般商业常理，法院认定涉案电池系被告某狼电池生产。现杨某某要求夏某、某狼电池承担赔偿责任，于法有据，法院予以支持。

对于前述第二项争议焦点，顾某某、黄某某系夫妻，涉案电动车及房屋均系用于两人家庭生活。本案中，顾某某、黄某某通过接拖线板的方式私拉电线给车辆充电，其行为具有安全隐患，且在电动车停放处堆放沙发等可燃物，亦未采取消防安全措施，进一步扩大了电池起火所造成的影响，作为电动车的使用人和房屋的出租人，顾某某、黄某某的不当行为也系造成火灾发生的原因之一，故顾某某、黄某某也应当承担一定的责任。

综上，法院认定被告夏某和某狼电池承担 75% 的责任，顾某某和黄某某承担 25% 的责任。

关于杨某某主张的各项损失：（1）关于医疗费，杨某某提供了相应的病例及票据，法院扣除伙食费后，确认 70011.37 元；（2）关于误工费，杨某某主张其存在每月 9000 元的误工收入，但其提交的微信转账记录无法印证其伤前收入情况，其雇主也未出庭，各被告亦不认可上述标准，故法院对杨某某的该项主张难以采信，但根据杨某某的陈述及其提交的相关材料，显示其伤前确实在工作，故法院根据杨某某陈述其从事通风管道安装的工作情况，参考建筑业平均收入，酌情按照每月 5645.50 元的标准，参照鉴定意见书确定的 60 日休息期，确认 11291 元；（3）关于住院伙食补助费，杨某某住院 22.5日，法院按照每日 20 元的标准，确认 450 元；（4）关于护理费，杨某某治疗期间实际发生 20.5 日的护理费 2450 元，法院凭据予以确认，因鉴定意见书确定的护理期为 30 日，剩余 9.5 日的护理期，杨某某主张按照每日 80 元的标准计算 760 元，尚属合理，法院予以确认，故护理费法院共确认 3210 元；（5）关于营养费，法院按照每日 40 元的标准，参照鉴定意见书确定的 60 日营养期，确认 2400 元；（6）关于交通费，法院酌情确认 500 元；（7）关于精神损害抚慰金，杨某某因此次火灾事故确实受到一定的伤害，对杨某某的心理会产生一定的影响，根据杨某某的伤情，法院酌情确认 2000 元；（8）关于律师费，杨某某主张金额略高，法院酌情确认 4000 元；（9）关于财物损失，杨某某虽未提供确实的证据，但其租住房屋内应当具有一定的日常用品和生活设施，法院根据一般生活常理及本案情况，酌情确认 6000 元；（10）关于住宿费用，杨某某的儿子因杨某某受伤住院进行陪护，产生的相关住宿费用系杨某某的合理损失，杨某某也提供了相应的票据，两张票据记载时间与杨某某住院时间也基本吻合，金额也尚属合理，法院确认 2364 元；（11）关于核酸费用，此系杨某某受伤住院后由亲人照看伤势产生的合理损失，法院凭据确认 60 元；（12）关于鉴定费，法院凭据确认 1950 元；（13）关于保全担保费，此款并非杨某某此次事故必然产生的损失，且其诉讼中又撤回了保全申请，故法院对此款不予确认。综上，杨某某的损失共计 104236.37 元。对此，夏某、某狼电池应按照 75% 的比例连带赔偿 78177.28 元，顾某某和黄某某应按照 25% 的比例赔偿 26059.09 元。因顾某某、黄某某已经赔付 2 万元，故顾某某、黄某某还需实际支付 6059.09 元。

据此，法院判令顾某某、黄某某于判决生效之日起 10 日内共同赔偿杨某某损失 26059.09 元（扣除已支付的 2 万元后还需支付 6059.09 元）；夏某、某狼电池于判决生效之日起 10 日内连带赔偿杨某某损失 78177.28 元；驳回杨某某的其余诉讼请求。

一审判决后，某狼电池提出上诉。二审驳回上诉，维持原判。

案件点睛

我国产品责任的承担不仅基于消费关系，还包括侵权关系。根据《民法典》第 1202 条之规定，只要因产品缺陷造成"他人"受损，生产者和销售者即需承担产品责任，即当因产品缺陷致使用者之外的第三人受损时，也构成产品责任。但是核心问题在于生产者、销售者及使用者如何承担责任。

一、生产者和销售者责任

由于消费者与生产者、经营者对产品的信息控制存在差距，消费者证明生产者和经营者存在侵权过错的难度极大。因此，我国产品责任的归责原则为严格责任，即不考虑主观因素，当因产品缺陷造成损害时即判定生产者和销售者构成侵权。至于责任承担方式，一般对外承担不真正连带责任，对内再按照缺陷原因进行追偿。

（一）现行规定：拥有连带责任的表征，承担"不真正连带责任"

连带责任即连带债务，是指债权人基于同一原因可对债务人中的一人、数人或全体，同时或者先后请求全部或部分给付的一种债务承担形式。《民法典》第 1203 条第 1 款规定，因产品存在缺陷造成他人损害的，被侵权人可以向产品的生产者请求赔偿，也可以向产品的销售者请求赔偿。《消费者权益保护法》第 40 条第 2 款规定，消费者或者其他受害人因商品缺陷造成人身、财产损害的，可以向销售者要求赔偿，也可以向生产者要求赔偿。由此看出，现行规定产品责任的承担方式有连带责任的表征，但并未明确为连带责任。《民法典》第 178 条第 3 款规定，连带责任，由法律规定或者当事人约定。因此，在无当事人预先约定的情况下，仅在法律规定的前提下才可确认侵权人承担连带责任。产品责任的对外承担规则虽类似但并非连带责任，实践中称为不真正连带责任。

（二）实践适用：受害者同时起诉时，应当承担连带责任

虽然法律相关规范并未明确规定生产者和销售者承担连带责任，但是实践中，当受害者同时起诉生产者和销售者时，应直接确认二者承担连带责任。主要原因如下：

1.初端原因力的不同，不改变末端承担责任的事实。由于生产者和销售者是基于不同的原因力对受害者承担赔偿责任，不同于连带责任是基于同一原因力的法理基础，故现行规范不明确规定生产者与销售者承担连带责任。但是责任承担的原因力为初端，承担方式为末端，即使初端不同，也不应影响末端的实现。在产品责任中，生产者一般基于对产品的设计制造等缺陷承担责任，销售者基于产品选择、质量控制或追诉能力等承担责任，虽初端的原因力不同，但是殊途同归，均为保护受害者权益而产生受害者可要求其承担全部责任的末端，故法律虽并未明确规定，但并不阻碍生产者及销售者需承担连带责任的事实。

2.减轻受害者诉讼负担，保障当事人权益。相比生产者，销售者对于产品信息的掌握并不完全、对产品的干涉程度相对较小，因此审判实践中，多数的产品缺陷最终确认为生产者过错。但不可否认的是，对比无辜受害者而言，销售者主张生产者承担责任的诉讼能力更强，举证也更加轻松，出于商业目的的考量，销售者也更易获得生产商的补偿。在受害者同时起诉销售者及生产者时，将二者处于同一判罚位置、承担同一判罚结果，即承担连带责任，一方面可以为受害者减轻负累，另一方面也倒逼销售者督促生产者履行赔偿责任，充分保护无辜受害者权益。

3.确认承担连带责任，并不影响过错方的最终责任承担。《民法典》第1203条第2款规定，产品缺陷由生产者造成的，销售者赔偿后，有权向生产者追偿。因销售者的过错使产品存在缺陷的，生产者赔偿后，有权向销售者追偿。此款是生产者和销售者对内关于过错责任的承担规定，是以第1款为基础的责任区分。即使首次诉讼判定生产者和销售者承担连带责任，后期二者也可基于此条款向真正过错方主张追偿，同时，首次诉讼将事实厘清，销售者和生产者承担连带责任后，对于经济实力和信息掌握的综合平衡转移至二者之间的诉讼中，避免无辜受害者因选择错误丧失赔偿机会。

4.方便判决概括表达，为诉的合并提供依据。上文已经提及，产品责任中，生产者和销售者承担"不真正连带责任"，但此种责任并非法律明文规定的概念，审判实践中无法以此种表述写入判决进行确认。在外部责任的判定上，《民法典》第178条第1款的表述又高度一致于连带责任的承担，因此实践中需以连带责任的概括表达确认生产者和销售者的责任承担。同时，在受害者异地或者先后分别起诉销售者和生产者时，连带责任的承担可以诉的合并进行处理，销售者或生产者也可以前诉的结果进行抗辩，在减轻诉累的同时，避免受害者无法获得充足赔偿或获得重复赔偿。

综上，本案中由于涉案机动车电池起火，致使多人受伤及财物受损，电池的生产者和销售者无法证明自身生产或销售的电池系符合我国质量标准的产品，则认为存在电池质量缺陷。受害者同时起诉电池的生产者及销售者，二者理应对受害者所造成的损失承担连带责任。

二、使用者责任

一般情况下，因产品质量缺陷致人损害，主要追究产品生产者及销售者责任，但是在部分情况下也应考虑确认使用者责任问题。

（一）使用人是否不当使用

侵权责任的一般抗辩事由包括第三人过错，具体在产品责任中，也即当产品造成使用者或者第三人的损害，是由于第三人的原因而引起的，则应由第三人承担责任，不能由产品的生产者或者销售者承担责任。但当第三人受损害是由产品使用者而非第三人所造成，也应可以构成生产者和销售者抗辩。使用人不当使用对第三人造成损害属于一般侵权行为，承担一般侵权责任，而非特殊的产品责任。本案中，电动车使用者"飞线充电"行为，属于不恰当使用电动车，使用者存在过错，故对起火风险及损害扩大应负部分责任。

（二）使用人在侵权行为中的作用力

根据《民法典》第1172条规定，在多人共同侵权造成同一损害的情形下，能够分清行为人在侵权行为中责任大小的，按照责任大小承担相应责任。具体在产品责任中，当产品使用人和生产者、销售者实施不同行为，共同造成他人受损的情况下，应按作用力承担相应责任。本案电动车使用人不但"飞线充电"，还在电动车停放处堆放沙发等可燃物，且未采取任何消防安全措施，进一步扩大了电池起火所造成的影响。鉴于电动车使用人增加了失火风险，又未尽安全管理义务，在对原告的共同侵权行为中产生了部分作用，故应该按照作用比例承担相应责任。

（三）侵权行为的社会影响

如今，电动车自燃造成重大安全事故的情况不胜枚举，相当数量的事故是由于车主"飞线充电"引起，法院审理相应案件的数量也逐年攀升。由于家庭充电的隐蔽性和即时性，预先控制检查的难度极大。事发后确认电动车使用人按其过错承担相应责任，从使用终端处约束车主行为规范，树立车主安全充电意识，这是司法参与违规充电问题社会治理的关键一环。本案电动车使用人"飞线充电"造成了重大火灾，考虑到社会矫正效果，有必要对使用人的责任承担及比例进行认定。

案例编写人　上海市奉贤区人民法院　陆申甲　梅　杨

谢鸿飞　　中国社会科学院法学研究所研究员、博士生导师，中国法学会民法学研究会副会长

电动车充电引发的火灾事故会给人民群众的生命财产安全造成严重损害。本案是由电动车电池质量问题引起火灾，侵害了他人的人身和财产权益，人民法院结合电池质量问题、"飞线充电"、易燃物品堆放等多重因素具体分析，根据《民法典》和《产品质量法》认定生产者和销售者承担连带责任，可以更好地保护受害人的合法权益，全面救济损害造成的后果。本案的责任性质在学理上被称为不真正连带责任，在对外效力方面，考虑到被侵权人的劣势地位，其可以选择生产者或者销售者承担全部责任；在对内效力方面赋予中间责任人向终极责任人行使追偿的权利，维护债务人之间的公平。本案可以有效发挥警示作用，防范电动车火灾事故，规范电动车充电行为，需要消费者、生产者、销售者以及管理者等不同主体提高安全意识，共同营造安全的电动车使用环境。

相关法条

《中华人民共和国民法典》

第一千一百六十五条　行为人因过错侵害他人民事权益造成损害的，应当承担侵权责任。

依照法律规定推定行为人有过错，其不能证明自己没有过错的，应当承担侵权责任。

第一千一百七十九条　侵害他人造成人身损害的，应当赔偿医疗费、护理费、交通费、营养费、住院伙食补助费等为治疗和康复支出的合理费用，以及因误工减少的收入。造成残疾的，还应当赔偿辅助器具费和残疾赔偿金；造成死亡的，还应当赔偿丧葬费和死亡赔偿金。

第一千一百八十三条　侵害自然人人身权益造成严重精神损害的，被侵权人有权请求精神损害赔偿。

因故意或者重大过失侵害自然人具有人身意义的特定物造成严重精神损害的，被侵权人有权请求精神损害赔偿。

产品缺陷由生产者造成的，销售者赔偿后，有权向生产者追偿。因销售者的过错使产品存在缺陷的，生产者赔偿后，有权向销售者追偿。

第一千二百零三条　因产品存在缺陷造成他人损害的，被侵权人可以向产品的生产者请求赔偿，也可以向产品的销售者请求赔偿。

……

⑪ 爱建保理公司诉丹阳中南公司等 保理合同纠纷案

——反向无追索权保理的识别及保理人行使权利范围的认定

案件索引

一审：上海市浦东新区人民法院（2022）沪 0115 民初 57349 号（2022 年 9 月 29 日）

二审：上海金融法院（2023）沪 74 民终 31 号（2023 年 4 月 25 日）

基本案情

2021 年 7 月 13 日，爱建保理公司作为保理商与作为买方及债务人的丹阳中南公司签订《国内保理合同（公开型、无追索权、M+1）》（以下简称《国内保理合同》），合同首页"特别条款"的"告知与提示"约定，本合同项下保理为公开型无追索权的保理，即卖方将向保理商转让受核准应收账款的事实通知买方，若在无商业纠纷的情况下，买方未在应收账款到期日向保理商足额偿付应收账款，保理商向卖方承担坏账担保责任的保理业务；"特别条款"同时约定，保理商授予买方的应收账款融资额度为 4000 万元，本合同项下的卖方（即债权人）限定为常州一建公司。《国内保理合同》的附件"通用条款（公开型、无追索权、M+1）"约定了如下内容：（1）保理预付款利息指保理商因向卖方支付保理预付款而向买方收取的资金占用费。保理预付款利息以保理预付款为本金，自保理预付款支付日起计算至保理商实际收回应收账款之日；若保理商按本合同向卖方反转让应收账款的，在保理商收到卖方支付的反转让款当日，即停止计收保理预付款利息；若保理商承担坏账担保责任的，亦停止计收保理预付款利息。（2）坏账担保指无追索权保理项下，当应收账款在无商业纠纷的情况下无法从买方处得到清偿时，由保理商依约承担应收账款无法收回的风险。（3）商业纠纷指因买方信用风险以外的原因而产生的，可能或已经对买方按时、足额清偿应收账款造成威胁的情形。（4）应收账款的反转让约定，卖方与买方发生任何商业纠纷的，卖方与买方均有义务立即向保理商提交《商业纠纷通知书》。发生下列情形之一时，保理商有权向卖方发送《应收账款反转让通知书》，将未受偿的应收账款全部或部分反转让给卖方：①当应收账款在发生商业纠纷的情况下，在应收账款到期日，保理商未全额收到应收账款的；②本合同签订后，保理商发现应收账款不符合法律规定或本合同约定的条件的；③发生本合同约定的卖方及买方违约的情形，保理商按照本合同决定反转让受核准应收账款的。（5）坏账担保条款约定，因买方信用风险导致买方未能按约足额付款的，自宽限期届满日起，保理预付款利息即停止计收，保理商不得将未受偿的应收账款反转让给卖方。（6）买方未按照《应收账款转让通知书》约定的金额、日期和条件清偿准应收账款的构成违约；保理商有权要求违约方以应付未付款项为基数按照每逾期一天万分之五的标准支付滞纳金，并要求赔偿包括诉讼费、财产保全担保费等在内的全部损失。

同日，常州一建公司与爱建保理公司签署《参加协议》，约定常州一建公司自愿接受前述《国内保理合同》的全部条款，并享有和承担前述《国内保理合同》项下作为卖方的权利和义务。

同日，爱建保理公司、常州一建公司共同向丹阳中南公司出具了《应收账款转让通知书》，载明常州一建公司将在《施工总承包合同》项下的到期日为2022年7月19日的1000万元应收账款转让给爱建保理公司，丹阳中南公司应在应收账款到期日向爱建保理公司指定账户付款。同日，丹阳中南公司确认收到前述《应收账款转让通知书》，并确认依约按照年利率10.5%支付保理预付款利息。

同日，中南集团公司作为保证人，经股东大会决议并经对外公开披露后，与作为债权人的爱建保理公司签订《最高额保证合同》，承诺为爱建保理公司对丹阳中南公司在最高本金债权余额4000万元范围内的主债权提供连带责任保证担保。

2021年7月20日，常州一建公司向爱建保理公司出具《应收账款转让申请书》，将其在《施工总承包合同》项下享有的到期日为2022年7月19日的1000万元应收账款转让给爱建保理公司，向爱建保理公司申请保理融资。同日，爱建保理公司向常州一建公司支付保理预付款1000万元。同日，丹阳中南公司向爱建保理公司支付保理预付款利息1061666.67元。2022年7月19日，涉案应收账款到期后，丹阳中南公司未按约向爱建保理公司支付应收账款。爱建保理公司为本案诉讼实际支出律师费损失8万元、诉讼保全保险费损失 8096 元。

原告（被上诉人）爱建保理公司认为：爱建保理公司（保理商）与丹阳中南公司（买方）、常州一建公司（卖方）形成保理合同关系，涉案应收账款到期后，丹阳中南公司未按约履行还款义务，且根据保理合同约定，原告对卖方具有追索权，故请求法院判令：（1）丹阳中南公司支付应收账款 1000 万元及自 2022 年 7 月 20 日起至实际清偿之日止的滞纳金和保理预付款利息；（2）丹阳中南公司、常州一建公司赔偿律师费损失 12 万元、诉讼保全保险费损失 8096 元；（3）常州一建公司支付回购款，即应收账款 1000 万元、自 2022 年 7 月 20 日起至实际清偿之日止的滞纳金和保理预付款利息；（4）若常州一建公司、丹阳中南公司任何一方履行第一项、第三项中的给付义务，则另一方在已履行的给付义务范围内予以免除；（5）中南集团公司对丹阳中南公司上述第一项、第二项付款义务承担连带清偿责任。

被告（上诉人）丹阳中南公司辩称：确认欠付应收账款 1000 万元，但认为滞纳金、保理预付款利息均属违约赔偿损失范围，系格式合同中加重丹阳中南公司负担的约定，约定赔偿范围过高且已经超过四倍一年期 LPR，应予调低。

被告（原审被告）常州一建公司辩称：涉案保理系公开型无追索权保理，不存在常州一建公司应按约履行应收账款反转让义务的情形，在无商业纠纷情形下，爱建保理应自行承担买方不能按约付款的坏账风险。

被告（原审被告）中南集团公司辩称：对承担保证责任无异议，但认为违约金过高，应予调低。

核心争议焦点

1. 涉案保理业务系有追索权保理还是无追索权保理，被告常州一建公司在本案中是否承担回购责任；

2. 被告丹阳中南公司承担违约责任的范围。

审判思路

关于第一项争议焦点，涉案保理业务系有追索权保理还是无追索权保理，常州一建公司是否承担回购责任。首先，根据合同文义解释规则，涉案保理合同名称、"特别条款"和"通用条款"的约定均反映了各方当事人对于订立无追索权保理合同的共同合意。其次，根据合同整体解释规则，应将涉案

《国内保理合同》具体条款置于合同整体框架之内，结合上下文确定合同条款所欲表达的真意。保理合同约定的反转让应以买卖双方之间就应收账款发生商业纠纷为前提。若依爱建保理公司所理解的因买方信用风险导致爱建保理公司对卖方具有追索权，则不符合涉案无追索权保理合同的整体解释。因本案买卖双方并无商业纠纷，故爱建保理公司对常州一建公司主张追索权无事实和法律依据。最后，根据格式合同解释规则，对格式条款有两种以上解释的，应当作出不利于提供格式条款一方的解释。涉案《国内保理合同》"通用条款"中关于受核准应收账款反转让的约定，系爱建保理公司单方制定的格式合同，在原、被告理解有分歧的情况下，根据格式条款的解释规则，应当作出不利于提供格式条款一方的解释，即爱建保理公司无权向常州一建公司主张追索权。综上，涉案保理业务系无追索权保理，爱建保理公司要求常州一建公司承担回购责任缺乏事实和法律依据。

关于第二项争议焦点，丹阳中南公司承担违约责任的范围。因涉案保理业务为无追索权保理，故爱建保理公司应向债务人丹阳中南公司主张应收账款债权。丹阳中南公司应依约支付应收账款 1000 万元。滞纳金实质为丹阳中南公司未按约向爱建保理公司支付应收账款应承担的赔偿损失的违约责任，系逾期支付应收账款产生的违约赔偿，具有明确的合同依据，应予以支持。关于保理预付款利息，因涉案保理业务为无追索权保理，根据约定，爱建保理公司应当自应收账款到期日起停止计收保理预付款利息，故该项请求法院不予支持。律师费及诉讼保全保险费具有合同依据，其实际发生的损失应予支持。

案件点睛

保理业务根据不同的标准有不同的分类，有无追索权是保理合同最重要的分类，也是《民法典》确立的保理业务基础分类。根据保理人在债务人到期无法清偿应收账款时，是否可以向债权人主张反转让、回购应收账款，可以将保理分为有追索权保理和无追索权保理。融资型保理业务中，又可分为到期保理和预付保理。从保理人营销模式角度看，可以分为正向保理和反向保理。本案涉及的保理业务系反向保理模式下的预付型、无追索权保理。

反向保理并非一种合同的名称，而是保理人的一种营销策略。从营销模式角度看，正向保理由保理人向债权人营销，反向保理则是由保理人向债务人营销。反向保理是以基础合同中的债务人为中心形成的一种保理融资模式，债务人往往是在供应链中处于核心主导地位的资信较好的大型企业，保理人基于债务人的资信与其合作，后为其提供综合融资额度，债务人则将其中小供应商推荐给保理人获得融资，其实际上系资信良好的大型企业为其规模较小的供应商申请的保理业务。反向保理业务中发起人与申请人并非同一概念。虽然作为债务人的买方是发起人，但向保理商申请叙作保理业务的申请人仍然是作为债权人的卖方。对于反向保理业务和借款合同的甄别，应当紧扣保理人融资对象的审查。保理人向债权人提供保理融资的构成反向保理，保理人若以反向保理为名，实际向债务人融资的，则仍应认定为借贷关系。本案中，保理人与债务人签订保理合同，约定债务人将其与债权人形成的应收账款转让给保理人，债权人同意加入保理合同后，保理人向债权人提供资金融通构成反向保理业务。爱建保理公司向债权人常州一建公司发放保理融资款，符合正常的反向保理交易结构。

无追索权保理业务，又称买断型保理，是指应收账款在无商业纠纷等情况下无法得到清偿的，由保理人承担应收账款的坏账风险。无追索权保理具有债权买卖的性质。无追索权保理业务中，"无追索权"并非绝对意义上的无追索权，保理人仅在债务人发生信用风险的情形下不得向债权人追索；在债务人和债权人存在商业纠纷的情形下，保理人对债权人仍具有追索权。在无追索权保理中，保理人基于商业纠纷向债权人行使追索权，实际上系由债权让与人承担权利瑕疵担保责任。无追索权保理合同约定基于商业风险背景下应收账款反转让的情形，并非有意将无追索权保理合同在某种情形下转化为有追索权保理合同，而是对于无追索权保理合同中保理人对卖方信用风险条件下丧失追索权的限定，符合保理实务惯例。

无追索权保理合同中即使存在保理人有权向债权人主张反转让或回购等追索情形的约定，需要审查保理合同约定的追索权系基于信用风险而产生，还是基于商业风险而产生。无追索权保理合同并不排除保理人基于商业风险向债权人行使追索权。保理合同对保理人向债权人是否有追索权存在约定矛盾时，应结合保理业务的具体结构，综合合同文义解释、整体解释和格式条款解释确定保理人是否有追索权。反向保理业务符合无追索权保理合同的，债务人因发生信用风险违约，保理人对债权人不具有追索权，应当向债务人主张应收账款债权。

案例编写人　上海市浦东新区人民法院　朱　丹　孔燕萍

 专家点评

赵旭东　　中国政法大学民商经济法学院教授、博士生导师，中国法学会商法学研究会会长

　　有无追索权是保理合同最重要的分类，也是《民法典》确立的保理合同基础分类。区分二者的标准在于，在债务人无法偿付应收账款时，保理人是否可以向债权人反转让应收账款或者要求债权人回购应收账款、归还融资。而由于实践中保理合同约定方式的多样性，二者的识别存在一定的难度。譬如本案，案涉保理合同是否约定了保理人向债权人的追索权存在争议。本案法院在认定保理合同的类型时，没有局限于合同单一条款的表意，而是结合保理业务的具体结构，综合合同文义解释、整体解释和格式条款解释确定保理人是否有追索权，值得类案借鉴参考。

相关法条

《中华人民共和国民法典》

　　第一百四十二条第一款　有相对人的意思表示的解释，应当按照所使用的词句，结合相关条款、行为的性质和目的、习惯以及诚信原则，确定意思表示的含义。

　　第四百六十六条第一款　当事人对合同条款的理解有争议的，应当依据本法第一百四十二条第一款的规定，确定争议条款的含义。

　　第四百九十八条　对格式条款的理解发生争议的，应当按照通常理解予以解释。对格式条款有两种以上解释的，应当作出不利于提供格式条款一方的解释。格式条款和非格式条款不一致的，应当采用非格式条款。

　　第七百六十七条　当事人约定无追索权保理的，保理人应当向应收账款债务人主张应收账款债权，保理人取得超过保理融资款本息和相关费用的部分，无需向应收账款债权人返还。

⑫ 申请执行人朱某执行异议之诉案

—— 执行担保人不适用唯一住房预留租金规定

案件索引

一审：北京市房山区人民法院（2022）京 0111 执异 432 号（2022 年 8 月 2 日）

二审：北京市第二中级人民法院（2022）京 02 执复 254 号（2022 年 9 月 22 日）

基本案情

2017 年 12 月，在朱某与倪某、倪某诗、唐山房地产公司借款合同纠纷一案的审理阶段，朱某向法院申请保全倪某诗、唐山房地产公司名下价值 780 万元的财产，随后法院对唐山房地产公司名下的存款 100 万元及其名下位于河北省某地的土地使用权采取了查封措施。2018 年 1 月初，案外人王某以担保人身份出具担保申请，自愿以自己名下位于北京市房山区 × 号房屋（以下简称案涉房产）为唐山房地产公司提供担保，担保金额为 280 万元，并承诺自愿承担由此产生的所有法律责任。随后，法院依法查封了王某名下的案涉房产，并裁定解除了对唐山房地产公司账户内存款 100 万元及其名下位于河北省某地的土地使用权的查封。

2018 年 4 月，在诉讼过程中，朱某与倪某、倪某诗、唐山房地产公司达成了和解协议，法院出具了民事调解书：倪某、倪某诗、唐山房地产公司共同偿还朱某借款本金 480 万元及相应的利息。后朱某向法院申请强制执行。在执行中，法院对担保人王某名下的担保财产依法进行了评估并进行了司法拍卖，拍卖款 275.11 万元。由于案涉房产为王某唯一住房，执行实施法官为其预留 26 万元的租金。申请执行人朱某对法院预留租金行为提出异议，请求在（2021）京 0111 执 1649 号案件中撤销给王某预留租金 26 万元的行为，并依法将该款项发放给异议人。

朱某认为，不应该给王某预留租金，其行为是担保，不符合预留租金的法定条件。

王某认为，其只有一套房产，法院拍卖其名下的房产后，就应该给其预留5~8年的租金，以保证其生存权，而且对于被执行人都预留租金，其只是担保人，不能对其更加苛责，更应该预留租金。

核心争议焦点 ....

执行阶段的担保人是否适用关于执行标的系唯一住房的情况下需由申请执行人同意在房屋变价款中为被执行人预留租金的相关规定。

审判思路 ....

《最高人民法院关于人民法院办理执行异议和复议案件若干问题的规定》（以下简称《执行异议和复议规定》）第20条第1款第3项规定："金钱债权执行中，符合下列情形之一，被执行人以执行标的系本人及所扶养家属维持生活必需的居住房屋为由提出异议的，人民法院不予支持：……（三）申请执行人按照当地廉租住房保障面积标准为被执行人及所扶养家属提供居住房屋，或者同意参照当地房屋租赁市场平均租金标准从该房屋的变价款中扣除五至八年租金的。"根据《最高人民法院关于人民法院执行工作若干问题的规定（试行）》第54条规定，人民法院在审理案件期间，保证人为被执行人提供保证，人民法院据此未对被执行人的财产采取保全措施或解除保全措施的，案件审结后如果被执行人无财产可供执行或其财产不足清偿债务时，即使生效法律文书中未确定保证人承担责任，人民法院有权裁定执行保证人在保证责任范围内的财产。

本案中，王某于诉讼保全阶段向法院出具担保申请，表示自愿以其名下的案涉房产为唐山房地产公司提供担保，担保金额为280万元，法院据此查封该房屋。案件进入执行程序后，保全措施自动转化为执行中的查封措施，即在执行阶段王某作为担保人以案涉房屋在其承诺的担保责任限额内对被执行人唐山房地产公司的债务承担责任，但是王某系执行案件的担保人，并非本案的被执行人，担保人与被执行人的诉讼地位不可等同，担保人作为完全民事行为能力人，在提供财产担保时就已经相当于承诺了财产责任范围，即只需在担保范围内承担担保责任。对此，就需要对担保物权制度与预留租金制度进行辨析。

担保物权制度设置的核心要义就是担保权人对担保物的价值有优先受偿权，主要有两大特征，首先是担保物权具有优先受偿的效力。担保物权作为融通资金和保障交易安全的方式之一，以担保债权能够获得清偿为目的，债权人对担保物具有优先受偿的效力。其次，以担保人所有的特定财产为标的。担保物权对特定财产发生效力，限于担保人所有的特定财产，担保物权是以他人所有的财产为标的而发生效力的他物权。虽然我国担保物权的优先受偿性并不是绝对的，一些特殊情况下需要让位于其他权利，比如《税收征收管理法》明确规定特定情形下国家税收权优先于担保物权，《企业破产法》规定破产程序中未清偿的特定职工债权优先于担保物权等特殊情形，但是以唯一住房为由并非法定特殊情形。

设置唯一住房预留租金制度在于为被执行人及其所扶养家属因受强制执行而提供基本的居住条件。虽然《最高人民法院关于人民法院民事执行中查封、扣押、冻结财产的规定》对被执行人及其所扶养家属生活必需住房属于执行豁免财产有明文规定，但是被执行人的唯一住房并不完全等同于生活必需的居住房屋，人民法院应当根据唯一住房的具体情况和案件执行内容来区分处理。故《执行异议和复议规定》规定了执行唯一住房时，在一定条件下应为被执行人预留租金。被执行人需要承担的责任往往不以某个标的为限，其法律依据在于法院、仲裁机构、公证机构等出具的生效法律文书，若其不履行相应责任，法院可以对其采取冻结银行账户、限制高消费、纳入失信被执行人名单等强制措施。这与执行担保人是存在重大差异的，执行担保人仅以担保物来承担责任，不可追及其财产，仅在其有毁损、转移等情形时除外。

如果法院为执行担保人预留租金，将严重破坏担保制度的功能，动摇担保制度的设置初衷，不利于法律适用的稳定与统一，而担保人往往以担保财产来承担责任，而非其名下所有的财产；而被执行人需要履行法律文书确定的债务责任，其范围往往不限于某个执行标的，往往以被执行人名下所有的财产来承担责任，故《执行异议和复议规定》规定了需要为被执行人预留5~8年的租金以保障被执行人的生存权，执行担保人与被执行人的地位完全不同，所适用的法律制度也存在根本区别，不可混淆。综上，担保人的担保财产不应适用关于执行标的系唯一住房为被执行人预留租金的相关规定，故执行法院最终支持了朱某的异议请求，该担保房产的拍卖款全部发还申请执行人。

实践中，因为担保人预留租金而提出执行异议的案件很少，但很典型，本案的本质问题在于生存权与担保权相冲突时如何处理。本案的审查明晰了担保人和被执行人二者地位的不同，对唯一住房预留租金制度和担保制度所设置的初衷和功能更加深入理解和区别，从而也明确了法院拍卖唯一住房预留租金的适用范围，即限于被执行人，不适用于执行担保人。如果为执行担保人预留租金将破坏担保制度，不符合担保制度的设置初衷，会使担保制度无法发挥其根本的作用，也不利于保障社会经济稳定、交易安全，在此也提醒了第三人在执行过程中不要随意为被执行人提供担保，否则需要承担法定担保责任。

案例编写人　北京市房山区人民法院　白雪梅

潘剑锋　　北京大学法学院教授、博士生导师，中国法学会民事诉讼法学研究会常务副会长

本案涉及的法律问题主要有两个：一是被执行人与执行担保人的地位问题；二是担保责任的范围在执行中应当如何确认的问题。执行法院在本案受理了申请执行人的执行异议之后，认真地分析了被执行人与执行担保人在执行中的不同地位：二者在执行中所承担的义务不同，与此相对应的权利也应该不同。进而特别强调了执行担保人在执行中对执行文书中所确定的义务，以所提供的担保所保证的范围为限，而在该范围内，其不享有被执行人所享有的相关权利。因此，执行法院支持了申请执行人的复议申请，有效地保护了申请人的合法权益。执行法院的分析符合法理，也符合相关司法解释的基本精神。

相关法条

《中华人民共和国民法典》

第三百八十六条　担保物权人在债务人不履行到期债务或者发生当事人约定的实现担保物权的情形，依法享有就担保财产优先受偿的权利，但是法律另有规定的除外。

第四百一十条 债务人不履行到期债务或者发生当事人约定的实现抵押权的情形，抵押权人可以与抵押人协议以抵押财产折价或者以拍卖、变卖该抵押财产所得的价款优先受偿。协议损害其他债权人利益的，其他债权人可以请求人民法院撤销该协议。

抵押权人与抵押人未就抵押权实现方式达成协议的，抵押权人可以请求人民法院拍卖、变卖抵押财产。

抵押财产折价或者变卖的，应当参照市场价格。

《最高人民法院关于人民法院办理执行异议和复议案件若干问题的规定》

第二十条 金钱债权执行中，符合下列情形之一，被执行人以执行标的系本人及所扶养家属维持生活必需的居住房屋为由提出异议的，人民法院不予支持：

（一）对被执行人有扶养义务的人名下有其他能够维持生活必需的居住房屋的；

（二）执行依据生效后，被执行人为逃避债务转让其名下其他房屋的；

（三）申请执行人按照当地廉租住房保障面积标准为被执行人及所扶养家属提供居住房屋，或者同意参照当地房屋租赁市场平均租金标准从该房屋的变价款中扣除五至八年租金的。

执行依据确定被执行人交付居住的房屋，自执行通知送达之日起，已经给予三个月的宽限期，被执行人以该房屋系本人及所扶养家属维持生活的必需品为由提出异议的，人民法院不予支持。

《最高人民法院关于人民法院执行工作若干问题的规定（试行）》（2020 年修正）

54. 人民法院在审理案件期间，保证人为被执行人提供保证，人民法院据此未对被执行人的财产采取保全措施或解除保全措施的，案件审结后如果被执行人无财产可供执行或其财产不足清偿债务时，即使生效法律文书中未确定保证人承担责任，人民法院有权裁定执行保证人在保证责任范围内的财产。

⑬ 秦某某诉康某某、张某某案外人 执行异议之诉案

——用"三步审查法"快速、准确审理案外人执行异议之诉纠纷案件

案件索引

一审：河南省西平县人民法院（2022）豫 1721 民初 2228 号（2022 年 11 月 8 日）

二审：河南省驻马店市中级人民法院（2023）豫 17 民终 838 号（2023 年 5 月 6 日）

基本案情

秦某某（女）、张某某（男）于 1994 年 11 月 3 日登记结婚，2016 年 4 月 8 日登记离婚。离婚协议约定：夫妻共同财产中，位于河南省西平县解放路中段路东印刷厂楼北起第 3、第 4、第 5、第 6 门面房全部归女方，其他财产全部归男方。秦某某将上述门面房出租给他人用于经营。因张某某未将上述门面房变更登记至秦某某名下，秦某某于 2021 年 3 月 16 日诉至河南省西平县人民法院，请求张某某协助将上述门面房登记至秦某某名下。河南省西平县人民法院于 2021 年 5 月 13 日作出（2021）豫 1721 民初 1193 号民事判决：张某某协助秦某某将上述四间门面房过户给秦某某。判决生效后，秦某某向西平县人民法院申请执行。西平县人民法院在执行中查明：张某某于 2016 年 3 月 21 日，以上述房屋产权证书遗失为由向西平县房地产管理所申请办理了新的房屋产权证书。2020 年 1 月 15 日，康某某与张某某签订《抵押借款合同》，合同约定：张某某向康某某借款 20 万元，张某某用案涉的第 4、第 6 间门面房提供担保，并于 2020 年 1 月 15 日办理了房产抵押登记。因张某某未按约定偿还借款，2021 年 5 月 20 日，康某某向驻马店仲裁委员会申请仲裁。2021 年 9 月 6 日，驻马店仲裁委员会作出（2021）驻仲裁字第 1079 号裁决：

张某某向康某某偿还借款 20 万元及利息。因张某某未履行裁决书确定的义务，康某某申请强制执行。河南省驻马店市中级人民法院指定西平县人民法院执行。2022 年 2 月 28 日，西平县人民法院作出（2021）豫 1721 执 2508 号执行裁定，查封了案涉房产。秦某某不服，提出执行异议。西平县人民法院裁定驳回了秦某某的异议请求。秦某某不服，提起本案执行异议之诉。

原告（被上诉人）秦某某诉称：案涉门面房虽然登记在张某某名下，但原系夫妻共同财产。其和张某某离婚时约定案涉门面房归其所有。张某某将案涉门面房抵押给康某某的行为及人民法院查封案涉房屋的行为侵犯了其合法权益。其是案涉门面房的所有权人，应停止对案涉房屋的强制执行。

被告（上诉人）康某某辩称：张某某将案涉房屋抵押给其时，提供了房屋产权证书、房屋租赁合同、离婚证。房屋产权证书显示的取得时间在离婚之后，其完全有理由相信案涉房屋是张某某的个人财产，也办理了抵押登记，其已经善意取得了抵押权，秦某某享有的权利不能对抗本案强制执行。

核心争议焦点

1. 秦某某对案涉房屋是否享有足以排除强制执行的民事权益；
2. 一审判决停止对案涉房屋的强制执行有无事实和法律依据。

审判思路

案外人执行异议之诉，是指案外人认为自己对执行标的享有民事权益，并认为其民事权益足以排除强制执行，请求人民法院停止对执行标的的强制执行而提起的诉讼。案外人执行异议之诉虽然在形式上表现为是否排除强制执行的纠纷，但实质上是案外人与申请执行人之间实体权益的冲突。因此，对于案外人执行异议之诉案件可以分三步进行审查处理：

一、审查案外人对执行标的是否享有民事权益、享有何种民事权益

执行异议之诉是虚假诉讼的高发区域，实践中，存在大量的倒签合同、伪造收据等情形。因此，在审理执行异议之诉时，必须将案外人对执行标的的是否享有真实的民事权益作为首要问题、重点问题进行审查。通过审查，如无法认定案外人对执行标的的享有真实的民事权益，就直接作出案外人不享有足以排除强制执行的民事权益的认定。

二、审查申请执行人对执行标的享有何种民事权益

通常情况下，申请执行人所享有的民事权益已经被生效裁判等所确认，但也存在生效裁判等未对申请执行人所享有的担保物权等权利作出认定的情形，此时需要在审理执行异议之诉过程中依法作出认定和处理，本文所涉及的案例即存在该情形。

三、将案外人和申请执行人享有的民事权益进行比较、甄别，并作出应该优先保护何人的民事权益的判断

判断时，应根据民事权益的性质及法律规定，对民事权益的优先性作出排序，如消费者购房者的物权期待权优先于担保物权、担保物权优先于一般债权等，再根据民事权益的顺位来判断应该优先保护哪一种民事权益。

具体到本案，可分如下三步进行审查处理：

（一）秦某某对案涉房屋是否享有民事权益、享有何种民事权益

《民法典》第 209 条规定：不动产物权的设立、变更、转让和消灭，经依法登记，发生效力；未经登记，不发生效力，但是法律另有规定的除外。本条是关于不动产物权登记效力的规定，根据该条规定，除法律另有规定外，不动产物权的设立、变更、转让和消灭，必须依法进行登记，未经登记，不发生物权变动的效力。

本案中，案涉房屋原系秦某某、张某某的夫妻共同财产，但案涉房屋登记在张某某名下。虽然离婚时，双方约定案涉房屋归秦某某所有，但直至 2021 年案涉房屋被查封时，案涉房屋仍未变更登记至秦某某名下。根据《民法典》第 209 条的规定，不动产物权变动必须依法进行登记，未经登记，不发生物权变动的效力，故秦某某并未取得案涉房屋的所有权。

《民法典》第 215 条规定：当事人之间订立有关设立、变更、转让和消灭不动产物权的合同，除法律另有规定或者当事人另有约定外，自合同成立时生效；未办理物权登记的，不影响合同效力。该条是关于合同效力和物权效力区分的规定。根据该条规定，除法律另有规定或者当事人另有约定外，当事人有关物权变动的合同一经成立，只要在内容上不违反法律、行政法规的强制性规定，不违背公序良俗，即发生效力。未办理物权登记的，不影响合同效力。

本案中，秦某某与张某某签订离婚协议，将案涉房屋约定归秦某某所有时，张某某与康某某之间的债权债务关系尚未发生，也无证据证明张某某存

在其他债务，即不存在秦某某、张某某恶意串通逃避债务的情形，秦某某与张某某离婚时关于财产的约定不违反法律、行政法规的强制性规定，不违背公序良俗，为有效协议。虽然张某某未将案涉房屋的产权过户至秦某某名下，但根据《民法典》第 215 条的规定，未办理房产过户登记，不影响秦某某、张某某离婚协议中关于案涉房屋归属约定的效力，即秦某某、张某某离婚协议中关于案涉房屋归属的约定有效。

秦某某根据离婚协议的约定，占有了该房屋，并将案涉房屋出租给他人，秦某某对案涉房屋享有物权期待权，其权利性质实质上仍属于债权。从 2021 年 3 月 16 日秦某某起诉张某某，请求张某某协助秦某某将案涉房屋产权变更登记至秦某某名下，西平县人民法院判决支持秦某某的该项诉讼请求，亦可以看出秦某某对案涉房屋所享有的权利性质。

综上分析，秦某某未取得案涉房屋的所有权，秦某某虽然对案涉房屋享有物权期待权，但该权利性质仍属于债权。

（二）康某某对案涉房屋享有何种民事权益

因物权是具有绝对排他性的效力的权利，物权在设立和变动时，必须将物权设立和变动的事实通过法定的公示方法向社会公开，使第三人知晓物权变动的情况，以避免第三人遭受损害，保护交易安全。

《民法典》第 208 条规定：不动产物权的设立、变更、转让和消灭，应当依照法律规定登记。动产物权的设立和转让，应当依照法律规定交付。该条是关于物权的设立和变动的公示方法的规定。根据该条的规定，"登记"是不动产物权设立和变动的公示方法。

物权公示公信原则是物权法的基本原则。对于通过法定的公示方法所公示出来的权利状态，第三人有合理理由相信其为真实的权利状态，与登记权利人进行了交易，法律应当对这种信赖利益予以保护。[1] 即使登记记载的权利及内容与真实的情况不符，对于第三人对登记的信赖利益亦应当给予保护，[2] 此为物权公示公信原则的核心价值所在。

《民法典》第 311 条规定：无处分权人将不动产或者动产转让给受让人的，所有权人有权追回；除法律另有规定外，符合下列情形的，受让人取得该不动产或者动产的所有权：（1）受让人受让该不动产或者动产时是善意；

---

[1]　谢在全：《民法物权论》（上册），中国政法大学出版社 2011 年版，第 85 页。

[2]　最高人民法院民法典贯彻实施工作领导小组主编：《中华人民共和国民法典物权编理解与适用》（上），人民法院出版社 2020 年版，第 44 页。

（2）以合理的价格转让；（3）转让的不动产或者动产依照法律规定应当登记的已经登记，不需要登记的已经交付给受让人。受让人依据前款规定取得不动产或者动产的所有权的，原所有权人有权向无处分权人请求损害赔偿。当事人善意取得其他物权的，参照适用前两款规定。

上述第 311 条是关于善意取得制度的规定。善意取得制度设立的依据是物权公示公信原则，设立的目的就是保护物权公示的效力，保护交易当事人的信赖利益，保障交易安全。该条前两款是关于所有权善意取得的规定，第 3 款规定其他物权也可以适用善意取得的规定。根据该条第 3 款的规定，除所有权可以善意取得外，抵押权、质权等其他物权也可以适用善意取得的规定。

综上分析，本案涉及的抵押权适用善意取得的规定。

本案中，2016 年 4 月 8 日，张某某与秦某某离婚时，双方约定案涉房屋归秦某某所有，秦某某为案涉房屋的实际权利人。2020 年 1 月 15 日，张某某用案涉房屋作为抵押物向康某某借款 20 万元时，案涉房屋登记在张某某名下，且有秦某某、张某某离婚的事实客观存在。基于上述事实，康某某有充分的理由相信张某某系案涉房屋的所有权人，康某某、张某某亦办理了抵押权登记，根据《民法典》第 311 条的规定，康某某已经善意取得了案涉房屋的抵押权。

（三）本案应该优先保护秦某某的权益，还是优先保护康某某的权益

《民法典》第 386 条规定：担保物权人在债务人不履行到期债务或者发生当事人约定的实现担保物权的情形，依法享有就担保财产优先受偿的权利，但是法律另有规定的除外。第 394 条第 1 款规定：为担保债务的履行，债务人或者第三人不转移财产的占有，将该财产抵押给债权人的，债务人不履行到期债务或者发生当事人约定的实现抵押权的情形，债权人有权就该财产优先受偿。《执行异议和复议规定》第 27 条规定：申请执行人对执行标的依法享有对抗案外人的担保物权等优先受偿权，人民法院对案外人提出的排除执行异议不予支持，但法律、司法解释另有规定的除外。

担保物权是以确保债权实现为目的的物权，[1] 根据上述法律规定，当债务人不履行到期债务时，享有担保物权的债权人具有优先于其他普通债权人就担保财产变价并优先受偿的权利。[2] 同时，根据上述法律、司法解释的规定，

---

① 最高人民法院民法典贯彻实施工作领导小组主编：《中华人民共和国民法典物权编理解与适用》（下），人民法院出版社 2020 年版，第 980 页。

② 王利明、杨立新、王轶、程啸：《民法学》，法律出版社 2015 年版，第 318 页。

担保物权人的优先受偿权有时会受到限制，即法律、司法解释会规定某项权利优先于担保物权人的优先受偿权，但这种限制必须有法律、司法解释的明确规定，否则不得优先于担保物权人的优先受偿权。

在执行异议之诉领域，针对不动产执行的，主要涉及以下法律、司法解释的规定：（1）《民法典》第 807 条规定：发包人未按照约定支付价款的，承包人可以催告发包人在合理期限内支付价款。发包人逾期不支付的，除根据建设工程的性质不宜折价、拍卖外，承包人可以与发包人协议将该工程折价，也可以请求人民法院将该工程依法拍卖。建设工程的价款就该工程折价或者拍卖的价款优先受偿。（2）《最高人民法院关于审理建设工程施工合同纠纷案件适用法律问题的解释（一）》第 36 条规定：承包人根据民法典第八百零七条规定享有的建设工程价款优先受偿权优于抵押权和其他债权。（3）根据《最高人民法院关于商品房消费者权利保护问题的批复》规定，①建设工程价款优先受偿权、抵押权以及其他债权之间的权利顺位关系，按照《最高人民法院关于审理建设工程施工合同纠纷案件适用法律问题的解释（一）》第 36 条规定处理。②商品房消费者以居住为目的购买房屋并已支付全部价款，主张其房屋交付请求权优先于建设工程价款优先受偿权、抵押权以及其他债权的，人民法院应当予以支持。（4）《最高人民法院关于审理商品房买卖合同纠纷案件适用法律若干问题的解释》（法释〔2003〕7 号）第 7 条规定：拆迁人与被拆迁人按照所有权调换形式订立拆迁补偿安置协议，明确约定拆迁人以位置、用途特定的房屋对被拆迁人予以补偿安置，如果拆迁人将该补偿安置房屋另行出卖给第三人，被拆迁人请求优先取得补偿安置房屋的，应予支持。《最高人民法院关于审理商品房买卖合同纠纷案件适用法律若干问题的解释》（法释〔2020〕17 号）删除了上述第 7 条的规定。《最高人民法院关于审理执行异议之诉案件适用法律问题的解释（一）》（2023 年征求意见稿）第 17 条关于被征收人提起的执行异议之诉的处理中，提供了两个方案，对于是否赋予被征收人优先于建设工程价款优先受偿权、抵押权等权利尚未明确。本案不涉及被征收人的权益保护问题，暂不作深入讨论。

综上，从现有的法律、司法解释的规定来看，在执行异议之诉领域，针对不动产执行时，有明确法律、司法解释依据的，能够对抗抵押权的权利有：消费者购房者的物权期待权和建设工程承包人的建设工程价款优先受偿权。所涉及的各项权利排位顺序为：消费者购房者的物权期待权＞建设工程承包人的建设工程价款优先受偿权＞担保物权人的抵押权[1]＞一般债权。

本案中，秦某某对案涉房屋虽然享有物权期待权，但该权利实质上仍属于债权，秦某某所享有的权利可以对抗一般金钱债权的执行，但不能对抗抵押权人康某某就作为担保财产的案涉房屋变价并优先受偿的权利，秦某某对案涉房屋不享有足以排除强制执行的民事权益。故二审作出撤销原判，驳回秦某某诉讼请求的处理。

自执行异议之诉于 2007 年《民事诉讼法》修改时被确立以来，该类型案件数量增长较快，在中国裁判文书网以"执行异议之诉"作为关键词进行搜索，共检索到 499699 篇裁判文书。该类型案件在审判实践中无论是在事实认定方面还是法律适用方面均存在诸多争议，已经成为当前民事审判中的疑难问题。

从笔者所在的驻马店市两级法院 2018 年至 2022 年 4 年间受理的 2316 件一审执行异议之诉案件情况来看，案外人执行异议之诉占 1812 件，申请执行人执行异议之诉占 428 件，执行分配方案异议之诉占 41 件，追加、变更被执行人执行异议之诉占 35 件，案外人执行异议之诉和申请执行人执行异议之诉占执行异议之诉案件总数的 95% 以上。案外人执行异议之诉和申请执行人执行异议之诉的审理，尤其是案外人执行异议之诉的审理是执行异议之诉审理中需要解决的重点问题。

本件案外人执行异议之诉共有两个裁判要旨：第一，使用"三步审查法"快速、准确审理案外人执行异议之诉纠纷案件，即：（1）审查案外人对执行标的是否享有民事权益、享有何种民事权益；（2）审查申请执行人对执行标的享有何种民事权益；（3）将案外人和申请执行人享有的民事权益进行比较、甄别，并作出应该优先保护何人的民事权益的判断。该方法同样适用于申请执行人执行异议之诉纠纷案件的处理。第二，担保物权人对于担保财产享有优先受偿权是法律的原则性规定，只有在法律、司法解释有明确例外规定的情况下，某项权利才能优先于担保物权人的优先受偿权，否则不得优先于担保物权人的优先受偿权。

---

① 王毓莹：《不动产买受人提起的执行异议之诉的处理》，载《人民法院报》2019 年 2 月 21 日第 7 版。

上述裁判要旨能够为审理类案提供参考。

案例编写人 河南省驻马店市中级人民法院 王建峰

专家点评

蔡虹 中南财经政法大学法学院教授、博士生导师

　　本案执行异议之诉的双方当事人，一个在与张某的诉讼中获得法院判决支持，一个在与张某的仲裁中获得仲裁裁决的支持。仲裁裁决书率先进入执行程序，执行机构依法查封了判决中的胜诉当事人秦某某所享有的房屋，故其提起案外人执行异议之诉。实践中类似情形错综复杂且日渐多发，故本案有很好的示范意义。法官用"三步审查法"依次审查案外人、申请执行人对执行标的所享有的民事权益及其性质，并将其享有的民事权益的性质和内容进行比较，严格依法对民事权益的优先性作出排序。二审法院最终判决秦某某对案涉房屋不享有足以排除强制执行的民事权益，故作出撤销原判，驳回秦某某诉讼请求的处理。终审裁判思路清晰，法律依据充分，论证逻辑严密。

相关法条

《中华人民共和国民法典》

　　第二百零八条 不动产物权的设立、变更、转让和消灭，应当依照法律规定登记。动产物权的设立和转让，应当依照法律规定交付。

　　第二百零九条第一款 不动产物权的设立、变更、转让和消灭，经依法登记，发生效力；未经登记，不发生效力，但是法律另有规定的除外。

　　第三百一十一条 无处分权人将不动产或者动产转让给受让人的，所有权人有权追回；除法律另有规定外，符合下列情形的，受让人取得该不动产或者动产的所有权：

　　（一）受让人受让该不动产或者动产时是善意；

　　（二）以合理的价格转让；

　　（三）转让的不动产或者动产依照法律规定应当登记的已经登记，不需要登记的已经交付给受让人。

　　受让人依据前款规定取得不动产或者动产的所有权的，原所有权人有权

向无处分权人请求损害赔偿。

当事人善意取得其他物权的，参照适用前两款规定。

第三百八十六条　担保物权人在债务人不履行到期债务或者发生当事人约定的实现担保物权的情形，依法享有就担保财产优先受偿的权利，但是法律另有规定的除外。

第三百九十四条第一款　为担保债务的履行，债务人或者第三人不转移财产的占有，将该财产抵押给债权人的，债务人不履行到期债务或者发生当事人约定的实现抵押权的情形，债权人有权就该财产优先受偿。

《最高人民法院关于人民法院办理执行异议和执行复议案件若干问题的规定》

第二十七条　申请执行人对执行标的依法享有对抗案外人的担保物权等优先受偿权，人民法院对案外人提出的排除执行异议不予支持，但法律、司法解释另有规定的除外。

⑭ 北京丁香文化有限公司诉王某、董某等追加、变更被执行人异议之诉案

——追加出资期限未届满即转让股权的原股东的司法审查标准

案件索引

基本案情

原告北京丁香文化有限公司（以下简称丁香公司）与被告糖果文化公司（以下简称糖果公司）、赵某某、董某、王某房屋租赁合同纠纷一案，2021 年 10 月 29 日法院作出（2021）京 0106 民初 12554 号民事判决书，判决确定：一、糖果公司于本判决生效之日起 10 日内给付丁香公司租金 211 万元；二、糖果公司于本判决生效之日起 10 日内给付丁香公司电费 3650.4 元；三、驳回丁香公司其他诉讼请求。丁香公司不服该判决，向北京市第二中级人民法院提起上诉。2022 年 1 月 28 日，北京市第二中级人民法院作出（2021）京 02 民终 16590 号民事判决书，判决驳回上诉，维持原判。2022 年 3 月 4 日，丁香公司向法院申请强制执行。2022 年 3 月 31 日，法院作出（2022）京 0106 执 2823 号执行裁定书，经法院穷尽财产调查措施后，暂未发现被执行人名下有可供执行财产，裁定终结本次执行程序。之后，丁香公司向法院申请追加董某、王某、赵某某为上述案件被执行人。2022 年 7 月 7 日，法院作出裁定书，驳回丁香公司的追加请求。丁香公司不服以上裁定，提起本案诉讼。

原告（被上诉人）丁香公司诉称原告与糖果公司房屋租赁合同纠纷一案，原告申请强制执行，后法院终结本次执行程序。王某、董某、赵某某在丁香

公司与糖果公司租赁合同存续期间担任糖果公司股东，三人将股权转让给王某一人时，丁香公司债权业已存在，后糖果公司减资，三人构成逃废出资义务。糖果公司不能清偿债务已成客观事实，王某、董某、赵某某应在未实缴资本范围内对公司不能清偿的债务承担补充赔偿责任。

被告董某（上诉人）、被告赵某某（上诉人）、被告王某、被告糖果公司辩称：丁香公司系糖果公司房屋租赁合同纠纷的债权人，该纠纷与各自然人被告无关，各股东享有出资期限利益，各股东认缴期限均未到期，不属于未全面履行出资义务，也不属于《最高人民法院关于民事执行中变更、追加当事人若干问题的规定》第17条、第19条中规定的追加被执行人的情况。丁香公司诉请要求被告在未出资范围内承担补充责任无法律依据。

另查明，2016年6月15日，糖果公司成立，企业类型为有限责任公司（自然人独资），注册资本100万元。登记备案的公司章程载明，股东为曹某某，认缴出资100万元，出资期限2030年6月1日，出资方式为货币。2018年10月25日，糖果公司股东由曹某某变更为王某，注册资本变更为1000万元。登记备案的公司章程载明，王某认缴出资1000万元，出资期限2034年8月1日，出资方式为货币。2019年3月12日，王某与赵某某签订《转让协议》，王某同意将糖果公司中的股权200万元转让给赵某某。同日，王某与董某签订《转让协议》，王某同意将糖果公司中的股权510万元转让给董某。2019年3月15日，糖果公司企业类型以及股东发生变更，企业类型变更为有限责任公司（自然人投资或控股），股东变更为王某、董某、赵某某。登记备案的公司章程载明，王某、董某、赵某某认缴出资分别为290万元、510万元、200万元，出资期限均为2039年3月12日，出资方式均为货币。2021年1月8日，王某与赵某某签订《转让协议》，赵某某同意将糖果公司的股权200万元转让给王某。同日，王某与董某签订《转让协议》，董某同意将糖果公司的股权510万元转让给王某。2021年1月13日，糖果公司企业类型变更为有限责任公司（自然人独资），股东变更为王某。登记备案的公司章程载明，王某认缴出资为1000万元，出资期限为2046年1月1日，出资方式为货币。2021年3月3日，糖果公司注册资本发生变更，注册资本变更为100万元。登记备案的公司章程载明，股东为王某，认缴出资为100万元，出资期限为2046年1月1日，出资方式为货币。2021年4月20日，糖果公司企业类型变更为有限责任公司（自然人投资或控股），股东变更为王某、张某。登记备案的公司章程载明，王某、张某认缴出资分别为99万元、1万元，出资期限均为2046年1月1日，出资方式均为货币。又查，工商登记档案显示，2021 年 3 月 3 日糖果公司注册资本由 1000 万元变更为 100 万元时，糖果公司出具《债务清偿或担保情况的说明》，主要内容为："公司注册资本由 1000 万元减少到 100 万元，已于 2021 年 1 月 13 日在《北京晚报》上刊登了减资公告，至今无任何单位或个人向本公司提出清偿债务或提供相应的担保请求。至此，公司债务已清偿完毕。如有遗留问题，由各股东按照原来的注册资本数额承担责任。"工商档案中，附有登报公告报纸。

北京市丰台区人民法院于 2022 年 10 月 10 日作出（2022）京 0106 民初 16583 号民事判决：追加王某、董某、赵某某为（2022）京 0106 执 2823 号执行案件的被执行人，分别在各自未实缴出资范围内对（2021）京 0106 民初 12554 号民事判决书确定的糖果公司向丁香公司应履行债务不能清偿的部分承担补充赔偿责任；驳回丁香公司的其他诉讼请求。董某、赵某某提出上诉。北京市第二中级人民法院于 2023 年 6 月 8 日作出（2023）京 02 民终 4866 号民事判决：驳回上诉，维持原判。

核心争议焦点

在认缴期限届满前转让股权的股东无需在未出资本息范围内对公司不能清偿的债务承担补充赔偿责任，但原股东具有转让股权以逃废出资义务的恶意，是否属于《最高人民法院关于民事执行中变更、追加当事人若干问题的规定》（2020 年修正）第 19 条规定的"未依法履行出资义务即转让股权"情形。

审判思路

关于董某和赵某某是否应当对糖果公司的债务承担补充责任。董某和赵某某称其转让股权并非出于逃避债务的目的，但从糖果公司股权变动时间，与丁香公司建立租赁关系、租赁关系存续期间、终止原因及诉讼情况，以及董某和赵某某对上述租赁关系和拖欠租金之事实的主观状态；从股权转让的过程，即董某、赵某某在同一天将持有的认缴出资均零对价转让给王某；股权受让人王某受让股权后就办理了减少糖果公司注册资本、减少认缴出资的变更登记，以及王某减少糖果公司注册资本并未严格履行法定程序，对丁香公司不发生法律效力等本案实际情况看，董某和赵某某的转让行为明显不具有合理性。董某、赵某某称董某在同一时期将其所持案外公司 100% 的股权转让给他人，该案外公司并未欠付债务，法院对此认为，该事实即便存在也不足以证明其转让糖果公司股份给王某不是出于逃避债务的目的；其所持没有支付对价的辩解，同样不能证实其上述主张成立。综合现有证据，认定董某和赵某某应对糖果公司的债务承担补充责任，并追加其二人在各自尚未缴纳出资范围内对糖果公司债务不能清偿部分承担补充赔偿责任。

本案通过裁判认为原股东具有转让股权以逃废出资义务的恶意，应认定属于"未依法履行出资义务即转让股权"情形应予追加，具体可从转让股权时间是否为债务履行期间届满后、转让对价是否合理、受让人是否具备实缴能力等方面予以审查，为类案审理提供了参考。

案例编写人　北京市丰台区人民法院　李冬冬　毕凯丽

专家点评 ....

许身健　　中国政法大学法律硕士学院院长、教授、博士生导师，中国法学会法律文书学研究会副会长兼秘书长

　　本案涉及认缴股东出资期限未届满即转让股权后，就未出资的部分应否对公司债务承担补充赔偿责任的问题。资本认缴制实施后，股东按照章程约定的实缴期限缴纳出资，在实缴期限届满前无须承担实缴出资的义务，即股东依法律和章程的规定享有期限利益。实践中如果出现股东利用期限利益逃避股东出资责任的情形，就背离了认缴制初衷，最终动摇公司资本认缴制度，损害交易安全。因此，有必要在特定情形下对股东期限利益予以适当规制，以正本清源，使其回归资本认缴制下的立法本源，以平衡股东期限利益和债权人合法利益保护的冲突。本案正是股东期限利益和债权人利益保护冲突与平衡的裁判规则的典型案例，法院从债权形成时间、股权转让时间、转让对价、受让人非法减资等多个方面，明确了判断出资期间未届满即转让股权的认缴股东应否承担责任的认定标准，是司法实务界在现有认缴制规定背景下对于此类裁判规则的有益探索和实践，有力地维护了公司债权人的合法权益。

相关法条

《中华人民共和国公司法》（2018 年修正）

第二十八条第一款① 　股东应当按期足额缴纳公司章程中规定的各自所认缴的出资额。股东以货币出资的，应当将货币出资足额存入有限责任公司在银行开设的账户；以非货币财产出资的，应当依法办理其财产权的转移手续。

《最高人民法院关于民事执行中变更、追加当事人若干问题的规定》

第十九条 　作为被执行人的公司，财产不足以清偿生效法律文书确定的债务，其股东未依法履行出资义务即转让股权，申请执行人申请变更、追加该原股东或依公司法规定对该出资承担连带责任的发起人为被执行人，在未依法出资的范围内承担责任的，人民法院应予支持。

---

① 　该法已于 2023 年修订，本条已被修改为第 49 条第 1 款和第 2 款。

⑮ 申星小贷公司诉张某某、倪某某等金融借款合同纠纷案

——配合他人向小额贷款公司超额申请放贷的借款人应承担还款责任

案件索引

一审：上海市奉贤区人民法院（2021）沪0120民初12737号（2022年1月29日）

二审：上海金融法院（2022）沪01民终565号（2022年10月17日）

基本案情

一、原告申星小贷公司内部贷款规定及档案材料

原告申星小贷公司注册资本10000万元。申星小贷公司章程第14条规定：发放贷款坚持"小额、分散"原则，同一借款人的贷款余额不得超过小额贷款公司资本净额的5%，50%以上的借款人贷款余额不超过50万元。

二、涉案贷款、担保

签约时间为2015年5月25日的编号为150587870054的《借款合同》载明：贷款人为原告，借款人为张某某；借款金额为50万元；借款期限自2015年6月3日至2016年6月2日；借款利率为18%；借款用途为流动资金周转；本贷款为保证贷款。2015年6月3日，申星小贷公司汇给张某某50万元。同日，张某某汇给张海某50万元。

签约时间为2016年7月29日的编号为160587870025的《借款合同》载明：贷款人为申星小贷公司，借款人为张某某；借款金额为50万元；借款期限自2016年7月29日至2017年7月21日；借款利率为17.40%；借款用途为借新还旧，用于归还合同编号150587870054《借款合同》项下贷款；本贷

款为保证贷款；张某某到期没有偿还借款本息而导致原告为催讨借款本息产生的所需费用，包括律师费等由张某某承担。张海某、倪某某作为保证人分别签订编号为 160587870025 的《保证合同》，两份《保证合同》均载明：债权人为原告；签约时间为 2016 年 7 月 29 日；为确保张某某与债权人签订的编号为 160587870025 的《借款合同》的切实履行，保证人愿意为债务人依主合同与债权人所形成的债务提供保证担保。

2017 年 1 月 16 日，原告、倪某某签署的《协议书》载明：倪某某承诺分五年归还所欠原告的借款本金 2850 万元。同日，倪某某出具《确认书》载明：……张某某等人因资金周转困难向原告借款合计 2850 万元及产生的利息以及所有费用均由其负责归还、支付。具体汇总表包括涉案借款。同日，一份出让人为倪某某夫妇、受让人为申星小贷公司法定代表人陈某某的《国有土地使用权及地上建筑物转让协议书》载明，本协议所涉土地使用权及地上建筑物转让价格合计 900 万元，陈某某应于 2017 年 1 月 31 日将此款支付给倪某某夫妇，倪某某夫妇委托陈某某将 735 万元直接汇至申星小贷公司用以支付倪某某夫妇所欠原告的借款利息，利息起算日期自 2015 年 6 月 21 日起至 2016 年 12 月 31 日止。

原告申星小贷公司 2017 年第二次董事会决议载明，"会议就倪某某相关企业及个人在申星小贷公司借款 2850 万元（截至 2016 年 12 月 31 日），达成如下协议：（1）鉴于目前倪某某无力偿还其所欠申星小贷公司的债务，为此经倪某某与申星小贷公司双方协商决定，倪某某自愿提出将倪某某名下位于上海市奉贤区南桥镇华宛路 × 支弄 × 号占地面积为 197 平方米的国有土地使用权及地上建筑物以人民币 900 万元的价格协议转让给公司。协议转让款900 万元分为三笔：① 735 万元先由陈某某直接支付至申星小贷公司，用以支付倪某某所欠申星小贷公司的借款利息……（2）倪某某与申星小贷公司协议约定，倪某某承诺分五年归还所欠申星小贷公司的借款本金 2850 万元……（3）对倪某某相关企业和个人在申星小贷公司贷款的 2015 年第三季度、第四季度应收未收利息 228.75 万元；……同时明确对倪某某相关企业和个人在申星小贷公司借款 2850 万元及该笔借款 393.75 万元从 2017 年第一季度开始停息。"

原告申星小贷公司就涉案贷款于 2018 年 4 月 8 日、2019 年 7 月 5 日出具了《债务逾期催收通知书》，抬头债务人全称处记载的均是张某某。原告申星小贷公司就涉案贷款于 2020 年 4 月 28 日出具了《询证函》，载明截至 2019 年 12 月 31 日，张某某尚欠 50 万元。

原告申星小贷公司与三被告签署的《还款担保协议书》载明：出借人甲方为申星小贷公司，借款人乙方为张某某，连带责任担保人丙方为倪某某、张海某。

另查明：一份 2021 年 7 月 16 日张海某和王海某的通话载明："王：张总，我实事求是跟你说，所有的手续我这里都是为了应付……""张：你当时对我说时，我说这些陈总已经全部转我们老板了，跟我们这几个人不搭嘎了，你说为了应付审计，不然要降级的，你是这样说的。""王：是的，不然经营我们都不能经营的……""王：所以讲还是要想办法那个人早日付掉……""王：而且我不是今年来，我是每年来的，不做这个不行的，审计通不过的，没办法的呀。"

一份 2021 年 7 月 17 日张海某和王海某的通话载明："张：夏总也知道的我们这些债务实际上都转给老板了，后来让我们签字……""王：对的呀，转给老板了么，你们动作没有呀。你们钞票要付，付了钞票么等于是这样，一直不付么他心里总归有想法的。""张：……这些债务已经转掉了。跟这些人不搭嘎了，你说了是不搭嘎了。""王：是的。我呢老实说这些手续每年要办的，不管是你还是别人，我都要去敲的，敲不到会计师事务所达到一定比例就要发整改意见，你这里签到了，不管是章也好签字也好对上面有交代了……""张：……当着你的面张某某签字的时候，我对张某某说了，小王也在，他说跟你们不搭嘎的，为了审计让你们签个字对哇。""王：对的，哎，这件事现在蛮那个的。""张：这些钞票当时你们借给老板时，你们说因为不好操作，叫几个个人名字，叫几个人顶一下。""王：对的，大小数要匹配的。"

庭审中，原告申请证人王海某出庭作证，王海某称：其名义上是原告的总经理，但实际上没有总经理的待遇，没有参与整个借款的流程，前期都是领导在沟通，自己是 2015 年接手涉案借款并每年办理转贷业务，工作职责是负责借款资料的合法性和完整性，不管是企业还是自然人都不得超过 500 万元的贷款限制，每年有很多部门进行信贷工作的审查；涉案借款是张某某提出申请的，用途是用于家族企业的流动资金；根据领导交代，倪某某作为担保人愿意代为偿还债务，没有放弃要求借款人张某某偿还借款；每年都会催讨，通过张海某联系张某某，贷款衔接是通过张海某，张海某能联系到倪某某担保借款的其他人；在与张海某的通话录音中，"是的""对的"是习惯说话的方式，并不是说涉案借款与张某某无关，"大小数要匹配"是指要进行大小融资。

庭审中，被告张某某申请证人李某某出庭作证。李某某称：2010 年开始担任原告股东，2017 年不再担任股东，涉案借款是倪某某借钱，因为借款单笔不能超过 500 万元，倪某某去找了其他人来办理手续，原告股东曾就能否向倪某某借款开会，自己参过会并签字，原告董事会也明确借钱给倪某某；自己也向原告借过 5000 万元，也是分别找十个人家借来的，原告跟十个人家也是不熟悉的，倪某某借钱也是这个情况。

2021 年 6 月 4 日，申星小贷公司工作人员夏某某在公安机关的询问笔录中陈述，"第一，李某某本身就是申星小贷公司的股东，按照规定股东是不可以向本公司借款的。第二，单一个体的贷款金额不能超过 500 万元。基于这两点所以李某某就找了很多其他的第三方或者第三人向申星小贷公司贷款。"

原告申星小贷公司认为案涉借款合同与保证合同合法有效，系当事人自愿意思表示，应为有效。

被告张某某辩称：（1）本案实际借款人倪某某，借款总金额是 2850 万元，已超过原告资本净额的 10%，案涉《借款合同》无效。（2）原告在被告张某某签字时表明该借款与被告张某某无关，被告倪某某与原告申星小贷公司签订《协议书》中也确认 2850 万元均系被告倪某某个人钱款，故《借款合同》并非被告张某某真实意思表示。（3）被告张某某将款项已转至被告张海某（被告倪某某公司财务）账户，被告张海某负责每月支付利息。

被告倪某某辩称：（1）原告董事会决议已同意由被告倪某某承担债务，涉案借款的债务人已经变更。（2）案涉借款形式系为了配合原告内部审核需要，被告张某某等借款主体没有支付过利息和本金，原告对此是明知的。

被告张海某辩称：（1）签署《还款担保协议书》系为了配合原告审计需要，实际上所有的债务均由被告倪某某承担。（2）主合同无效，担保合同不成立，保证人无需再承担担保责任。

核心争议焦点

1. 涉案借款合同的效力；

2. 如借款合同有效，债务是否已移转至被告倪某某，而与被告张某某无涉，被告倪某某、张海某是否需承担保证责任。

审判思路

小额贷款公司发放贷款应遵循小额、分散的原则以防范规模性的贷款风险。但实践中，部分小额贷款公司存在通过向不同借款人分散发放贷款的形式向实际用款人超额发放贷款的情形，司法实践中对上述所涉借款合同的效力评价亟待统一。

一、小额金融借款合同不因超额放贷而无效

我国金融领域正处于"强监管"理念的指导之下，又因金融市场专业性突出、实效性强等特点，行政规章成为目前主要的监管形态，发挥着举足轻重的作用。《全国法院民商事审判工作会议纪要》第31条指出，违反规章一般情况下不影响合同效力，但该规章的内容涉及金融安全、市场秩序、国家宏观政策等公序良俗的，应当认定合同无效。人民法院在认定规章是否涉及公序良俗时，要在考察规范对象的基础上，兼顾监管强度、交易安全保护以及社会影响等方面进行慎重考量。学者朱庆育认为，考量规范对合同效力的影响更可靠的判别依据是了解法律禁令欲通过行为之禁止达到何种目的，如果规定的对象是诸如时间、地点、种类、方式之类的法律行为外部环境，只是为了法律行为创造公平正义的秩序环境，具体法律行为的效力应不受影响。①综合上述学说和裁判规则，判定违反规章之下合同效力的主要因素为"公序良俗"，而规范对象、监管强度、交易安全保护、社会影响等方面即构成组成"公序良俗"项下的子因素。法官在判定合同效力时，应充分考量上述因素，谨慎行使自由裁量权，最终目的是实现私人自治与有效监管的平衡。

本案中，被告张某某提供《协议书》《确认书》、录音资料等证据证明上述款项的实际用款人是被告倪某某，且被告倪某某通过拆分借款的方式向原告借款共计2850万元。被告张某某认为，案涉借款存在以合法形式掩盖非法目的，且原告超越监管额度发放贷款，违反法律法规的强制性规定，故案涉《借款合同》应属无效。"以合法形式掩盖非法目的"签订的合同无效原本规定在《合同法》第53条第3项。但在《民法典》中该项内容即被删除，相关案件通常可以通过违反法律、行政法规的效力性规定进行裁判。

通过查阅，笔者将涉及小贷公司的发放额度的监管规定汇总如下表1所示。

---

① 参见朱庆育：《民法总论》，北京大学出版社2016年版，第300页。

表 1　涉小贷公司贷款发放额度监管规定

规范名称	发布部门	规范性质	内容
《中国银保监会办公厅关于加强小额贷款公司监督管理的通知》（银保监办发〔2020〕86 号）	中国银行保险监督管理委员会	部门规章	（四）坚持小额分散……小额贷款公司对同一借款人的贷款余额不得超过小额贷款公司净资产的 10%；对同一借款人及其关联方的贷款余额不得超过小额贷款公司净资产的 15%。地方金融监管部门根据监管需要，可以下调前述贷款余额最高限额
《中国银行业监督管理委员会、中国人民银行关于小额贷款公司试点的指导意见》（银监发〔2008〕23 号）	中国银行保险监督管理委员会、中国人民银行	规范性文件	四、小额贷款公司的资金运用……同一借款人的贷款余额不得超过小额贷款公司资本净额的 5%。在此标准内，可以参考小额贷款公司所在地经济状况和人均 GDP 水平，制定最高贷款额度限制
《上海市小额贷款公司监督管理办法》（沪金规〔2021〕4 号）	上海市地方金融监督管理局	地方规范性文件	第十九条第二款、第三款 小额贷款公司对同一借款人的贷款余额不得超过小额贷款公司净资产的 10%；对同一借款人及其关联方的贷款余额不得超过小额贷款公司净资产的 15% 市地方金融监管部门根据监管需要，可以下调前述对外融资余额与净资产比例的最高限额

　　上述监管规定层级最高的为中国银行保险监督管理委员会制定的部门规章，其他均为规范性文件。从规范类别来看，未达到法律、行政法规的级别。违反规章原则上并不影响合同效力。另外，《中国银保监会办公厅关于加强小额贷款公司监督管理的通知》的发布时间以及生效时间均为 2020 年。本案所涉《借款合同》的签订时间为 2016 年，早于规章出台的时间。因此，违反上述规范均不能成为认定合同无效的事由。

　　小额贷款公司超额发放贷款亦不构成违背公序良俗。从规范对象看，设定最大借款额的目的是在于保证小贷公司"小额""分散"的特点，是一种创设风险可控的金融借贷环境的规定，违反相关规定的机构会招致行政处罚，但《借款合同》的效力不应受到影响。从监管强度来看，随着社会经济的发展，同一借款人的最大借款余额从 2008 年的公司资本净额的 5% 到 2020 年的 10%，且各地监管机构有自主调整的权力，故贷款最高限额本身即为动态调整的结果，并非高强度的禁止性监管规定。从交易安全角度考量，倘若法院判定小贷公司与借款人合同无效，实际用款人需偿还巨额欠款。而在小贷公司起诉借款人的案件中，实际用款人通常已不具有还款能力。因此，判决无效的类案裁判会对小额贷款公司的资金稳定带来风险。

综上所述，本案所涉《借款合同》不违反法律、行政法规的强制性规定，本案所涉《借款合同》合法有效，原被告均应恪守。

二、小额金融贷款关系中借款人与实际用款人法律关系厘清

（一）代理说

代理的要旨在于，行为人以被代理人的名义实施法律行为，法律效果直接归属于被代理人。在代理说的观点下，借款人为代理人，实际用款人为被代理人，借款人以实际用款人的名义与小贷公司签订借款合同，借款法律关系所约束的对象应当是小贷公司和实际用款人。在小贷公司明确知晓实际用款人和借款人之间的代理关系时，借款人不承担还本付息的责任（见图 1）。

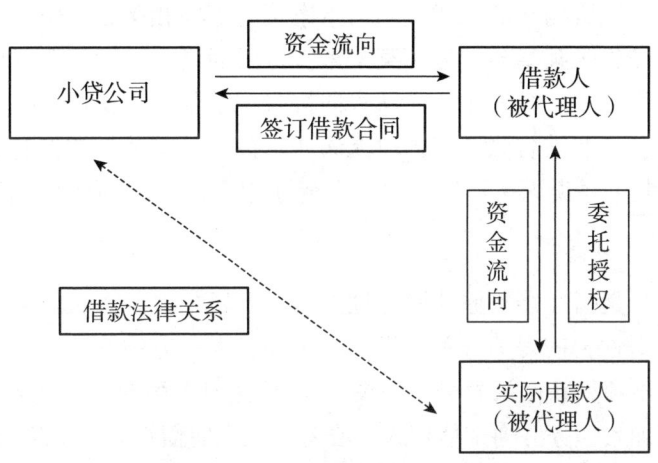

图 1 代理说观点下的法律关系

本案中，被告张某某认为合同实际发生在原告和被告倪某某之间，与被告张某某无关。其本质就是认为本案应适用代理说。但代理说在解释本案情况中存在无法自圆其说的地方。在代理显名原则的约束下，借款人是以实际用款人的名义签订合同，合同主体应为原告以及实际用款人，而本案所涉借

款合同当事人为小贷公司与借款人。从资金流向上看，原告将借款打入张某某账户后，张某某再将资金打入张海某的账户，最终实际用款人是倪某某，这与代理的要旨并不相符。另外，根据在案证据显示，原告对于实际用款人是明确知晓的，故本案亦无法满足隐名代理的条件。因此，本案借款人与实际用款人之间不成立代理法律关系。

（二）借款关系说

在借款说的观点中，小贷公司与借款人签订借款合同，二者成立借款关系。借款人再将资金转借给实际用款人，借款人和实际用款人亦成立借款关系。两份借款合同相互独立，原告只能向合同相对人，即借款人要求偿还借款（见图 2）。

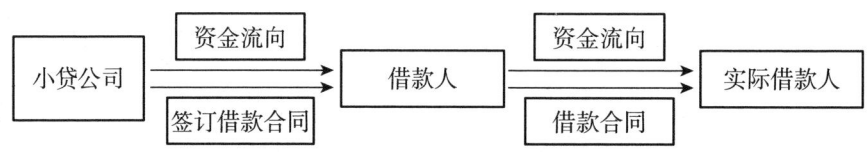

图 2　借款关系说下的法律关系

借款关系说所构建的法律关系与本案资金流向相契合。但是，根据在案证据显示，被告张某某与被告倪某某未签订书面借款合同，双方也无成立借款关系的意思表示。被告张某某从未向被告倪某某要求偿还借款，被告倪某某还款的对象也非被告张某某，故无法认定被告张某某与被告倪某某成立借款关系，借贷关系说无法解释本案借款人与实际用款人之间的法律关系。

（三）债务加入说

债务加入是指在维持原债同一性的情况下增加债务人。债务承担制度克服了债的相对性，使得债务关系没有因为债务人一方的改变而消灭，避免对本已谈妥的事项重新商议而引发风险。① 《民法典》第 552 条规定，第三人与债务人约定加入债务并通知债权人，或者第三人向债权人表示愿意加入债务，债权人未在合理期限范围内明确拒绝的，债权人可以请求第三人在其愿意承担的债务范围内和债务人承担连带债务（见图 3）。

---

　　① 参见肖俊：《〈合同法〉第 84 条（债务承担规则）评注》，载《法学家》2018年第 2 期。

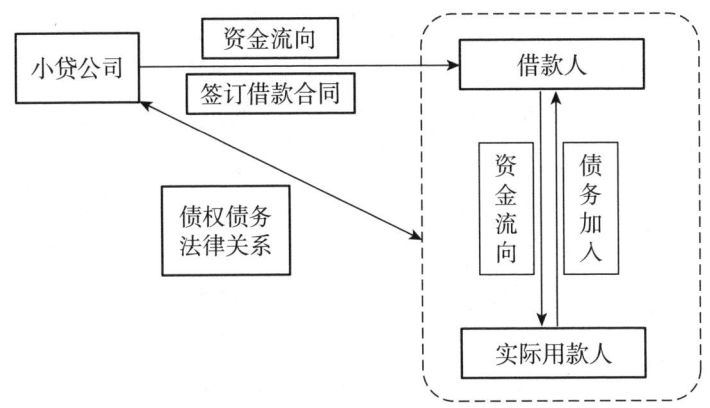

图3　债务加入说下的法律关系

本案中，被告倪某某于2017年1月16日出具的《确认书》载明：借款人……张某某……因资金周转困难向申星小贷借款合计2850万元及产生的利息以及所有的费用均由我归还、支付。被告倪某某在上述《确认书》中明确表明了同意偿还被告张某某对原告的债务，即实际用款人以债务加入的形式参与到借款合同中。原告在收到《确认书》后未表示拒绝，且在2017年第二次董事会决议中载明的"就倪某某与申星小贷协议约定，倪某某承诺分五年归还所欠申星小贷公司的借款本金2850万元"，故本案中，被告倪某某已构成债务加入。原告通过张海某向实际用款人倪某某打款而形成的资金流向可以视为实际用款人倪某某债务加入的"对价"。

三、借款人披露实际用款人后仍应承担还款责任

《民法典》第551条和第552条分别对债务转移和债务加入作出了规定。债务转移凸显了债务人摆脱原债拘束的效果，故需要债权人明确同意，债权人未作表示的，债务转移未成立。但是，需要着重说明的是，债权人同意并不足以产生债务转移的效果，原债务人摆脱债务关系的意愿必须被明确地表达出来。司法实践中，基于对债权人权益的保护，对于债务转移的认定应当慎重。在意思表示有疑义的情况下，应首先认定为债务加入，只有在证据能够明确表示原债务人脱离原债务的情况下，才构成债务转移。

本案中，三被告认为本案债已经转移至被告倪某某名下，与张某某无涉。但是在被告倪某某出具的《确认书》中，仅提及被告张某某的债务由被告倪某某负责归还、支付，未提及就此免除张某某的债务。张某某提供的两份张海某与原告经理王某某的通话记录里虽然涉及"债务是否与张海某、张某某等没有关系"的类似问题，且王某某也有"是的"肯定性的回答，但是上述证据不足以明确表示原告同意将债务全部转移至被告倪某某处。首先，王某某只是名义上原告公司的总经理，且未参与整个借款过程，其在电话里的口头肯定性回答一方面无法构成"明确同意免除原债务人债务"的意思表示，另一方面作为未参与整个借款过程的公司高管，王某某亦无权代表公司就案涉借款作出免除债务的意思表示。更为重要的是，根据在案证据显示，原告就案涉贷款两次出具《债务逾期催收通知书》，抬头债务人全称处记载的均为张某某。原告申星小贷公司于 2020 年 4 月 28 日出具的《询证函》借款人亦明确为张某某，且张某某也在落款处签名。综合上述证据，法院应当认定在整个借款过程中，张某某并未摆脱债务束缚，其仍然是案涉借款的债务人，应当履行还本付息的合同义务。

另外，从案件的示范效应与小额贷款本身的性质出发，本案不仅需要解决与张某某有关的债权债务，更需要考虑背后所涉共 2850 万元甚至更多的债务纠纷处理。如判决认定借款人被告张某某实际不需要承担还款责任，而由最终用款人被告倪某某承担还款责任，根据类案类判，最终被告倪某某将承担 2850 万元的债务，这与小额贷款本身所坚持的小额、分散原则相悖，在被告倪某某无法偿还债务时，原告可能陷入资金短缺风险，不利于小贷公司把控风险、可持续性经营。对于借款人而言，本案的示范效应在于借款人即使告知最终实际用款人，如小贷公司未明确免除借款人债务的，借款人仍应承担还款责任。借款人作为具有完全民事行为能力的理性主体，在参与金融活动时，应当遵循"风险自担"原则，谨慎对待合同签署、提供担保等与自己利益密切相关的事项，维护自身合法权益。

案件点睛

金融案件的审理重在通过对市场交易行为的效力评价以及责任承担的认定，引导金融活动参与者规范操作、合法经营。小额贷款公司发放贷款应遵循小额、分散原则以防范规模性的贷款风险。但实践中，部分小额贷款公司存在通过向不同借款人分散发放贷款的形式向实际用款人超额发放贷款的情形，司法实践对上述所涉借款合同的效力评价亟待统一。本案从相关监管规定的演变出发，结合监管规定的内容、目的等方面，综合认定违反监管规定超额发放贷款的小额贷款合同有效。另外，本案厘清了小额贷款公司、借款人、实际用款人之间的基础法律关系。基于基础法律关系对于借款人与实际用款人的责任作深入分析，判定借款人应当承担还本付息的责任。此种认定路径有效阻断了通过分散放贷从而规避金融监管的违规放贷行为，使小额贷款公司回归其普惠性金融产品之本意，亦为统一该类案件司法审判提供了有益借鉴。

案例编写人 上海市奉贤区人民法院 姚依哲 洪晓慧

 **专家点评**

刘凯湘 北京大学法学院教授、博士生导师，中国法学会商法学研究会副会长

本案判决结论与说理均值得肯定。

首先是对合同效力的认定，体现了承办法官对金融监管相关规章、规范性文件对于合同效力影响的准确把握，能够从上述相关监管规定的演变出发，结合金融监管规定的内容、目的等因素，得出违反监管规定超额发放贷款的小额贷款合同有效的结论，避免了机械性适用相关规定。

其次，详细论述了本案可能存在的三种法律关系：代理关系、借款合同关系和债务加入关系，运用民法原理中有关此三类关系的学说与相关规定，得出"司法实践中，基于对于债权人权益的保护，对于债务转移的认定应当慎重，在意思表示有疑义的情况下，应首先认定为债务加入，只有在证据能够明确表示原债务人脱离原债务的情况下，才构成债务转移"的正确结论。

最后，正确运用了合同的相对性原理，没有因为小额贷款合同的实际用款人是倪某某而否认张某某的合同主体地位和诉讼当事人地位。

 **相关法条**

《中华人民共和国民法典》

第一百四十三条 具备下列条件的民事法律行为有效：

（一）行为人具有相应的民事行为能力；

（二）意思表示真实；

（三）不违反法律、行政法规的强制性规定，不违背公序良俗。

第六百七十四条 借款人应当按照约定的期限支付利息。对支付利息的期限没有约定或者约定不明确，依据本法第五百一十条的规定仍不能确定，借款期间不满一年的，应当在返还借款时一并支付；借款期间一年以上的，应当在每届满一年时支付，剩余期间不满一年的，应当在返还借款时一并支付。

第六百七十五条 借款人应当按照约定的期限返还借款。对借款期限没有约定或者约定不明确，依据本法第五百一十条的规定仍不能确定的，借款人可以随时返还；贷款人可以催告借款人在合理期限内返还。

第六百八十八条 当事人在保证合同中约定保证人和债务人对债务承担连带责任的，为连带责任保证。

连带责任保证的债务人不履行到期债务或者发生当事人约定的情形时，债权人可以请求债务人履行债务，也可以请求保证人在其保证范围内承担保证责任。

第七百条 保证人承担保证责任后，除当事人另有约定外，有权在其承担保证责任的范围内向债务人追偿，享有债权人对债务人的权利，但是不得损害债权人的利益。

⑯ 赵某、王某等诉海星公司、刘某等 公司盈余分配纠纷案

——中小股东要求行使抽象利润分配请求权的条件认定

案件索引·····························

一审：北京市丰台区人民法院（2021）京 0106 民初 28142 号（2022 年 7 月 28 日）

二审：北京市第二中级人民法院（2022）京 02 民终 12467 号（2022 年 12 月 30 日）

基本案情·····························

原告（上诉人）赵某、王某、孙某诉称：大股东刘某、盛某夫妻恶意操纵控制海星公司，并滥用股东权利，从不召开公司股东会、不制定任何利润分配方案、不向其他股东分配利润，刘、盛二人与被告公司财务高度混同，刘、盛二人应当承担连带责任。请求法院判令：（1）请求判决被告海星公司向原告支付 2008 年 6 月 1 日至 2020 年 7 月 19 日的分红款共计 582.51 万元；（2）请求判决被告刘某、盛某对上述诉讼请求承担连带责任；（3）诉讼费用由被告承担。

被告（被上诉人）海星公司、刘某、盛某共同辩称：（1）盛某、刘某名下没有注册关联公司，未对其他股东造成损失，没有滥用股东权利。（2）海星公司没有侵犯赵某等人的盈余分配权。（3）海星公司目前没有经营业务，鉴于还有股东没有实际缴纳出资款，公司准备提起解散公司诉讼。

法院经审理查明：海星公司注册成立于 2008 年 5 月 23 日，股东包括赵某、王某、孙某、刘某、盛某以及三名案外人，其中三原告共计持股 28%，被告刘某、盛某共计持股 54%。

案件审理期间，三原告申请对海星公司的盈余状况进行审计。因海星公

司无法提交全部财务账册且缺乏原始会计凭证，鉴定机构仅对其2022年3月9日提供的资料进行梳理汇总，不对资料的真实性和数据的准确性发表鉴定意见。鉴定意见能否被最终采纳，需根据鉴定报告的情况和本案查明的事实由法院决定。

《司法鉴定意见书》载明鉴定结论为：基于现有资料的基础上，海星公司的财务收支及可分配盈余利润情况梳理如下：（1）房屋出租收入完全不重复情况。鉴定期间，海星公司财务收入20005399.65元，财务支出8232332.45元，可分配盈余利润11773067.20元。（2）房屋出租收入完全重复情况。鉴定期间，海星公司财务收入15710161.45元，财务支出8104474.11元，可分配盈余利润7605687.34元。（3）房屋出租收入部分重复情况。鉴定期间，海星公司的财务收支及可分配盈余利润无法梳理其确定金额，其金额介于"房屋出租收入完全不重复情况"与"房屋出租收入完全重复情况"之间。

核心争议焦点

根据现有证据和《司法鉴定意见书》的内容，不能证明海星公司存在确定的可分配利润，亦不能证明符合强制分配的条件，赵某、王某、孙某的主张应否得到支持。

审判思路

法院认为：从涉案《司法鉴定意见书》鉴定结论中所载明的三种不同结果来看，因海星公司未提供2008年6月至12月、2009年度、2010年度、2011年1月至6月、2020年度账面数据，故上述鉴定结论所依据的财务数据并不完整，同时导致鉴定机构无法对海星公司的企业所得税进行测算和调整。根据2018年修正的《公司法》第166条第4款的规定，公司弥补亏损和提取公积金后所余税后利润，有限责任公司方可依照《公司法》第34条的规定分配。鉴于此，一审法院认为，涉案《司法鉴定意见书》所确定的三种可分配盈余利润数额均不能反映海星公司全部年度所得利润的真实情况，难以作为海星公司可分配盈余的依据，故对赵某、王某、孙某的诉讼请求未予支持，并无不当。考虑到海星公司对公司的财务资料负有妥善保管的义务，但在本案中未能提供完整的海星公司财务资料，导致涉案《司法鉴定意见书》的鉴定结论无法被采纳，故一审法院决定鉴定费用由海星公司负担，亦无不当。

综上所述，赵某、王某、孙某的上诉请求不能成立，应予驳回。一审判决认定事实清楚，适用法律正确，应予维持。

 **案件点睛**

公司盈余分配是公司治理领域的重要议题，也是商事审判实践中的焦点话题。《最高人民法院关于适用〈中华人民共和国公司法〉若干问题的规定（四）》[以下简称《公司法解释（四）》] 第 15 条首次为中小股东抽象利润分配请求权[①]的保护打开了一条绿色救济通道，一定程度上弥补了异议股东股份回购请求权之诉、公司决议瑕疵之诉等替代性救济途径的不足，填补了中小股东利益保护机制不完善的立法漏洞。

但是，《公司法解释（四）》第 15 条仍然规定得不够细致周密：其一，未明确抽象利润分配请求权的适用前提，导致《公司法》与司法解释适用衔接不畅；其二，但书缺乏可操作性，未规定"股东滥用权利"的具体情形和判断标准，易导致"同案不同判"，无法充分发挥保护中小股东权益的功效；其三，未规定举证责任分配，中小股东多处于弱势地位，很难对控制股东恶意不分配公司利润的不合理性进行举证，最终因证据不足而败诉。为避免《公司法解释（四）》第 15 条的虚化与搁置，有必要对该条款进行解释与细化，建立具有可操作性的裁判标准，以规制自由裁量权，统一裁判尺度。

本案对公司无分配决议的情况下，有限责任公司是否具有可分配利润、能否实际分配的认定进行充分论证，有力实现了尊重公司意思自治与司法介入保护中小股东合法权益的衡平，为抽象利润分配请求权的实务处理提供一个重要的分析样本。

一、明确适用前提：公司具有实际可分配利润

虽然《公司法》明确规定了公司股东享有资产收益权，但"无盈不分"是利润分配的基本原则。在公司盈余分配纠纷中，法院审查的第一步就是公司是否存在实际可分配利润。

---

① 通说认为，《公司法解释（四）》第 14 条规定的是"具体利润分配请求权"，属债权；第 15 条规定的是"抽象利润分配请求权"，是期待权，此时尚未形成盈余分配决议，只是股东对于获得分红的期待。对第 14 条的适用无较大争议，本文主要讨论第 15 条的相关问题。参见李建伟、茅院生：《有限公司强制分配股利之诉的法理基础》，载《当代法学》2010 年第 2 期。

（一）充足的"自由现金"

根据《企业会计准则》[1]的规定，未收到货款、可能成为"坏账"的应收账款均列为收入，提前支付的费用却不计入本期费用，因此，利润表上的数字与公司的实际利润很可能并不一致。从比较法上看，《英国 2006 年公司法》第 830 条[2]将可分配利润规定为累计"已实现"利润减去累计已实现亏损，亏损原则上视为已实现；应收账款的收取应有确定、合理的可能性，收取的资产需"随时可转换为现金"。此种方式动态、全面地考虑了公司盈余情况，值得肯定，可分配利润由"会计利润"转向"公司现金存量"。

在认定"自由现金存量"上，还需注意：一方面，要优先保护公司外部债权人的利益。对于有争议的款项因涉及案外人实体权利而不应在公司盈余分配纠纷中作出认定和处理。另一方面，要考虑公司持续经营、发展的需求。司法干预不能损及公司的"发展权利"，[3] 留存资金以满足公司持续经营（生存、抵抗风险）及健康发展是其合理需求，强制分配利润之诉中，实际利润应为"超出公司持续经营、发展所需"的那部分利润。

（二）以已按照《公司法》规定缴纳税收、提取公积金为前提

在适用《公司法解释（四）》第 15 条进行抽象利润分配请求权的审查时，要特别注意与《公司法》第 166 条[4]的衔接，也即案涉公司的公积金提取与税收缴纳问题。根据《公司法》第 166 条规定，公司弥补亏损和提取公积金后所余税后利润，有限责任公司可以依法分配利润，可以看出，无论是公司自主分配利润还是司法介入强制分配利润，其前提均为已依法提取企业公积金、缴纳各项税款，如有证据证明涉案公司未完成纳税义务，笔者认为不宜直接判决分配利润。其一，考虑到该种情形下盈余利润数额并不准确，无法确定公司应分配利润的基准；其二，更重要的是，此时如法院判决支持原告关于强制分配利润的主张，则可能与我国《公司法》及税收相关法律规定相违背。

---

① 现已失效。

② 葛伟军：《英国 2006 年公司法》，法律出版社 2012 年版，第 273 页。

③ 我国《民法典》第 206 条第 3 款规定："国家实行社会主义市场经济，保障一切市场主体的平等法律地位和发展权利。"同样的法理在《德国股份法》第 254 条也有体现："从理性商人的角度，公司留存了超出保证公司未来一段时间的生存和抵抗能力所需的利润，导致公司用于分配的利润低于公司实缴资本的 4% 时，股东可请求撤销该利润分配决议。"参见胡晓静、杨代雄：《德国商事公司法》，法律出版社 2014 年版，第 184~185 页。

④ 该法已于 2023 年修订，本条被改为第 210 条，下同。

综上，"实际可分配利润"系依法缴纳税收、提取公积金后，在不影响外部债权人、公司持续健康发展等情况下，才能将实际可分利润从利润表载明的数字中"剥离"出来，从而实现对中小股东利润分配请求权的救济。

二、厘清权利边界：盈余分配纠纷中控制股东滥用权利的具体情形

滥用股东权利的核心是控制股东不法攫取公司利益，违反诚信原则与股东公平原则，故意通过不分红的方式排挤、压榨小股东。[①] 控制股东往往身兼董事、高管等身份，具有较强的支配控制力，多利用股东会表决机制，损害公司和中小股东利益。只有厘清权利边界，对控制股东科以严苛的诚信义务，才有可能保证"资本多数决"不被异化。

通过以"公司盈余分配纠纷"为关键词进行检索，[②] 可见该类纠纷数量自2017 年以来呈持续增长趋势（见图 1）。以 2019 年至 2022 年为时间节点，剔除二审、再审等重复案例，再去除与抽象利润分配请求权无关的案例后，最终得到 305 份裁判文书作为分析样本。经过梳理，总结出三种情形可认定为滥用股东权利。

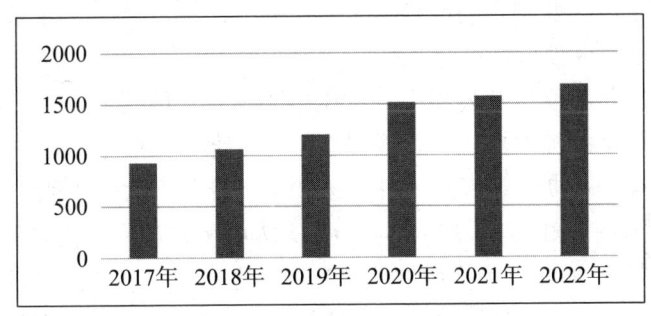

图 1　2017 年至 2022 年公司盈余分配纠纷数量趋势（单位：件）

第一，歧视性分配或待遇。部分公司未经合法股东（大）会决议，按照职务等级分配，对大小股东按照不同标准分配，[③] 甚至以"过节费""福利费"等变相形式秘密向公司部分股东分配。这些具有歧视性的分配违反了股权平

---

① 刘俊海：《公司自治与司法干预的平衡艺术：〈公司法解释四〉的创新、缺憾与再解释》，载《法学杂志》2017 年第 12 期。

② 数据来源于中国裁判文书网，详见 https://wenshu.court.gov.cn/，最后访问时间：2023 年 7 月 15 日。

③ 参见（2021）鲁 11 民终 234 号民事判决书。

等原则及按照出资比例分配的规定，属滥用股东权利的行为，使得中小股东的分红权受到损失。实践中，有法官认为，此类分配属于"非法分配"，应当依照《公司法》第166条第5款的规定，将分配所得退还给公司，不能依据股权公平性而判决向原告分配。① 但笔者认为，将上述款项退还给公司，并不能直接解决中小股东利润分配请求权受侵害的问题，控股股东受到的监督有限，即使退还至公司也无法保证公司能够作出公平的分配决议。为遏制此类行为，应当对行为要件"导致公司不分配利润"作"目的性扩张"，解释为"导致公司没有向股东分配应得的合理利润"，涵盖歧视性的分配或待遇。②

第二，控制股东变相攫取利润。其一，不合理的薪酬或职务消费。以"明显不合理"为标准，同时参考公司业绩、同业水平，实践中存在持有20%股权的小股东每月领取公司3万元，其他四名股东通过决议增加工资共计794万元，薪酬悬殊已达到不合理的限度。③ 其二，侵占、转移、隐匿公司财产的行为。包括高价卖出或低价买入公司产品、资产，通过股东会决议的形式迫使公司为控制股东的贷款提供担保，④ 虚构债权债务操纵公司向自己支付利息⑤等。通过上述行为变相隐瞒或转移了公司利润，导致公司应分配利润实质减少，最终导致中小股东利益受损。

第三，过分提取任意公积金，欺压中小股东。因《公司法》第166条未限制任意公积金的提取比例、最低提取额等，部分大股东滥用资本多数决原则，操纵股东会长期、超额提取任意公积金，导致广大中小股东长期不领分红或仅领极少量分红。美国 *Dodge v. Ford Motor Co.*（下称"福特案"）一案中，法官直言："即使是为了增加公司盈余，也只能留存部分利润，留存全部利润是不合理的。"⑥ 上述情况下，大股东的行为损害了其他股东权益，属于滥用表决权的范畴。

---

① 参见（2020）沪0112民初11715号民事判决书。

② 该观点在实践中也得到了不同地区法院判决的支持，例如（2019）吉08民终1057号民事判决书、（2019）湘1202民初3269号民事判决书。

③ 参见（2020）粤18民终969号民事判决书。

④ ［德］托马斯·莱赛尔：《德国资合公司法》（下），高旭军等译，上海人民出版社2019年版，第744页。

⑤ 参见（2019）湘10民终3096号民事判决书、（2019）甘1002民初1086号民事判决书、（2020）苏0585民初600号民事判决书、（2021）湘1202民初3269号民事判决书。

⑥ See *Dodge v. Ford Motor Co.*, 204 Mich. 459, 170 N. W. 668（1919）.

本案中，通过查明事实及综合认定，未能从现有证据材料中发现刘某、盛某存在滥用股东权利损害公司及其他股东利益的情形。

三、规范举证责任：合理分配公司盈余分配纠纷中双方当事人的举证责任

中小股东往往在知情权、决定权等方面处于劣势，难以获取真实完整的财务报表、会计账簿、原始会计凭证等资料；为了获知公司经营状况，很多情况下还要提起股东知情权之诉，诉讼周期长，权利实现拖延，无形增加诉累。① 中小股东诉请法院强制分配公司利润时，为避免出现两造诉讼地位不平等的局面，有必要结合前述 305 份司法案例予以梳理（见表 1）。②

表 1　公司盈余分配纠纷中双方当事人的举证责任

序号	原告	被告
1	诉讼主体适格	如不认可原告诉讼主体适格，可提供原告并非为公司股东的证据
2	原则上，应提供公司真实完整的财务报表、会计账簿、原始会计凭证、公司章程、股东协议等材料，证明公司存在盈余的情形	如有证据证明被告持有前述公司财务等资料拒不提供，则适用举证责任倒置
3	符合公司利润分配的法定条件，控制股东通过资本多数决控制公司不分配利润	对大量提取任意公积金、为公司高管人员发放高额薪资、为扩大生产规模或进行投资而拒绝分配利润等公司行为的正当性与合理性进行证明
4	提供初始证据证明公司发放的奖金、福利、津贴足以引起一般理性人的怀疑	控股股东获得的薪酬等实质收入与其为公司所提供的工作或服务的合理贡献相称
5	证明控股股东存在关联交易或占有公司财产的事实	证明相关交易的公平性
……	……	……

① 例如本案中，三原告于 2019 年 12 月 12 日向三被告提出要求查阅和复制公司财务报表和会计账簿，并于 2020 年 4 月 25 日向法院提起股东知情权之诉。经过胜诉、强制执行等诉讼程序，原告提起公司盈余分配之诉的时间已经是 2022 年，中小股东为维护自身合法的利润分配请求权，需要长达三年甚至更长的诉讼时间。

② 参见（2019）京 01 民终 1904 号民事判决书、（2018）新 40 民终 1888 号民事判决书、（2019）辽 03 民终 4494 号民事判决书等。

总之，司法审查中应当结合原、被告对于证据的掌握程度，灵活适用"谁主张、谁举证"原则。当然，还有一个问题需要留意：如果法院已确认公司具有可分配利润，支持原告诉讼请求时，对于具体分配数额的举证责任，仍然由原告承担。虽然最高人民法院公报案例指出，"在确定盈余分配数额时，要严格公司举证责任以保护弱势小股东的利益"，但此处的"严格举证责任"应理解为证明度要求的降低，而非举证责任倒置，这也可从最高人民法院的其他判决[①]中得到印证。

就本案而言，法院按照上述规则在举证责任方面进行了合理的分配，海星公司对于财务资料负有妥善保管责任，因其未尽到保管、提供义务，故判决鉴定费用由其承担即为有力例证。

四、明晰裁判路径：公司盈余分配纠纷的裁判方式

以前述 305 份裁判文书为分析样本，总结公司盈余分配纠纷案件生效判决结果（见图 2），其中驳回原告诉讼请求占比最高，高达 74.75%，支持原告诉讼请求占 19.02%，其他裁判结果为 6.23%，可见实践中中小股东作为原告提起的公司盈余分配纠纷胜诉率并不高。

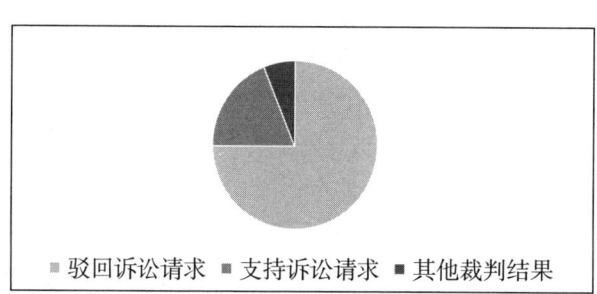

图2 2019年至2022年305件公司盈余分配纠纷案件生效判决结果

在支持判决中，裁判方式有三种不同的思路：思路一认为，法院应当直接在裁判文书中给出具体的盈余分配方案，通过确定最高盈余分配额（税后利润扣除公司亏损和公积金）、确定最低盈余分配额（参照 1 年期的银行定期存贷款利率）并参照上市公司分红比例（30%）的方法最终确定公司盈余分

---

① 参见（2019）最高法民申 305 号民事裁定书，裁定书中明确：法条对于举证责任并未作出特殊规定，故应当适用"谁主张、谁举证"的一般规则。

配方案。① 思路二认为，法院可以判决要求公司作出分配利润的决议。② 对于这两种观点，立法资料均予以认可。③ 思路三是前两种思路的折中，认为法院应当判决公司在一定期限内作出分配决议。如果公司在给定期限内未作出分配决议，则法院可依据原告的申请，强制执行判决书确定的分配方案。④

从规范目的和实践效果来看，思路一由法院直接厘定公司盈余分配方案是最为适当的。美国"福特案"中，法院强制公司分配利润提供了直接救济的先例。可以看出，当强制盈余分配条款构成要件满足后，股东权利被滥用已被"做实"，公司已然"失灵"，让失灵的公司自主作出盈余分配决议十分困难，即便作出决议也难以保障中小股东的合法权益，法院作此判决的意义不大，不仅不能实现公司自治原则的价值追求，反而可能为滥权股东制造进一步滥用股东权利的机会，故而第二种思路存在明显缺陷。第三种思路看似折中，实则徒增负累，强制盈余分配纠纷的提起意味着公司股东关系的"僵化"，该思路相当于设置了一道新的"门槛"，股东拿到胜诉的生效判决后，尚无法获得公司分配的盈余，还需要申请强制执行才能实现权利，这道门槛增加了当事人的诉累，延迟了对于权利的救济，中小股东的合法权益难以得到保障。

本案中，因原告无法举证证明公司存在未分配利润，亦无法证明控股股东滥用股东权利导致公司不分配利润给其他股东造成损失，在公司利润状况无法确定时，贸然分配可能会违反《公司法》等法律法规的强制性规定，损害债权人利益，⑤ 故法院不得进行强制盈余分配，原告要求公司分配利润的诉讼请求不应得到支持。

五、结语

中小股东提起的公司盈余分配纠纷胜诉率不高，这足以引起思考。对中小股东而言，日常中应及时了解公司经营状况，善用自身合法的知情权等股

---

① 梁上上：《论股东强制盈余分配请求权——兼评"河南思维自动化设备有限公司与胡克盈余分配纠纷案"》，载《现代法学》2015 年第 2 期。

② 上海市高级人民法院《关于审理涉及公司诉讼案件若干问题的处理意见（一）》第 1 条第 2 款规定也采取思路二的观点。

③ 参见杜万华主编：《最高人民法院公司法司法解释（四）理解与适用》，人民法院出版社 2017 年版，第 331 页。立法资料提示法院"既可以判决分配利润，也可以判决公司作出分配利润的决议等"。

④ 李建伟、吴冬：《论有限公司强制分配股利之诉》，载《法律适用》2008 年第 8 期。

⑤ 张红、裴显鹏：《公司利润强制分配》，载《西北大学学报》2021 年第 1 期。

东权利，注意留存控制股东滥用控制权的相关证据。①唯有立法、司法机关及中小股东多方共同发力，利润分配请求权的制度功能才能真正得以发挥，司法介入与公司自治才能实现衡平，政治效果、法律效果和社会效果才能实现有机统一。

案例编写人 北京市丰台区人民法院 徐 冲 牛月贝

钱明星 北京大学法学院教授、博士生导师，中国法学会民法学研究会副会长

　　股东利润分配请求权系股东基于其股东资格享有的请求公司作出决议进行利润分配的权利。《公司法解释（四）》第15条"但书条款"已载明股东抽象盈余（利润）分配请求权的两大构成要件，即"违反法律规定滥用股东权利导致公司不分配利润"的行为要件，以及"给其他股东造成损失"的结果要件。司法实践中，因符合上述要件导致司法介入分配有以下三种常见情形：（1）给在公司任职的股东或者其指派的人发放与公司规模、营业业绩、同行业薪酬水平明显不符的过高薪酬，变相给该股东分配红利；（2）购买与经营不相关的服务或者财产供股东消费或者使用，变相分配利润；（3）为了不分配利润隐瞒或者转移公司利润。本案中，法官对于是否支持原告要求公司分配利润的诉讼请求采取了审慎的态度，这是非常值得赞赏的，因为该类纠纷的性质决定了其适用司法介入的特殊性。一方面，从审判机关角度来看，司法介入公司进行利润分配需要对复杂而微妙的商业逻辑、公司业务发展、高管决策等进行分析判断，难以形成具有普适性的标准，对于充分尊重公司自治与必要司法干预之间的平衡较难把握。故股东未提交利润分配方案决议时，法院对司法介入利润分配请求通常持谨慎态度。另一方面，因为诉求分红的股东大多数处于弱势地位，股东之间的内部分歧、公司的财务状况不透明等情形都会增加其实现合法权益的难度。由此，建议在事前从公司治理层面通过公司章

---

　　① 沈静文：《有限责任公司股东强制股利分配请求权：基于对2017年〈公司法司法解释（四）〉第十五条的实证分析》，载《中山大学法律评论》2022年第2期。

程或股东间签署书面协议的方式，明确公司利润分配的具体标准与方案，避免事后因分配利润出现纠纷时无法达成一致意见而导致的"僵局""死局"，以平衡股东间的利益安排，更好地保障公司长远发展。

《中华人民共和国公司法》（2018 年修正）

第一百六十六条[①]　公司分配当年税后利润时，应当提取利润的百分之十列入公司法定公积金。公司法定公积金累计额为公司注册资本的百分之五十以上的，可以不再提取。

公司的法定公积金不足以弥补以前年度亏损的，在依照前款规定提取法定公积金之前，应当先用当年利润弥补亏损。

公司从税后利润中提取法定公积金后，经股东会或者股东大会决议，还可以从税后利润中提取任意公积金。

公司弥补亏损和提取公积金后所余税后利润，有限责任公司依照本法第三十四条的规定分配；股份有限公司按照股东持有的股份比例分配，但股份有限公司章程规定不按持股比例分配的除外。

股东会、股东大会或者董事会违反前款规定，在公司弥补亏损和提取法定公积金之前向股东分配利润的，股东必须将违反规定分配的利润退还公司。

公司持有的本公司股份不得分配利润。

《最高人民法院关于适用〈中华人民共和国公司法〉若干问题的规定（四）》

第十五条　股东未提交载明具体分配方案的股东会或者股东大会决议，请求公司分配利润的，人民法院应当驳回其诉讼请求，但违反法律规定滥用股东权利导致公司不分配利润，给其他股东造成损失的除外。

---

① 该法已于 2023 年修订，本条被改为第 210 条。

⑰ 钟某诉某证券公司、某投资公司侵权责任纠纷案

——证券公司违反适当性义务的司法适用

案件索引

一审： 湖北省宜昌市西陵区人民法院（2022）鄂 0502 民初 2050 号（2022 年 11 月 18 日）

二审： 湖北省宜昌市中级人民法院（2023）鄂 05 民终 423 号（2023 年 4 月 6 日）

基本案情

2017 年，原告钟某因离婚纠纷分得伟明环保股票 60 万股，并在被告某证券公司设立普通证券账户、普通资金账户。李某系某证券公司的营销顾问，为钟某提供业务咨询。从 2019 年 10 月 16 日开始，李某基于介绍代客理财，向原告发出多次微信以"跟在一线城市躺在家里收租一样"的陈述向钟某介绍融资融券业务及某投资公司的投资渠道，并承诺"有我们公司的资金给您打底仓，不存在亏"。后钟某开通融资融券业务，并于 2019 年 12 月 12 日，在《融资融券交易风险揭示书》《客户信用资金银行存管协议书》上签字。后，钟某、夏某通过数据电文签订《股票资产借券管理协议书》，该协议书约定了所借股票进行当日回转交易等。

在李某安排下，钟某、李某、夏某、王某在酒店大厅（某证券公司营业部一楼）见面，夏某当面添加钟某为微信好友，钟某在李某的指引下于 12 月 17 日将其融资融券账户、普通证券账户、交易密码、银行卡告诉了夏某。两天后，某投资公司法定代表人倪某从其母亲的个人账户转给钟某 3 万元保证金。

从 2020 年 3 月 18 日开始，我国股市行情波动较大，原告股票账户亏损，夏某否认其签署该协议，并通过微信向钟某传送与倪某签订的协议，至此出

现两份署名的协议。

钟某告知账户密码当日，夏某就进行融资融券交易，夏某和钟某共有账户密码期间，股票账户共进行了1462笔交易，大部分为证券、担保物买卖交易，融资负债金额一度高达750多万元。钟某在提供密码后仍每天登录系统查看账户基本情况，与李某沟通借券账户基本数值变化、咨询借券账户的操作流程。从2020年2月开始，钟某发现账户亏损，开始要求某投资公司还原股票。2020年4月1日，李某明确告知钟某可以更改账户密码，钟某此时也意识到夏某没按照资产管理协议约定的内容执行。2020年8月24日13时53分，钟某发现巨额亏损，修改证券交易密码。

2020年10月12日下午，就原告损失问题，原告及其委托代理人、被告某证券公司委托代理人与某投资公司法定代表人倪某在武汉进行了交谈，钟某对交谈进行了录音。倪某在录音中表明，某投资公司与某证券公司系合作关系，钟某这个客户是夏某主动要求到宜昌与钟某先行接触，但夏某从宜昌回来后，并没有向某投资公司告知其已经与钟某谈定合作，而是直接向公司回复钟某没有谈下来，后期发生的事某投资公司均不知情。倪某母亲的账户是给所有客户支付保证金的，给钟某支付保证金是按照夏某的通知而支付的。

钟某委托会计师事务所对其损失进行评估。2020年12月15日，会计师事务所出具《咨询报告》，认为钟某亏损9135867.71元，从而引起诉讼。

原告钟某诉称：原告于2017年因离婚分得60万股上市公司股票，并在被告某证券公司开立了证券账户，某证券公司业务员李某提供业务咨询。后李某多次向原告推荐其公司开展的T+0业务，并承诺没有风险，有保证金担保，亏损全额补偿。原告在李某的指导下开设了信用账户，并在某证券公司提供的《股票资产借券管理协议》上签字。某证券公司指示原告将账户、密码交给某投资公司操作。造成原告损失9134867.71元。二被告的行为侵犯了原告的财产权益，故诉至法院。

被告某证券公司辩称：（1）某证券公司与钟某签订的《融资融券合同》合法有效，原告用融资融券账户进行交易，因交易产生的阶段性盈亏由原告自负，与某证券公司无关。（2）本案是委托理财合同纠纷，不是侵权责任纠纷。（3）即使按照侵权纠纷，从侵权责任构成的四要件分析，原告主张的侵权责任亦不成立。（4）李某的行为是个人行为，不是职务行为。（5）某证券公司未受到监管处罚，不存在任何过错。

被告某投资公司辩称：（1）某投资公司与原告之间并未签订任何协议。某投资公司法定代表人倪某与原告签订的《股票资产借券管理协议》并非某投资公司对其法定代表人倪某的授权或者代表行为。（2）倪某与原告钟某签订的《股票资产借券管理协议》并未实际履行。（3）对于倪某向原告转账的 3 万元，也非某投资公司或者倪某向原告支付的保证金，案外人夏某与某投资公司之间存在合作关系。（4）某投资公司与本案中实际操作股票交易的夏某并没有劳动关系。（5）原告亏损的原因并非履行倪某与其签订的《股票资产借券管理协议》，该亏损系原告与夏某操作股票产生的亏损，导致的亏损不应当由被告某投资公司承担。（6）原告与夏某之间履行的并非原告与倪某签订的合同，系基于其与夏某签订的协议产生，与被告某投资公司无关。（7）本案系原告与夏某、李某合作，欺骗原告 T+0 交易模式，本案已经涉嫌诈骗和虚假诉讼，应将案件移送公安部门处理。

原庭审出庭作证的证人李某当庭证实：介绍钟某这笔业务，系受被告某证券公司指派，是公司行为，被告某证券公司还要求李某在营业部推广钟某这一成功案例，并书写了《关于钟某 T+0 业务的情况说明》。

另查，2016 年 11 月 28 日至 2019 年 12 月 12 日，钟某证券账户股票交易手续费合计为 1674.19 元；2019 年 12 月 12 日至 2020 年 8 月 24 日，钟某证券账户股票交易手续费为 37.49 元；2019 年 12 月 17 日至 2020 年 8 月 24 日，钟某融资融券账户交易手续费为 114320 元、融资融券利息为 319126 元。

案件中同时查明了钟某原有证券价值、钟某更改证券账户交易密码时的账户价值及更改账户后钟某的操作、从资金账户转入转出的金额等。

计算损失分三个部分：一是股票的减持损失，二是钟某自行操作卖出部分，三是账户尚欠融资融券利息部分。

核心争议焦点

1. 某证券公司、某投资分司的行为是什么性质，责任应如何划分；
2. 钟某自身是否应当承担责任。

审判思路

一、关于本案行为的定性

（一）关于李某行为的认定问题

李某系某证券公司在岗营销顾问，原告钟某系李某的大客户，李某微信一再劝说原告委托他人理财，李某的行为足以使钟某相信其系职务行为，且李某当庭作证确认，其行为系公司行为，某证券公司在内部作为成功案例予以推广，故李某介绍委托理财的行为宜认定为职务行为。

（二）某证券公司的行为认定

某证券公司在推介相关可实现公司利益的产品或投资渠道时，不向消费者正确释明投资活动的性质，多次诱导消费者相信某证券公司介绍的投资渠道，促使消费者与第三方签订《股票资产借券管理协议》，其行为违反适当性义务，属于《证券法》第57条第4项规定的"为牟取佣金收入，诱使客户进行不必要的证券买卖"，由此给客户造成的损失，应当依法承担赔偿责任。

（三）某投资公司的行为认定

向钟某支付保证金的账户属于倪某母亲，而案件自始至终，某证券公司向钟某推介的都是某投资公司而非夏某个人，钟某认可的亦是受推荐的某投资公司，不论夏某是否为某投资公司的员工，其行为均代表了某投资公司，两个版本的出现显示夏某存有明显的投机心理，宜认定为某投资公司内部管理问题，具体操作钟某证券账户的人员差异，不影响某投资公司承担相应责任。钟某损失的产生是某投资公司管理混乱和某证券公司违反适当性义务所综合造成的结果，某投资公司与某证券公司的行为属于共同侵权，均应对钟某的损失承担赔偿责任。

二、钟某自身责任的问题

钟某填写了风险提示书，也签订了《股票资产借券管理协议》，其将密码交由他人操作，使账户处于风险之中，其自身亦存在过错。钟某开办融资融券账户和交付密码时，其初衷是为了赚取更多利益，钟某作为金融消费者也存在疏忽大意的过失，故在划分其自身责任时，法院认为，其自身应承担全部损失的30%。

三、某证券公司与某投资公司的责任划分问题

某证券公司与某投资公司系合作关系，钟某作为某证券公司的客户，是通过某证券公司业务员的推荐知晓某投资公司的投资渠道，并在某证券公司业务员的指引下与某投资公司业务员接触，通过某证券公司员工李某的微信传送，双方签订了《股票资产借券管理协议》。钟某开设融资融券账户，由某投资公司操作钟某的股票账户，某证券公司获得交易手续费和融资融券利息，某投资公司若操作得当，也可以按照与钟某签订的《股票资产借券管理协议》

分得利益，双方均存在获利渠道，故法院认为损失是某证券公司与某投资公司共同侵权造成的，应连带赔偿钟某全部损失的 70%。

四、损失认定的问题

以更改账户密码时间节点为损失确认时间点，通过梳理，结合《咨询报告》的计算方式，总结股票减持损失、融资融券账户欠付本息部分、钟某从资金账户转入或转出部分确定损失合计 8406510.02 元。

至于钟某自己卖出伟明环保股票后的资金账户损失，以计算上述股票减持数为准。其他融资融券账户后期利息、股票分红损失不予认可。

案件点睛

炒股是社会公众利用手中闲散资金进行理财的一种方式，也是一部分人的社会生活方式。股票根据持有人的选择有长期持有稳健型的，也有短线买进卖出高风险高收益型的。其中，证券公司尤其是证券公司业务员，在给零散客户提供各类资讯和服务时的风险和界限就尤为重要。证券公司业务员在推介产品或与其合作的第三方投资机构时，应准确把控、遵守适当性的法定义务，从"了解产品""了解客户"并"适当销售"三个方面履行"卖者尽责"，这是达到"买者自负"的前提和基础。

本案起源在于原告钟某在被告某证券公司处开设的证券账户上有大额证券资产及闲置资金，但原告基本不操作证券账户，证券公司的营销顾问通过微信大量地向原告钟某推介第三方投资渠道，并向其作出承诺和保证盈利，诱导本案缺乏金融知识的原告与第三方机构签订投资协议，并按照证券公司营销顾问的指示将案涉融资融券账户的密码交付给第三方机构操作，最终导致原告证券账户的大额损失，而证券公司从原告融资融券账户上获取融资利息及手续费。本案属于证券公司从业人员违反证券公司适当性释明义务，在推介相关可实现公司利益的产品或投资渠道时，不向消费者正确释明投资活动的性质，多次诱导消费者相信证券公司的介绍，促使消费者与第三方签订投资协议，属于违反《证券法》第 57 条第 4 项规定的"为牟取佣金收入，诱使客户进行不必要的证券买卖"的行为，由此给客户造成的损失，应当依法承担赔偿责任。而第三方机构作为证券公司的合作方，亦出于利益驱使，与原告签订投资协议，获取密码后操作投资账户，应与证券公司承担共同侵权责任。

投资有风险，入市需谨慎。本案对证券公司、证券从业人员及证券持有人的责任范围和行为界限从司法实践的层面予以认定，而适当性义务在司法实践中的运用，大部分停留在形式审查方面，比如是否签订风险提示书、告知书等，但实践中证券公司一般会作形式上的告知，至于是否达到"确保金融消费者能够在充分了解相关金融产品、投资活动的性质及风险"的目的，却无法作出一致判断，本案对此具有较为重要的典型示范效应。

案例编写人 湖北省宜昌市西陵区人民法院 程 丹

 **专家点评**

温世扬 武汉大学法学院教授、博士生导师，中国法学会民法学研究会副会长

证券公司从业人员向客户推介相关投资渠道时，未能履行适当性义务，导致客户与投资公司订立投资合同，基于投资公司的过错，使得客户产生损失，证券公司与投资公司构成共同侵权，应当对受害人承担连带赔偿责任。本案在事实认定和法律适用方面均有可取之处，其主要意义在于，通过对"投资者适当性义务"与"过错"的判定，认定证券公司与投资公司构成共同侵权，实现了对投资者合法权益的保护。同时，在投资者对自己损害的产生也存在过错时，适用"与有过失"规则判定投资者自己承担部分损失，有助于警示投资者在证券市场投资中理性从事。

相关法条

《中华人民共和国侵权责任法》

第八条[1] 二人以上共同实施侵权行为，造成他人损害的，应当承担连带责任。

第十九条[2] 侵害他人财产的，财产损失按照损失发生时的市场价格或者其他方式计算。

---

[1] 该法已失效，本条对应《民法典》第1168条。
[2] 该法已失效，本条对应《民法典》第1184条。

第二十六条① 被侵权人对损害的发生也有过错的，可以减轻侵权人的责任。

《中华人民共和国证券法》

第五十七条 禁止证券公司及其从业人员从事下列损害客户利益的行为：

（一）违背客户的委托为其买卖证券；

（二）不在规定时间内向客户提供交易的确认文件；

（三）未经客户的委托，擅自为客户买卖证券，或者假借客户的名义买卖证券；

（四）为牟取佣金收入，诱使客户进行不必要的证券买卖；

（五）其他违背客户真实意思表示，损害客户利益的行为。

违反前款规定给客户造成损失的，应当依法承担赔偿责任。

第五十八条 任何单位和个人不得违反规定，出借自己的证券账户或者借用他人的证券账户从事证券交易。

第八十八条 证券公司向投资者销售证券、提供服务时，应当按照规定充分了解投资者的基本情况、财产状况、金融资产状况、投资知识和经验、专业能力等相关信息；如实说明证券、服务的重要内容，充分揭示投资风险；销售、提供与投资者上述状况相匹配的证券、服务。

投资者在购买证券或者接受服务时，应当按照证券公司明示的要求提供前款所列真实信息。拒绝提供或者未按照要求提供信息的，证券公司应当告知其后果，并按照规定拒绝向其销售证券、提供服务。

证券公司违反第一款规定导致投资者损失的，应当承担相应的赔偿责任。

第八十九条 根据财产状况、金融资产状况、投资知识和经验、专业能力等因素，投资者可以分为普通投资者和专业投资者。专业投资者的标准由国务院证券监督管理机构规定。

普通投资者与证券公司发生纠纷的，证券公司应当证明其行为符合法律、行政法规以及国务院证券监督管理机构的规定，不存在误导、欺诈等情形。证券公司不能证明的，应当承担相应的赔偿责任。

第一百三十五条 证券公司不得对客户证券买卖的收益或者赔偿证券买卖的损失作出承诺。

《证券公司和证券投资基金合规管理办法》

第六条 证券基金经营机构开展各项业务，应当合规经营、勤勉尽责，

---

① 该法已失效，本条对应《民法典》第 1173 条。

坚持客户利益至上原则，并遵守下列基本要求：

（一）充分了解客户的基本信息、财务状况、投资经验、投资目标、风险偏好、诚信记录等信息并及时更新。

（二）合理划分客户类别和产品、服务风险等级，确保将适当的产品、服务提供给适合的客户，不得欺诈客户。

（三）持续督促客户规范证券发行行为，动态监控客户交易活动，及时报告、依法处置重大异常行为，不得为客户违规从事证券发行、交易活动提供便利。

（四）严格规范工作人员执业行为，督促工作人员勤勉尽责，防范其利用职务便利从事违法违规、超越权限或者其他损害客户合法权益的行为。

（五）有效管理内幕信息和未公开信息，防范公司及其工作人员利用该信息买卖证券、建议他人买卖证券，或者泄露该信息。

（六）及时识别、妥善处理公司与客户之间、不同客户之间、公司不同业务之间的利益冲突，切实维护客户利益，公平对待客户。

（七）依法履行关联交易审议程序和信息披露义务，保证关联交易的公允性，防止不正当关联交易和利益输送。

（八）审慎评估公司经营管理行为对证券市场的影响，采取有效措施，防止扰乱市场秩序。

《证券期货投资者适当性管理办法》

第三条 向投资者销售证券期货产品或者提供证券期货服务的机构（以下简称经营机构）应当遵守法律、行政法规、本办法及其他有关规定，在销售产品或者提供服务的过程中，勤勉尽责，审慎履职，全面了解投资者情况，深入调查分析产品或者服务信息，科学有效评估，充分揭示风险，基于投资者的不同风险承受能力以及产品或者服务的不同风险等级等因素，提出明确的适当性匹配意见，将适当的产品或者服务销售或者提供给适合的投资者，并对违法违规行为承担法律责任。

第六条 经营机构向投资者销售产品或者提供服务时，应当了解投资者的下列信息：

（一）自然人的姓名、住址、职业、年龄、联系方式，法人或者其他组织的名称、注册地址、办公地址、性质、资质及经营范围等基本信息；

（二）收入来源和数额、资产、债务等财务状况；

（三）投资相关的学习、工作经历及投资经验；

（四）投资期限、品种、期望收益等投资目标；

（五）风险偏好及可承受的损失；

（六）诚信记录；

（七）实际控制投资者的自然人和交易的实际受益人；

（八）法律法规、自律规则规定的投资者准入要求相关信息；

（九）其他必要信息。

第十条 专业投资者之外的投资者为普通投资者。

经营机构应当按照有效维护投资者合法权益的要求，综合考虑收入来源、资产状况、债务、投资知识和经验、风险偏好、诚信状况等因素，确定普通投资者的风险承受能力，对其进行细化分类和管理。

第十八条 经营机构应当根据产品或者服务的不同风险等级，对其适合销售产品或者提供服务的投资者类型作出判断，根据投资者的不同分类，对其适合购买的产品或者接受的服务作出判断。

第二十二条 禁止经营机构进行下列销售产品或者提供服务的活动：

（一）向不符合准入要求的投资者销售产品或者提供服务；

（二）向投资者就不确定事项提供确定性的判断，或者告知投资者有可能使其误认为具有确定性的意见；

（三）向普通投资者主动推介风险等级高于其风险承受能力的产品或者服务；

（四）向普通投资者主动推介不符合其投资目标的产品或者服务；

（五）向风险承受能力最低类别的投资者销售或者提供风险等级高于其风险承受能力的产品或者服务；

（六）其他违背适当性要求，损害投资者合法权益的行为。

第二十三条 经营机构向普通投资者销售产品或者提供服务前，应当告知下列信息：

（一）可能直接导致本金亏损的事项；

（二）可能直接导致超过原始本金损失的事项；

（三）因经营机构的业务或者财产状况变化，可能导致本金或者原始本金亏损的事项；

（四）因经营机构的业务或者财产状况变化，影响客户判断的重要事由；

（五）限制销售对象权利行使期限或者可解除合同期限等全部限制内容；

（六）本办法第二十九条规定的适当性匹配意见。

第二十四条 经营机构对投资者进行告知、警示，内容应当真实、准确、完整，不存在虚假记载、误导性陈述或者重大遗漏，语言应当通俗易懂；告知、警示应当采用书面形式送达投资者，并由其确认已充分理解和接受。

第二十七条 经营机构代销其他机构发行的产品或者提供相关服务，应当在合同中约定要求委托方提供的信息，包括本办法第十六条、第十七条规定的产品或者服务分级考虑因素等，自行对该信息进行调查核实，并履行投资者评估、适当性匹配等适当性义务。委托方不提供规定的信息、提供信息不完整的，经营机构应当拒绝代销产品或者提供服务。

第三十四条 经营机构应当妥善处理适当性相关的纠纷，与投资者协商解决争议，采取必要措施支持和配合投资者提出的调解。经营机构履行适当性义务存在过错并造成投资者损失的，应当依法承担相应法律责任。

经营机构与普通投资者发生纠纷的，经营机构应当提供相关资料，证明其已向投资者履行相应义务。

18 程某某盗窃、贷款诈骗案

——通过支付平台绑卡使用及冒名贷款的定性

一审： 上海市浦东新区人民法院（2021）沪 0115 刑初 4096 号（2023 年 3 月 31 日）

一、信用卡诈骗、贷款诈骗犯罪事实

上海市浦东新区人民检察院指控：2015 年 6 月至 2021 年 4 月，被告人程某某在被害人董某某不知情的情况下，在其本人手机上冒用被害人董某某的名义注册支付宝，绑定董某某名下农业银行、建设银行及交通银行银行卡、招商银行信用卡并实施冒用信用卡行为，经审查，被告人程某某信用卡诈骗所得人民币（以下币种均同）15 万余元。

2018 年 9 月以来，在无还款来源保证的情况下，被告人程某某冒用被害人身份使用支付宝借呗、备用金及花呗，冒用被害人董某某名义向江苏银行股份有限公司（以下简称江苏银行）申请贷款。至案发，所骗得的贷款尚有本金 14 万余元未归还。

二、洗钱犯罪事实

上海市浦东新区人民检察院指控：2021 年 3 月至 5 月间，被告人程某某将以上述信用卡诈骗、贷款诈骗的犯罪手段从被害人董某某交通银行卡中、江苏银行处骗得的资金，转入与被害人董某某支付宝互转频繁的其本人支付宝，又转移至他人账户，或者是在本人银行卡、微信处混合后再转移至他人账户，用于经营性支出、借贷及他人现金兑换。经审查，用于转移至他人账户的资金共计 6 万余元。

2021 年 5 月 13 日，被告人程某某经电话联系主动至公安机关投案，到案后如实供述了全部犯罪事实。

公诉机关认为：被告人程某某以非法占有为目的，冒用他人信用卡，进行信用卡诈骗活动，数额巨大，其行为应当以信用卡诈骗罪追究其刑事责任；被告人程某某以非法占有为目的，冒用他人身份诈骗银行贷款，数额较大，其行为应当以贷款诈骗罪追究其刑事责任；被告人程某某为掩饰、隐瞒其信用卡诈骗、贷款诈骗犯罪所得，将财产混同后通过转账给他人、转换为现金等方式转移资金，其行为应当以洗钱罪追究其刑事责任。被告人程某某在判决前犯数罪，应当数罪并罚。

被告人程某某及其辩护人对起诉指控的事实基本无异议，辩护人提出被告人具有自首、退赔情节，请求法院依法定罪并予以从轻、减轻处罚。

法院经审理查明：2015 年，被告人程某某和被害人董某某相识并逐步发展为男女朋友关系至 2019 年 5 月、6 月。其间，董某某以其本人名义办理了其名下的手机号给程某某使用。2015 年 6 月至 2021 年 4 月，程某某在董某某不知情的情况下，用前述董某某名下手机号及董某某的身份信息注册了支付宝，且未经董某某同意，通过可以接触到董某某银行卡、手机等便利，绑定董某某名下招商银行等 4 张银行卡，并将上述银行卡中的钱款转出 278434.91 元，转回 101155.21 元，净流出 177279.70 元。

2018 年 9 月至案发，在无还款来源保证的情况下，被告人程某某冒用董某某身份使用支付宝借呗、备用金及花呗，冒用董某某名义向江苏银行等申请贷款。其中，至案发，程某某通过借呗共计向江苏银行借款 945876 元，归还本息 802986.40 元。

2021 年 4 月底至 5 月初，经被害人董某某催讨，被告人程某某归还了董某某 21100 元。

2021 年 5 月 13 日，被告人程某某经电话联系主动至公安机关投案，到案后如实供述了全部犯罪事实，后翻供，在判决宣告前又如实供述。

本案审理过程中，被告人程某某在其家属的帮助下退赔了非法占有董某某及金融机构的全部钱款。

上海市浦东新区人民法院于 2023 年 3 月 31 日作出（2021）沪 0115 刑初 4096 号刑事判决：认定被告人程某某犯盗窃罪，判处有期徒刑二年十个月，并处罚金人民币 5 万元；犯贷款诈骗罪，判处有期徒刑十个月，并处罚金人民币 2 万元；决定执行有期徒刑三年二个月，并处罚金人民币 7 万元。宣判后，被告人未提出上诉，检察机关未抗诉，判决已发生法律效力。

核心争议焦点

通过第三方支付平台绑卡使用及冒名贷款的行为应认定为盗窃罪还是诈骗类犯罪，抑或其他犯罪。

审判思路

本案的争议焦点即在于通过第三方支付平台绑卡使用及冒名贷款的行为应认定为盗窃罪还是诈骗类犯罪，抑或其他犯罪。结合本案案情，对上述两类行为如何定性进行分析。

一、通过第三方支付平台绑卡使用行为的定性

（一）非法占有与微信、支付宝绑定的他人银行卡内资金的定性

主要有盗窃罪和信用卡诈骗罪两种观点，实践中有的定性为盗窃罪，也有的定性为信用卡诈骗罪。法院认为，以盗窃罪定罪处罚更为合理。主要理由如下：第一，在严格解释为冒用型信用卡诈骗罪上有难度。因为在绑定银行卡时开通了快捷支付，登录他人微信、支付宝，输入支付密码（有的是小额免密）就可转走银行卡内资金，行为人主观上并未认识到获取了他人的银行卡信息资料，客观上也并未获取到他人的银行卡信息资料，连银行卡卡号和密码都不知晓，因此难以解释为司法解释规定的冒用型信用卡诈骗罪。至于有观点认为，微信支付和支付宝相当于信用卡，获取微信和支付宝支付密码就相当于获取了信用卡信息资料，故上述行为属于冒用型信用卡诈骗罪。该观点将微信支付和支付宝视为信用卡，目前既没有法律的明确规定，也难以为社会所接受。第二，以盗窃罪定罪符合主客观相统一原则。主观上，行为人都是在被害人不知情的情况下，通过秘密的方式非法占有其财物，并无意破坏国家对信用卡的管理制度。第三，以盗窃罪定罪更符合社会的一般认知。在他人不知情的情况下，秘密地非法占有与其微信、支付宝绑定的银行卡内资金的行为，侵犯了他人的财产权益，被害人的感受是被偷而不是被骗，故认定为盗窃罪更符合社会的一般认知。

（二）盗窃他人银行卡并将该卡与微信、支付宝绑定，非法占有卡内资金的定性

无论窃取的银行卡是储蓄卡还是信用卡并使用，都属于盗窃信用卡并使用的行为，依照《刑法》第 196 条第 3 款的规定，以盗窃罪定罪处罚。如陈某与被害人金某一起乘坐游轮至日本游玩，其间陈某窃取金某的农业银行卡，并将该卡与自己的微信绑定，后将卡内资金 1.98 万元分别转入 4 个不同的微信账号内，并为自己的手机充值 100 元，涉案金额共计 1.99 万元。生效裁判认为，陈某以非法占有为目的，秘密窃取他人财物，数额较大，其行为构成盗窃罪。[①] 本案中，程某某乘被害人不备窃得其银行卡，并利用事先掌握的被害人身份证号码、手机开机密码，在绑定微信的过程中获取验证码，从而顺利绑定银行卡，获取卡内资金。程某某秘密窃取他人银行卡，并将该卡与其微信绑定使用，符合"盗窃信用卡并使用"的行为特征，应以盗窃罪论处。其实，盗窃信用卡行为未必构成盗窃罪，但绑卡后秘密占有卡内资金的行为，系窃取他人财物，数额较大的，构成盗窃罪。

（三）通过偷窥、骗取等方式获取他人银行卡卡号，并将该卡号与微信、支付宝绑定，非法占有卡内资金的定性

主要有盗窃罪和信用卡诈骗罪两种观点。我们认为，以盗窃罪论处更为合理。主要理由为：第一，将通过偷窥等方式获取的银行卡卡号与微信、支付宝绑定并使用，与盗窃信用卡并在 ATM 机使用，并无实质区别，都是秘密窃取他人钱款的行为，定性为盗窃罪具有合理性。第二，对非法占有与微信、支付宝绑定的他人银行卡内资金的行为，以盗窃罪定性，对将窃取的他人银行卡卡号绑定并使用这一相对较重的行为，因为多了一节窃取银行卡卡号的行为，适用较信用卡诈骗罪更重的罪名即盗窃罪定罪处罚，更符合罪罚相当原则。第三，窃取银行卡卡号行为一般不构成犯罪，绑卡行为亦不构成犯罪，故只需评价后续取财行为的性质即非法占有绑定卡的卡内资金的性质，根据前文论述，当然是认定为盗窃罪。同样，骗取银行卡卡号及绑卡行为均不构成犯罪，而非法占有绑定的卡内资金的行为属于盗窃，故对通过骗取方式获取他人银行卡卡号，并将该卡号与微信、支付宝绑定，非法占有卡内资金的行为应认定为盗窃罪。

具体到本案，被告人程某某主观上意欲通过绑定银行卡而实现非法占有

---

① 参见茆荣华主编：《2018 年上海法院案例精选》，上海人民出版社 2020 年版，第 398~399 页。

被害人董某某钱款的目的，客观上是在被害人不知情的情况下，通过支付宝平台将其银行卡内的钱款转走或者用于消费等，其行为模式符合盗窃罪秘密窃取的特征，且最终导致被害人的财产权益受损，而并未实质性地侵害信用卡管理秩序，故其行为构成盗窃罪。需要注意的是，被告人的该节犯罪事实，主要发生在其与被害人系男女朋友关系期间，二人均提及，被告人能比较方便地接触被害人的银行卡、身份证及手机等，考虑到二人之间的特殊关系，不宜将被告人取得被害人银行卡或者银行卡卡号的行为，评价为刑法上窃取信用卡或者窃取信用卡资料的行为。因此，对该节事实如何定性，关键在于绑定被害人的银行卡后如何取得卡内的钱款。显然，被告人是在被害人不知情的情况下，将其银行卡内的钱款非法占为己有，是盗窃而非诈骗类犯罪，将该节行为认定为盗窃罪，亦更符合社会一般认知。

二、通过第三方支付平台冒名网贷的行为定性

实践中，通过第三方支付平台冒名网贷，可以概括为两种类型：即擅自登录冒名网贷型和开通网贷功能并冒名网贷型。

（一）擅自登录冒名网贷型即擅自登录他人支付宝，以其名义向"借呗""花呗"等网贷平台贷款，并将所贷资金非法占为己有的定性

主要有盗窃罪、贷款诈骗罪和信用卡诈骗罪三种观点。我们认为，如果用户已经开通网络贷款功能，行为人冒用用户名义申请贷款，并将所贷资金占为己有的，应以盗窃罪论处。主要理由为：第一，从犯罪对象及侵害客体看，该行为真正侵害的是被冒用身份者对财产的占有，而非网络贷款平台对财产的占有，被害人是被冒用身份者。网络贷款平台依据接受的规范信息放贷，并无过错责任可言，无需承担财产损失。故准确认定财产犯罪的被害人，是正确定罪的关键所在。一方面，开通"借呗""花呗"，系统会根据用户的资信情况给出不同的授信额度，用户可以在额度内申请贷款。事实上，就相当于用户办理了一张拥有一定授信额度的信用卡，并与支付宝绑定。用户根据协议规定，有审慎保管好手机和账号、支付密码的义务，而且只要输入支付密码和短信验证码，提供资金方就会提供贷款。除非提供资金方有过错，用户都要承担还本付息的义务。如此，冒用用户名义申请网络贷款并将所贷资金占为己有的，实质上就是窃取了属于被害人的授信资金，用户属于被害人。因为系通过秘密手段获取属于被害人的资金，故为盗窃而非诈骗。另一方面，以向"借呗"借款为例，相关资金进入用户的支付平台账户，可能成为支付

宝余额也可能进入用户绑定的银行卡。其实，无论是谁申请的贷款，所贷资金都进入了用户的账户，也就是这些资金归属于用户，处于用户的占有、控制之下。但此时违背用户的意愿，秘密地转走这些资金，无疑侵犯了用户的财产权益，属于盗窃而非诈骗。第二，从行为特征看，造成财产侵害的转款或者消费行为，均是在被冒用身份者不知情的情况下秘密实施的，符合盗窃罪秘密窃取的行为特征。第三，从行为人的主观认知看，此类行为更符合窃取被害人财物的内心想法，而非从被害人处骗取财物。将此类行为认定为盗窃罪，更符合行为人的主观认知和社会的一般认知。第四，从罪刑均衡看，因盗窃罪的入罪数额标准远低于贷款诈骗罪，将此类行为认定为盗窃罪，相较于贷款诈骗罪，不会造成罪刑失衡和法律适用的盲区。而且，因为"借呗""花呗"相当于信用卡，冒用用户名义申请网络贷款并将所贷资金占为己有的行为，同非法占有与用户的微信、支付宝绑定的银行卡卡内资金的行为，具有同质性，以盗窃定性具有合理性。

（二）冒名开通网贷并冒名网贷型即行为人获取他人身份信息后，以他人名义开通"借呗""花呗"等网贷功能，继而冒名贷款并将所贷资金非法占为己有的定性

实践中，对于行为人获取他人身份信息后，以他人名义开通"借呗""花呗"等贷款功能，继而获取相关贷款的情形，正如在他人不知情的情况下，利用其身份证以其名义申请贷款。此时，若将被冒用者视为被害人，显然不合理。因为被冒用者没有去申请信用额度，就不存在其授信资金被他人非法占有的问题，故不能以盗窃罪论处。上述情形属于假冒他人名义申请贷款，构成犯罪的，应当以贷款诈骗罪论处。当然，如果认为网络贷款平台不属于其他金融机构，则可以合同诈骗罪定罪处罚。因为冒用他人名义向"借呗""花呗"贷款，需阅知和点击同意相关协议，即需要签订借款合同，该行为既扰乱了市场秩序也侵犯了他人的财产权益，数额较大的，可构成合同诈骗罪。事实上，在涉及贷款类犯罪时，贷款诈骗罪与合同诈骗罪往往形成法条竞合关系，应从一重处。

具体到本案，董某某既未开通网络贷款功能也未申请贷款额度，不存在其授信资金被他人非法占有的问题，被告人程某某所非法占有的钱款来源于江苏银行，且至案发前未归还，故被害方为江苏银行。被告人以非法占有为目的，虚构事实、隐瞒真相，在无还款来源保证的情况下，以董某某名义通过"借呗"向江苏银行贷款，案发前尚有本金14万余元未归还，其行为实质

上系采取诈骗手段致使银行产生错误认识并向其交付钱款，侵犯了国家对银行贷款的管理制度和银行的财产权益，构成贷款诈骗罪。

本案系涉第三方支付侵财犯罪的典型案例。近年来，微信、支付宝等第三方支付已成为日常主要的支付方式。相应地，涉第三方支付侵财犯罪案件时有发生，且将可能成为今后一段时间内常见的侵财犯罪类型。但由于支付方式的复杂性带来了犯罪形态的异化，加之立法上相关罪名间刑罚配置的不协调等原因，对于此类案件的定性，不论在理论界还是实务界均尚存一定程度的认识分歧，主要涉及盗窃罪与诈骗类犯罪。因两类犯罪的定罪量刑标准不一，类案不类判，尤其涉及"罪与非罪""罪轻与罪重"或者"一罪与数罪"的问题较为突出，既影响被告人的权益也影响司法公信权威，亟待统一裁判标准。在此背景下，本案判决对裁判思路进行详细的论述，说理充分，并以个案为切入点，厘清类案的规制思路，对人民法院审理此类案件具有较强的指导意义。

案例编写人 上海市浦东新区人民法院 罗开卷 陆 玮

专家点评

周光权 清华大学法学院院长、教授、博士生导师，全国人大宪法和法律委员会副主任委员，中国犯罪学学会常务副会长

近年来，犯罪人冒用被害人名义注册支付宝，绑定信用卡并使用第三方支付，以及冒用被害人身份使用支付宝借呗等申请贷款的行为高发，对于这类案件如何定性，理论和实务上一直存在争议。本案判决精准运用区分盗窃罪、诈骗罪的法理，将盗窃罪界定为违背被害人的意愿改变占有关系的犯罪，将诈骗罪界定为被害人受欺骗之后交付、处分财物的犯罪，充分关注了刑法理论的最新发展动向，严格坚持罪刑法定原则，对信用卡诈骗罪中的信用卡进行准确解释，定罪准确，量刑适当，是一份相当不错的判决。

《中华人民共和国刑法》

第二百六十四条 盗窃公私财物，数额较大的，或者多次盗窃、入户盗窃、携带凶器盗窃、扒窃的，处三年以下有期徒刑、拘役或者管制，并处或者单处罚金；数额巨大或者有其他严重情节的，处三年以上十年以下有期徒刑，并处罚金；数额特别巨大或者有其他特别严重情节的，处十年以上有期徒刑或者无期徒刑，并处罚金或者没收财产。

第一百九十三条 有下列情形之一，以非法占有为目的，诈骗银行或者其他金融机构的贷款，数额较大的，处五年以下有期徒刑或者拘役，并处二万元以上二十万元以下罚金；数额巨大或者有其他严重情节的，处五年以上十年以下有期徒刑，并处五万元以上五十万元以下罚金；数额特别巨大或者有其他特别严重情节的，处十年以上有期徒刑或者无期徒刑，并处五万元以上五十万元以下罚金或者没收财产：

（一）编造引进资金、项目等虚假理由的；

（二）使用虚假的经济合同的；

（三）使用虚假的证明文件的；

（四）使用虚假的产权证明作担保或者超出抵押物价值重复担保的；

（五）以其他方法诈骗贷款的。

⑲ 强某甲、强某乙等诈骗案

——利用非实名制境外电话卡按照特定话术拨打电话，帮助电诈团伙"推广引流"的，构成诈骗罪

案件索引

一审：山东省鱼台县人民法院（2022）鲁0827刑初32号（2022年4月12日）

二审：山东省济宁市中级人民法院（2022）鲁08刑终234号（2022年7月5日）

基本案情

公诉机关认为：被告人强某甲、强某乙等人以不特定多数人为对象拨打诈骗电话，并从他人处获取相应报酬，情节特别严重，其行为触犯了《刑法》第266条之规定，犯罪事实清楚，证据确实、充分，应当以诈骗罪（未遂）追究其刑事责任。

被告人及辩护人认为：被告人拨打电话的行为系在为他人提供广告推广，根据《刑法》第287条之二的规定，明知他人利用信息网络实施犯罪，为其犯罪提供互联网接入、服务器托管、网络存储、通讯传输等技术服务，或者提供广告推广、支付结算等帮助，情节严重的，构成帮助信息网络犯罪活动罪。

法院经审理查明：2021年8月，被告人强某甲、强某乙通过网络接受上线人员安排，利用专门购买的归属地为香港的手机卡，冒充"蚂蚁金融""蚂蚁微贷"等客服工作人员，按照特定话术，拨打上线提供的电话号码，询问是否有贷款需求，并将有贷款需求的被害人引流至下一环节，由他人继续对被害人行骗。后被告人牛某某、强某丙、刘某某加入强某甲、强某乙团伙。其中被告人强某甲、强某乙二人负责与上线联系，并负责转发上线提供的电

话号码、统计、结算提成，二人亦参与拨打电话；被告人牛某某、强某丙、刘某某三人负责拨打电话。

2021年8月至10月，被告人强某甲拨打诈骗电话8362人次，并致使被害人赖某某被骗19288元；被告人强某乙拨打诈骗电话6939人次；被告人牛某某拨打诈骗电话17956人次，并致使被害人黄某某被骗18000元；被告人强某丙拨打诈骗电话6899人次，并致使被害人郑某被骗25000元；被告人刘某某拨打诈骗电话超5000人次。通过实施本案犯罪行为，被告人强某甲、强某乙、牛某某、强某丙、刘某某分获违法所得29000元、16000元、6257元、5642元、11383元。

核心争议焦点

被告人利用非实名制境外电话卡按照特定话术拨打电话，帮助电诈团伙"推广引流"，是构成诈骗罪，还是构成帮助信息网络犯罪活动罪。

审判思路

本案主要涉及行为人利用非实名制境外电话卡，按照特定话术，向不特定对象拨打电话，并将被害人引流至诈骗套路的下一环节行为的司法认定问题。

关于控辩双方争议的本案是认定为诈骗罪，还是认定为帮助信息网络犯罪活动罪的问题，审理法院认为，在案五被告人明知自己非相关贷款平台工作人员，仍专门购买非实名制境外电话，按照特定话术，向不特定多数人拨打电话，且有在非拨打电话期间将手机关闭或调至飞行模式等隐蔽行为，五被告人对自己的行为违法性具有概括的认知，结合相应被害人因接听被告人的电话而后终被诈骗的客观事实，各被告人的拨打电话行为与被害人的被骗结果之间具有因果关系，各被告人虽无直接骗取被害人财物的故意，但被告人为获取佣金提成，对被害人接听电话并添加各被告人提供的指定账号而终被诈骗的结果具有放任的犯罪故意，各被告人拨打电话并将被害人引流至下一环节的行为，系诈骗流程中的重要一环，符合诈骗罪的犯罪构成，且系诈骗罪中的情节特别严重情形，五被告人的行为均已构成诈骗罪，并应以未遂情节处罚。对于本案中的诈骗既遂部分，作为情节在量刑时考虑。

审理法院以诈骗罪对五名被告人判处有期徒刑三年至四年二个月不等的刑罚。

本案最终将该类通过拨打诈骗电话来推广引流的行为认定为诈骗罪，而没有认定为帮助信息网络犯罪活动罪，可从以下几个方面阐释。

一、拨打诈骗电话行为的刑事违法性基础

为谋取非法利益，拨打诈骗电话的行为具有刑事违法性，这是该不法行为入罪的前提，对于本案，其违法性主要体现在行为人的主观故意和因果关系方面。

（一）行为人对自己"推广引流"行为的刑事违法性具有盖然性认识

帮助电诈团伙"推广引流"的行为人，往往会虚设某种身份，推广某种产品、项目，并会专门使用非实名制电话卡等隐蔽、无法溯源的联系方式向不特定对象拨打电话，其目的在于将有"意向"的被害人吸引至诈骗套路的下一环节。审判实践中，行为人往往辩解其并不明知将被害人引流至下一环节就是为了对被害人实施诈骗，但行为人对自己并不具有虚设的某种身份是明知的，对专门使用隐蔽的联系方式系故意的，对自己推广引流行为的刑事违法性的认识是盖然的。结合本案行为人实施的一系列规避侦查的行为表现，不能否认行为人明知其他诈骗正犯在实施符合构成要件的不法行为，行为人如果明知却仍实施本案帮助行为即拨打上线给予的被害人电话，很难否认本案行为人的主观帮助故意，至少存在间接故意。[①]

（二）"推广引流"行为与被害人的诈骗结果具有因果关系

本案"推广引流"的主要目的在于向不特定对象介绍某种虚假的产品、项目的必要性及需求性，让被害人添加下一环节行为人的联系方式，在多轮、套路式的诈骗下，终致被害人受骗。概言之，之所以处罚本案对诈骗正犯的帮助行为，是因为行为人的帮助行为使诈骗正犯方便实施了实行行为，参与引起了法益侵害的结果。[②]

二、拨打诈骗电话行为以诈骗入罪的现实路径

（一）基于共犯的考虑

相关网络犯罪的帮助行为在构成帮助信息网络犯罪活动罪的同时，还可

---

① 张明楷：《论帮助信息网络犯罪活动罪》，载《政治与法律》2016 年第 2 期。
② 张明楷：《论帮助信息网络犯罪活动罪》，载《政治与法律》2016 年第 2 期。

能构成其他犯罪的帮助犯或正犯。① 《最高人民法院、最高人民检察院、公安部关于办理电信网络诈骗等刑事案件适用法律若干问题的意见》中专门对拨打诈骗电话的情形作了入罪量化标准，同时规定，明知他人实施电信网络诈骗犯罪，仍提供通讯传输支持、利用境外用户改为境内号码仍提供服务、提供诈骗术语清单等行为的，以诈骗罪的共同犯罪论处。根据该司法解释，结合被告人的现实行为方式，其明知或应当明知他人实施电信网络犯罪，其仍提供帮助，与下一环节的诈骗正犯成立共同犯罪。

（二）基于想象竞合的考虑

帮助信息网络犯罪活动罪是帮助行为正犯化的典型立法例。② 为电信网络诈骗行为提供广告推广的帮助行为，本系电信诈骗行为的帮助犯，但基于立法设置，该帮助行为独立成罪，即将该帮助行为正犯化。不可否认，行为人为下游网络诈骗犯罪提供广告推广的行为既构成帮助信息网络犯罪活动的正犯，也同时构成诈骗罪的帮助犯。基于《刑法》第287条之二第3款的规定，即有前两款行为，同时构成其他犯罪的，依照处罚较重的规定定罪处罚。诈骗罪的法定刑要高于帮助信息网络犯罪活动罪的法定刑，按照想象竞合的处断原则，亦应认定为诈骗罪。

三、帮助信息网络犯罪活动罪与诈骗罪的界分

基于以上论述，对于拨打诈骗电话行为的司法认定，在帮助信息网络犯罪活动罪和诈骗罪之间，还是有不同之处的。

（一）抽象与具体：主观明知的不同

根据立法设置，帮助信息网络犯罪活动罪的主观明知为"明知他人利用信息网络实施犯罪"，该种明知是抽象的，即明知或应当明知被帮助的对象是在利用信息网络实施犯罪，但并不要求明知所涉具体行为及罪名，其被帮助的对象可能是诈骗团伙，也可能是开设赌场团伙，抑或其他电信网络犯罪团伙。而为电诈团伙帮助拨打电话的"推广引流"人员，其主观明知是具体的，即明知其身份是虚设的，方式是隐蔽的，对接听电话的被害人被骗取钱财是放任的，对他人实施的诈骗活动是明知或应当明知的。

---

① 刘宪权、王哲：《帮助信息网络犯罪活动罪的司法适用》，载《人民检察》2022年第10期。

② 陈兴良：《共犯行为的正犯化：以帮助信息网络犯罪活动罪为视角》，载《比较法研究》2022年第2期。

（二）推广与引流：是否介入下一环节不同

帮助信息网络犯罪活动罪中的"广告推广"应是一种单向散发式的广告传播及转发行为，行为人并不直接与被害人联系、沟通、诱骗，比如张贴涉嫌犯罪的某一广告宣传海报、转发某犯罪链接等行为，行为只是一种简单的"推广"，并不介入诈骗的下一环节。而拨打诈骗电话形式的"推广引流"，不仅有"推广"行为，而且还有"引流"行为，行为人直接与被害人联系，并与被害人沟通，基于被害人的需求而发出犯意引诱，并告知被害人进入下一环节的路径方式，将有意向的被害人引流至下一环节。该"引流"行为实质上已经介入了下一环节的诈骗实行行为，其行为方式已经超出了帮助信息网络犯罪活动罪中的"广告推广"的界限。

案件点睛

随着信息网络技术的发展，电信网络诈骗案件快速增长，并呈现出类型化、链条化的发展特征，一个完整的电信诈骗链条，往往由推广引流、实施诈骗、支付结算、赃款转移等多个环节组合而成。围绕电信诈骗的各个环节，司法实践中往往多以诈骗罪、掩饰隐瞒犯罪所得罪、帮助信息网络犯罪活动罪等罪名对不同行为予以不同评判。因各罪名的法定刑及裁量结果不尽相同，所以能否对各电诈环节中的不同行为予以准确认定，成为司法实践中的一项重要内容。

案例编写人　山东省鱼台县人民法院　于志壮

专家点评

陈伟　　西南政法大学法学院教授、博士生导师，中国法学会刑法学研究会常务理事

本案从多个方面证明，本案构成诈骗罪而非帮助信息网络犯罪活动罪，立足于刑法法理进行分析，释法说理较为清晰全面。不能把帮助信息网络犯罪活动罪当成"口袋罪"予以适用，准确界分本案中诈骗罪与帮助信息网络犯罪活动罪有其学术价值与实践价值。从理论上看，二罪存在竞合关系，只要客观上存在帮助信息网络犯罪活动与利用信息网络实施诈骗犯罪的行为，由于前行为与诈骗结果之间的关联性，加之行为人主观上对此存在明确认知，且这种行为违反国家法律法规或者行业的禁止性规定，因而原则上二罪都有成立的可能。承办法官从共犯成立和竞合关系两个角度说明了本案构成诈骗罪的理由，尤其是指出本案中二罪的想象竞合关系，说清了帮助信息网络犯罪活动罪的本质，阐释了本罪之中"广告推广"的内涵与外延，因而具有较强的说服力。最后，承办法官采用了理论和实务界较为通行的界分标准予以司法认定，进一步丰富了判决的说理性。

相关法条

《中华人民共和国刑法》

第二百六十六条 诈骗公私财物，数额较大的，处三年以下有期徒刑、拘役或者管制，并处或者单处罚金；数额巨大或者有其他严重情节的，处三年以上十年以下有期徒刑，并处罚金；数额特别巨大或者有其他特别严重情节的，处十年以上有期徒刑或者无期徒刑，并处罚金或者没收财产。本法另有规定的，依照规定。

第二百八十七条之二 明知他人利用信息网络实施犯罪，为其犯罪提供互联网接入、服务器托管、网络存储、通讯传输等技术支持，或者提供广告推广、支付结算等帮助，情节严重的，处三年以下有期徒刑或者拘役，并处或者单处罚金。

单位犯前款罪的，对单位判处罚金，并对直接负责的主管人员和其他直接责任人员，依照第一款的规定处罚。

有前两款行为，同时构成其他犯罪的，依照处罚较重的规定定罪处罚。

⑳ 王某侵犯著作权案

——侵犯著作权罪中软件作品"实质性相似"规则的确立与审查要点

案件索引 ·······························

一审：上海市闵行区人民法院（2022）沪 0112 刑初 577 号（2022 年 8 月 8 日）

基本案情 ·······························

上海市闵行区人民检察院指控：2020 年 6 月起，被告人王某在未取得柏楚公司授权许可的情况下，从他人处购得柏楚公司的盗版激光切割套料软件（CypNest 软件），并通过其开设的淘宝网店及个人微信予以销售。其间，被告人王某采用远程安装或者寄送加密狗的方式对盗版软件进行复制、发行。截至案发，被告人王某销售金额共计人民币 34 万余元（以下币种相同）。

2021 年 10 月 12 日，上海市公安局闵行分局依法抓获被告人王某，并在其住处查获加密狗、账本等物。经司法鉴定科学研究院鉴定，被告人王某销售的 CypNest 软件与柏楚公司的正版软件构成实质性相似。

公诉机关认为，被告人王某以营利为目的，未经著作权人许可，复制发行其计算机软件作品，非法经营数额达 34 万余元，属于有其他特别严重情节，其行为应以侵犯著作权罪追究其刑事责任。被告人王某认罪认罚，有坦白情节，建议判处被告人王某有期徒刑三年，并处罚金，若退出违法所得，可适用缓刑。

被告人王某对起诉指控侵犯著作权的事实及罪名没有异议，但辩称希望退赔违法所得。其辩护人认为，被告人王某认罪认罚，希望法庭依法从轻判决。

法院经审理查明：2020 年 6 月起，被告人王某在未取得柏楚公司授权许可的情况下，从他人处购得柏楚公司的盗版激光切割 CypNest 套料软件，并通过其开设的淘宝网店及个人微信号予以销售。其间，被告人王某对上述软件进行复制，并采用远程安装或者寄送加密狗的方式对盗版软件进行发行。截至案发，被告人王某销售金额共计 344409 元。

2021 年 10 月 12 日，上海市公安局闵行分局依法抓获被告人王某，并在其住处查获加密狗、账本等物。经柏楚公司比对，被告人王某售卖的柏楚公司 CypNest 套料软件（\CypNest- 加密狗安装包文件 \ CypNest-pro）所侵犯的是该公司开发的 CypNest6.3772.0–20191012–V771 正版软件（以下简称 771 正版软件）著作权。经公安机关委托，司法鉴定科学研究院对被告人王某销售的 CypNest 软件与柏楚公司的 771 正版软件进行鉴定，王某售卖的软件中的可执行文件 "CypNest-pro6.37825.exe" 与柏楚公司的 771 正版软件项下的可执行文件 "CypNest.exe" 的结构相似度、文件相似度均超过 90%，构成实质性相似。被告人王某到案后对上述犯罪事实供认不讳。

法院经审理后认为：被告人王某未经著作权人许可，以营利为目的复制发行其计算机软件作品，非法经营数额达 34 万余元，属于有其他特别严重的情节，其行为已构成侵犯著作权罪。被告人王某系坦白，自愿认罪认罚，依法可从轻、从宽处罚。公诉机关的指控成立，量刑建议适当。辩护人以被告人王某认罪认罚等理由请求对被告人从轻处罚的辩护意见，予以采纳。综上，根据被告人犯罪的事实、情节、性质以及对社会的危害程度等，判决如下：一、被告人王某犯侵犯著作权罪，判处有期徒刑三年，并处罚金人民币 20 万元；二、责令被告人王某退赔被害人的经济损失。一审宣判后，被告人王某未提出上诉，公诉机关亦未提起抗诉，一审判决已发生法律效力。

核心争议焦点

被告人王某的行为是否属于侵犯著作权罪中的复制，其行为是否已经构成犯罪。

审判思路

本案中，关于王某侵犯著作权罪的事实清楚、证据充分，公诉机关指控的罪名成立。本案审理的焦点主要在于计算机软件作品的著作权与传统作品的区别，以及审查时需要特别注意的事项。

本案审理的难点在于侵犯著作权罪中计算机软件作品著作权审查比对中

如何认定"实质性相似"。合议庭少数观点认为，经鉴定，被告人王某的激光切割软件与权利人（被害单位）柏楚公司的激光切割软件并不完全相同。而侵犯著作权罪所要求的"复制"则是相同的产品，从有利于被告人的角度应当否定其行为构成犯罪。支持该观点的学者认为，"复制发行"包括复制或发行以及复制且发行的行为。[①]

合议庭多数意见认为，虽然被告人王某的侵权软件与权利人的正版软件并不完全相同，但只要能认定王某侵权软件的主要部分与权利人的正版软件相同，就应当认定为侵犯著作权罪。支持该观点的学者认为，通过非法手段，获取他人享有著作权的计算机软件中的相关核心程序文件，制作外挂软件，该外挂程序虽与官方客户端程序文件并不完全一致，但主体结构、功能系实质性相同的场合，也可以认定为复制他人计算机软件的行为。[②]

一、"实质性相似"规则在刑事案件中确立的一般法理

《刑法》第 217 条规定，未经著作权人许可，复制发行、通过信息网络向公众传播其文字作品、音乐、美术、视听作品、计算机软件及法律、行政法规规定的其他作品，违法所得数额较大或有其他严重情节，就可以构成侵犯著作权罪。根据《刑法》规定，构成侵犯著作权罪要求未经著作权人许可"复制、发行"相关作品。从字面意义上讲，"复制"则要求是相同的产品。

但在计算机软件民事侵权纠纷中，完全照抄权利人的软件代码的现象较为少见，都是对权利人现有软件代码的修正。在民事案件中，引入了美国版权法理论中"实质性相似"理论。"实质性相似"的内容主要包括侵权作品的内容使用了原作品中的非公共领域的独创性表达，并且相似性达到一定程度，能够引起受众对两部作品产生相似性联想。这一判断标准在民事侵权领域运用较为广泛。

我们认为，这一判断标准应当引入刑事司法领域。虽然《刑法》条文和相关司法解释没有明确将"实质性相似"的作品认定为复制。但从民事法律的应用实践看，该规则运用并未有实质障碍，虽然民事侵权和刑罚处罚分属不同的法律部门，但认定事实的标准和方法是通用的，实质性相似认定为复制没有事实上的障碍。因为侵犯著作权罪是要保护著作权人的智力成果，体现国家法律对智力成果的肯定和保护。实质性相似本身就是大量抄袭权利人作品

---

① 张明楷：《刑法学》，法律出版社 2016 年版，第 824 页。
② 黎宏：《刑法学各论》，法律出版社 2014 年版，第 186 页。

的体现，不将该种情形理解为复制，与侵犯著作权罪的立法精神不相符合。

从法院的相关裁判看，也认可"实质性相似"构成复制。行为人未经著作权人许可复制其计算机软件，通过修改相应程序捆绑其他软件后在互联网上发布供他人下载，并因此获取广告费用等收益的，构成以营利为目的的复制发行。[①] 计算机软件侵权产品在某些程序、代码方面有所不同，但只要实现硬件产品功能的目标程序或者功能性代码与他人享有著作权的计算机软件作品实质相同，就属于非法复制。

综上，我们认为，计算机侵权产品只要与权利人的计算机软件作品构成"实质性相似"，就可以认定为侵犯著作权罪中的复制。

二、确定"实质性相似"的多维度审查要点

由于计算机软件作品中由运行界面、运行风格等外观设计和具有实质内容的软件代码构成，所以在比对时也要分类型比对。本案从比对方法、复制比例、排除事项等三方面具体认定"实质性相似"。

第一，比对方法的审查。主要从以下三方面进行：（1）从软件界面、数据架构进行比对。对软件界面的审查主要是从外观布局、用户感受、运行界面、菜单功能、帮助提示功能等方面进行综合比对。在数据架构方面，主要考察应用程序的组织结构、目录安排、安装流程等方面。本案中，经过比对，被告人王某复制、发行的软件在界面和数据架构方面与被害单位的软件完全一致。（2）对被害单位提供的源代码与被告人复制、发行的目标程序进行比对。在计算机软件作品中，对侵权作品与被害单位的原作品进行源代码的实质比对是最直接、有效的比对方法。但在案件办理过程中，查找被告人获取的源代码往往比较困难。那么，将被告人的侵权软件程序与被害人的源代码进行比对就是一种替代方法。本案中，公安机关先行委托被害单位将被告人复制、发行的侵权软件与被害单位的源代码进行比对，再委托第三方检测机构进行比对。

第二，软件代码相似性的复制比例审查。我国法律、法规、司法解释均没有规定复制达到某一比例就构成实质相似。但司法实践中的常规做法是要进行相关的复制比例鉴定。在以复制比认定实质相似性的判决中，一般要求达到 70% 以上的复制比例。本案中，被告人王某复制被害单位的软件作品的结构相似度、文件相似度均超过 90%。需要说明的是，在认定实质相似性时，

---

① 何帆：《刑法注释书》，中国民主法制出版社 2021 年版，第 499 页。

复制比审查是一项认定实质性相似的重要标注，但并非唯一标注。实践中，还需要结合被告人的供述，软件是否具有文件同源性、结构相似性，是否存在巧合等证据综合认定。

第三，软件代码内容相似性的排除性审查。这里主要涉及两种情况：一是由于技术限制或被告人拒绝提供相关软件的源程序导致无法比对时，能否根据软件的相关功能和技术缺陷进行比对。如果已经证明侵权软件与权利人的软件存在功能和缺陷的相同或相似，可以认定被告人持有但拒不提供相关证据认定实质相似性。因为不同源软件功能相同或相似的较多，但缺陷相同或相似的概率较小，如果两种软件有相同或相似的缺陷，则说明二者同源的盖然性较高。二是被告人的侵权软件与权利人的软件复制比达到一定比例时，要排除一些特定情形。在侵权软件与权利人软件都使用第三方开源代码，且第三方代码不享有排他性著作权时，不能因为二者在该部分的相同或相似就判定二者具有实质相似性。在有些案件中，虽然比对相似性比例较高，但多属于公有领域的表达，或不具有独创性的表达，或代码表达的有限性导致软件复制比达到一定比例，而软件中内容表达的独创性、特有性内容却属少数的，就需要排除不具有独创性表达等内容，将"关键少数"进行再次比对，以确定是否侵权。本案中，由于被告人王某仅仅在被害单位的原始软件内添加了一个"加密狗"程序，防止买受该软件的人再次售卖造成泛滥。所以，本案在进行复制比对时不存在需要排除的内容。

案件点睛

本案是上海市闵行区人民法院在知产刑事案件回归属地管辖后的首例案件，也是加强知识产权刑事司法保护、严厉打击涉知识产权违法犯罪行为的典型案例。涉案权利人（被害单位）柏楚公司系闵行区第一家科创板上市企业，故该案自受理之初即受到广泛关注。10余名区人大代表、政协委员受邀走进法庭，现场旁听案件庭审。该案于2022年8月8日公开宣判，在上海电视台法制频道公开报道后取得良好的反响。

根据我国《刑法》规定，侵犯著作权罪在客观方面表现为侵犯著作权和与著作权有关的权益且情节严重的行为，包括以营利为目的，未经著作权人许可，复制发行其文字作品、音乐、视听作品、录音录像、计算机软件及其他作品等。本案被告人王某销售盗版软件，涉嫌侵犯计算机软件作品著作权中的复制权。对于如何确定侵权产品与著作权权利人作品的一致性，从而构成复制行为,是审查该类案件的重点、难点。实践中,司法人员往往依托专业机构的鉴定意见进行判断。本案结合鉴定意见,确立以"实质性相似"标准作为认定是否构成复制行为的规则,并从比对方法、复制比例、排除事项三个维度进行全面审查。经审查,被告人王某售卖的盗版软件中的可执行文件与柏楚公司的正版软件项下的可执行文件的结构相似度、文件相似度均超过90%,且无排除事项,故法院认定王某实施了擅自复制软件的侵权行为。通过本案总结出以"实质性相似"规则确立复制行为的必要性,及对"实质性相似"的审查方法,为今后同类案件的审理提供了适当参考。

案例编写人 上海市闵行区人民法院 李国泉 何 刚 李 涛

 专家点评

林维 西南政法大学教授、博士生导师,中国法学会案例法学研究会副会长

《刑法》第217条规定,未经著作权人许可,复制发行、通过信息网络向公众传播其文字作品,音乐、美术、视听作品,计算机软件及法律、行政法规规定的其他作品的,成立侵犯著作权罪。实践中对"复制是否意味着完全相同"这一问题存在着较大争议,本案采取"实质性相似"理论很好地解决了这一问题。

所谓实质性相似,是指侵权作品的内容使用了原作品中的非公共领域的独创性表达,并且其相似性达到一定程度,能够引起受众对两部作品产生相似性联想。实践中,如果要求两部作品完全一模一样,在很多场合既不可能更无必要,这样一种过于僵硬的理解也完全无法实现刑法对著作权的正当、合理保护,只有对所谓"复制"进行实质性解释,才能真正适应千变万化的犯罪现实样态,实现刑法对正当权利的全面保护。本案的处理保持了和既往类似司法解释相一致的立场,实际上,即使在刻意强调"相同"的规范中,刑法也从未要求两种对象完全一模一样。例如,在有关假冒注册商标罪的司法解释中,均秉持实质相同的原则加以认定,而未要求形式上的完全相同。当然,在进行实质性认定的过程中,应当从复制比例、比对方法等方面进行多维度、综合性的严格认定,确保其在性质上的实质同一,从而避免不合理地扩大这一构成要件的适用范围,造成刑事责任追究的不当。

相关法条

《中华人民共和国刑法》

第二百一十七条 以营利为目的，有下列侵犯著作权或者与著作权有关的权利的情形之一，违法所得数额较大或者有其他严重情节的，处三年以下有期徒刑，并处或者单处罚金；违法所得数额巨大或者有其他特别严重情节的，处三年以上十年以下有期徒刑，并处罚金：

（一）未经著作权人许可，复制发行、通过信息网络向公众传播其文字作品、音乐、美术、视听作品、计算机软件及法律、行政法规规定的其他作品的；

……

第六十七条第三款 犯罪嫌疑人虽不具有前两款规定的自首情节，但是如实供述自己罪行的，可以从轻处罚；因其如实供述自己罪行，避免特别严重后果发生的，可以减轻处罚。

第五十二条 判处罚金，应当根据犯罪情节决定罚金数额。

第五十三条 罚金在判决指定的期限内一次或者分期缴纳。期满不缴纳的，强制缴纳。对于不能全部缴纳罚金的，人民法院在任何时候发现被执行人有可以执行的财产，应当随时追缴。

由于遭遇不能抗拒的灾祸等原因缴纳确实有困难的，经人民法院裁定，可以延期缴纳、酌情减少或者免除。

第六十四条 犯罪分子违法所得的一切财物，应当予以追缴或者责令退赔；对被害人的合法财产，应当及时返还；违禁品和供犯罪所用的本人财物，应当予以没收。没收的财物和罚金，一律上缴国库，不得挪用和自行处理。

《中华人民共和国刑事诉讼法》

第十五条 犯罪嫌疑人、被告人自愿如实供述自己的罪行，承认指控的犯罪事实，愿意接受处罚的，可以依法从宽处理。

第二百零一条 对于认罪认罚案件，人民法院依法作出判决时，一般应当采纳人民检察院指控的罪名和量刑建议，但有下列情形的除外：

（一）被告人的行为不构成犯罪或者不应当追究其刑事责任的；

（二）被告人违背意愿认罪认罚的；

（三）被告人否认指控的犯罪事实的；

（四）起诉指控的罪名与审理认定的罪名不一致的；

（五）其他可能影响公正审判的情形。

　　人民法院经审理认为量刑建议明显不当，或者被告人、辩护人对量刑建议提出异议的，人民检察院可以调整量刑建议。人民检察院不调整量刑建议或者调整量刑建议后仍然明显不当的，人民法院应当依法作出判决。

㉑ 张某甲、张某乙生产、销售有毒有害食品案

——生产、销售有毒、有害食品罪销售金额的认定及认罪认罚案件证据的实质审查

案件索引

一审： 重庆市綦江区人民法院（2019）渝 0110 刑初 264 号（2019 年 12 月 18 日）

基本案情

重庆市綦江区人民检察院指控张某甲、张某乙犯生产、销售有毒有害食品罪向重庆市綦江区人民法院提起公诉。鉴于二被告人认罪认罚，依法从宽处理。共同犯罪中张某甲系主犯，建议判处有期徒刑十年至十三年，并处罚金；张某乙系从犯，减轻处罚，建议判处有期徒刑五年至六年，并处罚金。

被告人张某甲、张某乙对指控的事实、罪名均无异议，并自愿签署认罪认罚具结书。对附带民事公益诉讼起诉书所提诉讼请求均予认可。

被告人张某甲的辩护人提出：本案中被告人张某甲与买家的微信聊天记录中有买家要求购买不含西布曲明的产品，但公诉机关第一次指控认定犯罪金额时包含了此部分不含西布曲明的产品金额，违反了定罪量刑的事实都要有证据证明的规则。

法院经审理查明以下事实：张某乙系张某甲的父亲。2018 年 3 月至 2018 年 7 月，张某甲在网上购买西布曲明、玉米粉等原料以及胶囊壳、胶囊瓶、防伪标签、灌装机等物品和机器设备，自己或者安排张某乙生产添加西布曲明的减肥胶囊、糖片、咖啡等减肥产品，向重庆、河南、湖南、新疆、广东等全国各地销售。7 月 30 日，民警在生产现场查获成品黑色袋装咖啡 1 袋（630 包），西布曲明 1.889kg，成品粉色糖片约 22108 颗，成品天蓝色、黄色、金色、蓝色、银白色等各色胶囊共计约 166947 粒以及大量原材料和机器

设备。经鉴定，上述查获的成品咖啡、糖片、胶囊中均含盐酸西布曲明成分。上述查获的成品咖啡、糖片、胶囊按其最低销售价格（咖啡 0.85 元 / 小包、糖片 0.55 元 / 颗、胶囊 0.3 元 / 粒）折算价值共计约人民币 62779 元。

法院经审理认为：公诉机关指控 2018 年 3 月至 2018 年 7 月间，被告人张某甲、被告人张某乙生产、销售含西布曲明的减肥产品，销售金额为 1769832 元。张某甲辩称有部分买家要求发不含西布曲明的产品，该类产品销售价格低于含西布曲明的产品，且有相关的微信聊天等证据证实，不能排除合理怀疑，建议检察机关补充证据，核实指控的销售金额中不含西布曲明产品的金额。公诉机关在延期审理期间未能补侦到上述证据。公诉机关与法院沟通后，作出《变更起诉书》，以现场查获经鉴定含有西布曲明的产品货值 62779 元作为生产、销售有毒、有害食品罪的犯罪金额。建议判处张某甲有期徒刑三年至四年，并处罚金人民币 20 万元；判处张某乙有期徒刑二年至三年，并处罚金人民币 20 万元。

核心争议焦点

1. 被告人签署认罪认罚具结书的案件，如何把握证据标准；
2. 认罪认罚案件，经审查认为指控部分事实不能成立的，程序上如何操作；
3. 如何审查判断生产、销售有毒、有害食品罪的销售金额。

审判思路

法院认为：被告人张某甲、张某乙在生产、销售的食品中掺入国家禁止添加的有毒、有害物质西布曲明，其行为已构成生产、销售有毒、有害食品罪。公诉机关指控的事实及罪名成立。其中，尚未销售部分的货值金额为 6 万余元。张某甲、张某乙系共同犯罪，在共同犯罪中，张某甲起主要指挥作用系主犯，张某乙起次要作用系从犯，依法从轻处罚。张某甲、张某乙到案后如实供述了自己的罪行，认罪认罚，依法从宽处理。根据张某乙的犯罪情节和悔罪表现，依法宣告缓刑。张某甲、张某乙销售有毒有害食品，侵害不特定消费者的合法权益，损害社会公共利益，依法应承担民事责任。附带民事公益诉讼起诉人的诉讼请求于法有据，应予支持。据此，根据相关规定判决：被告人张某甲犯生产、销售有毒、有害食品罪，判处有期徒刑三年，并处罚金人民币 20 万元。被告人张某乙犯生产、销售有毒、有害食品罪，判处有期徒刑二年，缓刑二年，并处罚金人民币 20 万元（其他判项略）。宣判后，被告人未上诉、公诉机关未抗诉。

一、被告人签署认罪认罚具结书的案件，证明标准仍要达到确实充分

我国的刑事诉讼制度是一种职权主义诉讼制度，具有中国特色，而非英美法系的当事人主义诉讼制度。在该制度下，检察官和律师是司法人员和法律工作者，而非政府或当事人雇用到法庭上交锋的对手。我国的认罪认罚从宽制度是一种有条件认罪宽恕制度，具有中国特色，而非美国等西方国家的"辩诉交易"的翻版或中国化。认罪认罚从宽制度不能与辩诉交易混为一谈。因此，人民法院在审查认罪认罚案件时，不得像美国法院那样进行"形式审查"，而必须进行实质审查。① 认罪认罚以被追诉人有罪为前提，对定罪问题没有协商的余地，因此，在认罪认罚案件中，仍然坚持证据裁判原则，并且坚持"证据确实、充分"的法定证明标准。根据《刑事诉讼法》第 55 条规定的"确实、充分的"证明标准，定罪量刑的事实都有证据证明；据以定案的证据均经法定程序查证属实；综合全案证据，对所认定事实已排除合理怀疑。认罪认罚从宽制度的基本原则在于程序从简，实体从宽。它的立法初衷是为了繁简分流，为以审判为中心的诉讼制度的落实创造条件，合理分配司法资源。为此，在证据规则上也应体现一定的灵活性。但无论是认罪认罚案件还是不认罪认罚案件，证明标准不应降低，证据质的要件也不应降低。认罪认罚适用于速裁程序、简易程序和普通程序简化审的案件，与不认罪认罚的普通程序案件相比，证明标准并无差异，应当与其他案件一样，坚持法定证明标准，守住公正司法的底线。

本案中，公诉机关原指控将张某甲、张某乙销售的所有减肥产品均认定为有毒、有害食品。案件审理过程中张某甲提出，有的减肥机构为降低成本在向其购买减肥产品时明确要求购买不含西布曲明的产品，张某甲也回复同意，有相应的聊天记录印证。同时，张某甲为了牟利，销售的产品中也有未添加西布曲明的情形，并提出买家曾告诉他顾客反映部分批次的产品没有效果。

被告人辩解销售出去的产品中部分不含西布曲明具有合理性，故法院建

---

① 胡云腾：《正确把握认罪认罚从宽 保证严格公正高效司法》，载最高人民法院刑事审判第一、二、三、四、五庭编：《刑事审判参考》总第 127 辑，人民法院出版社 2021年版，第 120 页。

议公诉机关补充侦查，通过网络或快递单查找买家信息，证实买家在张某甲、张某乙处购买减肥产品中不含西布曲明的销售金额。公诉机关在补充侦查完毕后未能收集到新证据，根据现有证据无法确定被告人销售的减肥产品含西布曲明产品的准确销售金额。故而作出变更起诉，查获产品经抽样鉴定均含西布曲明成分，且被告人也供述扣押在案的产品均已添加了西布曲明，故而按现场查获的产品认定销售金额，量刑建议也随之大幅降低。

二、认罪认罚案件经审查认为指控部分事实不能成立的程序处理

根据《刑事诉讼法》的规定，犯罪嫌疑人自愿认罪，同意量刑建议和程序适用的，除盲、聋、哑人，或者是尚未完全丧失辨认或者控制自己行为能力的精神病人等不需要签署认罪认罚具结书的情形外，应当在辩护人或者值班律师在场的情况下签署认罪认罚具结书。[①] 人民法院应当审查认罪认罚的自愿性和认罪认罚具结书内容的真实性、合法性。[②] 对于认罪认罚案件，人民法院依法作出判决时，除指控的事实、罪名和量刑建议明显不当的外，一般应当采纳人民检察院指控的罪名和量刑建议。对量刑建议是否明显不当的，应当根据审理认定的犯罪事实、认罪认罚的具体情况，结合相关犯罪的法定刑、类似案件的刑罚适用等作出审查判断。[③]

本案中，被告人张某甲、张某乙自愿签署认罪认罚具结书，认同綦江区人民检察院指控其生产、销售有毒、有害食品罪的犯罪事实，同意适用普通程序审理。认同綦江区人民检察院提出的以生产、销售有毒、有害食品罪对

---

① 《刑事诉讼法》第174条规定："犯罪嫌疑人自愿认罪，同意量刑建议和程序适用的，应当在辩护人或者值班律师在场的情况下签署认罪认罚具结书。犯罪嫌疑人认罪认罚，有下列情形之一的，不需要签署认罪认罚具结书：（一）犯罪嫌疑人是盲、聋、哑人，或者是尚未完全丧失辨认或者控制自己行为能力的精神病人的；（二）未成年犯罪嫌疑人的法定代理人、辩护人对未成年人认罪认罚有异议的；（三）其他不需要签署认罪认罚具结书的情形。"

② 《刑事诉讼法》第190条规定："开庭的时候，审判长查明当事人是否到庭，宣布案由；宣布合议庭的组成人员、书记员、公诉人、辩护人、诉讼代理人、鉴定人和翻译人员的名单；告知当事人有权对合议庭组成人员、书记员、公诉人、鉴定人和翻译人员申请回避；告知被告人享有辩护权利。被告人认罪认罚的，审判长应当告知被告人享有的诉讼权利和认罪认罚的法律规定，审查认罪认罚的自愿性和认罪认罚具结书内容的真实性、合法性。"

③ 《最高人民法院关于适用〈中华人民共和国刑事诉讼法〉的解释》第354条规定："对量刑建议是否明显不当，应当根据审理认定的犯罪事实、认罪认罚的具体情况，结合相关犯罪的法定刑、类似案件的刑罚适用等作出审查判断。"

张某甲判处有期徒刑十年至十三年，并处罚金，对张某乙判处有期徒刑五年至六年，并处罚金的量刑建议。经人民法院审查，检察机关指控二被告人生产、销售有毒、有害食品销售金额为 1769832 元，该指控达不到确实、充分的证据标准，现有证据不能充分证明已经销售的减肥产品全部含有有毒、有害物质，亦不能证明已经销售的减肥产品中不含西布曲明的产品的销售金额。犯罪事实的认定存在重大分歧，导致被告人量刑的法定刑档发生变化，故被告人签署的认罪认罚具结书中的认罪事实及量刑建议存在明显不当。

根据《刑事诉讼法》及其解释的规定，人民法院经审理认为量刑建议明显不当，或者被告人、辩护人对量刑建议提出异议的，人民检察院可以调整量刑建议。人民检察院不调整量刑建议或者调整量刑建议后仍然明显不当的，人民法院应当依法作出判决。[1] 本案中，人民法院经审查，被告人签署的认罪认罚具结书中公诉机关量刑建议明显不当，建议补充侦查后，公诉机关未能补充相关证据，公诉机关变更指控事实，调整量刑建议，与被告人重新达成认罪认罚协商，被告人重新签署认罪认罚具结书，继续适用认罪认罚程序，最大限度地实现了认罪认罚的制度优势和效果。

三、生产、销售有毒、有害食品的犯罪金额认定

对于生产、销售有毒、有害食品罪，查获时往往大量产品已经销售，查扣在案的数量较少，如何精准认定犯罪金额，体现刑事打击罪责刑相一致原则，是此类案件审判的一个难点问题。法院需要综合全案证据，如证人证言，被告人供述，查获的有毒、有害食品，记账本，银行汇款记录，微信聊天记录，微信转账记录，支付宝交易记录等加以核对证实犯罪金额，只有证据确实充分、形成证据锁链，足以认定已销售产品中确属有毒、有害食品的，对

---

[1] 《刑事诉讼法》第 201 条规定："对于认罪认罚案件，人民法院依法作出判决时，一般应当采纳人民检察院指控的罪名和量刑建议，但有下列情形的除外：（一）被告人的行为不构成犯罪或者不应当追究其刑事责任的；（二）被告人违背意愿认罪认罚的；（三）被告人否认指控的犯罪事实的；（四）起诉指控的罪名与审理认定的罪名不一致的；（五）其他可能影响公正审判的情形。人民法院经审理认为量刑建议明显不当，或者被告人、辩护人对量刑建议提出异议的，人民检察院可以调整量刑建议。人民检察院不调整量刑建议或者调整量刑建议后仍然明显不当的，人民法院应当依法作出判决。"《最高人民法院关于适用〈中华人民共和国刑事诉讼法〉的解释》第 353 条规定："对认罪认罚案件，人民法院经审理认为量刑建议明显不当，或者被告人、辩护人对量刑建议提出异议的，人民检察院可以调整量刑建议。人民检察院不调整或者调整后仍然明显不当的，人民法院应当依法作出判决。适用速裁程序审理认罪认罚案件，需要调整量刑建议的，应当在庭前或者当庭作出调整；调整量刑建议后，仍然符合速裁程序适用条件的，继续适用速裁程序审理。"

该部分销售金额才能认定为犯罪金额。

本案中，公诉机关原指控：2018 年 3 月至 2018 年 7 月间，被告人张某甲在网上购买西布曲明、玉米粉等原料以及胶囊壳、胶囊瓶、防伪标签、灌装机等物品和机器设备，自己或者安排被告人张某乙在租住房生产添加西布曲明的减肥胶囊、糖片、咖啡等减肥产品，向重庆、河南、湖南、新疆、广东等全国各地销售，销售金额为 1769832 元。2018 年 7 月 30 日，民警在上述租住房内查获西布曲明 1.889 千克，成品粉色糖片约 22108 颗，成品各色胶囊共计约 166947 粒以及大量原材料和机器设备。经鉴定，上述查获的成品咖啡、糖片、胶囊中均含盐酸西布曲明成分。查获的成品咖啡、糖片、胶囊按其最低销售价格（咖啡 0.85 元 / 小包、糖片 0.55 元 / 颗、胶囊 0.3 元 / 粒）折算价值分别为人民币 535.5 元、约 12159.4 元、约 50084.1 元，共计约人民币 62779 元。被告人签署认罪认罚具结书。检察机关建议判处张某甲有期徒刑十年至十三年，并处罚金；张某乙判处有期徒刑五年至六年，并处罚金。

被告人张某甲提出：他所生产、销售的减肥胶囊部分含有西布曲明、部分不含西布曲明，含有西布曲明的产品价格明显高于不含西布曲明的产品，在销售给减肥机构、美容院等买家的过程中，部分买家为了降低成本，提高利润，明确向张某甲要求购买不含西布曲明的产品。被告人的该意见有微信聊天记录相印证，不能排除合理怀疑。检察机关指控被告人生产、销售的 1769832 元产品均系有毒、有害食品达不到排除合理怀疑的证据标准。

法院要求公诉机关补充侦查，通过被告人张某甲、张某乙的手机内查获的支付宝交易记录、微信转账记录、微信聊天记录等信息，查找要求购买不含西布曲明减肥产品的下家信息，以确定被告人生产、销售不含西布曲明的减肥产品的销售金额，从指控金额中予以扣除。后公诉机关在延期审理期间未能补侦到上述证据，鉴于被告人的辩解意见存在合理性，且有证据予以印证，原指控的犯罪金额达不到确实、充分的证据标准，现有证据不能充分证明已经销售的减肥产品全部含有有毒、有害物质，亦不能证明已经销售的减肥产品中不含西布曲明的产品的销售金额，与检察院协商后变更起诉指控生产、销售金额为现场查获的减肥产品（黑色袋装咖啡 630 包、西布曲明 1.889 千克、成品粉色糖片约 22108 颗、成品天蓝色、黄色、金色、蓝色、银白色等各色胶囊共计 166947 颗）的最低销售金额，共计 62779 元。公安机关按《国家食品药品监督管理局药品检验补充检验方法》和食药监办许〔2010〕114 号文的规定对上述查获物品进行抽样送检，经鉴定，上述查获的成品咖啡、糖片、胶囊中均含西布曲明成分。被告人亦供述查获产品中均添加了西布曲明成分。故认定查获的减肥产品均系有毒、有害食品的证据确实、充分。被告人重新签署认罪认罚具结书，检察机关量刑建议调整为：判处张某甲有期徒刑三年至四年，并处罚金人民币 20 万元；判处张某乙有期徒刑二年至三年，并处罚金人民币 20 万元。

法院经过庭前会议的审查，引导公诉机关进行补充侦查，在未能补充侦查的情形下，经协商，从有利于被告人的角度出发，对存疑的犯罪金额予以扣减，排除没有充分证据证明的犯罪金额，体现了以庭审为中心的诉讼价值，坚持证据裁判原则，充分保障被告人的权利。法院经审理查明的事实与变更后的事实基本一致。遂根据各被告人犯罪事实、情节作出前述判决。

案件点睛

1. 生产、销售有毒、有害食品罪的销售金额认定问题是此类案件审判中的一个难点。实践中，销售出去的产品到案发时往往已经灭失，只能针对现场查获的产品进行抽样鉴定，对鉴定结论不能简单地一律推定为已销售产品。法院需要综合全案证据，如证人证言，被告人供述，查获的有毒、有害食品，记账本，银行汇款记录，微信聊天记录，微信转账记录，支付宝交易记录等加以核对证实犯罪金额，只有证据确实充分、形成证据锁链，足以认定已销售产品中确属有毒、有害食品的，对该部分销售金额才能认定为犯罪金额。

2. 认罪认罚案件证据仍要进行实质审查，坚持证据裁判原则，坚持"证据确实、充分"的法定证明标准。《刑事诉讼法》第 55 条规定的确实、充分的证明标准，即定罪量刑的事实都有证据证明；据以定案的证据均经法定程序查证属实；综合全案证据，对所认定的事实已排除合理怀疑。在个案运用中也不应有差别。认罪认罚案件中，人民法院经审理认为，量刑建议明显不当，或者被告人、辩护人对量刑建议提出异议的，人民法院应当坚持以审判为中心的原则，建议检察机关调整量刑建议，促成被告人重新达成认罪认罚协商，最大限度地实现认罪认罚的制度优势和效果。

案例编写人　　重庆市高级人民法院　蒋佳芸
重庆市綦江区人民法院　罗　莉

马长生   湖南师范大学法学院教授，湖南省刑法学研究会名誉会长、湖南省刑事法治研究会名誉会长

　　这是一起被告人认罪认罚的案件。认罪认罚并不等于不准被告人与辩护人在法庭上行使辩护权。忠于法律，忠于事实真相，保障每一起司法案件的办理都能让人民群众感受到公平正义，这是党和人民的期望，也是人民法官和人民检察官的最高追求。这起案件的审理，在被告人签署认罪认罚具结书的基础上，保障了被告人与辩护人的辩护权，有利于法官和检察官去伪存真，在新的事实基础上重新签订认罪认罚具结书，既保障了公平正义的实现，也有利于被告人认罪服法，还保障了刑事司法工作的社会效益，确实值得称赞！

相关法条

《中华人民共和国刑法》

第一百四十一条第一款　生产、销售假药的，处三年以下有期徒刑或者拘役，并处罚金；对人体健康造成严重危害或者有其他严重情节的，处三年以上十年以下有期徒刑，并处罚金；致人死亡或者有其他特别严重情节的，处十年以上有期徒刑、无期徒刑或者死刑，并处罚金或者没收财产。

《中华人民共和国刑事诉讼法》

第五十五条　对一切案件的判处都要重证据，重调查研究，不轻信口供。只有被告人供述，没有其他证据的，不能认定被告人有罪和处以刑罚；没有被告人供述，证据确实、充分的，可以认定被告人有罪和处以刑罚。

　　证据确实、充分，应当符合以下条件：

（一）定罪量刑的事实都有证据证明；

（二）据以定案的证据均经法定程序查证属实；

（三）综合全案证据，对所认定事实已排除合理怀疑。

㉒ 王某某泄露内幕信息、金某内幕交易案

——刑事合规作为酌定情节在涉企类刑事裁判中的具体适用

案件索引

一审：北京市第二中级人民法院（2021）京02刑初154号（2022年1月28日）

基本案情

广东某公司与路畅公司达成收购意向并签署协议，由路畅公司收购广东某公司下属全资子公司。协议签订后，路畅公司宣布筹划资产重组并发布股票停牌公告，因路畅公司与广东某公司后续未就收购核心条款达成一致，路畅公司公告终止筹划重大资产重组，路畅公司股票开市复牌。经中国证券监督管理委员会认定，路畅公司收购事项在公开前属于内幕信息。

被告人王某某为广东某公司高管，参与路畅公司收购事项洽谈并参与重组事项，系内幕信息的知情人员。在内幕信息公开前，被告人王某某将路畅公司收购、重组事项向被告人金某泄露（同案处理），被告人金某遂于股票停牌前买入路畅公司股票8.37万股，成交金额411万余元，在股票复牌后，被告人金某又将全部股票售出，成交金额359万余元。

中国证券监督管理委员会对王某某泄露内幕信息、金某内幕交易行为作出行政处罚决定，对二人分别罚款10万元、20万元。王某某、金某缴纳罚款后，向公安机关主动投案并如实供述泄露内幕信息、内幕交易的犯罪事实。

另查，广东某公司申请在公诉机关监督下进行合规整改，并将关联公司纳入合规整改范围，采取建立资本运作信息保密专项制度等整改措施，经第三方监督评估组织进行合规考察，评定合规等级为良好；王某某、金某居住地司法局经过调查评估，认为二人对所居住社区没有明显不良影响，愿意接收二人进行社区矫正；王某某、金某承担较重家庭责任。

被告人提出其积极配合司法机关对涉案公司进行合规整改，请求从轻处罚。实践中，刑事合规作为酌定量刑情节如何适用，尚缺乏具体的法律规范予以指引，如何构建体系化的刑事合规量刑抗辩程序并对此情节加以考量，成为司法机关亟待解决的问题。

核心争议焦点

涉企类犯罪中，刑事合规可否作为酌定量刑情节，具体在裁判中如何加以适用。

审判思路

审判机关认为：被告人王某某作为证券交易内幕信息的知情人员，在对证券交易价格有重大影响的信息尚未公开前，向被告人金某泄露该信息，金某利用非法获取的内幕信息买入该证券，王某某、金某的行为分别构成泄露内幕信息罪、内幕交易罪，且均系情节特别严重，依法均应予惩处。关于辩护人所提王某某、金某未从犯罪中获利，建议对二人从宽处罚的辩护意见。经查，金融安全系国家安全的重要组成部分，为进一步防范和化解金融风险，国家强化金融监管，加大对证券犯罪的惩处力度。泄露内幕信息、内幕交易虽与非法获利目的相关，但危害性更在于对证券市场公平交易秩序和国家金融管理秩序的破坏。内幕交易成交额大小与对公平交易秩序、金融管理秩序破坏程度的高低密切相关，相关司法解释将成交额作为衡量泄露内幕信息、内幕交易情节严重、情节特别严重的标准。王某某长期从事资本运营，明知内幕信息对证券交易价格具有重大影响，故意向金某泄露内幕信息，金某利用从王某某处非法获取的内幕信息进行证券交易，成交额高达411万余元，超过司法解释规定的"证券交易成交额在二百五十万元以上"构成情节特别严重的数额标准，不能仅因二人未实际获利，就认为相关行为的危害结果不大，进而对二人从宽处罚。

关于辩护人所提王某某、金某具有其他法定、酌定从宽处罚情节的辩护意见。经查：（1）王某某、金某主动投案后如实供述犯罪事实，具有自首情节；签订认罪认罚具结书，自愿适用认罪认罚从宽制度，对上述法定从宽情节均予以确认。（2）广东某公司因存在资本运作信息保密专项制度缺失等合规问题，致使在与路畅公司进行重大资产重组过程中发生公司高管泄露内幕信息事件。公诉机关在案件审查过程中同步开展涉案企业合规整改监督工作，当庭出示合规考察报告，反映广东某公司主动申请并配合进行合规整改，完善合规制度，将合规工作嵌入业务流程，取得良好效果，王某某参与本次合规整改。以上积极事项虽并非定罪量刑的基础事实，但在客观上有利于促进企业合法守规经营，优化营商环境，实现办案法律效果与社会效果的统一，可在量刑时酌情考虑。

综上，被告人王某某犯泄露内幕信息罪，判处其有期徒刑二年，缓刑二年，并处罚金人民币10万元；被告人金某犯内幕交易罪，判处有期徒刑二年，缓刑二年，并处罚金人民币20万元。

一审宣判后，王某某、金某均未上诉，一审判决已生效。

案件点睛

本案系企业高管犯罪，折射出高管所在企业内部管理模式、运营机制、营商文化存在犯罪风险、合规漏洞，如何在对企业高管予以惩治的同时，有效消除企业犯罪隐患及风险，调整企业发展模式、商业运作机制从而有效适应外部营商大环境，是司法机关面临的难题。本案是北京法院深度参与刑事合规的典型案例，充分发挥了合规计划在刑事裁判中的效用，对于类案审理具有较好的示范效用和引导功能。

一、刑事合规作为涉企类犯罪酌定量刑情节的法理依据

基于我国企业发展初期粗放式管理的特定背景，实践中涉企类犯罪数量逐年增长。企业高管关乎企业科学管理、合法运营，若高管在涉企类犯罪案发后，能够积极参与企业合规整改、消除犯罪隐患、主动认罪认罚，不但可有效发挥刑法的惩治功效，还可为企业合法、合规、有序、健康发展保驾护航。治理涉企类犯罪，传统刑事司法注重法的惩治功能，强调事后的"堵"，忽视法的预防功能，欠缺事前的"疏"，企业因合规漏洞而生发的犯罪源头并未得以纾解，纯粹刑罚手段治理涉企类犯罪成效不佳。

刑事合规兼具惩罚犯罪与预防犯罪的双重作用，在治理涉企犯罪方面具有"既治罪，又救企"的制度优势，体现宽严相济的刑事司法政策。具言之：一方面，刑事合规具有严厉制裁性。刑事合规让刑罚有所隐退，但合规整改本身却能发挥超越刑罚制裁的功效。一则，合规整改要求企业投入人力、物力，深度挖掘、梳理企业在经营管理、商业模式等方面的刑事法律风险点；

二则，企业需在司法机关规定的整改期间内补救挽损，如承担行政责任、履行赔偿义务；三则，企业需制订针对性整改方案堵塞内部合规漏洞；四则，企业需持续接受公诉机关或第三方评估机构考察，如定期提交合规整改流程表、汇报合规整改进度、考察期满配合合规验收等。另一方面，刑事合规对涉企类犯罪具有源头治理作用。刑事合规具有刑事宽宥的激励性，企业合规整改计划若经考察过关，可作为公安机关撤销案件、公诉机关不起诉及法院量刑从宽的重要参考因素。由于刑事出罪或量刑从宽的激励，涉罪企业具有"断尾求生"、主动申请开展合规整改的强烈意愿。同时，由于刑事宽宥需以有效合规为前提，企业亦将采取"对症"举措，打造针对性合规体系，进而在企业内部形成完善的刑事合规制度，可增强企业抵御刑事法律风险的免疫力，实现从源头消除犯罪基因，真正让企业健康、持久发展，并可有效减少企业高管犯罪风险，从而促进人与企的良性互动（人促进企业的发展，企业促进人的提升）。法院在案件审理过程中，充分发挥审判延伸职能，在发挥惩治效用的同时，积极引导企业合规整改、高管认罪认罚，促进企业和个人的双向规制，进而营造合法、合规、合理的营商环境和企业合规文化，有效彰显司法的引领价值和社会功能。

二、刑事合规作为酌定量刑情节在本案中的具体适用

刑事合规可否作为酌定量刑情节，有一个至为关键的前提条件，即合规整改对涉企类犯罪具有制裁与补救挽损的双重作用，合规整改不仅让企业痛定思痛，还深度挖掘企业内部存在的各类合规漏洞，在准确把脉的基础上对症下药，及时对合规疏漏之处进行修补，避免在同样或同类犯罪上重蹈覆辙。

在刑事合规的具体适用过程中，要体现以下三方面内容：

其一，要体现企业合规整改的主动意愿。具体包括意识要件和行为要件。意识要件表现为：在公安侦查或公诉机关审查起诉阶段，企业积极认罪认罚，通过提交企业停止违法犯罪行为证据材料、合规考察申请书、合规整改计划书等方式，主动向公安或公诉机关申请开展合规考察程序，对因犯罪造成的危害结果主动补救挽损，尽力赔偿到位；行为要件主要体现在：在合规整改程序正式启动后，企业要积极组建专项整改团队，安排调查人员、成立调查小组，就犯罪原因进行全面摸排、分析，并形成详细的内部自查报告；而后针对自查报告的内容，制定相应整改措施；在合规整改期满后的考察阶段，企业要将合规整改工作进行全面汇总，并向考察机构汇报，全方位配合考察机构的评估、验收。

其二，规范合规整改的启动及考察程序。就启动程序而言，合规整改除了可以依企业申请启动，公安或公诉机关在办理涉企类犯罪案件过程中，对具备合规整改条件的企业，也可主动提出合规整改的建议，在征询企业同意的基础上启动合规整改。就考察程序而言，首先，公安或公诉机关应设定合理的合规整改期限，具体期限可依据刑罚轻重而综合掌握，如对于直接责任人员可能判处三年以下有期徒刑的轻罪案件，一般以审查起诉期间为整改期限，对于犯罪情节严重、犯罪行为涉及面广、被害人众多等重罪或敏感案件，合规整改期间应适度延长。其次，合规考察主体应具有专业性和中立性，以强化对合规整改的监督，如公安或公诉机关可引入第三方监督评估机构对合规整改进行全程监督。再者，考察方式要具有全程性。合规考察应贯穿合规整改始终，对合规整改是否启动，考察机构需进行企业合规整改可行性分析与论证，把好准入门槛；在合规整改期内，考察机构可采取不定期实地走访、与企业员工座谈等方式，了解企业合规整改进展情况，做到实时监控；合规整改期满，考察机构针对企业合规整改进行验收，重点考察合规计划在堵塞合规漏洞方面是否具有针对性，合规计划是否具备有效性、延续性、可执行性特点，做好收官工作。

其三，明确有效合规的评估标准。有效合规计划的第一个层次是针对性，即对已然犯罪所暴露的合规漏洞进行专项补救，将犯罪行为指向的合规问题进行深度挖掘，在源头上消除犯罪"基因"。有效合规计划的第二个层次是系统性，即针对同类及关联犯罪制定合规体系。对中小微企业而言，应着重于构建某一领域的简式合规体系，如中小微高新技术企业着力构建知识产权专项合规，中小微网络平台企业重点打造网络数据保护合规等。对于大型企业而言，合规体系则需体现多层架构，具体包括：能够体现企业高层意志而构建的阶梯式合规团队；针对业务范围、内容不同的各个部门制订针对性合规计划；为确保及时发现合规漏洞与风险而设置内部与外部相互联动的合规监督机制；在企业内部形成定期合规风险评估机制以及打造特色的合规文化等。

具体到本案中，因广东某公司在合规方面存在资本运作信息保密专项制度缺失、内幕信息知情人员监管不严等问题，导致路畅公司在资产重组过程中发生内幕信息泄露，广东某公司高管王某某触犯泄露内幕信息罪暴露出广东某公司管理模式存在合规漏洞的犯罪"基因"。

为防范同类犯罪再次发生，广东某公司主动向公诉机关申请开展合规整改，体现广东某公司积极整改、堵塞合规漏洞的意愿。为确保合规顺畅开展，公诉机关在启动涉案企业合规整改监督程序时，采取商请北京市律师协会指定的第三方监督评估组织进行合规考察的方式，体现合规考察的中立、客观与专业。经对王某某犯罪原因进行排查、梳理、归纳、总结，广东某公司将关联公司纳入合规整改范围，对资本运作信息保密专项制度等进行系统整改，建立专项合规制度，体现合规整改的针对性、有效性。第三方监督评估组织在合规考察期满后，对广东某公司的整改情况进行了考察、验收，最终广东某公司合规评定为良好，彰显了合规整改的有效性。王某某作为广东某公司的高管和直接涉案人员参与了广东某公司的合规整改，体现了王某某认罪悔罪意愿。法院在裁判过程中，对企业合规整改报告及被告人积极参与刑事合规并认罪认罚的量刑情节予以充分考量，刑事合规虽并非法定从宽量刑情节，但客观上利于企业合规经营，并可优化营商环境，能实现法律效果和社会效果相统一，故法院将刑事合规作为对王某某量刑从轻的考量因素，最终对王某某宣告缓刑是恰当的。

案例编写人　　　北京市东城区人民法院　石　魏
北京市第二中级人民法院　程欢欢

 **专家点评**

黄明儒　湘潭大学法学院教授、博士生导师，中国法学会刑法学研究会常务理事

本案例展示了刑事合规在涉企类犯罪中的重要性和准确应用。

刑事合规在本案例中被视为酌定量刑情节，原因在于，合规整改的表现可以反映被告人的悔罪态度和对企业犯罪隐患及风险的消除程度，从而影响其量刑。通过将合规整改纳入量刑考量，能够鼓励涉企犯罪的被告人承认和改正错误，积极采取措施防止此类犯罪的再发生。

本案例还强调了司法机关在涉企犯罪处理中发挥的重要作用。具言之，审判机关不仅需要确保被告人的合法权益得到保护，而且还需要确保企业的合规整改有效并能够消除犯罪风险。

综上所述，这个案例通过推动刑事合规的实践应用、实现法律效果与社会效果的统一、创新运用第三方监督评估机制以及凸显刑事合规在量刑中的重要性，为处理涉企犯罪案件提供了宝贵的实务范例。

相关法条

《中华人民共和国刑法》

第一百八十条第一款、第三款 证券、期货交易内幕信息的知情人员或者非法获取证券、期货交易内幕信息的人员，在涉及证券的发行，证券、期货交易或者其他对证券、期货交易价格有重大影响的信息尚未公开前，买入或者卖出该证券，或者从事与该内幕信息有关的期货交易，或者泄露该信息，或者明示、暗示他人从事上述交易活动，情节严重的，处五年以下有期徒刑或者拘役，并处或者单处违法所得一倍以上五倍以下罚金；情节特别严重的，处五年以上十年以下有期徒刑，并处违法所得一倍以上五倍以下罚金。

内幕信息、知情人员的范围，依照法律、行政法规的规定确定。

《中华人民共和国行政处罚法》

第三十五条第二款 违法行为构成犯罪，人民法院判处罚金时，行政机关已经给予当事人罚款的，应当折抵相应罚金；行政机关尚未给予当事人罚款的，不再给予罚款。

《中华人民共和国刑事诉讼法》

第十五条 犯罪嫌疑人、被告人自愿如实供述自己的罪行，承认指控的犯罪事实，愿意接受处罚的，可以依法从宽处理。

《最高人民法院、最高人民检察院关于办理内幕交易、泄露内幕信息刑事案件具体应用法律若干问题的解释》

第五条第一款 本解释所称"内幕信息敏感期"是指内幕信息自形成至公开的期间。

㉓ 霍某强奸案

——"零口供"下如何认定被告人违背妇女意志

一审：河南省焦作市山阳区人民法院（2022）豫 0811 刑初 245 号（2022 年 12 月 9 日）

二审：河南省焦作市中级人民法院（2023）豫 08 刑终 5 号（2023 年 1 月 17 日）

基本案情

公诉机关指控称：2022 年 6 月 21 日凌晨 2 时许，现住焦作市某地二楼出租房处的被告人霍某欲与隔壁邻居被害人闫某发生性关系，为此其直接将一个避孕套套在其性器官上并携带两个避孕套，趁对方未锁房门之际，偷偷潜入闫某房间内。霍某见闫某侧躺于床上睡眠后，用手偷摸其胸部，欲强行与其发生性关系。后闫某极力反抗，将霍某的胸部、肩部、脖子抓伤。在闫某拿到手机威胁要给男友打电话的情况下，霍某才离开闫某的房间。公诉机关认为被告人霍某违背妇女意志，强行与其发生性关系，应当以强奸罪（未遂）追究其刑事责任。

被告人霍某辩称：其主观上没有强奸的故意，是闫某主动邀约双方发生性关系的，闫某还向其索要 500 元"包夜费"，不认可公诉机关指控的罪名及事实。

其辩护人辩护意见为：被告人霍某主观上不存在违背妇女意志的故意，客观上不存在实施暴力手段的行为，不能排除本案存在性交易的可能，故霍某不构成强奸罪。

一审法院经审理查明：被害人闫某及其男友娄某与被告人霍某分别租住在焦作市某地二楼出租房内，系邻居。2022 年 6 月 18 日，娄某回老家处理事务不在租住地。同年 6 月 21 日凌晨，闫某未锁房门，霍某直接将一个避孕套套在其性器官上并携带两个避孕套，只着浅蓝色内裤进入闫某租住的房间，闫某侧躺于床上睡眠，霍某喊了一声"姐"并将其内裤脱掉，闫某准备坐起时被霍某压制，遭到闫某拒绝，霍某用手摸闫某胸部等部位，闫某反抗并将霍某的肩部、胸部、颈部等处抓伤，凌晨 2 时 4 分闫某给其男友娄某拨打电话，在电话响铃两三声后挂断电话，霍某离开闫某的房间。当日 18 时许，娄某回租住地后询问闫某凌晨发生何事，闫某称隔壁邻居险些将其强奸，后娄某与闫某于当日 21 时报警。一审人民法院以强奸罪（未遂）判处被告人霍某有期徒刑一年十个月。

宣判后，霍某不服，提出上诉。二审法院经审理后认为，上诉人霍某违背妇女意志，以暴力手段强行与被害人闫某发生性关系，其行为构成强奸罪。霍某已经着手实行犯罪，但由于意志以外的原因而未得逞，系犯罪未遂，可以比照既遂犯从轻或者减轻处罚，裁定驳回上诉，维持原判。

核心争议焦点

被告人霍某是否违背被害人闫某意志，强行与闫某发生了性关系，即霍某是否构成强奸罪。

审判思路

强奸案件的"零口供"多为两种情形：一是被告人不承认发生了性关系；二是虽承认发生了性关系，但辩称系出于被害人的自愿发生，即没有违背妇女意志。本案属于第二种情形，被告人霍某辩称系双方自愿，对此，被害人持完全相反的说法。在"是否违背妇女意志"这一关键点上双方各执一词，加大了法官对案件事实把握和证据采信的难度。那么，如何根据在案证据，准确认定被告人的这一主观心理活动，就成了本案审理的重点和难点。

根据《刑事诉讼法》第 55 条的规定，被告人供述仅是众多证据中的一种，即使缺少有罪供述也不必然影响证据体系的完整，这一条款为"零口供"定罪提供了法律支撑。具体到本案，法官在核准全案证据合法性、客观性、关联性的前提下，围绕被告人是否"违背妇女意志"这一核心问题，对被害人报案迟延的解释、案发过程是否自然客观，被害人陈述是否真实可信，被告人无罪辩解理由是否成立且是否能够与被害人陈述事实互相印证，间接证据与直接证据之间能否形成完整严密的、能够排除一切合理怀疑的证明体系，依据在案证据进行的推定是否符合常理等问题逐一进行审查确认，得出被告人霍某违背妇女意志强奸被害人闫某，但因意志以外的原因未能得逞的唯一结论。

一、被害人报案迟延有合理解释，案发自然、客观

强奸行为可分为事前行为、事中行为、事后行为，如果被害人在事前明确拒绝或者事中有明显反抗，那么认定违背妇女意志显然是没有问题的，而被害人能够在事后及时报案，也能印证先前的性行为违背了其意志。因此，在强奸案件中，被害人报案是否及时尤为重要，一般认为，被害人在案发之后越早报案，表示其要求追究犯罪嫌疑人罪行的意愿就越强烈，所作陈述越能还原案件事实，也就越客观真实；相反，如果被害人是在案发后一段时间才告发，其报案的动机容易受到质疑。

本案中，案发时间为2022年6月21日凌晨，被害人是2022年6月21日21时许报的案，时隔将近一天，报案并不算及时。对此，闫某解释由于霍某性侵并没有成功，其觉得被人强奸非常丢人，不想报警，其男友娄某回来之后，闫某将这事告知了娄某后才报的警。侦查人员经走访调查，了解到闫某给人的印象是性格内向、胆小、比较爱面子等，闫某的性格特征符合不愿"自曝家丑"的行为表现，本案案发客观自然。

二、被害人陈述真实可信

首先，被害人的陈述动机单纯。被害人陈述的动机对于陈述内容的真实性具有直接影响。如果被害人持敲诈勒索、诬告陷害等动机去告发，其陈述的真实性也就大大降低。司法实践中，影响被害人陈述动机的因素一般有两个：一是被害人与被告人的关系；二是被害人的品格。本案中，被害人闫某的陈述、被告人霍某的供述与娄某、邻居崔某的证言均证实闫某与霍某是出租屋居住的邻居，平常往来很少，没有深交更没有积怨仇恨，可推知闫某诬告陷害霍某的可能性不大。本案多名证人都描述闫某是一个品行良好的人，这些品格类的外围证据虽然不具备直接证实或者排除犯罪事实的能力，但可用于评价被害人陈述的证明力大小，可以增加法官对闫某陈述真实性的内心确信。

其次，被害人的陈述具有稳定性。被害人陈述的稳定性可以从其多次陈述的内容是否前后一致，对案件细节的描述有无重大矛盾，是否详尽仔细，

是否可以提供非亲历者难以了解的真实细节，与被害人第一次报案时的陈述能否互相印证等方面进行核实判断。本案中，闫某一共在侦查阶段作了两次陈述，对事前双方的关系、事中被强奸的细节、事后心态的变化等均作了较为详细的陈述，没有明显的矛盾或者翻证的现象，也没有机械似的完全照抄照搬的现象，其两次陈述符合记忆规律和语言习惯。在对案发情况进行描述时，闫某能够陈述清楚从霍某进门、摸其身体部位的顺序、其反抗时抓挠霍某身体部位、打电话向其男友娄某求助、霍某强奸其的体位等细节，描述的情况符合一般生活常识，且闫某两次陈述内容流畅稳定、前后一致，与发（破）案经过能够互相印证，有力地证明了闫某陈述的稳定性。

三、从被告人的无罪辩解中确认案件基本事实

"零口供"不等于没有口供，虽然犯罪嫌疑人不承认犯罪事实，但是面对侦查机关的讯问，犯罪嫌疑人很少会沉默不语，仍会在讯问笔录中提供一些与案件事实有关的基础信息，或者直接作无罪辩解。无罪辩解的笔录中往往存在有真有假、真假掺杂的现象，法官在审查被告人的供述与辩解时，应当首先确定取证程序的合法性，然后通过分析笔录内容是否合理、稳定，是否前后矛盾，进而确认与其他在案证据是互相印证还是反证。如果被告人的无罪辩解不合理、自相矛盾，或者与其他已查明的客观事实和证据相矛盾，则可以增强法官认定其犯罪的内心确信，进而反向印证案件的主要事实。

1. 被告人供述取证程序合法。本案霍某在一审开庭审理前一共有八次讯问笔录，其中公安机关作了六次，检察机关作了一次，审判机关作了一次，前三次笔录是在公安机关执法办案中心形成，后五次是在看守所形成，八份笔录均充分保障了被告人的人身权利、诉讼权利，讯问程序合法，未发现刑讯逼供和诱供的现象发生，取证程序合法。

2. 被告人供述与被害人陈述基础事实互相印证。霍某供述中对其进入房间后对被害人实施的强奸行为的细节描述与被害人的陈述可以互相印证，仅是辩解与闫某发生性关系系双方自愿，且闫某向其索要 500 元的"包夜费"。被告人的供述与辩解反映出了其主观心理状态，即凌晨进入被害人闫某的房间就是为了发生性关系。

3. 被告人无罪辩解的合理性分析。首先，正确对待被告人的无罪辩解。办案人员应当从思想上纠正被告人作无罪辩解就是"不老实交代犯罪事实"的观念，不能不经查证就随意否定被告人的无罪辩解，作为法官更应当秉持疑罪从无的理念，高度重视被告人的无罪辩解，防止冤假错案的发生。其次，

认真审查被告人的无罪辩解是否合理。如果其无罪辩解是合理的，被告人往往能讲出符合逻辑、符合常理的理由，并可能提供证据予以印证；如果其无罪辩解不符合一般社会常理、规律，甚至不能讲出任何理由或者提供证据证实，则其无罪辩解的可信度低。

本案中，被告人霍某虽然承认其去闫某房间就是为了与闫某发生性关系，但是其始终否认违背了被害人意志，辩称系被害人闫某拍其窗户主动邀请"一会儿你来找我"，其理解为闫某叫他去房间就是为了发生性关系，并称闫某说"500元陪你一夜"。侦查人员实地走访结合在案证据可知，霍某与闫某仅是认识的关系，平常几乎没有来往，并非好友或者朋友关系，更没有任何感情上的铺垫，由性格内向、做事稳重、好面子的闫某主动邀请霍某发生性关系并索要费用，显得生硬、不自然。综合判断被告人霍某无罪辩解的合理性较为薄弱，可信度不高。

四、间接证据与直接证据互相补强，形成证明体系

间接证据是指不能单独证明案件主要事实的证据，其只能证明案件事实的某一个片段或某一环节，所包含的信息量不如直接证据涵盖的内容丰富、充分。但是在直接证据并不十分充分的情况下，可以利用间接证据与其他在案证据相结合，消除证据之间的矛盾，通过证据之间的双向（多向）印证、互相补充，进而形成完整、严密的证明体系，有力地证明案件事实。运用间接证据定罪，必须注意以下几点：一是每个间接证据必须符合证据的三要素，即合法性、客观性、关联性；二是间接证据之间、间接证据与直接证据之间必须能够互相印证；三是运用间接证据组成的证明体系只能得出唯一的结论。

强奸罪因其具有一定的隐蔽性，被告人供述与被害人陈述往往是"一对一"的，当双方各执一词的时候，就需要通过分析间接证据来还原案件事实，看间接证据的证明指向是证实被告人的说法还是能够印证被害人的说法，从而为认定案件事实提供依据。

本案中经查证属实的与证明案件事实有关的间接证据如下：（1）被害人出租屋内现场勘验笔录；（2）被告人出租屋现场勘验笔录；（3）发（破）案经过及抓获证明；（4）被害人妇产科门诊检查病历；（5）被害人通话记录截图；（6）娄某证言；（7）崔某证言；（8）贾某证言；（9）被告人人身检查笔录；（10）被害人人身检查笔录；（11）被害人辨认笔录；（12）鉴定意见及鉴定意见通知书。

以上间接证据（1）（2）（3）（5）（6）（9）（11）与被害人闫某陈述、被告人

霍某的供述与辩解能够双向或者多向印证，证实霍某凌晨潜入闫某房间，违背妇女意志、使用暴力手段强行与被害人闫某发生性关系，但是因闫某极力反抗而未能得逞的事实。

五、运用事实推定，排除合理怀疑，得出唯一结论

如前所述，本案相关间接证据均已查证属实、互相印证并形成完整证据链条，证实了案件基本事实。在此基础上，法官要以事实推定为媒介，运用逻辑推理和经验法则，将在案证据串联起来回溯再现案件事实，排除其他一切可能，共同指向唯一结论。在"零口供"且无直接证据证明案件主要事实的情况下，必然少不了以推定的方式认定案件事实，但是推定具有高度盖然性，为确保推理的严密性和结论的准确性，合理的推定要求任一环节都必须符合逻辑和经验法则，得出的结果也应当符合社会大众的一般认知。

（一）推定本案非"性交易"符合大众认知

证据（6）（7）（8）、被告人供述、被害人陈述，结合侦查机关实地走访调查的情况，可以得出以下信息：第一，闫某与娄某均是外地人，共同居住在案发出租房内，两人在同一工地上班，闫某系塔吊司机，有稳定的工资收入，家庭负担小。第二，被告人霍某、邻居和工地的同事经常看到闫某、娄某一起上下班，两人感情良好且人际关系简单，平时没有陌生人尤其陌生男性来找过闫某。第三，平常下班后，闫某一般会回到出租屋内，很少外出。所以，依据经验法则和常理推断，作为一个有工作、有稳定收入、有性伴侣、家庭负担不重的正常人来说，闫某向霍某某寻求"性交易"的可能不大。

（二）推定闫某身上未留存霍某的生物特征符合常理

在案证据证实案发系 6 月 21 日凌晨，天气炎热，闫某房间内未使用空调，霍某强奸闫某之后，闫某碍于面子觉得这事丢人，不打算告发霍某，不仅自己洗了澡还清洗了内裤，加之闫某的反抗使霍某的行为没有得逞，所以闫某身上未留存霍某的生物特征也符合常理。

（三）推定霍某深夜进入闫某房间符合常理

闫某出租屋有空调但无遥控器，空调无法使用，天气炎热，为通风凉快闫某与娄某晚上经常开着门睡觉。案发当晚前半夜，闫某是将房门锁上的，后半夜闫某被热醒了，其考虑到房间外挂着门帘且已经凌晨，人应该都在熟睡中，故将门打开通风，也符合天热开门通风的常理。

综上分析，被告人霍某作无罪辩解，但间接证据之间已经查证属实且形成了完整严密的证明体系，排除了合理怀疑，得出被告人霍某违背妇女意志强奸被害人闫某，但因意志以外的原因未能得逞的唯一结论，已经达到了刑事案件证据确实、充分的标准。霍某的无罪辩解缺乏事实及法律依据，故法院依法不予采纳，一、二审法院依法认定被告人霍某构成强奸罪。

案件点睛

本案是运用《刑事诉讼法》第 55 条的规定在"零口供"下认定被告人有罪的典型案例。"零口供"案件不仅存在于强奸案中，诸如毒品案件、受贿案件等具有"隐蔽性"作案特点的案件，也常常出现"零口供"现象。该案的审理为"零口供"案件确定了证据审查和事实认定的思路，即围绕案件的核心争议焦点，重点审查直接证据、间接证据、其他外围证据之间能否形成完整、严密的证明体系，在此基础上运用逻辑推理和经验法则，排除一切合理怀疑，得出唯一肯定的结论，确认案件事实。

案例编写人　河南省焦作市中级人民法院　蔡有安　赵　霞

专家点评

陈伟　西南政法大学法学院教授、博士生导师，中国法学会刑法学研究会常务理事

　　疑罪从无是世界各国刑事诉讼中公认的原则，我国《刑事诉讼法》的相关规定也体现了这一原则的精神。由于本案不存在普遍性侵案件中被告人生物特征这一关键证据，且被告人辩解与被害人陈述在性行为发生的自愿性上存在出入，给案件的公正审判带来了现实挑战。审理法院围绕性关系发生的自愿性这一核心问题，通过审查间接证据、实地走访调查，并运用逻辑推理和经验法则，形成了较为严密的证明体系，排除了被害人报案迟延、双方是否存在性交易、被害人为何未锁门等合理怀疑，最终印证了被害人陈述的真实性。当案件欠缺某些关键性证据的时候，尤其是如何对"零口供"案件进行审理，本案提供了较好的思路与模式。通过在案的间接证据形成有效印证的闭环，在排除了合理性怀疑之后，仍然能够达到刑事案件所要求的事实清楚、证据确实充分的程度，从而作出公正的裁决。审理法院在认定本案相关证据的过程中，思路清晰，抽丝剥茧，最终得出了具有较强说服力的裁决，有其典型性和参照价值。

《中华人民共和国刑法》

第二百三十六条第一款　以暴力、胁迫或者其他手段强奸妇女的，处三年以上十年以下有期徒刑。

第二十三条　已经着手实行犯罪，由于犯罪分子意志以外的原因而未得逞的，是犯罪未遂。

对于未遂犯，可以比照既遂犯从轻或者减轻处罚。

《中华人民共和国刑事诉讼法》

第五十五条　对一切案件的判处都要重证据，重调查研究，不轻信口供。只有被告人供述，没有其他证据的，不能认定被告人有罪和处以刑罚；没有被告人供述，证据确实、充分的，可以认定被告人有罪和处以刑罚。

证据确实、充分，应当符合以下条件：

（一）定罪量刑的事实都有证据证明；

（二）据以定案的证据均经法定程序查证属实；

（三）综合全案证据，对所认定事实已排除合理怀疑。

24 肖某某非法采矿案

——工程附随采挖行为与非法采矿行为的界定

案件索引

一审：河南省遂平县人民法院（2022）豫 1728 刑初 255 号（2022 年 12 月 21 日）

二审：河南省驻马店市中级人民法院（2023）豫 17 刑终 60 号（2023 年 6 月 8 日）

基本案情

河南省遂平县人民检察院指控：2022 年 3 月、4 月，被告人肖某某在"遂平县某山洪沟治理工程"河道清淤施工中，在未取得采矿许可证的情况下，将河道内附随采挖出的鹅卵石私自予以出售，累计销赃数额 775488 元。2022 年 11 月 17 日，遂平县检察院以遂检刑变诉〔2022〕3 号变更起诉决定书将指控的被告人肖某某的获利数额变更为 786528 元。

被告人肖某某违反《矿产资源法》的规定，未取得采矿许可证擅自附随采挖，情节严重的，应当以非法采矿罪追究其刑事责任，并提供物证，书证，证人证言，被告人供述和辩解，鉴定意见，勘验、检查、辨认笔录，视听资料，电子数据等证据证实。

被告人肖某某辩称：采矿是事实，但其不认为采矿行为是违法的，其做的是县里的清淤工程，即使需要办理采矿许可证，也应该由遂平县城投公司办证。其所出售的石料销售金额也没有遂平县检察院指控的那么多。

辩护人的辩护意见是，被告人肖某某没有违反《矿产资源法》的行为，不构成非法采矿罪。理由如下：（1）遂平县某山洪沟治理工程不需要办理采矿许可证。（2）肖某某在遂平县某山洪沟治理工程的项目施工行为系职务行为。（3）肖某某不具备办理采矿许可证的主体资格，肖某某是项目的实际施工人，对外代表的是城投公司，即使认为该项目需要办理采矿许可证，办证主体也应当是城投公司。（4）肖某某的行为未造成环境损害的后果，不具有社会危害性。

法院经审理查明：2022年3月、4月，被告人肖某某在"遂平县某山洪沟治理工程"施工过程中，在未取得采矿许可证的情况下，为了谋取非法利益，擅自将河道内附随采挖的鹅卵石出售，累计销赃数额786528元。经鉴定，被告人肖某某所出售的鹅卵石包括细—中粒沉积石英岩、细粒长石石英砂岩、沉积粉砂岩。根据国务院相关法规规定，石英岩、砂岩均属于非金属矿产。

核心争议焦点

被告人肖某某在河道清淤工程中将附随采挖出的矿石出售是否需要办理采矿许可证，其私自出售采挖矿石的行为是否构成非法采矿罪。

审判思路

被告人肖某某在河道清淤工程施工中，在未申请办理采矿登记手续领取采矿许可证的前提下，私自将清理河道时附随采挖出的多余矿石出售牟利，改变了矿石的用途，违反了《刑法》第343条，《最高人民法院、最高人民检察院关于办理非法采矿、破坏性采矿刑事案件适用法律若干问题的解释》第2条、第13条之规定，情节严重，其行为已构成非法采矿罪。

一、从法理上厘清附随采挖行为和非法采矿行为的界定

在多数土建工程建设施工中，为了排除施工障碍，能够顺利完成施工任务，工程建设的附随采挖便是施工中必要的、附随的环节。行为人主观上是为了排除施工阻碍，有效合理利用资源。客观上附随采挖出的渣土、矿产用于自身工程建设需要，未进入市场流通领域进行利益交换，其本质上不属于采矿行为，因而不需办理采矿许可证。经批准合理范围内的附随采挖限制了采挖范围，谨防超出工程建设项目的需要，以项目为名行开采之实，从而保护了矿产资源法益不受侵害，达到保护生态环境的目的。《国土资源部关于开山凿石、采挖砂、石、土等矿产资源适用法律问题的复函》第2条规定："建设单位因工程施工而动用砂、石、土，但不将其投入流通领域以获取矿产品

营利为目的，或就地采挖砂、石、土用于公益性建设的，不办理采矿许可证，不缴纳资源补偿费。"所以说，建设单位或个人在工程施工期间附随采挖的砂、石、土可以自用，无须办理采矿许可证和缴纳资源补偿费，采挖的多余部分可以由县级以上地方政府依托公共资源交易平台处置，但建设单位或个人不得擅自对外销售或变相销售。

非法采矿罪的主体为一般主体，既可以是单位，也可以是自然人。如工程附随采挖的砂、石、土一旦进入市场流通领域，且行为人主观上明知不能将多余的矿石出售，仍将附随采挖出的多余矿石出售牟利，改变了矿石的用途，又未向登记管理机关申请办理采矿登记手续领取采矿许可证，违反了矿产资源管理法律法规，情节严重的，就构成了非法采矿罪。《国土资源部关于解释工程施工采挖砂、石、土矿产资源有关问题的复函》(已失效)中明确："'因工程施工'和'就地'是指在工程建设项目批准占地范围内，因工程需要动用或采挖砂、石、土用于本工程建设。目的是鼓励建设单位在建设中充分利用已批准占地范围内的矿产资源，减少异地开采，以利于保护环境。"依上述复函内容看，工程附随采挖出的砂、石、土等矿产资源要充分应用于工程建设需要，建设单位或个人不得擅自改变其使用用途。

本案被告人肖某某在河道清淤中，如将附随采挖出来的鹅卵石用于河道两侧浆砌护坡，加固河堤等行为，即属于国土资源部规定中的"因工程施工而动用砂、石、土，但不将其投入流通领域以获取矿产品营利为目的"。因此，在案涉的工程建设施工中，无论是工程的建设单位城投公司还是肖某某，均不需办理采矿许可证。但是在工程建设施工中，肖某某却违反合同约定，私自将附随采挖的矿石予以出售，以非法营利为目的投入市场流通领域，改变了矿石的用途，按照法规规定，其应当办理采矿登记手续并缴纳矿产资源补偿费，而肖某某并未办理上述手续，其私自采挖鹅卵石出售的行为就属于未取得采矿许可证擅自非法采矿行为，情节严重，已构成非法采矿罪。

二、从非法采矿罪的整体上把握工程附随采挖行为与销售行为

在非法采矿罪的定罪量刑上，应把工程附随采挖行为与销售行为作为一个整体行为去把握。采挖行为与销售行为不能割裂，行为人主观上出于故意，其主观目的是为获取矿产品以牟利。客观上有意识地使矿产资源脱离或改变原自然赋存状态的行为，达到刑事评价主客观相统一，这样才能判定是否构成非法采矿罪。从时间顺序上看，附随采挖在前，销售行为在后，那么，如果采挖时是为了自用，但后来发现有多余，此时如果办理了采矿许可证，则可以合法销售，否则不能销售，也就是说，行政管理偏重对销售环节的规制。从刑事评价的逻辑上看，非法采矿是指未取得许可而开采的行为，刑事评价的是开采行为本身的合法性；显然，销售，是开采行为的事后行为，事后行为是否合法，是不能改变正犯行为的评价的。

在本案的审理过程中，有观点提出，肖某某采挖鹅卵石，系依照其与 BC 公司的协议，因为建设工程的需要，是合法附随采挖行为。应把其后期非法销售行为与前面的采挖行为区分开来，非法销售行为不构成非法采矿罪，可以适用民法中无权处分的相关规定进行处理。

生效裁判没有采用上述观点，关于"采挖"与"销售"两种行为的关系与界定，不能孤立地去看，而应作为一个整体进行综合评价。工程附随采挖依附于工程施工，施工合法就不能评价附随采挖非法。如以是否办理采矿许可证为前提条件，附随采挖未改变矿石的使用性质，虽未办理采矿许可证，以用途为导向阻止了销售行为，堵塞住了借机采矿的营利动机；如已办理采矿许可证，附随采挖的范围数量就与工程量紧密相连，附随采挖有所限制、控制，后销售行为可评价为合法性，起到了保护矿产资源法益的作用。因此，附随采挖行为和销售行为具有连贯性、持续性、整体性，不能割裂地区分评价。

本案中，被告人肖某某销售鹅卵石需要先行附随采挖，没有在先的采挖就没有其后的销售。被告人肖某某在工程施工中附随采挖鹅卵石，一方面是河道清淤工程的需要，但另一方面也为其销售行为创造了物质条件，且被告人肖某某明知不能将多余的矿石出售，仍私自将附随采挖出的多余矿石出售牟利，改变了矿石的用途，又未向登记管理机关申请办理采矿登记手续，领取采矿许可证，违反了矿产资源管理法律法规，情节严重，其附随采挖行为与销售行为应作整体评价，其行为已构成非法采矿罪。

三、从"非法采矿"的法定情节判定定罪标准

实践中，准确认定非法采矿行为是否符合入刑条件至关重要。只有将具有严重社会危害性的非法采矿行为准确筛选出来，并科以刑罚，才能充分体现国家对矿产资源的保护意志，才能对其他非法采矿者形成震慑。

《刑法修正案（八）》降低了非法采矿罪的入罪门槛：一是取消了"经责令停止开采后拒不停止开采"的定罪前置程序，解决了实践中非法采矿人很难被定罪的难题；二是将"造成矿产资源破坏"的定罪条件修改为"情节严重"，非法采矿罪不再是结果犯，而成为行为犯，只要实施了非法采矿行为，

无论是否造成矿产资源被破坏的后果，都有可能因"情节严重"而受到刑法处罚，扩大了该罪的适用范围；三是将"造成矿产资源严重破坏"的加重量刑条件修改为"情节特别严重"，加大了对非法采矿行为的打击力度。

回归到本案，被告人肖某某在未取得采矿许可证的情况下，明知不能将多余的矿石出售，仍私自将附随采挖出的多余矿石出售牟利，改变了矿石的用途，在客观上符合修正后《刑法》规定的非法采矿罪的第一种行为构成，即未取得采矿许可证擅自采矿；在行为犯的场合，被告人明知自己没有采矿许可证，私自采挖矿石出售予以牟利，主观上系故意。只要其销售的行为达到"情节严重"即可入罪。

《最高人民法院、最高人民检察院关于办理非法采矿、破坏性采矿刑事案件适用法律若干问题的解释》第3条规定，开采的矿产品价值或者造成的矿产资源破坏的价值在10万元至30万元以上的，即属于情节严重。第13条规定，非法采矿的矿产品价值，根据销赃数额认定。本案中，被告人肖某某擅自将采挖的鹅卵石销售，销赃金额达70余万元，其行为已构成情节严重，应以非法采矿罪定罪量刑。

案件点睛

矿产资源是国家的重要资源和宝贵财富，地表或者地下的矿产资源，不因其所依附的土地所有权或者使用权的不同而改变国家所有权性质。我国《宪法》《民法典》和《矿产资源法》均确立了国家对矿产资源的所有权。本案重点从法理上厘清附随采挖行为和非法采矿行为之间的界定关系；同时，从非法采矿罪的整体上去把握附随采挖行为与销售行为；最后，从"非法采矿"的法定情节去判定非法采矿罪的定罪量刑标准。本案为类似案件的审理提供了较好的思路。

案例编写人 河南省遂平县人民法院 李 冰 黄军辉 琚冰超

专家点评

唐亚南　《人民法院报》理论部编辑

非法采矿罪案例解析的主要亮点包括以下两方面：

1. 事实认定的严谨性。案例中，作者对案件事实进行了全面、细致的核实，确保事实认定的准确性。作者采用了递进式的方法，对案例进行深入剖析，展现出作者具有缜密的法律思维，在分析案例的过程中能够提出独特的解决方案。

2. 教育意义。非法采矿罪案例解析具有很强的教育意义。通过对非法采矿罪案例的分析，可以提醒广大人民群众和相关从业人员，要严格遵守国家法律法规，不得从事非法采矿活动，否则将受到法律的严惩。同时，也有助于提高社会公众对非法采矿罪的认识和理解，增强法治观念。非法采矿罪案例解析为类似案件的审理提供了有益的借鉴和参考。

相关法条

《中华人民共和国刑法》

第三百四十三条　违反矿产资源法的规定，未取得采矿许可证擅自采矿，擅自进入国家规划矿区、对国民经济具有重要价值的矿区和他人矿区范围采矿，或者擅自开采国家规定实行保护性开采的特定矿种，情节严重的，处三年以下有期徒刑、拘役或者管制，并处或者单处罚金；情节特别严重的，处三年以上七年以下有期徒刑，并处罚金。

《最高人民法院、最高人民检察院关于办理非法采矿、破坏性采矿刑事案件适用法律若干问题的解释》

第三条　实施非法采矿行为，具有下列情形之一的，应当认定为刑法第三百四十三条第一款规定的"情节严重"：

（一）开采的矿产品价值或者造成矿产资源破坏的价值在十万元至三十万元以上的；

（二）在国家规划矿区、对国民经济具有重要价值的矿区采矿，开采国家规定实行保护性开采的特定矿种，或者在禁采区、禁采期内采矿，开采的矿产品价值或者造成矿产资源破坏的价值在五万元至十五万元以上的；

（三）二年内曾因非法采矿受过两次以上行政处罚，又实施非法采矿行为的；

（四）造成生态环境严重损害的；

（五）其他情节严重的情形。

实施非法采矿行为，具有下列情形之一的，应当认定为刑法第三百四十三条第一款规定的"情节特别严重"：

（一）数额达到前款第一项、第二项规定标准五倍以上的；

（二）造成生态环境特别严重损害的；

（三）其他情节特别严重的情形。

第十三条 非法开采的矿产品价值，根据销赃数额认定；无销赃数额，销赃数额难以查证，或者根据销赃数额认定明显不合理的，根据矿产品价格和数量认定。

矿产品价值难以确定的，依据下列机构出具的报告，结合其他证据作出认定：

（一）价格认证机构出具的报告；

（二）省级以上人民政府国土资源、水行政、海洋等主管部门出具的报告；

（三）国务院水行政主管部门在国家确定的重要江河、湖泊设立的流域管理机构出具的报告。

25 翟某某国有企业人员滥用职权案

——如何解释和认定挪用公款罪中"公款"

案件索引

一审：河南省扶沟县人民法院（2022）豫 1621 刑初 326 号（2023 年 3 月 9 日）

基本案情

扶沟县方元粮油贸易有限公司属国有粮食购销企业。2014 年 9 月至 2015 年 2 月被告人翟某某在任扶沟县方元粮油贸易有限公司法定代表人、经理期间，在未经单位集体研究，且未经其上级单位扶沟县粮食局审批的情况下，个人擅自决定以扶沟县方元粮油贸易有限公司的名义向陈某某借款 100 万元、向陈某甲借款 30 万元、向贾某甲借款 10 万元。其没有将上述借款 140 万元入账而供自己使用。被告人翟某某在借款期限到期后剩余 119.95 万元未还，由三原告向法院提起民事诉讼，致使扶沟县方元粮油贸易有限公司承担返还 125.5 万元借款本息的责任，扶沟县方元粮油贸易有限公司现已实付 122.5 万元。

核心争议焦点

被告人作为公司法定代表人，未经集体研究和上级批准，擅自以公司名义借款 140 万元偿还个人债务，到期未能归还，因出借人向人民法院提起民事起诉，该公司承担返还借款本息责任。该笔借款能否解释和认定为"公款"。

审判思路 ┈┈┈┈┈┈┈┈┈┈┈┈┈┈┈

对于被告人借款行为如何定性，主要存有两种不同意见：一种意见认为被告人翟某某构成国有企业人员滥用职权罪；另一种意见认为翟某某构成挪用公款罪。

第一种观点认为，被告人翟某某构成国有企业人员滥用职权罪。其理由是：被告人身为国有企业工作人员，超越职权，未经批准，私自以企业名义对外借款自用，逾期未还后，因三自然人向人民法院提起民事诉讼，致使扶沟县某国有粮油贸易公司承担返还 125.5 万元借款本息责任。其中，125.5 万元借款本息不应视为"公款"，而仅是民事借款合同中的借款数额，并且其已被人民法院以判决书的形式确认为个人与企业之间的借款行为，不应是挪用公款罪中的"公款"。尽管是被告人翟某某以公司的名义，个人签名向外人借款，但此笔款项并没有进入公司的账户，此时仍不能称作"公款"。进言之，仅是被告人翟某某利用职务之便实施的个人借款行为。与此同时，被告人翟某某也未有明知是"公款"而故意挪作他用的直接故意，更没有非法取得"公款"的使用权，因而也欠缺挪用公款罪的主观要件。

另外，根据本案现有事实和证据，难以认定翟某某未经集体研究、上级主管部门批准、以公司名义向外人借款的行为是挪用公款行为。因本案中"公款"是挪用公款罪的犯罪对象，既然作为犯罪对象的"公款"认定不能成立，那更谈不上构成挪用公款罪了。

第二种观点认为，被告人翟某某构成挪用公款罪。其理由是：被告人翟某某在未经集体研究和上级批准的情况下，个人擅自以本公司的名义向三个自然人借款 140 万元偿还个人债务，被告人翟某某逾期未还后，因三自然人向人民法院提起民事诉讼，致使扶沟县某国有粮油贸易公司承担返还 125.5 万元借款本息责任，该公司承担返还的 125.5 万元借款本息应视为"公款"，进而应构成挪用公款罪。

从犯罪构成看，客体中犯罪对象是侵害行为所指向的人或物，犯罪对象是犯罪客体的具体表现。本案中，125.5 万元的借款本息既是"公款"，又是挪用公款罪的犯罪对象。客观方面表现为被告人翟某某实施了利用职务上的便利，挪用公款归个人使用，进行非法活动。主体要件被告人翟某某为国家工作人员，其当然包括在国有公司中从事公务的人员。

从刑罚量刑看，被告人翟某某的行为已造成国家财产重大损失，根据相关司法解释，125.5 万元可认定为数额巨大，并不退还的行为，处十年以上有期徒刑或者无期徒刑。因此，本案中，只要解释和认定 125.5 万元为"公款"，毋庸置疑，被告人翟某某的行为就应构成挪用公款罪，并因此承担比较重的刑罚。

笔者同意第一种观点。本案在司法实践中具有一定的典型意义。刑法是行为规范，更是裁判规范。界分国有企业人员滥用职权罪与挪用公款罪的关键因素，是刑法如何解释和认定"公款"。由于我国刑法未规定背任罪，所以只能规定挪用公款、挪用资金罪。正如张明楷教授所言："在有背任罪的立法例之下，倘若挪用公款、挪用资金的行为确实没有非法占有的目的，其行为一般会构成背任罪。"[①] 因而，为了科学合理地贯彻罪刑法定原则，尤其对挪用公款罪中非法占有目的认定分析，以及如何解释和认定"公款"成为当前司法适用中亟待解决的难题。司法人员在处理这类案件的过程中，关键在于对"公款"的准确解释和认定上，并结合被告人主观罪过的内容来科学界定。

一、"公款"刑法解释之适用

现实生活中，我们经常碰到这样的现象，对于专业领域的著作，如果没有专业背景，就会出现"每个字都认识但放到一起就不知道是什么意思了"[②]。刑法解释不是简单、低层次的学问。刑法解释必须以刑法条文用语可能具有的含义为形式根据，以立法者赋予刑法条文文字的真实含义为实质依据。根据《刑法》第 384 条规定，挪用公款罪是指国家工作人员利用职务上的便利，挪用公款归个人使用，进行非法活动，或者挪用公款数额较大、进行营利活动，或者挪用数额较大、超过 3 个月未还的行为。但由于《刑法》和司法解释均未对其中"公款"的内涵和外延予以明确。有的认为，只包括现金、银行存款；也有的认为，还应该包括支票、股票等。具体而言，"公款"应包括

---

① 张明楷：《论刑法中的利用职务上的便利》，载《法治社会》2022 年第 5 期。
② 刘宪权、许浩：《刑法解释限度的辨析》，载《法治研究》2023 年第 2 期。

以下四种类型：一是公有货币资金^①；二是特定公物^②；三是部分有价证券^③；四是金融凭证^④。笔者认为，至于是否认定为"公款"，除了遵循刑法条文本身的字面含义外，还要在具体案件适用时借助刑法的解释方法。

（一）形式解释

形式解释论认为，形式解释理论和实体解释理论的根本区别仅在于：在解释刑法时，是否在作出实体判决之前作出形式判决。形式解释应当是基于法律文本的字面意思，而且它不是对刑法的形式或机械解释。因此，形式解释理论并非没有实质标准和实质公正。在解释刑法条款的语义时，如果某一行为不包括在通常的语义中，则需要进一步区分它是否在语义范围内。只有当它包含在可能的语义中，但具有多种含义时，才需要采取各种其他方法来最终确定其含义。

---

① 根据《刑法》第91条关于公共财产范围的规定，相应地，公有货币资金具体应包括国有资金、劳动集体所有的资金、用于扶贫和其他公益事业的社会捐助或者专项基金的资金，以及在国家机关、国有公司、企业、集体企业和人民团体管理、使用或者运输中的私人资金。

② 从规范意义上来说，公款与公物内涵有别，不能等同，因此，对于挪用公物的行为，不能定性为挪用公款罪。鉴于《刑法》第384条第2款有明确规定，即挪用救灾、抢险、防汛、优抚、扶贫、移民、救济款物归个人使用的，以挪用公款罪从重处罚，故这7种特定公物属于法律拟制的"公款"。

③ 有价证券是指标有票面金额，用于证明持有人或该证券指定的特定主体对特定财产拥有所有权或债权的凭证，根据其所载明的财产权利的不同性质，可分为三类：商品证券、货币证券及资本证券。首先，《最高人民检察院关于挪用国库券如何定性问题的批复》肯定了国库券可以作为挪用公款罪的犯罪对象，因此，国库券可列入"公款"范围。其次，对于其他有价证券，能否一概认定为"公款"，则需要根据其性质具体认定。对于作为货币证券的商业汇票、商业本票、银行汇票、本票、支票和作为资本证券的股票、债券等，它们属于货币、资金的载体，挪用这些有价证券，与挪用资金、货币无异，故此类公有有价证券应认定为"公款"；对于作为商品证券的仓单、提单，以设定一定的物权为内容，系证明持有人拥有商品所有权或使用权的一种凭证，故挪用该类有价证券是对凭证载明的物品的使用权、收益权的侵害，与对"公款"占有、使用、收益权的侵害有质的不同，故该类有价证券不宜认定为"公款"。

④ 金融凭证一般是指可以证明债权债务关系的合法书面凭证，其范围可以参照《刑法》第194条第2款进行认定，主要包括委托收款凭证、汇款凭证、银行存单等其他银行结算凭证等，其具有偿还性、流动性、收益性等特征，实践中，行为人常常是将该类金融凭证用于质押或者担保。对于该类行为的定性，《全国法院审理经济犯罪案件工作座谈会纪要》规定：挪用金融凭证用于质押，使公款处于风险之中，与挪用公款为他人提供担保没有实质区别，符合刑法关于挪用公款罪规定的，以挪用公款罪定罪处罚，挪用公款数额以实际或者可能承担的风险数额认定。因此，公有金融凭证也应认定为"公款"。

此外，形式解释论还认为，解释时必须从文义解释开始，但又不限于文义解释。如果文义存在多种含义时，则根据实质正义选择恰当的含义，但刑法解释决不能超出语义可能性范围。正所谓"文义解释是法律文本解读的起点，也是解释者不能脱离的根基，对刑法条文的解读不仅要面向专业的刑法学者，更应以一般国民的预测可能性为标准，而不是简单地以复杂的刑法理论构造符合自己内心确信的答案"①。

结合本案，对于"公款"内涵的界定，必须以《刑法》和相关司法解释为依据，对"公款"进行合理解释。在现行法律框架之下，"公款"一词的含义不能超出国民的预测范围，对其含义的解释需要进行合理的刑法评价，不能过于扩大解释"公款"的范围。本案中，不能因为三自然人对扶沟县某国有粮油贸易公司进行起诉，导致该国有公司替代被告人翟某某归还其欠款的行为，就当然认为 125.5 万元本息就是"公款"，这显然过于扩大"公款"的解释范围，也不符合一般国民的可预测可能性。试想，如果照此推理认定，行为人只要具有冒用国有单位的公章的行为，不论是去签诈骗合同还是去签借款合同，那么都能当然认为国有公司替其归还的款项就是"公款"，这显然扩大了"公款"的应有范围，不符合刑法解释的精神，也不利于对市场经济秩序的保护，更不能实现刑法治理的社会效果和法律效果。

（二）实质解释

实质解释论认为，对构成要件的解释必须以法条的保护法益为指导，而不能仅停留在法条的字面含义上。当解释一个犯罪的构成要件时，首先必须明确该犯罪的保护法益，然后在刑法用语可能具有的含义内确定构成要件的具体内容。当刑法的文字表述包含了不值得科处刑罚的行为时，应通过对构成要件的解释，将这种行为排除在构成要件之外。当某种行为并不处于刑法用语的核心含义之内，但具有处罚的必要性与合理性时，应当在符合罪刑法定原则的前提下，对刑法用语作扩大解释。进言之，刑法规制的犯罪说到底是一种"行为"，而这种"行为的意义不在于行为者的意图，而在于受历史境遇制约的解释者的反省的意识"②。笔者认为，以实质解释方法界定"公款"内涵，要廓清"公款"的内涵和外延，必须以罪刑法定原则为基础，坚

---

① 郭勇等：《"个人决定型"挪用公款罪的司法认定》，载《中国检察官》2020 年第 6 期。

② G. Wamke. Gadamer., *Hermeneutics: Tradition and Reason*, Polity Pres, 1987, pp.21-22.

持实质解释，且不得超出"公款"文义的最大射程。考虑到"公"是指公有，"款"是指具有支付功能的财产。"公款"一词的文义是指属于国家或者集体的款项，故"公款"的刑法学规范意义应指公有货币资金及其相应的替代形式。

结合本案中被告人翟某某个人决定以公司的名义向三自然人借款自用的行为，不能认为就达成了个人挪用公款的目的，应认定为一般的借款行为，此时的"公款"仍未形成，不能仅从形式上就当然认为是"公款"。我们要结合实质解释论观点，本案中在某国有公司与三自然人民事判决生效后就认定125.5万元本息为"公款"，显然是荒谬的，不符合"公款"本身的实质含义。因此，厘清挪用公款中"公款"的含义及特征，进而为未来的刑事立法或解释的推进工作提供参考依据和理论支撑。

综上，形式解释与实质解释的目标一致。无论形式解释论还是实质解释论，均赞同刑法解释的目的在于探寻刑法条文用语的真实含义，而且刑法条文的真实含义只能源于刑法条文的语词。但是，以语言作为刑法的表述形式时，总是缺乏其他符号那样的精确度，不能避免刑法条文的字面含义与刑法规范的实质含义的冲突。因而，刑法用语具有多种含义时，应当根据正义理念，顺应时代的变化，而选择刑法用语的恰当含义。

二、法秩序统一性之遵循

法条文义是刑法解释的起点。但文义解释方法只能提供初步的判断，功能有限。换言之，基于法秩序统一性原理的适用，有助于消除争议。法秩序统一性，是指"在用规范的观点审视法规范的集合时反映出来的，必须将法规范的集合作为不能自相矛盾的统一体来把握的观念"。正如周光权教授所言："法秩序统一不能理解为'部门法之间的统一'，而是与'法规范的集合'及其背后的法律目的的协调一致。"[①] 法秩序的统一不是指刑法与其他某一个单一的部门法之间在法条内容、概念上的对应，而是与其他相关"周边"法律即"法规范的集合"及其背后的法律目的的协调一致。刑法条文不是僵化的文字，应当基于法益保护的考虑，确定处罚或保护的范围。因此，法秩序统一性原理要求，只有协调好刑法和民法，权衡好维护社会公共秩序与保护私主体利益的关系，才能从根本上解决此类案件的发生，进一步提高人民生活

---

① 周光权：《法秩序统一性的含义与刑法体系解释——以侵害英雄烈士名誉、荣誉罪为例》，载《华东政法大学学报》2022年第2期。

水平、促进社会发展。

结合本案，三名自然人已起诉扶沟县某国有粮油贸易公司，并且得到了人民法院的合法民事生效判决，也就是说，被告人翟某某以公司的名义和三自然人的借款合同，已受到了民法的保护及调整。在同一案件中，同一行为仅能评价一次，既然已受到民法的合法评价，而同一行为又要受到刑法的评价，显然不符合法秩序统一性的精神。本案被告人翟某某以公司的名义，个人签名向外人借款的行为，对于公司而言，该被告人的行为就是一种表见代理行为；对于个人而言，就是普通的个人借款行为。根据《民法典》第172条 [①] 表见代理制度的规定精神可知：所谓表见代理，是指行为人虽无代理权而实施代理行为，如果相对人有理由相信其有代理权，该代理行为有效。进言之，在表见代理合同中，被代理人承担代理人的损失后，由被代理人向代理人追偿。

根据法秩序统一性原理，民事行为如果严重到触犯刑法，就可以用刑法调整。鉴于本案被告人翟某某故意逾越职权，不按或违反法律规定处理其无权处理的事项，致使国家遭受重大财产损失 125.5 万元，不是简单的民事违法行为。根据相关司法解释的规定，该行为属于情节特别严重，其符合国有企业人员滥用职权罪的犯罪构成，故本案被告人翟某某的行为构成国有公司人员滥用职权罪而不构成挪用公款罪。

三、罪刑法定原则之贯彻

罪刑法定原则是刑法的基本原则，罪名的选择本身就是权衡的过程，其中自然包括罪责刑相适应原则的考量。对于个人行为进行刑法保护既有正当性，也有必要性，保护法益与保障人权并非完全对立。刑事违法性的判断具有相对独立性，而不绝对从属于民事违法性、行政违法性的判断。

本案在挪用公款罪与借款合同认定中，不仅应坚持法秩序统一的原理，还应坚持罪刑法定原则精神。虽然根据刑法的规定，挪用公款罪相较于国有公司人员滥用职权罪而言，量刑相对较重；但司法实务者无论是适用轻罪还是适用重罪都要坚持罪刑法定原则。正如陈兴良教授所述："刑法宽容性最本质的价值内涵，在于刑法具有人道性，即给任何人以人文的关怀，刑法要尊重人的自由和尊严，尽量使用较宽和的刑罚手段。" [②]

---

① 《民法典》第172条规定："行为人没有代理权、超越代理权或者代理权终止后，仍然实施代理行为，相对人有理由相信行为人有代理权的，代理行为有效。"

② 陈兴良：《刑法哲学》，中国人民大学出版社 2017 年版，第 8 页。

另据笔者 2023 年 2 月 20 日 13 时 12 分在中国裁判文书网输入关键词为"国有公司人员滥用职权罪"进行查阅,检索出 2020 年齐齐哈尔铁路运输法院作出与本案类似的一份生效判决,[①]这更有力地佐证了被告人翟某某的行为构成国有公司人员滥用职权罪。因而本案被告人翟某某故意逾越职权,违反法律规定,擅自以扶沟县方元国有粮油贸易公司名义与三自然人借款自用,给国家造成重大损失 125.5 万元,符合国有企业人员滥用职权罪的行为。故本案被告人翟某某构成国有公司人员滥用职权罪而非挪用公款罪。

案件点睛

本文从刑法解释(包括形式解释和实质解释)、法秩序统一性、罪刑法定原则三个维度对"公款"进行学理阐释和认定。本案中的"公款"是在某国有公司与三名自然人民事判决生效后才成为公款的,故被告人的该笔借款不能认定和解释为"挪用公款罪"中的"公款",进而本案中被告人的借款行为也不属于挪用公款罪中的挪用行为,因而对被告人应以国有企业人员滥用职权罪定罪处罚。

案例编写人　　河南省扶沟县人民法院　张素敏
　　　　　　河南省周口市中级人民法院　党瑞云

---

① 参见齐齐哈尔铁路运输法院(2020)黑 7104 刑初 10 号刑事判决书。该案案情:2016 年 8 月 10 日,被告人张某新(时任哈尔滨铁路局齐齐哈尔农副业基地巨宝农场场长)未经审批,超越职权,以哈尔滨铁路局齐齐哈尔农副业基地巨宝农场的名义与张某签署协议,借款人民币 20 万元,用以购买收割机自用。后因张某新未能按时归还借款,张某提起民事诉讼,请求哈尔滨铁路局齐齐哈尔农副业基地巨宝农场现上级主管单位哈尔滨铁路局农林管理所返还借款本金,并支付违约金。人民法院判决哈尔滨铁路局农林管理所返还借款本金,负担诉讼费用,并支付违约金。2017 年 4 月 14 日,哈尔滨铁路局农林管理所依照判决支付张某人民币 617500 元。张某新造成哈尔滨铁路局农林管理所经济损失人民币 617500 元。齐齐哈尔铁路运输法院认为,被告人张某新作为国有企业工作人员,超越职权,未经批准,私自以企业的名义对外借款自用,逾期未还,给国有企业造成严重经济损失,其行为构成国有企业人员滥用职权罪,鉴于被告人张某新认罪认罚,可对其从宽处理。最终,该法院认为被告人张某新犯国有企业人员滥用职权罪,判处有期徒刑六个月,缓刑一年。

专家点评

> **童德华**　　中南财经政法大学刑事司法学院、国家治理学院教授、博士生导师，中南财经政法大学廉政研究院副院长、刑事合规研究中心主任，中国法学会刑法学研究会常务理事
>
> 　　本案涉及牵连犯的处理问题。行为人只有滥用职权，才能实现挪用公款给他人使用的目的，因此，滥用职权与挪用公款之间无疑存在牵连关系，对此，在没有法律明确规定的情况下，一般适用从重处罚的规则。但是，在特殊情况下，该规则也有变通的必要，因为本案关键之处有三点：其一，被告人是国企负责人，其个人决断存在作为单位决定的可能性；其二，借款人与被告人所在单位签订了借款合同，该合同的有效性得到民事判决确认，但由此给单位利益造成了威胁；其三，被告人是将借款在没有入账的情况下供个人使用，并没有破坏单位的财经制度。所以，将本案认定为国有企业人员滥用职权罪较为妥当。

相关法条

《中华人民共和国刑法》

　　第三百八十四条　国家工作人员利用职务上的便利，挪用公款归个人使用，进行非法活动的，或者挪用公款数额较大、进行营利活动的，或者挪用公款数额较大、超过三个月未还的，是挪用公款罪，处五年以下有期徒刑或者拘役；情节严重的，处五年以上有期徒刑。挪用公款数额巨大不退还的，处十年以上有期徒刑或者无期徒刑。

　　挪用用于救灾、抢险、防汛、优抚、扶贫、移民、救济款物归个人使用的，从重处罚。

㉖ 韩某负有照护职责人员性侵案

——未成年人自愿直播性行为的定性和罪数分析

一审：浙江省台州市椒江区人民法院（2022）浙 1002 刑初 751 号（2023 年 1 月 18 日）

2022 年 6 月，被告人韩某与其抚养的继女陈某（2007 年 8 月 26 日出生）共谋通过色情直播牟利，后在"××直播"App 注册账号。同年 7 月中旬至 8 月上旬，韩某、陈某先后在酒店客房、暂住处，通过"××直播"App，由陈某裸露性器官、表演性行为等，后韩某与陈某在直播期间发生性关系。直播十余日，韩某共收到平台转入的直播获利 1.947 万元。截至案发，韩某与陈某多次发生性关系。

核心争议焦点

1. 关于本案的定性：在未成年被害人自愿进行网络直播性行为的前提下，被告人韩某是否构成负有照护职责人员性侵罪的"情节恶劣"情节；

2. 关于本案的罪数：被告人韩某同时构成负有照护职责人员性侵罪和传播淫秽物品牟利罪，应当数罪并罚还是择一重罪处。

审判思路

对于本案的审理，主要有以下几种观点：

第一种观点认为：本案中未成年人是为了牟利自愿进行网络直播，与引诱、强迫未成年人进行非自愿的色情直播情形不同，且现有司法解释对于负有照护职责人员性侵罪"情节恶劣"的认定标准尚无规定，考虑到被告人韩某网络直播性侵被害人的时间仅十余日，故不宜认定其构成负有照护职责人员性侵罪的"情节恶劣"情节。被告人韩某同时构成负有照护职责人员性侵罪和传播淫秽物品牟利罪，系牵连犯，应当择一重处。

第二种观点认为：根据《刑法》规定，"在公共场所当众强奸妇女、奸淫幼女的""在公共场所当众猥亵儿童，情节恶劣的"，分别为强奸罪和猥亵儿童罪的加重处罚情节，网络直播性侵未成年人的危害性不亚于在公共场所当众强奸、猥亵。故对于负有照护职责人员性侵罪"情节恶劣"的认定可以参考上述相关规定，从犯罪行为的实质危害性进行判断，从而认定韩某构成负有照护职责人员性侵罪"情节恶劣"。被告人韩某同时构成负有照护职责人员性侵罪和传播淫秽物品牟利罪，性侵行为和传播淫秽物品行为侵害的是两种不同的法益，应当分别予以评价，即数罪并罚。

笔者赞同第二种观点，下文将结合 2023 年 5 月 24 日公布的《最高人民法院、最高人民检察院关于办理强奸、猥亵未成年人刑事案件适用法律若干问题的解释》（以下简称《办理性侵未成年人案件解释》）的相关规定展开分析。

一、强奸罪和负有照护职责人员性侵罪的区分

《刑法》第 236 条之一规定的犯罪对象限定在已满 14 周岁不满 16 周岁的未成年女性，而《刑法》第 236 条第 1 款针对的是妇女，第 2 款针对的是不满 14 周岁的幼女，也就是说，如果具有上述特殊关系的行为人与已满 14 周岁不满 16 周岁的未成年女性发生性关系，构成负有照护职责人员性侵罪；如果具有上述特殊关系的行为人强奸满 14 周岁以上妇女的，依照处罚较重的规定即强奸罪定罪处罚；如果具有上述特殊关系的行为人与不满 14 周岁的幼女发生性关系，则符合《刑法》第 236 条第 2 款的规定以强奸罪定罪处罚。换言之，《刑法》第 236 条之一与《刑法》第 236 条第 1 款的主要区别在于是否以暴力、胁迫或者其他手段发生性关系，《刑法》第 236 条之一与《刑法》第 236 条第 2 款的主要区别在于被害人是否满 14 周岁。[①]

对已满 14 周岁不满 16 周岁的女性负有特殊职责的行为人，与该未成年女性发生性关系的，认定该行为人构成负有照护职责人员性侵罪还是强奸罪，

---

① 王永兴：《如何准确理解奸淫不满十四周岁幼女的"从重处罚"》，载《人民法院报》2021 年 11 月 25 日第 6 版。

主要区别在于被害人主观上是否出于自愿。若被害人是自愿与行为人发生性关系的，则该行为人仅构成负有照护职责人员性侵罪，不构成强奸罪；若被害人被迫与行为人发生性关系的，则该行为人同时构成负有照护职责人员性侵罪和强奸罪，根据《刑法》第236条之一第2款的规定，二者应当择一重处。而《办理性侵未成年人案件解释》第6条的规定再次强调了这一点，因此，在办理该类案件中应当注重对被害人主观意愿的审查。本案中，被害人陈某为牟利而自愿与韩某进行网络色情直播，并非被迫与韩某发生性关系，应认定韩某构成负有照护职责人员性侵罪。

二、负有照护职责人员性侵罪"情节恶劣"的认定

《办理性侵未成年人案件解释》第5条从犯罪时间、人数、手段、后果等方面，明确了负有照护职责人员性侵罪"情节恶劣"、应当加重处罚的认定标准，具体包括五种情形。

（一）如何理解第1项"长期发生性关系"的情形

我们认为，"长期发生性关系"不同于"多次发生性关系"，前者侧重于犯罪时间的跨度，而后者侧重于犯罪行为的次数。一般认为，后者指发生性关系3次及3次以上，而前者指在较长一段时间内多次发生性关系。《办理性侵未成年人案件解释》将危害程度更深的"长期发生性关系"作为应当加重处罚的提档标准，主要原因是"长期发生性关系"的危害程度与上述其他几项"情节恶劣"的情形的危害程度是大体相当的。负有特殊职责的人员对未成年人实施性侵害，此类犯罪一般较为隐蔽，往往性侵次数较多，若将"多次发生性关系"作为应当加重处罚的提档标准，则实践中绝大多数案件可能都构成"情节恶劣"，这违背了刑法的罪责刑相适应原则。

"长期"并不是一个固定的时间，是三个月、半年还是一年、数年？对其认定并无统一的标准。《办理性侵未成年人案件解释》第2条第5项旨在严惩长期强奸未成年女性的行为。"长期强奸、奸淫"是指在相对长的时间段内频繁强奸、奸淫的情形，侧重点在于行为次数多、频繁，不在于行为是否跨越了较长时间段，该类行为对未成年人身心造成长期持续、反复的伤害，行为危害性大，行为人主观恶性深，在第一档三年至十年有期徒刑内处刑已无法罚当其罪，故有必要加重处罚。[①] 上述解读虽是针对强奸罪的规定，但同样适

---

① 何莉、赵俊甫：《〈最高人民法院、最高人民检察院关于办理强奸、猥亵未成年人刑事案件适用法律若干问题的解释〉的理解与适用》，载《中国应用法学》2023年第3期。

用于负有照护职责人员性侵罪。

笔者认为，对"长期"的认定不能仅从时间的长短来判断，而应当综合考虑行为人行为实施的次数和行为持续的时间，二者共同反映了行为人行为的社会危害性和其主观恶性的大小。因此，认定"长期"一般至少应同时满足行为持续的时间在 3 个月以上且行为实施的次数明显超过 3 次以上。具体而言，对于性侵行为发生频率较高的行为人，对"长期"的时间把握可以相对较短；而对性侵行为发生频率较低的行为人，对"长期"的时间把握则应相对延长。如本案中，二行为人在直播平台连续直播十余日，几乎每次直播期间均会发生性行为，应属于性行为发生频率较高的情形，此情形下若直播时间长达 3 个月以上，可以认定为"长期发生性关系"，但本案只有十余日，尚不足以认定"长期发生性关系"。

（二）如何理解第 4 项"对发生性关系的过程或者被害人身体隐私部位制作视频、照片等影像资料，致使影像资料向多人传播，暴露被害人身份的"情形

《办理性侵未成年人案件解释》第 2 条第 7 项旨在严惩强奸并拍摄影像资料以此胁迫被害人或者加以扩散的行为。在信息网络时代，拍摄被害人隐私影像资料并以此胁迫对被害人进行强奸的，危害更大，影响恶劣；而扩散相关影像资料会对被害人精神带来二次伤害，对被害人名誉的负面影响更难消除，危害性不亚于《刑法》第 236 条第 3 款第 3 项规定的在公共场所当众强奸。[1] 结合上述有关强奸罪的解读，负有照护职责人员性侵罪情节恶劣的第 4 项规定，具体的适用条件有三：一是影像资料的内容必须包含发生性关系的过程或者被害人的身体隐私部位；二是行为人主观上必须具有制作影像资料的故意，既包括行为人单独或者伙同他人主动进行制作（直接故意），也包括行为人对他人的制作行为的放任（间接故意）；三是必须造成了"致使影像资料向多人传播，暴露被害人身份"的后果。如果影像资料只是某个身体隐私部位，也没有暴露相关个体的身份信息，尚不足以使他人将特定隐私部位与被害人关联起来的，危害性就未达到需要加重处罚的程度。[2] 值得注意的是，行为人是否为传播者并不影响该情形的认定。本案中，涉案网络平台并无录

---

[1] 何莉、赵俊甫：《〈最高人民法院、最高人民检察院关于办理强奸、猥亵未成年人刑事案件适用法律若干问题的解释〉的理解与适用》，载《中国应用法学》2023 年第 3 期。

[2] 何莉、赵俊甫：《〈最高人民法院、最高人民检察院关于办理强奸、猥亵未成年人刑事案件适用法律若干问题的解释〉的理解与适用》，载《中国应用法学》2023 年第 3 期。

播和回放功能，被告人韩某也没有制作影像资料的主观故意和行为，因此不能认定其属于第5条第4项的情形。

那么，"对发生性关系的过程进行网络直播，致使直播视频向多人传播，暴露被害人身份"是否属于该解释第5条第5项规定的其他情节恶劣的情形。我们认为，网络直播虽然不属于"对发生性关系的过程或者被害人身体隐私部位制作视频、照片等影像资料"，但二者在本质上并无区别，其与第4项的危害后果是一致的。该情形的适用条件与第4项类似：一是直播内容包含发生性关系的过程或者被害人的身体隐私部位；二是行为人主观上具有网络色情直播的故意；三是造成了"致使直播视频向多人传播，暴露被害人身份"的后果。本案中，被告人韩某故意在网络平台直播性行为的过程，每次在线观看人数众多，导致被害人陈某某的亲属无意中观看到该直播视频并导致被害人身份的暴露。综上，本案的情形虽不属于上述第1项和第4项的情形，但属于第5项的情形，应当认定为《刑法》第236条之一规定的"情节恶劣"。

三、网络直播性侵未成年人的罪数问题

对于本案所涉网络直播未成年人性行为的罪数问题，《办理性侵未成年人案件解释》中并无明确规定。但《办理性侵未成年人案件解释》第9条第2款规定，胁迫、诱骗未成年人通过网络直播方式暴露身体隐私部位或者实施淫秽行为，同时构成强制猥亵罪、猥亵儿童罪、组织淫秽表演罪的，依照处罚较重的规定定罪处罚。那么，对于未成年人未被胁迫、诱骗的，即未成年人自愿的情形下，行为人构成强奸罪或负有照护职责人员性侵罪，同时构成其他犯罪的，是否需要参照《办理性侵未成年人案件解释》第9条第2款的规定择一重罪来定罪处罚？

笔者认为，在此情形下，不应盲目地参照适用《办理性侵未成年人案件解释》第9条第2款的规定。如本案中，行为人同时构成负有照护职责人员性侵罪和传播淫秽物品（牟利）罪，应当实行数罪并罚。理由如下：

1. 适用条件。《办理性侵未成年人案件解释》第9条第2款的规定本身属于法律拟制规定，而非注意性规定。法律拟制是一种特别规定，仅适用于该条文所限定的情形，对于类似情形不得比照拟制规定处理。上述规定中，从未成年人主观意愿来看，限定为胁迫、诱骗的情形下，表现出非自愿性；从行为实施方式来看，表现为通过网络直播暴露身体隐私部位或者实施淫秽行为，并不包含发生性行为的情形；从符合犯罪的类型来看，限定于强制猥亵

罪、猥亵儿童罪、组织淫秽表演罪，并不包含其他罪名。本案中，未成年人是出于自愿而非被迫网络直播性行为，且行为人构成负有照护职责人员性侵罪，与规定从一重处的适用条件明显不同。

2. 数罪性质。强奸（未成年女性）罪或负有照护职责人员性侵罪，与传播淫秽物品（牟利）罪或组织淫秽表演罪等，各罪所侵犯的法益不同，前者侵犯的法益是未成年女性的性的不可侵犯的权利，而后者所侵犯的法益是良好的社会风尚和社会管理秩序，特别是国家对淫秽物品的管理秩序。行为人构成纯正的两罪，是实质的数罪，而非法条竞合、想象竞合等实质的一罪。我国《刑法》总则中关于犯罪与刑罚的具体规定，体现的是"一罪一罚，数罪并罚"原则。

案件点睛

未成年人为牟利，自愿与行为人通过网络直播性行为，行为人可能构成强奸罪（不满 14 周岁的幼女）或负有照护职责人员性侵罪（已满 14 周岁不满 16 周岁的女性）。根据最新出台的《办理性侵未成年人案件解释》规定，对发生性关系的过程进行网络直播，致使直播视频向多人传播，暴露被害人身份的，属于负有照护职责人员性侵罪的"其他情节恶劣的情形"。上述行为同时构成其他犯罪的，如传播淫秽物品（牟利）罪、组织淫秽表演罪等，应当实行数罪并罚，而非从一重处，这一数罪处置方式有别于《办理性侵未成年人案件解释》关于胁迫、诱骗未成年人进行网络直播方式的规定。

案例编写人 浙江省台州市中级人民法院　王永兴　章雅丽

专家点评

黄明儒 湘潭大学法学院教授、博士生导师，中国法学会刑法学研究会常务理事

本案属于一起发生在继父韩某与继女陈某之间特殊的负有照护职责人员的性侵犯罪，本案在基本定性上没有争议，但由于在这一过程中，还伴随着表演性行为、直播性关系的情形，这就涉及是否属于情节恶劣的加重处罚情形，以及是否存在数罪认定与并罚的问题。

本案的正确适用主要具有以下两点启示意义：一是对如何认定本

罪加重处罚情节的启示意义。如果按照一般人的理解，本案中继父韩某短时间内多次性侵继女陈某的行为，显然可以认定为情节恶劣，但这种理解却与《办理性侵未成年人案件解释》的"长期发生性关系"等相关规定明显不相符合，从罪刑法定原则的立场出发，对此不能作对应评价。但"短期多次发生性侵行为"在某种意义上并不比"长期发生性关系"的危害程度轻，从同质性与社会危害性的程度来看，对此还存在能否按照该项解释的兜底性条款予以评价的讨论空间。

二是对本罪伴随行为的定性及其数罪并罚的启示意义。本案性侵行为过程中所伴随的在直播间裸露性器官、表演自慰、给韩某口交、甚至性关系等行为，因为并不存在制作视频、照片等影像资料这一情况，所以认为本案不符合《办理性侵未成年人案件解释》第5条第4项规定的情形，但与之具有同质性而应当适用该条第5项的兜底性条款的判决是妥当的。其次，先要判断这些性侵过程中的哪些伴随行为已经被评价为本罪的恶劣情形，是否还存在对剩余情节进行罪质判断的空间，如果伴随的行为只能满足对本罪的恶劣情形的认定，那么本着不能重复评价的原则，没有讨论是否另外构罪的余地。如果还存在剩余的行为没有在认定本罪中被评价，那就还存在对这类行为根据行为性质另外定罪的空间。至于是否应当数罪并罚，在刑法没有明确规定应当择一重罪处罚时，根据罪数的基本原理对此予以数罪并罚，并不违背刑法的基本原则。

相关法条

《中华人民共和国刑法》

第二百三十六条之一　对已满十四周岁不满十六周岁的未成年女性负有监护、收养、看护、教育、医疗等特殊职责的人员，与该未成年女性发生性关系的，处三年以下有期徒刑；情节恶劣的，处三年以上十年以下有期徒刑。

有前款行为，同时又构成本法第二百三十六条规定之罪的，依照处罚较重的规定定罪处罚。

《最高人民法院、最高人民检察院关于办理强奸、猥亵未成年人刑事案件适用法律若干问题的解释》

第五条　对已满十四周岁不满十六周岁的未成年女性负有特殊职责的人员，与该未成年女性发生性关系，具有下列情形之一的，应当认定为刑法第二百三十六条之一规定的"情节恶劣"：

（一）长期发生性关系的；

（二）与多名被害人发生性关系的；

（三）致使被害人感染艾滋病病毒或者患梅毒、淋病等严重性病的；

（四）对发生性关系的过程或者被害人身体隐私部位制作视频、照片等影像资料，致使影像资料向多人传播，暴露被害人身份的；

（五）其他情节恶劣的情形。

第六条 对已满十四周岁的未成年女性负有特殊职责的人员，利用优势地位或者被害人孤立无援的境地，迫使被害人与其发生性关系的，依照刑法第二百三十六条的规定，以强奸罪定罪处罚。

第九条 胁迫、诱骗未成年人通过网络视频聊天或者发送视频、照片等方式，暴露身体隐私部位或者实施淫秽行为，符合刑法第二百三十七条规定的，以强制猥亵罪或者猥亵儿童罪定罪处罚。

胁迫、诱骗未成年人通过网络直播方式实施前款行为，同时符合刑法第二百三十七条、第三百六十五条的规定，构成强制猥亵罪、猥亵儿童罪、组织淫秽表演罪的，依照处罚较重的规定定罪处罚。

27 某集团有限公司等九公司实质合并破产重整案

——人民法院审查上市公司控股股东合并重整计划草案的认定

案件索引

一审：浙江省绍兴市柯桥区人民法院（2019）浙0603破23号之十四（2022年11月28日）

基本案情

申请人：某集团有限公司（以下简称某集团）、浙江某控股有限公司、绍兴某控股有限公司、浙江某机电汽车集团有限公司、绍兴某物流有限公司、绍兴某化纤有限公司、某化纤有限公司、绍兴某轻纺原料有限公司、绍兴某投资有限公司（上述九公司以下合称某集团等九公司）。

某集团始创于1968年，总部位于浙江绍兴，控股参股的公司多达96家，其中上市公司有3家，产业基地分布北京、上海、浙江、安徽、湖北、陕西、内蒙古等地，其中绍兴黄酒、钢结构建筑、装备制造、碳纤维等产业在国内同行业中均保持领先地位，曾连续多年入选中国企业500强、中国民营企业500强、中国企业集团竞争力500强、中国诚信民营企业100强。

某集团因发生流动性危机，于2019年7月出现债券实质性违约。考虑区域经济及上市公司稳定，2019年9月，浙江省绍兴市柯桥区人民法院（以下简称柯桥法院）及时裁定受理某集团等九公司破产重整申请，并依法指定浙江越光律师事务所担任管理人。

2019年11月6日，第一次债权人会议召开。会议共有149位债权人申报债权514亿元，涉及金融借款、公司债券、融资租赁、定向融资工具等债权类型，相关债权结构复杂，分布全国各地，对权益实现诉求存在较大差异。本次会议通过了《重整投资人招募方案》（以下简称《招募方案》），为后续投资人招募工作奠定了坚实基础。

2020 年 8 月 14 日，经听证，柯桥法院裁定某集团等九公司合并重整。

本着"市场化、法治化"原则，考虑到某集团等九公司重整体量以及核心产业特点，柯桥法院指导管理人于 2021 年 7 月 30 日发布《重整预招募公告》，于 2022 年 4 月 15 日发布《重整投资人招募公告》，通过公开市场招募重整投资人。同时，管理人通过资本市场和债券市场的信息披露渠道同步披露重整投资人招募、谈判、遴选、确定等全过程。

2022 年 10 月 24 日，管理人向柯桥法院提交重整计划（草案），草案确定将核心资产实施出售式重整，设定"信托一"用于解决要约收购问题，设定"信托二"用于解决非核心资产剥离。方案确定了普通债权"现金 10%+ 信托收益"的清偿方案，安排了"定向融资工具系列产品"债权特别清偿方案，并就信托财产管理、处置确定了具体规则。方案强化了重整方案落地执行机制，以公平为原则，就债权人、市场投资者、职工、小额融资工具持有人等各方主体权益进行了妥善安排。

2022 年 11 月 8 日，某集团等九公司第二次债权人会议召开，会议一次性审议通过了重整计划（草案），2022 年 11 月 28 日，根据管理人申请，柯桥法院裁定批准某集团等九公司重整计划，终止某集团等九公司重整程序。

2023 年 2 月 28 日，重整资金全部到位。重整核心资产已全部完成交付，重整计划顺利执行。

核心争议焦点

各表决组均通过重整计划草案的情形下，人民法院审查重整计划草案是否符合规定。

审判思路

一、关于重整投资人招募的问题

某集团等九公司控股参股企业 96 家，涉及产业众多，绍兴黄酒、钢结构建筑、装备制造、碳纤维等产业等四大产业在行业中具有领先地位外，通用航空、汽车制造、融资租赁、文旅等产业处于投资阶段。核心资产作为地方重点产业，提供 1 万多个就业岗位。

只有确立重整思路才能找到解决问题的出路。为此，柯桥法院指导管理人对某集团等九公司情况进行充分调研，全面掌握公司产业特点。同时，管理人通过征询债权人意见及广泛接洽意向投资人，了解意向投资人关切要点。本着"有利于债权人利益最大化、有利于吸引产业资本、有利于核心资产稳健发展"的原则，确立"核心资产整体重整，非核心资产分批分类多种方式处置"的重整思路。为科学制定招募方案，指导管理人充分利用债权人会议及债权人委员会职能，制定并通过《重整投资人招募方案》《投资人遴选及招募公告》。招募文件以确保核心资产健康稳定发展为核心，着重从重整资金额度、付款效率、上市公司运营、控股股东稳定等方面予以科学细化。在重整投资人招募实践中，通过预招募程序进一步确定正式招募中的重整核心资产范围，借助资本市场和债券市场的信息披露平台开展重整招募，成功招募重整投资人。

二、关于破产重整服务信托运用问题

根据《上市公司收购管理办法》第24条"通过证券交易所的证券交易，收购人持有一个上市公司的股份达到该公司已发行股份的30%时，继续增持股份的，应当采取要约方式进行，发出全面要约或者部分要约"之规定，某集团作为两家上市公司持股比例在30%以上的控股股东，若将持有的全部上市公司股份转让给重整投资人，则会触发要约收购，一方面将加大重整投资人财务压力，另一方面将加大重整不确定性，影响重整进展。因此，在本次重整中引入信托避免要约收购，重整招募将两家上市公司各29.99%的股份列入重整资产，而重整计划则将超过30%的部分股份置入"破产重整服务信托一"中，相关方案获得了交易所及监管部门认可，并付诸实施。该做法创新利用了《信托法》《全国法院民商事审判工作会议纪要》所规定的"信托财产在信托存续期间独立于委托人、受托人、受益人各自的固有财产"这一"信托财产独立"制度优势，避免发生要约收购，提高重整成功率。某集团等九公司重整计划设定了"破产重整服务信托二"，用于非核心资产剥离。该举能有效提高重整程序运行效率，促进重整核心资产交易，避免偿债资产因快速变现而价值贬损。

为避免出现"非优质财产一脚踢，债权人清算利益无法实现"的疑虑，重整计划落实强化信托落地执行机制，确定信托财产处置主体仍为原管理人团队，细化明确信托财产具体处置方式，为后续信托收益分配奠定基础。

三、关于上市公司控股股东信息披露问题

就上市公司控股股东信息披露，国内各交易所未制定专门规则。直至2022年，《上海证券交易所上市公司自律监管指引第13号——破产重整等事项》《深圳证券交易所上市公司自律监管指引第14号——破产重整等事项》发布，提及上市公司控股股东发生破产事项，可能对上市公司股票及其衍生品种交易价格产生重大影响的，参照上述指引规定履行信息披露义务。在重整过程中，人民法院指导管理人积极与上交所、深交所保持沟通、协调，在各个重整关键节点，提前制定后续工作方案和工作计划，聘请财务顾问等专业机构协同与上交所、深交所就上市公司稳定、信息披露、工作方案和计划的合法合规等保持沟通，探索开创公开、全面、及时的上市公司控股股东信息披露典型。同时，作为上市公司控股股东的重整，与上市公司主体重整存在差异，管理人与交易所、监管部门就破产法律、交易所规则及二者之间衔接等多个维度开展了深入探讨和沟通，为后续进一步明确、细化上市公司控股股东之重整指导规则提供实践样本。

某集团等九公司重整案件办理过程中，始终秉持"应披尽披"原则，遵循上市公司信息披露和债券市场信息披露规则，践行上海、深圳证券交易所发布的上市公司破产重整新规，探索上市公司控股股东信息披露规则内容。资产处置、合并重整、重整预招募、重整招募、重整投资人确定、签署重整投资协议、重整计划（草案）、债权人会议召开、债权人会议表决、人民法院裁定批准等关键节点均在上交所、深交所、上清所等交易平台予以全面、及时公告，直接及间接实施信息披露210余次。

本案中，在重整计划草案提交法院的同时，管理人立即通过上市公司无保留披露了重整计划草案的全文，接受市场、股民及全社会监督，为资本市场首例。全面、及时披露，让中小投资者想得清楚，看得明白，确保了上市公司运行稳定，股价平稳，进一步提升重整核心资产价值，实现资本市场和企业重整的良性互动。

四、关于大型民营企业破产管理模式及非核心资产处置问题

某集团系绍兴地区大型民营企业，产业横跨多领域，通过股权架构控股、参股96家实体及经营企业，形成了错综复杂的体系网络。在充分研判的基础上，柯桥法院指导管理人制定《债务人财产管理方案》并提交债权人会议表决通过。方案根据某集团等九公司投资特性，确定多项多层级管控机制。对

于某集团等九公司本级公司，管理人有效利用某集团 OA 线上办公系统，增设管理人审批流程，实现全流程监督、全过程管控。对于控股 / 参股的上市公司，管理人依照上市公司规则，参加 / 列席公司相关会议，积极掌握上市公司运营信息，及时、准确、完整实施信息披露相应工作。重整期间，精功集团控股的两家上市公司经营管理平稳有序，整体业绩持续向好，股价稳步上升；对于某集团等九公司的其他控股或参股公司，区分控制企业与非控制企业。若系控制企业，通过及时审计及评估，了解经营状况，固定财产范围，建立重整期间日常管控制度。人员方面，综合设定工资薪酬均线，高管依法限薪，人员变动实施报告审批制度。通过人员管理、财产管控两重管控措施，实现职工队伍稳定，财产不贬值、不流失，实现重整期间债务人及控制公司平稳运营。

同时，案件办理过程中，柯桥法院指导管理人积极探索非核心产业分类高效处置模式。对于与债务人企业主营业务关联性不高的产业，管理人根据产业特点，及时甄别其是否具有"重整"价值，对于成规模、有潜力、有效益的非核心产业，由管理人参照重整程序，以产业为单位，实施公开招募产业投资人，实现非核心产业重组剥离的"小重整"。某集团等九公司项下的"碳纤维板块""通航板块""融资租赁板块""专用汽车板块""文化艺术板块"均以产业为单位实现"板块化重整"，优化了社会资源配置，高质量实现债务人资产价值。

根据《企业破产法》第 86 条的规定，各表决组均通过重整计划草案时，重整计划即为通过。经法院审查，某集团有限公司等九公司管理人提交的《某集团有限公司等九公司重整计划（草案）》内容完备，不违反法律、行政法规的强制性规定；重整计划草案的制定、提交和表决等程序均符合相关法律规定；重整计划草案已由各表决组表决通过。管理人请求法院裁定批准该重整计划符合法律规定。

案件点睛

一、重整计划批准应当符合形式要件具备，且不违反法律规定

重整计划在内容上包括了债权分类、债权调整方案、债权受偿方案、经营方案、重整计划的执行期限、重整计划执行的监督期限及其他利于清偿债权的内容，符合《企业破产法》第 81 条对重整计划的形式内容要求。

二、重整计划平衡各方利益诉求，依法维护各方合法利益

重整是一项系统工程，推进过程中要兼顾各方合理诉求，寻找各方利益平衡点。某集团等九公司相关"定向融资工具系列产品"债权背后，涉及持有人1541人/家，遍及全国31个省份。因涉及家庭困苦人群，社会影响力大，矛盾激烈。对此，柯桥法院指导管理人在征询主要债权人后，要求管理人在重整计划中充分说明，安排1亿元为100万元以下的小额持有人作出特别安排，通过发挥破产重整协商优势，稳固重整案件外围环境，解决涉案群众疾苦，彰显破产法温度；本案中，柯桥法院及管理人坚持以市场化为原则，利用府院联动机制，以破"产"招"商"，通过预招募、正式招募的双重招募程序，借助资本市场和债券市场的信息披露平台开展重整招募，精准确定重整核心资产范围，成功招募重整投资人，实现债务人财产价值最大化，债权人会议一次性表决通过重整计划，有效保障了债权人利益；重整过程中，管理人积极履行信息披露义务，维持上市公司可持续发展，资产处置、合并重整、重整预招募、重整招募、重整投资人确定、签署重整投资协议、重整计划（草案）、债权人会议召开、债权人会议表决、人民法院裁定批准等关键节点均在上交所、深交所、上清所等交易平台予以全面、及时公告，在重整计划草案提交法院的同时，管理人立即通过上市公司无保留披露了重整计划草案全文，接受市场、股民及全社会监督，为资本市场首例，有效兼顾上市公司中小投资者利益；重整期间，管理人通过多项多层级管控机制对债务人企业及控制企业实施管控，通过人员管理、财产管控两重管控措施，实现职工队伍稳定，财产不贬值、不流失，实现重整期间债务人及控制公司平稳运营，有效保护了职工利益。

案例编写人　浙江省绍兴市柯桥区人民法院　　王　萍　胡华江

专家点评 ·······································

章恒筑　　华东政法大学国际金融法律学院教授，中国法学会商法学研究会理事

　　柯桥法院协同管理人及时理清工作思路，在依法合规的前提下，探索诸多创新性举措。一是及时理清工作思路，由债权人会议表决通过了《重整投资人招募方案》，为后续投资人招募工作奠定了坚实基

础。二是针对某集团有限公司参股三家上市公司的具体情况，秉持"应披尽披"原则，破产程序关键节点均在上交所、深交所、上清所等交易平台予以全面、及时公告，直接及间接实施信息披露210余次，工作成效也为2023年资本市场全面注册制改革推行后破产重整制度融资环境的改善进行了先期探索。三是抓大不放小，探索利用服务信托参与破产重整中的非核心资产剥离，避免偿债资产因快速变现而价值贬损，为上市公司股东合并重整的顺利推进创造了有利条件。

相关法条

《中华人民共和国企业破产法》

第八十一条 重整计划草案应当包括下列内容：

（一）债务人的经营方案；

（二）债权分类；

（三）债权调整方案；

（四）债权受偿方案；

（五）重整计划的执行期限；

（六）重整计划执行的监督期限；

（七）有利于债务人重整的其他方案。

第八十六条 各表决组均通过重整计划草案时，重整计划即为通过。

自重整计划通过之日起十日内，债务人或者管理人应当向人民法院提出批准重整计划的申请。人民法院经审查认为符合本法规定的，应当自收到申请之日起三十日内裁定批准，终止重整程序，并予以公告。

28 孙某某诉甲体育文化公司经营场所经营者责任纠纷案

——未成年人风险性文娱活动中经营者安全保障义务的司法认定

案件索引

一审：上海市浦东新区人民法院（2021）沪 0115 民初 91943 号（2022年 2 月 25 日）

基本案情

2019 年 10 月 4 日下午，原告孙某某（11 岁）与同龄朋友两人在原告母亲的陪同下至被告甲体育文化公司（以下简称甲公司）开设的蹦床公园购票并签署《切结同意书》，该同意书载明："本同意书是有关参与甲公司的责任豁免、权利放弃、风险承担和赔偿责任放弃的同意书……（六）馆内运动活动可能会有受伤风险，因此为了您与您孩子的安全着想，所有 6 周岁以上的未成年人必须要有父母或监护人陪同进场方能使用本设施……本人在自由心智状况下签名，若未满 18 周岁者，需加注监护人与监护人身份证号……对于参加活动但又存在隐瞒真实年龄、提供虚假监护人或者伪造监护人签名等欺骗行为的未满 18 周岁者，甲公司不承担任何法律上和道德上的责任。"随后原告母亲离开，原告一行两人入场游玩。在体验走墙区的"粘粘墙"项目时，原告弹跳下落间身体失衡摔倒受伤，被告工作人员发现后电话告知原告母亲。当日原告被送至医院就诊，2019 年 10 月 4 日至 2019 年10 月 9 日住院手术治疗，出院诊断为右侧髌骨粉碎性骨折，此后复查。审理中，经原告申请，法院对原告损伤后的伤残等级及休息、护理、营养期进行司法鉴定，意见为：原告因故致右髌骨骨折等膝部损伤，其后遗症尚未达到人体损伤致残疾程度。其伤后可休息 210 日，护理 105 日，营养 105 日。

被告提供的监控视频（无声）显示，13：44：47 原告及其同龄好友进入场馆内，13：44：53-13：45：55 两人立定观看了安全告知风险视频，此间原告母亲正背对视频方向排队购票，时而张望两个孩子，未留意安全视频。13：46：09 左右三人聚至前台购票，并与工作人员交谈。13：46：13 左右原告母亲观察到前台柜面上的《切结同意书》，13：46：31 左右持笔低头阅读本人的切结同意书但未签署，13：46：39 指引原告在切结书上签字，13：47：02 转交至原告同龄朋友签字。13：51：50-13：54：36 工作人员带领原告等人进行了约 1 分 30 秒的热身活动，引导观看张贴的《蹦床安全法则》并进行讲解。13：54：37-13：54：57 原告一行通过阶梯进入蹦床自由区，13：54：59-13：55：35 被告工作人员向原告进行直立跳动作示范并讲解。14：32：18 原告在走墙区的"粘粘墙"项目前穿好玩偶衣服等待游玩次序，14：32：38 原告步入白色蹦床区开始起跳，14：32：45 其他两名游玩人员步入同一蹦床区域，14：32：45-14：32：47 三人同时在蹦床上跳跃，14：32：47 原告弹跳下落时双脚失去平衡，右膝倒在内侧橙色保护垫上，后整个人横倒在保护垫及白色蹦床两侧，14：33：15-14：33：20 巡场工作人员发现原告摔倒并上前询问，14：34：00 将原告扶坐在旁侧橙色保护垫上并拨打救助电话，其间持续有其他游玩人员在该蹦床区域跳跃。

事发后，原告认为被告对原告本次受伤负有责任，故提起民事诉讼。

原告孙某某诉称：第一，原告在"粘粘墙"项目游玩时正常弹跳，没有进行任何禁止性动作，原告对本次受伤不存在任何过错，被告在该项目区域没有安排工作人员进行看护，也未能及时发现、阻止多人同时进入蹦床区弹跳，对原告受伤应承担全部过错。第二，被告没有强制要求家长或者监护人陪同进场看护，并认可两未成年人独自进场，被告应在原告母亲离开后尽到相应的照顾看护等注意义务。即使两未成年人有观看了解相应的安全风险知识，但其对事物的认知和判断均有局限性，不能减轻或者免除被告的安全保障义务。

被告甲公司辩称：（1）被告尽到了安全保障义务，并采取了足够的安保措施，并未构成侵权。被告场馆内的运动本身具有一定的危险性，被告为此设置了大量安全警示。事故当天，原告一行人先后观看安全视频和专家提醒、签署《切结同意书》、参与热身运动，并接受了蹦床运动指导及动作示范。原告受伤后，被告工作人员立即上前询问并且提供了必要的救助措施。（2）原告签署了《切结同意书》，原告已经放弃了提起诉讼或要求赔偿之权利。原告因疏忽造成自身受伤，不应向被告要求赔偿。（3）根据《民法典》第 1176 条，原告参与视为自甘风险，在非故意侵权情形下应当减轻被告的责任。综上，原告受伤属于自身因素导致的意外事故，希望减轻被告责任。上海市浦东新区人民法院于 2022 年 2 月 25 日作出（2021）沪 0115 民初 91943 号民事判决：被告甲公司于本判决生效之日起 30 日内赔偿原告孙某某 28913.52 元。宣判后，被告甲公司未提出上诉，判决已发生法律效力。

核心争议焦点

1. 被告是否履行了"合理限度"的安全保障义务；
2. 原告监护人是否需要承担责任。

审判思路

根据法律规定，公共场所的管理人或者群众性活动的组织者，未尽到安全保障义务，造成他人损害的，应当承担侵权责任。被侵权人对损害的发生也有过错的，可以减轻侵权人的责任。本案中，甲公司作为营利性蹦床场馆的经营者、管理者，对现场具有不可比拟的控制能力，应结合蹦床设施的高风险特点对参与蹦床活动的消费者采取有效措施避免损害发生或使之减轻，尤其针对未成年人，其必须履行更高的安全保障义务，具体内容包括对未成年人及监护人进行充分、有效的安全告知，保证场所设施等符合国家或行业标准，对可能存在安全风险的场地及时消除危险因素，以及危险发生时的有效隔绝和及时救助等。其次，监护人对被监护人负有法定的监督和教育义务，不能随意扩张安全保障义务的范围进而限缩本身监护义务，更不能直接将监护责任转嫁给安全保障义务人。

一、被告未能针对未成年人履行特别标准的安全告知义务

被告甲公司在原告入场活动前引导其观看安全风险告知视频等并签署《切结同意书》，在热身区带领原告开展热身活动及讲解安全法则，在自由区就基本动作予以示范，并在活动区域多处张贴安全须知与安全提示，可以认定被告就蹦床活动履行了一般标准的安全告知义务，但针对未成年消费者，还要根据年龄、智力、自治程度等考虑其理解能力，且向其监护人有效告知项目风险。本案原告年仅 11 岁，认知水平和预判能力有限，难以苛求其完全掌握大量的安全动作要领。其次，根据设备采购协议可知，原告受伤时所体验的"粘粘墙"项目使用的白色蹦床属于体育专用蹦床，其弹力性能更好，

随之风险系数更高，但与普通蹦床同在一个开放区域内，周边也未见对该项目的特别警示说明。最后，被告所称原告的监护人自行放弃监护且没有告知场馆方，缺乏证据支持，亦未提供充分证据证明其已向原告监护人履行了安全告知义务。被告制作的《切结同意书》中明确指出"6周岁以上未成年人必须要有父母或监护人陪同进场方能使用本设施"，且当庭陈述场馆二楼专门设置"观望台"，与其默许原告监护人离开，独留两名未成年人入场游玩的实际做法自相矛盾。

二、被告未能及时消除场地危险因素

从被告提供的监控视频可见，事故当日场所人流量较大，仅"粘粘墙"项目区域就有五名以上人员聚集，但视频中所涉自由区及走墙区的十余块蹦床区域内仅见一名现场巡视人员，就项目风险特点及区域面积而言，被告安保人员的配比难以有效管理场所设施，且排除场所内可能存在的风险，其安全管理方面存在漏洞。其次，虽然原告在事发时确实存在单脚落地的情况，但起跳前亦存在蹦床上同时多人弹跳的现象，现场巡视人员对此未能及时发现、制止，不能排除对原告受伤的原因力，被告存在一定过错。

三、原告监护人未履行足够的监护义务

原告作为限制行为能力人，其监护人应对其安全负有主要的注意义务，且活动风险程度越高，履行标准越高。根据原告方当庭陈述，原告之前有过同场所蹦床活动的游玩经验，其监护人更应该对蹦床项目的风险有一定的认知和防范，且应采取更加积极的措施防范危险发生。事发当日，原告监护人主动带领原告及同龄朋友至被告处，为两人购票后即离开，放任两名未成年人独自入场游玩高风险项目，并未尽到相应的监护责任，故原告监护人对事故的发生亦存在过错。

综上，考虑案件情况及原、被告双方的过错程度，法院酌定由被告对原告的损失承担60%的赔偿责任，原告自行承担40%的责任。

本案系未成年人参与高风险性文娱活动受伤的典型案件。近年来，蹦床、滑雪等竞技运动开始进行大众化推广，深受消费者尤其是未成年人喜爱，由于该领域尚未形成统一监管标准，各经营主体间的管理水平、场地规格等参

差不齐，未成年人受伤致讼比例也越来越高。如何在此类案件中正确界定经营者或管理者安全保障义务的内容及范围，准确理解安全告知义务的履行标准，成为此类案件责任比例认定的关键。

一、"合理限度"之界定：基于风险控制与特殊保护的双重考量

"安全保障义务"这一概念最先出现在《最高人民法院关于审理人身损害赔偿案件适用法律若干问题的解释》（2003 年）之中，后 2009 年《侵权责任法》予以立法确认。从事住宿、餐饮、娱乐等经营活动或者其他社会活动的自然人、法人或者其他社会组织，应当对相关公众的人身安全负担合理的保障义务。经营者承担的安全保障义务，既体现在对其所能控制的设施、设备等的安全性负有保障义务，也体现在经营者在经营中应配备适当的人员预防侵害，具体而言包括警告、指示说明、保护义务等。判断经营者是否存在过错，一般有主观标准与客观标准两说。前者考察心理状态，后者考察被告的行为，即"在认定责任时，首先考虑的不是行为人在主观上是否可非难，而是行为人是否达到了客观的行为标准。人们应当可以期待他人的行为达到了一般人的标准"。不同于一般的经营者侵权纠纷，本案中判断经营者是否尽到了"合理限度"的安全保障义务，必须要考虑到场所及对象的特殊性。

（一）安全保障义务范围应当与其风险防范能力相适应

从风险防范的经济效率角度出发，风险本身具有较大的不可预测性，相较于消费者个体预防，经营者因其对场所及活动具有事实上的控制力，对风险的预防更为必要，应当承担与其风险防范能力相适应的安全保障义务。而风险防范能力又与其项目危险程度、专业知识经验以及服务对象的特点等密切相关。本案中，蹦床作为一项由竞技运动演化而成的大众娱乐项目，其风险性、专业性程度较高，同时意味着项目经营者需要在人员资质、活动规则、现场管理等方面尽到更高的注意义务。

一是从风险规模控制的角度出发，安全保障义务的限度应当与该场所的规模性质、职能范围相匹配。本案涉及场所提供多样的蹦床项目，其提供的蹦床设施、活动方式、注意事项及风险等级各有不同，作为一家规模较大、项目众多的专业蹦床公园经营者应当承担更高的安全保障义务。二是建立在善良管理人标准基础上，即是否达到了一个善良的、理智的人在同等情况下所采取的注意标准。例如，必要的风险告知、项目综合保险。三是可参考行业软标准。目前，该项目并没有统一的国家强制性标准，事前的安全预防措施是否合理，可以参考已有的行业或团体标准。2014年12月，由国家质量监督检验检疫总局和国家标准化管理委员会发布的《体育场所开放条件与技术要求 第23部分：蹦床场所》对蹦床场所从业人员资格、场地及设施设备条件、安全保障等方面进行了具体规定。2019年，体育总局体操运动管理中心发布《开展大众蹦床运动的基本标准与要求（试行）》，2021年12月，中国体育用品业联合会与中国蹦床与技巧协会共同发布《蹦床场所配置要求》《小蹦床》团体标准，对蹦床场所的管理制度、人员要求、场所要求、标志、符号和安全警示说明、健身者须知等都作出了规定。例如，应当配备至少一名蹦床技术指导人员，每300平方米的场馆面积至少配备1名安全监督员。本案中，事故当日场所人流量较大，但视频中所涉自由区及走墙区的十余块蹦床区域内仅见一名现场巡视人员，就项目风险特点及区域面积而言，被告安保人员的配比难以有效管理场所设施，且排除场所内可能存在的风险。

（二）针对未成年人风险告知义务采用"特别标准"

本案的关键点之二在于"合理限度"的判断应当考虑到面向对象的特殊性。除了活动自身的固有性质外，还要综合考量活动的组织形式、对运动的认知及熟悉程度等是否存在明显不合理之处。基于未成年人心智特点及认知能力，经营者需要履行比具有完全民事行为能力的消费者更高的安全保障义务，司法实践中一般采用特殊标准，即不仅要消除这个危险，而且要尽力使未成年人与该危险隔绝，无法再接触到这个危险。此视角下，事前的安全措施与事后的救助范围并无较大变化，但风险告知义务的内涵有所扩充。本案中，被告甲公司在顾客入场后虽通过播放视频、书面告知、现场讲解、张贴标识等多种形式进行提示、告知，对于防范风险、减少伤害有积极的作用，可以认定被告就蹦床活动履行了一般标准的安全告知义务，但不符合适用于未成年人的特别标准。一是"特别标准"要求要向其监护人有效告知项目风险。本案中，特别是自原告方入场起直至事发前更无任何渠道可予传达给原告监护人，其告知方式缺乏有效性，未产生实际效果。可见，被告仅对消费者进行了一般告知，而未予特别告知，造成原告方处于信息不对称的状态，进而可能影响其行为决策，引发误判。二是"特别标准"的风险告知义务范围有所区分。比较法上，根据不同类别过失标准的不同，设置了"理性成年人""理性儿童""理性残疾人"的标准。这意味着，即使是未成年人，也要根据年龄、智力、自治程度等考虑其风险认知能力，不能一味按照限制行为能力及无行为能力进行区别，尤其是在一些以身高及年龄为限制的项目中。

二、主体责任之区分：监护职责不因安全保障义务而免除

父母是未成年人的监护人，依法负有教育和保护未成年子女的法定职责，并应按照最有利于被监护人的原则履行监护职责。被侵权人对损害的发生也有过错的，可以减轻侵权人的责任。监护人对被监护人负有法定的监督和教育义务，不能随意扩张安全保障义务的范围进而限缩监护义务，更不能直接将监护责任转嫁给安全保障义务人。本案中，原告作为限制行为能力人，其监护人应对其安全负有主要的注意义务，且活动风险程度越高，监护履行标准越高。根据原告监护人的认知水平及社会经验，应能认识到涉案项目具有风险，但其忽视相应活动风险，将原告送至蹦床场馆后即离去，存在监护失职，故可一定程度上减轻被告的侵权责任。

需要指出的是，近些年，蹦床、滑雪等运动在我国发展迅猛，深受广大消费者尤其是未成年人的喜爱，但此类运动本身具有较高风险。为维护未成年人合法权益且促进体育运动可持续发展，经营场馆经营者应当敢于担当企业责任，及时关注行业动态，提高安全保障能力，对标团体、行业最佳标准，对未成年人采取相应的保护措施，为未成年人提供更规范、更安全、更优质的游玩体验。未成年人的监护人在引导未成年人进行有益文体活动时，也应积极履行监护义务，同时加强对未成年人的安全教育，提高未成年人的自我保护意识和能力。

案例编写人 上海市浦东新区人民法院 顾江平 官 晔

专家点评

姚辉 中国人民大学法学院教授、博士生导师，中国法学会民法学研究会常务理事

在未成年人因参与高风险性文娱活动受伤而索赔的侵权案件中，既要准确界定文娱活动场所的经营者或管理者的安全保障义务的内容及范围，准确理解安全告知义务的履行标准；同时，又应当考量依法负有教育和保护未成年子女法定职责的监护人是否存在过错。一方面，要切实保障未成年人的合法权益，使其损害得到充分的救济；另一方面，也要避免随意扩张安全保障义务的范围进而限缩监护义务。本案的裁判较好地处理了二者之间的关系，实现了民事责任在当事人之间

的公平合理分配。

《中华人民共和国民法典》

第一千一百六十五条 行为人因过错侵害他人民事权益造成损害的，应当承担侵权责任。

依照法律规定推定行为人有过错，其不能证明自己没有过错的，应当承担侵权责任。

第一千一百七十九条 侵害他人造成人身损害的，应当赔偿医疗费、护理费、交通费、营养费、住院伙食补助费等为治疗和康复支出的合理费用，以及因误工减少的收入。造成残疾的，还应当赔偿辅助器具费和残疾赔偿金；造成死亡的，还应当赔偿丧葬费和死亡赔偿金。

第一千一百七十三条 被侵权人对同一损害的发生或者扩大有过错的，可以减轻侵权人的责任。

第一千一百九十八条 宾馆、商场、银行、车站、机场、体育场馆、娱乐场所等经营场所、公共场所的经营者、管理者或者群众性活动的组织者，未尽到安全保障义务，造成他人损害的，应当承担侵权责任。

因第三人的行为造成他人损害的，由第三人承担侵权责任；经营者、管理者或者组织者未尽到安全保障义务的，承担相应的补充责任。经营者、管理者或者组织者承担补充责任后，可以向第三人追偿。

㉙ 成某某诉某科技公司网络侵权责任纠纷案

——网络游戏中虚拟财产的认定与保护

案件索引

一审：北京互联网法院（2020）京 0491 民初 5335 号（2022 年 8 月 4 日）

基本案情

　　某科技公司为《刀剑神域：黑衣剑士》（以下简称《黑衣剑士》）网络游戏的运营商，成某某为该网络游戏玩家。该游戏于 2016 年上线，于 2019 年 10 月 31 日发布停运公告。游戏客服在 QQ 中向成某某说明了具体的补偿方案，即在玩家注册另一款网络游戏《不良人 2》后，某科技公司在该游戏内赠送玩家在《黑衣剑士》历史充值金额的 5% 的元宝，每周的赠送上限为 2000 元人民币，分期返还，赠完为止。成某某未接受某科技公司提出的补偿方案。

　　成某某在该游戏中有华为游戏中心账号和 TT 玩＋平台的账号共两个。根据某科技公司申请，法院分别向两个平台调取涉案账户的情况，2022 年 7 月 1 日，涉案 TT 玩＋平台运营者沙巴克公司出具回函，显示 TT 玩＋平台账号于 2021 年 7 月 7 日将实名注册人变更为成某某，历史充值总金额为 29189.74 元；2022 年 7 月 2 日，涉案华为平台运营者华为软件技术有限公司出具回函，显示华为平台账号总充值金额为 133277.43 元。对于上述回函，双方认可华为平台账号的充值金额。对于 TT 玩＋平台账号的充值金额，成某某表示与其实际充值金额不符，某科技公司没有异议。涉案游戏《黑衣剑士》中"钻石"由法定货币直接购买获得，关于剩余钻石的数量，双方对于华为平台账号中的剩余钻石数量没有异议，可以确定为 25355 个。对于 TT 玩＋平台账号内剩余钻石的情况，因该部分数据存储于某科技公司的服务器中，某科技公司不认可成某某所提交的证据，但未向法院提供其后台数据，依法应当承担举证不利的后果，因此法院根据成某某提交的视频取证情况对钻石数量予以确定，TT 玩+平台账号下剩余的钻石数量共计 271705 个。

现某科技公司终止运营游戏，原告认为该行为致使其在该款网络游戏中虚拟人物身份和成就的永久性灭失，造成原告极大的经济损失和极度的精神痛苦，理应赔偿，故提起诉讼。

原告认为：成某某作为《黑衣剑士》网络游戏的玩家，在该款游戏中投入时间、精力和心血，以自己的智慧和物质财产在网络游戏中达到一定的成就和"身份地位"，得到相应的钻石、饰品、装备、道具、角色卡等。但是某科技公司在提供网络游戏服务时并未与成某某签订详尽的网络服务协议、游戏期间未公示部分虚拟道具合成概率、无正当理由对成某某游戏账号进行长达 12 天的封停处理。现某科技公司终止运营游戏，并且公布的补偿方案显失公允，致使成某某在该款网络游戏中虚拟人物身份和成就的永久性灭失，造成成某某极大的经济损失和极度的精神痛苦，理应赔偿成某某主张的各项损失。

被告认为：（1）成某某并非涉案 TT 玩+平台账号的实名注册人，即非为本案涉案账号的合法权利人，无权提起本诉，法院应依法裁定驳回起诉；（2）即使成某某主体适格，但成某某不存在任何尚未使用的游戏虚拟货币，某科技公司无需返还；（3）即使成某某主体适格，但对于升级造成的损失，某科技公司已经实际补偿完毕；（4）即使成某某主体适格，但对于成某某所主张的游戏道具并非尚未失效的服务，且价值计算无合理依据，某科技公司无需赔偿；（5）成某某主张精神损害抚慰金并无任何法律依据，依据《最高人民法院关于确定民事侵权精神损害赔偿责任若干问题的解释》，成某某主张的精神损害赔偿仅限于人身权和人格权的侵权赔偿，财产权益的侵权只有一种情况是具有特定纪念意义的财产可给予精神损害赔偿，其在本案中并不适用，某科技公司无需赔偿任何精神损害抚慰金；（6）某科技公司终止网络服务运营并无过错，无需承担侵权责任。成某某作为一个资深网络游戏玩家，应该充分了解和可以预见任何一款网络游戏都有其生命周期，不可能永久持续运营，而且某科技公司在涉案游戏的宣传中并无任何虚假宣传和永久持续运营的承诺。

核心争议焦点

1. 成某某是否有权对 TT 玩+平台的账号主张权利；
2. 某科技公司将涉案游戏停止运营是否构成侵权行为；
3. 如果侵权行为成立，某科技公司应承担何种法律责任。

审判思路

法院认为：首先，成某某有权对 TT 玩 + 平台的账号主张权利。虽然 TT 玩 + 平台账号的实名注册人非成某某本人，但经查证，该账号绑定的手机号码为成某某本人手机号码，案外人周某亦出具相关情况说明，足以证明成某某是该账号的实际使用人，因此成某某有权对该账号主张相应权利。

其次，某科技公司将涉案游戏停止运营构成侵权行为。第一，成某某主张的游戏财产可作为网络虚拟财产，依法予以保护。《民法典》第 127 条规定，网络虚拟财产依法受到保护。网络游戏中具有财产利益属性的游戏道具，属于网络虚拟财产，应当获得法律保护。本案中成某某主张的游戏财产主要指游戏货币以及游戏道具，前者属于充值类虚拟财产，由法定货币购得，后者属于非充值类虚拟财产，由玩家花费时间及精力获得，二者均具有财产利益属性，应依法予以保护。第二，某科技公司具有过错。某科技公司作为涉案游戏的运营开发商，于 2019 年 12 月 31 日作出停止运营决定，造成了成某某涉案游戏账户内相关网络虚拟财产的灭失。某科技公司处分上述财产时，既没有法定的权利，也没有成某某约定的同意，主观上存在过错，应当承担赔偿损失等侵权责任。因此，某科技公司应当赔偿涉案游戏停止运营时剩余的游戏货币所对应的人民币金额，并对游戏停止运营时剩余的游戏道具依据法院酌定予以赔偿；因游戏升级所造成的损失被告已通过补发相关游戏货币予以全部赔偿，相关主张缺乏根据，不予支持；关于精神损害赔偿的主张，因原告人身权益未受到严重精神损害、涉案网络游戏虚拟财产亦不属于成某某具有人身意义的特定物，该主张缺乏依据，不予支持。

北京互联网法院判决：被告某科技公司于判决生效之日起 7 日内赔偿原告成某某 36257 元及利息；驳回原告成某某的其他诉讼请求。

案件点睛

大数据时代孕育各类网络经济活动，应运而生的是形式纷繁复杂的网络虚拟财产。通过界定网络游戏领域虚拟财产的法律性质、权利归属，阐明其保护边界，触类旁通、见微知著，进一步明晰网络虚拟财产的整体保护范围、权利行使及侵权保护等细节问题，从而更好地规范社会预期，发挥法律的社会功能、指引社会公众行为，保障数字经济良性发展。

一、虚拟财产范围的界定

虚拟财产是以数据形式存在于特定的电子虚拟空间中的一种模拟财产的电磁记录，[1] 其本质上是存在于服务器上的由 0 和 1 组成的二进制数据。[2] 广义上，虚拟财产指以虚拟形式存在的财产，不仅包括虚拟账号、游戏装备、虚拟货币这类缺乏实体的纯粹虚拟财产，还包括其他一切可以人为拥有和支配的具有财产价值的网络虚拟物和财产性权利。[3] 狭义上，网络虚拟财产仅指网络游戏中存在的虚拟财产，包括游戏账号的等级、游戏货币、游戏人物等。[4] 一般认为，目前的虚拟财产可以分为三种类型：其一是网络游戏中的虚拟财产，包括账号、货币、角色、装备、宠物、道具等；其二是网络社区中的虚拟财产，包括账号、货币、积分、用户级别等；其三是其他的网络虚拟财产，包括 QQ 号、微信号、电子邮箱、网店账号等。[5] 本文拟讨论的对象即为第一种网络游戏中的虚拟财产（以下简称游戏虚拟财产）。

与传统财产有体物相比，虚拟财产具有突出特征：第一，存储于特定网络空间。虚拟财产是生成并储存于各种网络设备、在网络空间中传输的各类信息，其外在形式为文字、数字、声音、图形、图像等。[6] 因而，虚拟财产受网络运营商的直接支配，虚拟财产的取得、存续均有赖于网络运营商提供的服务。第二，不确定的期限性。由于虚拟财产的存在依赖于网络运营商提供的服务，而由于经营状况、经营成本以及市场需求等因素，网络运营商提供的服务并非永续的，而是存在一定的期限，这也导致虚拟财产的存在期限具有不确定性。[7] 第三，玩家对于虚拟财产的形成具有重要作用。虽然游戏虚拟财产依赖于网络运营商提供的服务，但实际获取虚拟财产，玩家通常需要投入大量时间和精力，除此之外，还可能会支付一定的金钱。

---

[1] 马军、姚宝华：《网络游戏中虚拟财产的认定与保护》，载最高人民法院民事审判第一庭：《民事审判指导与参考》2010 年第 2 辑（总第 42 辑），法律出版社 2011 年版，第 168 页。

[2] 杨立新、王中合：《论网络虚拟财产的物权属性及其基本规则》，载《国家检察官学院学报》2004 年第 12 期。

[3] 陈罗兰：《虚拟财产的刑法意义》，载《法学》2021 年第 11 期。

[4] 黄薇主编：《中华人民共和国民法典释义及适用指南》（上），中国民主法制出版社 2020 年版，第 200 页。

[5] 江波：《虚拟财产司法保护研究》，北京大学出版社 2015 年版，第 31~33 页。

[6] 林旭霞：《虚拟财产权性质论》，载《中国法学》2009 年第 1 期。

[7] 张璐：《"后民法典时代"网络虚拟财产的民法保护研究》，载《海峡法学》2020 年第 12 期。

结合本案，笔者想进一步讨论在游戏服务器关停时，用户账户中还可能存在的游戏虚拟财产。实践中一般将其划分为游戏外充值部分及游戏内增值部分。前者包括未消耗的虚拟货币、未到期的游戏服务、已消耗的虚拟货币、已到期的游戏服务。后者包括账号增值收益以及现实交易收入：（1）未消耗的虚拟货币：通过现实货币购买的、尚未消耗的游戏内货币，例如在部分游戏中虚拟货币被命名为点券、符文石、创世结晶等。（2）未到期的游戏服务：通过现实货币购买游戏时长或者游戏本体才提供游玩服务，由于服务器关停，剩余游戏时长无法消耗或游戏无法运行。例如部分点卡制、月卡制网游、买断制网游。（3）已消耗的虚拟货币、已到期的游戏服务：与前述概念对应，不再赘述。（4）账号增值收益：通过游戏玩法付出劳动与时间成本获取的具备效用性、稀缺性及可支配性和可流通性的虚拟财产。例如，账号中的人物等级、游戏成就、角色外观、稀有装备。（5）现实交易收入：通过游戏玩法取得相应虚拟道具作为收入来源或进行现实交易，因服务器关停受到损失。例如，部分大型网游中普遍存在的"搬砖党""商人"角色，可能因合同履行不能承担违约责任等。

二、司法实践中关于游戏虚拟财产性质的认定

在以往的司法实践中，关于游戏虚拟财产的性质大致有四种观点：（1）无形财产或财产利益；（2）用户享有有限的使用权；（3）债权；（4）操作账户权限的合法利益。但无论何种观点，其本身都存在一定的局限性从而无法取得通说的地位。所以，在对游戏等网络虚拟财产的定性问题上，应该突破传统私法理论的规制，分析各观点在网络虚拟财产保护方面所具备的优势，从而探讨新学说应注意的问题和研究的方向。其中物权说所具备的优势是其否定了网络运营商所提供的用户协议的部分条款的有效性来更好地保护网络用户的合法权益，从而构建一个公平合理、科学安全的网络虚拟财产交易的秩序。而债权说的优势在于其可以对网络虚拟财产受到的限制作出一系列合理的解释，利用网络运营商的用户协议解决网络虚拟财产案件的纠纷。但是大多数用户协议规定了禁止用"转让、交易网络虚拟财产、惩戒外挂"的方式，或者网络平台如因外力原因而下架也不会给予用户补偿等格式条款。

应当讲，上述四种观点出现在《民法典》颁布之前，彼时关于网络虚拟财产没有法律规定。时至今日，《民法典》第127条中明确规定了对网络虚拟财产的保护。游戏中具有财产利益属性的游戏财产，应属于网络虚拟财产，获得法律的保护。本案中，成某某主张的游戏财产主要指涉案账号内的游戏

货币及游戏道具,前者属于充值类虚拟财产,由法定货币购得;后者属于非充值类虚拟财产,由玩家花费时间及精力获得,二者均具有财产利益属性。因此,本案依据上述规定,认定原告主张的游戏财产属于网络虚拟财产,依法受到保护。

三、游戏虚拟财产的归属

如上文所述,由于游戏虚拟财产的存在对于游戏服务商和玩家都有极大的依赖性,因而如何在这二者之间对相关权益进行分配就存在很大争议。有观点认为,游戏虚拟财产的权利应当归属于玩家:游戏虚拟财产具有经济价值并可以被支配或者控制,游戏用户通过付出金钱和劳动获得的虚拟财产,游戏用户就应当拥有对虚拟财产的"所有权",即玩家享有类似于物权的对世性权利,包括游戏服务商在内的所有不特定的人都负有不得侵害玩家行使权利的消极义务;也有观点认为,游戏虚拟财产应该属于游戏整体的一部分,其权利应当归属于游戏服务商,玩家仅在和游戏服务商约定的范围内享有使用权。还有观点认为,应该创造性地将网络游戏虚拟财产中属于网络游戏用户的那部分权利设定为一种特殊的用益物权,作为一种新型物权,而网络游戏虚拟财产的所有权依旧属于网络游戏运营商。[1] 现行法律并没有对虚拟财产的归属问题作出进一步的明确。

有学者建议,通过"劳动生产"原则来明确游戏虚拟财产的归属,例如,在某款游戏上市之前,其中的网络虚拟财产权归属于网络运营商,在该款游戏上市以后,玩家可以根据时间成本、金钱投入从而获得网络虚拟财产权。因为产品在推出后,使用者就会按照运营商的提示登录属于自身的账号,并不断地通过做任务、领奖品等方法对游戏虚拟财产实现了"增值"。尽管网络运营商在开发阶段获得网络虚拟财产的使用权,但网络使用者却耗费了时间与金钱创造了属于自身的东西。故其理应获得对网络虚拟财产的使用权。

笔者认为,网络虚拟财产权应是一种属于网络用户的但受一定限制的绝对财产权。想要更好地保障网络虚拟财产权,就必须平衡网络运营商、网络使用者与第三者之间的利益。对于网络使用者,其必须拥有对网络虚拟财产的绝对所有权,如果其只享有使用权,那么面对侵害时,网络用户的合法权益就无法得到有效的救济。如果其拥有独立的、绝对的财产权,即享有停止

---

[1] 周于峰、邵伟钰:《网络游戏虚拟财产的税收征管研究——以〈民法典〉出台为背景》,载《财会通讯》2021年第20期。

侵害、排除妨害的请求权和损害赔偿请求权，则可以直接越过网络运营商，直接通过起诉第三人来维护自己的权利，这样既更有利于维权也更有利于解决纠纷。对于网络运营商而言，其可以通过用户在平台的充值、点券及道具购买、第三方广告投放等方式获得收益。所以，网络虚拟财产绝对权的建立会更新财产流动的规则，也可以通过否定用户协议中部分限制性格式条款来更好地保护用户权益，物权说的优点也是在于其具有物权绝对权的效力。但我们不可否定用户协议的全部效力，在限制其部分条款时也要保证用户协议能够发挥其自身作用。《民法典》暂时没有对网络虚拟财产的相关问题进行具体规范，因而司法实践中，建议以后通过立法设置特别条款来确定其含义、属性、特点等具体问题以便于更好地保障游戏虚拟财产。

四、网络虚拟财产侵权责任常见类型

我国《民法典》规定的承担民事责任的方式主要有：停止侵害，排除妨碍，消除危险，返还财产，恢复原状，修理、重作、更换，继续履行，赔偿损失等。网络虚拟财产侵权责任包括以返还网络虚拟财产为内容的侵权责任、以恢复原状为内容的侵权责任以及侵权损害赔偿三种类型。[①]

其一，关于返还虚拟财产。返还虚拟财产的适用前提是网络平台运营商能够继续提供服务，当用户的虚拟财产因网络技术原因消失或者受到他人非法入侵被侵占后，用户可以请求网络平台运营商或者侵占人返还虚拟财产，此时的法律依据为《民法典》第 1167 条与第 179 条之规定。

其二，关于恢复原状。随着网络技术的发展，虚拟财产所有人也可以要求恢复原状的救济。例如，甲为某款网络游戏的玩家，其向网络游戏公司购买了特定的网络游戏角色装备，事后，该网络游戏装备为另一玩家乙借由黑客技术所窃取，并且卖给了他人，甲可以向乙主张恢复原状请求权，要求乙自行向网络游戏公司再次购买完全相同的游戏装备，并将之交付于甲，从而恢复甲对该类型游戏装备予以管领之状态。[②]

其三，关于侵权损害赔偿。对于网络虚拟财产侵权损害赔偿责任而言，

---

① 参见谢潇：《网络虚拟财产的物债利益属性及其保护规则构造》，载《南京社会科学》2022 年第 9 期。

② 参见谢潇：《网络虚拟财产的物债利益属性及其保护规则构造》，载《南京社会科学》2022 年第 9 期。

侵权人通常只需对用户网络虚拟财产的客观价值予以赔偿。[①] 此时，因为游戏运营商具有过错而导致用户账户中未消耗的虚拟货币、未到期的游戏服务丧失的，游戏运营商应当承担侵权责任，而针对用户账户的增值收益，应当从两方面进行认定，首先是需要确定账号增值收益是否属于财产范畴，其次是需要明确增值收益的部分是否应得到相应赔偿。本案中，成某某还未消耗的货币，法院按照相应价值判决某科技公司予以赔偿，但是对成某某主张的账号升级损失，某科技公司已经用钻石补偿，故法院驳回成某某要求赔偿账号升级损失的主张。

最后，审判实践中还需注意如何确定具体损害赔偿数额的问题。关于虚拟财物价值认定，目前主要有五种方式：[②] 第一种，按照实际交易价格认定，也即被害人购买的金额进行认定。第二种，根据游戏开发运营商对虚拟财物的官方定价计算。上述两种方式的好处在于数额的确定性，劣势在于缺乏个性，未充分考虑玩家的时间、精力、情感投入及市场行情的变化。第三种，根据玩家投入的成本计算，如购买价格、所耗费的时间、精力等。这种标准具有一定的合理性，但是证明难度高。第四种，根据销赃金额认定。第五种，按照评估机构的价值评估计算，优势在于相对公平合理，但时间周期长、流程复杂、缺乏效率。

实践中，除非法律特别规定，损害赔偿数额应以"填平"损失为原则。游戏中的虚拟财产往往具有单向性，难以直接换取人民币，因此在判断玩家的财产损失时，应当综合考虑该财产的获取来源、难度，玩家在消费中产生的乐趣、享受服务的时间长短等因素。在审理赔偿游戏中的虚拟财产案件时，也应该考虑网络游戏运营商在开发运营维护游戏的过程中需要支出的场地、人员、技术研发、美术设计、设备维护甚至知识产权的授权费等必要成本，综合考虑双方损失，使得判决结果既能有效保护网络游戏运营商的创新积极性，也能恰当地保护玩家的虚拟财产权利。

案例编写人   北京互联网法院   朱   阁
           厦门大学法学院   杨心怡

---

① 参见谢潇：《网络虚拟财产的物债利益属性及其保护规则构造》，载《南京社会科学》2022年第9期。

② 陈罗兰：《虚拟财产的刑法意义》，载《法学》2021年第11期。

专家点评

> **张新宝**　中国人民大学法学院教授、博士生导师，中国法学会法学期刊研究会会长，中国法学会网络与信息法学研究会副会长
>
> 《民法典》第127条规定："法律对数据、网络虚拟财产的保护有规定的，依照其规定。"但是，在《民法典》分则编纂时未对数据、网络虚拟财产的保护作出具体规定，以致相关案件的审理缺乏明确的法律依据。本案的争议既涉及网络虚拟财产的确权问题，也涉及相关侵权责任问题。审理案件的法官通过"绑定手机号码"以及实际投入资金等情况认定原告的权利人身份及被告的侵权责任，符合《民法典》第127条规定的精神。
>
> 值得探讨的是：（1）网络游戏具有较高成瘾性，此类产品和服务受到社会多方面的批评，也有一些平台公司认识到其消极影响并逐步停止开发此类产品和服务。在此等情况下，司法也许可以通过裁判文书适当表明一个态度。（2）本案中，原告与被告之间的合同关系也是可以得到确认的，如果原告主张确认合同以及追究被告的违约责任，也是可以考虑支持的。

相关法条

《中华人民共和国民法典》

第一百二十七条　法律对数据、网络虚拟财产的保护有规定的，依照其规定。

第一千一百六十五条　行为人因过错侵害他人民事权益造成损害的，应当承担侵权责任。

依照法律规定推定行为人有过错，其不能证明自己没有过错的，应当承担侵权责任。

㉚ 王某诉岳某某离婚财产纠纷案

——《民法典》视域下欺诈性抚养的认定及司法救济

案件索引

一审：河南省获嘉县人民法院（2022）豫 0724 民初 1706 号（2022 年 12 月 29 日）

二审：河南省新乡市中级人民法院（2023）豫 07 民终 492 号（2023 年 3 月 10 日）

基本案情

王某与岳某某于 2014 年举行结婚典礼仪式，2016 年 10 月 19 日登记结婚，2016 年 11 月 11 日长子王某 1 出生。2017 年 10 月 20 日登记离婚。2018 年 10 月 22 日双方再次登记结婚，2018 年 11 月 19 日次子王某 2 出生。2019 年 4 月 2 日双方再次登记离婚。2022 年 6 月 9 日，河南申友医学检验所有限公司亲子鉴定结果显示，王某 1 与王某 2 与王某均无血缘关系。

王某与岳某某在第二次离婚时，签订了离婚协议书，约定：（1）子女抚养：长子归男方抚养，次子归女方抚养，抚养费自理。（2）财产分配：位于获嘉县欧洲小镇的房产和位于获嘉县崇文观天下的房产归男方所有，位于获嘉县商务公馆的房产归女方所有，一辆牌照为豫 GD××××的轿车归女方所有。

王某与岳某某婚姻关系解除后，岳某某称为了两个孩子上学购买的九龙华府的房产装修需要钱，王某将第一次离婚时协议归其所有的凯迪拉克轿车、第二次离婚协议约定归其所有的获嘉县崇文观天下的房产进行变卖共计 84.5 万元，并将上述款项直接转给岳某某。

原告（被上诉人）王某认为：经亲子鉴定，其两个子女均非亲生。基于亲子关系的错误认识，其错误地处置了自己的财产，故岳某某应当返还卖房款。

被告（上诉人）岳某某认为：案涉财产均不属于婚内共同财产，王某要求按照婚内共同财产进行分配于法无据，请求法院依法驳回王某的诉求。

核心争议焦点

王某是否有权主张返还案涉房屋和车辆出让款项。

审判思路

法院生效裁判认为：王某基于对亲子关系的重大误解，同意岳某某对案涉房屋和车辆进行处分。2022 年 6 月，王某通过亲子鉴定知道两个孩子与其不具有血缘关系后，于 2022 年 7 月主张返还案涉房款，根据《民法典》第 147 条、第 152 条的规定，重大误解的当事人自知道或者应当知道撤销事由之日起 90 日内行使撤销权。王某对于案涉房屋和车辆的处分属于重大误解，其依法行使撤销权于法有据。根据《民法典》第 157 条的规定，民事法律行为无效、被撤销或者确定不发生效力后，行为人因该行为取得的财产，应当予以返还；不能返还或者没有必要返还的，应当折价补偿，由于王某同意岳某某处分案涉房屋和车辆的行为被撤销，故岳某某对于处分案涉房屋和车辆取得的财产，依法应当予以返还，最终判决岳某某应于判决生效后 7 日内向王某支付卖车款及卖房款共计 84.5 万元，二审法院予以维持。

案件点睛

本案是一起男方作为抚养人被其配偶欺诈，进而抚养非亲生子女并对自身财产进行处分，向法院诉请返还处分财产的典型案例。近年来，随着性观念的日益开放和亲子鉴定技术的不断成熟，此类案件的数量正在逐年增加。我国现有的法律规定虽然并未对此类案件作出明确规定，但在法学理论上，一般将此类案件称作"欺诈性抚养"。这种带有欺诈性质的抚养关系，极大地损害了婚姻家庭中夫妻双方的感情，破坏了家庭中身份关系的稳定性，同时也给受欺诈的一方带来了物质和精神上的严重伤害。尤其是在《民法典》第1073 条初步构建起婚生子女否认制度的背景下，本案的审理为欺诈性抚养纠纷提供精准的请求权基础指引，并在最大儿童利益保护与受欺诈人救济之间找到合适的平衡点。

一、欺诈性抚养的界定

"欺诈性抚养"的概念最早于 20 世纪 90 年代提出，杨立新教授将其定义为：在婚姻关系存续期间乃至离婚以后，妻明知其在婚姻关系存续期间所生子女为非婚生子女，而采取欺诈手段，称其为婚生子女，使夫承担对该子女的抚养义务。[①] 该表述被后来的研究者普遍采用。但随着社会的发展，欺诈性抚养的形式也更加多样化，欺诈性抚养在主观要件、主体范围以及发生期间等方面存在不同的观点。

（一）主观层面：是否要求当事人对事实"明知"

传统的欺诈性抚养要求女方对欺诈之事实存在"明知"之故意，对此有观点提出行为人主观过错规范过于宽松，应当将行为人的主观要件扩张至"故意"或"重大过失"，[②] 在客观表现形式上采用隐瞒真相的手段而使男方将其所扶养的子女认为系其亲生子女。对此，笔者认为即使女方基于主观上的过失，经过亲子鉴定才知道不是对方的亲生子女，但在后果上仍应当承担欺诈性抚养的后果责任。此外，司法实践中，女方大多辩称男方抚养非亲生子女的事实系明知，也即并不存在欺诈的事实，对此女方应当承担严格的举证责任。

（二）主体层面：欺诈人的范围是否仅限于妻子

随着目前社会上男女关系的多元化，若将欺诈人的范围只限于妻子，对于婚前以及离婚后等非婚姻关系期间，女方与他人发生性关系产下子女，并隐瞒真实情况，让男方产生重大误解并对非亲生子女进行抚养，则同样具有保护之必要性。除此之外，子女的生父亦可能成为共同欺诈的主体。而对于受欺诈方，依据我国《民法典》之规定，祖父母，外祖父母，成年兄、姐在一定条件下也可能成为抚养义务的主体，也即成为欺诈性抚养的受欺诈方。

（三）时间层面：是否以存在婚姻关系为必要条件

传统欺诈性抚养关系将期间认定为婚姻关系存续期间乃至离婚以后，对于婚前双方存在性关系的同居或交往期间，存在一定的争议。对此笔者认为，虽然婚姻法调整的范围主要是包括婚姻关系和家庭关系，但婚前行为亦可能存在欺诈性抚养之可能，具有司法保护必要性。

本案中，王某 1 与王某 2 均是在王某与岳某某婚姻存续期间出生，岳某

---

① 杨立新：《论婚生子女否认与欺诈性抚养关系》，载《江苏社会科学》1994 年第 4 期。

② 吴国平：《欺诈性抚养的认定及其侵权赔偿责任研究》，载《东方法学》2016 年第 4 期。

某主张王某对两个孩子均为其非亲生子女的事实明知，但并未提供有效的证据证明，且王某在客观上对两个孩子进行了事实上的抚养，符合欺诈性抚养的构成要件。

二、受欺诈者的请求权基础分析

关于受欺诈者损失赔偿请求权的理论基础，当前主要存在四种观点：行为无效说、不当得利说、无因管理说以及侵权行为说。[1] 而在欺诈性抚养财产损害的法规范适用的援引方面，有观点认为主要存在婚姻家庭法路径、财产权路径以及侵权法路径。[2] 上述两种分类方式虽然存在一定的差别，但主要包括以下几个方面（见表 1）。

表 1 不同路径下的法规范援引

序号	请求权基础	主要内容	裁判依据
1	婚姻家庭法裁判路径	行为人违反忠实义务，侵害了抚养人的配偶权	《民法典》第 1043 条、第 1091 条等
2	财产权裁判路径	行为无效说：女方通过欺诈行为隐瞒了孩子非男方亲生子女的真相，使男方陷入错误的认识，在违背自己真实意思的情况下将孩子视为亲生子女进行抚养	《民法典》第 148 条
		无因管理说：男方对孩子不具有法定或约定的抚养义务，事实上抚养了非亲生子女	《民法典》第 979 条等
		不当得利说：男方基于重大误解对孩子作为亲生子女抚养，男方财产利益"积极减少"，亲生父母财产利益"消极增加"	《民法典》第 987 条等
3	侵权法裁判路径	女方隐瞒孩子非男方亲生子女真相的行为，侵害了男方的财产利益和人身利益	《民法典》第 990 条、第 1165 条等

在现有的欺诈性抚养理论中，笔者认为侵权法裁判路径更符合此类案件的要求。首先，婚姻家庭法以夫妻忠实义务和离婚损害赔偿为理论基础，但是其规制的范围过于狭窄，难以突破夫妻家庭而约束婚外的第三人。[3] 至于财

---

[1] 吴国平：《欺诈性抚养的认定及其侵权赔偿责任研究》，载《东方法学》2016 年第 4 期。

[2] 王浩然：《民法典视野下欺诈性抚养纠纷的困境破解——基于 197 份裁判文书的实证分析》，载《法治社会》2022 年第 4 期。

[3] 陈苇等：《我国内地离婚损害赔偿制度存废论——以我国内地司法实践实证调查及与台湾地区制度比较为视角》，载《河北法学》2015 年第 6 期。

产权裁判路径，包括行为无效说、无因管理说以及不当得利说。但此类学说并不能对受欺诈者精神抚慰金作出有效的解释，且欺诈性抚养在现有的法律规定下并不属于行为无效的情形，也不完全符合无因管理与不当得利的构成要件。[①] 至于侵权法学说的保护客体包括了人身权益和财产权益，能够对被欺诈方给予更加合理的保护。

三、受欺诈者权利的救济路径分析

（一）受欺诈者财产处分之撤销权

在欺诈性抚养纠纷的司法实践中，受欺诈人行使撤销权主要包括以下三种情形：一是在婚姻关系存续期间将房屋、车辆或其他贵重物品赠与被抚养人；二是离婚协议中约定将这类贵重物品赠与被抚养人的行为；三是婚姻关系解除后向欺诈人处分财产的行为。依据《民法典》第147条之规定，受欺诈者在知道被抚养人并非其亲生子女后，可以重大误解为由主张撤销其之前基于认为被抚养人系其亲生子女的情况下所为的民事法律行为，也可以依据《民法典》第148条、第149条，以被抚养人生父生母对其实施欺诈为由，主张行使撤销权。

至于第二种、第三种情形下受欺诈方能否主张行使撤销权的问题。对此，《民法典》第147条至第151条规定了撤销权的适用情形，其中撤销权在法律性质上属于形成权，适用除斥期间的相关规定。根据《民法典》第152条之规定，基于重大误解而享有的撤销权的除斥期间为3个月，基于受欺诈而享有的撤销权的除斥期间为1年，两种撤销权均受5年最长除斥期间的限制。由于实践中除亲子鉴定外，一般很难有其他证据能够确切证明受欺诈者已知晓被抚养人并非其亲生子女，故多数裁判是将受欺诈者获知亲子鉴定结论之日作为一般除斥期间的起算点。

本案中，王某基于对婚生子女系其亲生子女的错误认识，对两个孩子进行了抚养，并同意岳某某对房屋和车辆进行处分，王某有权要求岳某某对于处分的房屋和车辆所得款进行返还。岳某某以欺诈手段，使王某在违背真实意思的情况下实施了将财产处分的民事法律行为，王某作为受欺诈方有权行

[①] 行为无效说主要依据的是原《民法通则》第58条之规定，该条款现已不再继续有效，根据《民法典》第148条之规定，受欺诈者因对方欺诈所为之民事法律行为不再归于无效，而是可撤销，故行为无效说在我国当前法律体系下已难以成立。无因管理说系我国台湾地区法律之规定，但无因管理系管理人将他人的事务误为自己的事务，欺诈性抚养中因欠缺为他人管理的意思的主观要件，不能成立无因管理，故无因管理说亦难以成立。

使撤销权。王某在处分财产后进行了亲子鉴定，并知晓了王某 1 与王某 2 与其并不具有亲子关系的事实，并向法院提起诉讼，王某主张撤销权并未超过 1 年除斥期间。故对王某以欺诈为由主张岳某某返还处分涉案房屋的所得款，应予以支持。

（二）受欺诈者抚养费返还请求权

关于受欺诈者抚养费返还问题，最高人民法院于 1992 年发布的《关于夫妻关系存续期间男方受欺骗抚养非亲生子女离婚后可否向女方追索抚养费的复函》（〔1991〕民他字第 61 号）指出："在夫妻关系存续期间，一方与他人通奸生育了子女，隐瞒真情，另一方受欺骗而抚养了非亲生子女，其中离婚后给付的抚育费，受欺骗方要求返还的，可酌情返还；至于在夫妻关系存续期间受欺骗方支出的抚育费用应否返还，因涉及的问题比较复杂，尚需进一步研究。就你院请示所述具体案件而言，因双方离婚时，其共同财产已由男方一人分得，故可不予返还。"

笔者认为，关于欺诈性抚养案件中的数额问题，应首先尊重当事人的意思自治，欺诈方与受欺诈方若能对抚养费的返还数额达成一致，则法院可依据二者协商之数额直接判决予以返还；若二者对抚养费返还数额无法达成一致，则由受欺诈方对其为抚养子女所支出的合理费用进行举证。在婚姻关系解除后，关于抚养费的返还问题争议相对较小。但在婚姻关系存续期间，在夫妻共同财产制度下，抚养费与日常家庭支出难以进行区分，受欺诈者很难对抚养费用进行详细的举证，对此不同法官认定抚养费返还的数额差距也很大，对此主要依靠法官根据日常生活经验并结合被欺诈人的收入水平、被抚养人日常开销数额等进行酌定。

（三）受欺诈者精神抚慰金请求权

《民法典》第 1043 条规定了家庭应当树立优良家风，弘扬家庭美德，重视家庭文明建设。夫妻应当互相忠实，相互尊重，互相关爱。家庭成员应当敬老爱幼，互相帮助，维护平等、和睦、文明的婚姻家庭关系。欺诈性抚养中的欺诈行为往往对配偶的情感和精神造成非常严重的伤害。《民法典》第 1091 条规定的"损害赔偿"，包括物质损害赔偿和精神损害赔偿。涉及精神损害赔偿的，适用《最高人民法院关于确定民事侵权精神损害赔偿责任若干问题的解释》的有关规定。

在欺诈性抚养中，受欺诈方将非亲生子女当作亲生子女养育，在此过程中不但支付了抚养费，亦倾注了大量的精力与情感，当其发现实际遭受了另一方的欺骗与蒙蔽，为其他人养育子女多年，将会给其带来严重的精神痛苦。因此在欺诈性抚养纠纷中，支持受欺诈方的精神抚慰金，一方面可以通过给付金钱使被侵权人借此取得替代性的欢愉，从损害事故的阴影中走出来，重新开始生活，起到补偿之功效；另一方面，精神损害赔偿责任也可以体现法律伸张正义的精神，消除受害人的报复念头，起到抚慰功能。

现有的法律规定虽然对于非婚生子女夫妻关系存续期间男方受欺骗抚养非亲生子女离婚后可否主张精神损害赔偿作出规定，本案王某亦未向岳某某主张精神抚慰金，但司法实践中，给予欺诈性抚养中受欺诈一方以精神损害赔偿已成通常做法。从法院的判决结果来看，有 500 元至 10 万元不等，多为 1 万元至 5 万元之赔偿。至于具体数额可以综合多方面进行考量，与侵权人的过错程度相适应，与受害人的痛苦程度相匹配，与受欺诈一方实际抚养子女之年限相结合，并考虑双方当事人及当地的平均收入水平，由法院根据审理事实情况进行酌定。

案例编写人 河南省新乡市中级人民法院 阎紫梅 刘 佳 李月月

 专家点评

杨立新 中国人民大学法学院教授、博士生导师，中国法学会民法学研究会副会长

本案两级法院的审理在适用法律上都是正确的。30 多年前，我提出了欺诈性抚养关系的见解后，被法院裁判广泛采纳。由于法律没有明确规定，因此，各地法院判决所依据的法律并不相同，文中也说明了这一点。

按照侵权责任请求权的基础，对保护受害人一方的合法权益是最有利的。本案中，被告的欺诈故意是确定的，而且比较恶劣，两次欺骗之后，还继续欺骗，不仅受欺诈支付的卖房款和卖车款应当返还，而且应当支付资金占用费，以及抚养子女期间的抚养费。

这个案件反映了一个需要解决的问题，即在以往法律没有规定婚生子女否认制度之前，这样处理没有问题。但是，《民法典》第 1073 条规定了子女否认制度之后，当事人对不具有亲子关系的子女否认其婚生性，应当通过起诉、法院判决才能够确定，依据法院的否认婚生子女的婚生性后，才可以主张欺诈性抚养关系，索取赔偿或者返还。

现在只有拿出一个亲子鉴定作为证据，没有经过否认婚生性的诉讼，并不能在法律上否认婚生子女的婚生性和女方的欺诈侵权。因此，法院应当适用《民法典》第1073条规定，先否认子女的婚生性，然后判决承担返还或者赔偿责任。

相关法条

《中华人民共和国民法典》

第一百四十七条 基于重大误解实施的民事法律行为，行为人有权请求人民法院或者仲裁机构予以撤销。

第一百五十七条 民事法律行为无效、被撤销或者确定不发生效力后，行为人因该行为取得的财产，应当予以返还；不能返还或者没有必要返还的，应当折价补偿。有过错的一方应当赔偿对方由此所受到的损失；各方都有过错的，应当各自承担相应的责任。法律另有规定的，依照其规定。

第一百五十二条 有下列情形之一的，撤销权消灭：

（一）当事人自知道或者应当知道撤销事由之日起一年内、重大误解的当事人自知道或者应当知道撤销事由之日起九十日内没有行使撤销权；

（二）当事人受胁迫，自胁迫行为终止之日起一年内没有行使撤销权；

（三）当事人知道撤销事由后明确表示或者以自己的行为表明放弃撤销权。当事人自民事法律行为发生之日起五年内没有行使撤销权的，撤销权消灭。

㉛ 赵某某诉北京某医院医疗服务合同纠纷案

——丈夫死亡后胚胎移植手术应否继续实施的认定

案件索引

一审：北京市西城区人民法院（2022）京 0102 民初 3822 号（2022 年 1月 24 日）

基本案情

原告赵某某（女）与其配偶袁某于 2019 年 2 月 18 日登记结婚，夫妻双方由于不孕不育前往被告北京某医院生殖与遗传医疗中心进行人工辅助技术诊疗，查出赵某某患有影响生育的有关疾病。经过近两年 8 次手术治疗，赵某某于 2021 年 8 月底具备进行人工辅助生育的身体条件，并开始进行人工辅助生育流程。在进行辅助生育治疗过程中，赵某某与袁某在北京某医院处陆续签署《实施辅助生殖技术术前生育承诺书》《废弃配子和胚胎知情同意书》等多份文件。2021 年 11 月 16 日，赵某某提取 3 个卵子并冷冻保存 1 枚 4BB 优质囊胚，随后赵某某及其配偶袁某准备就该枚优质囊胚实施胚胎移植手术。但在行胚胎移植术前，袁某却于同年 11 月 24 日去世。后原告赵某某多次向被告要求继续实施胚胎移植手术，被告均以赵某某配偶死亡导致其不符合胚胎移植手术的要求为由，拒绝继续履行医疗服务合同。故原告赵某某将被告诉至北京市西城区人民法院。诉讼中，袁某的父母向法院出具说明，同意由赵某某继续完成胚胎移植受孕。

原告认为，原被告之间已经形成合法有效的医疗服务合同关系，被告应当继续履行服务承诺，为原告完成胚胎移植手术。从法律关系上讲，尽管在实施胚胎移植手术前原告配偶死亡，但原告经治疗后具备了进行人工辅助生育的身体条件，被告应当继续履行合同义务，为原告实施胚胎移植手术。从人情道理上讲，继续完成胚胎移植手术，不仅是完成原告丈夫的遗愿，更是原告实现生育权的唯一途径，且原告及其配偶双方父母都对原告继续实施胚胎移植手术表示支持。从现实情况上讲，原告作为人民教师具有一定的经济条件，有能力为将来出生的孩子提供良好的生活与教育环境。

被告认为，原告配偶死亡后，原告不再符合进行胚胎移植的条件，不能再为其实施胚胎移植手术。一是根据《废弃配子和胚胎知情同意书》，夫妻双方或之一死亡而没有在遗嘱中留下任何涉及胚胎的意见，那么将按照废弃胚胎处理。二是根据《胚胎冻融知情同意书》，接受解冻胚胎时必须是合法夫妻，原告配偶死亡后，其一人没有权利要求使用其与他人共同共有的胚胎或胚囊怀孕。三是根据《人类辅助生殖技术规范》，不允许对单身妇女实施人类辅助生殖技术，如果移植怀孕，必然出现社会伦理问题，导致出生后孩子的基本合法权益无法得到保护并造成社会关系混乱。四是经人类辅助生殖技术治疗怀孕还涉及医学伦理问题，不能仅考虑患者的利益，还要考虑出生孩子的合法权益和基本的社会关系以及相关伦理。

经审理，北京市西城区人民法院于 2022 年 1 月 24 日作出民事判决：本判决生效后，被告北京某医院继续履行为原告赵某某实施胚胎移植手术的医疗服务合同。一审判决作出后，双方均未提起上诉，判决已生效。

核心争议焦点

丧偶妇女是否属于《人类辅助生殖技术规范》中规定的"单身"女性。

审判思路

袁某、赵某某夫妇在婚姻关系存续期间，申请进行胚胎移植，不违反现行法律法规的禁止性规定，医患双方签署胚胎移植医疗服务合同具有法律效力，双方应按合同约定享受权利，承担义务。袁某身故后，医方终止胚胎移植医疗活动欠妥，理由如下：我国法律规定，妇女有按国家有关规定生育子女的权利，也有不生的自由。《人类辅助生殖技术规范》中对于单身女性禁止性规定中"单身"应作狭义理解，即在妇女申请医方提供辅助生殖技术服务阶段，是否存在法律禁止的情形。而对于胚胎移植开始后，因突发原因导致妇女丧偶，不应将其等同于"单身"，在不触发伦理道德风险的情形下，应当充分尊重和保护女方是否选择继续妊娠的意愿。因此，原告要求继续完成胚胎移植，不违反法律法规的禁止性规定。原告赵某某与袁某的夫妻感情基础较好，均为独生子女，双方父母均同意原告继续完成胚胎移植并妊娠。原告有能力抚养子女，如孩子能够顺利降生，对于袁某父母也是一种心灵慰藉。

因丧偶导致"单身"的妇女能否要求医疗机构继续为其实施胚胎移植手术，成为近年来涉冷冻胚胎纠纷的一类典型争议问题。此类问题涉及对妇女生育权的保护，对于是否应按照"废弃"胚胎处理，应从尊重当事人意愿、适当界定"单身"、正确理解伦理三方面综合考量。更为重要的是，在加大妇女、儿童权益保护的时代背景下，司法机关更应着眼于通过裁判延展个案的社会效果，使得保障妇女合法权益成为社会共识和行动自觉，进而有力地弘扬社会主义核心价值观。

一、对按照"废弃"胚胎处理理由的分析

法官在司法裁判过程中，不仅要严格依法适用法律，更要理解立法的基本精神和价值取向。本案中，对冷冻胚胎的处置问题，应上升到对妇女生育权保障的层面分析。医疗机构以当事人同意、"单身"、违背伦理作为提出按照"废弃"胚胎处理的三项基本理由，但此三项理由均存在与现行《人口与计划生育法》《民法典》规定及基本精神不符的问题。

（一）关于对当事人意愿的尊重

知情同意规则，是医疗机构在实施人类辅助生殖技术过程中贯彻计划生育政策的重要技术手段。从民法视角观之，《知情同意书》具有合同性质，系医疗机构与患者之间就诊疗活动中的具体行为、风险、处理方式等所达成的意思合致。《知情同意书》体现了民法上的意思自治，一方面彰显了医疗机构与患者在法律上的平等地位；另一方面也说明了医疗机构对患者及其家属知情权的保障与尊重。同时，签署《知情同意书》也体现了民法上的当事人处分原则，即在不侵害国家、社会、他人利益，在不违背法律的强制性、禁止性规定及公序良俗的情况下，当事人有权自由处分自己的民事权利。但在医疗实践中，《知情同意书》一般由医疗机构单方制作，具有明显的格式合同特征，患者或其家属在签字过程中，缺少与医疗机构进行实质性协商、议定的过程。《知情同意书》的签署，意味着患者或其家属接受了将来可能由患者承受的风险及不利后果，暗含着当事人处分原则的法律功效，也成为医疗机构

免除责任的"合法"依据。

在冷冻胚胎移植这种特殊的医患关系中，患者所签署的由医疗机构提供的《知情同意书》是在遵循我国20年前的"一孩"计划生育政策下制作的，有关"按照废弃胚胎"处置的内容与如今的《人口与计划生育法》的规定和精神严重背离。面对我国新的人口状况背景和计划生育立法，在冷冻胚胎的处置问题上应当在不侵害国家、社会、他人合法权益，在不违反法律的强制性、禁止性规定以及公序良俗的情况下，给予患者更多的处分空间和意思自由。患者与医疗机构于术前所签订的《知情同意书》不应成为一个绝对的、不可更改的意思表示，患者有权作出新的意思表示来依法处分自己的权利，医疗机构亦应予以尊重。本案法院面对被告"已签署《知情同意书》的抗辩"，并未简单地从文义出发机械司法，而是本着充分尊重当事人意愿的民法精神，在不违反《人口与计划生育法》《妇女权益保障法》规定的前提下，作出继续履行合同的判决，从而依法保障了妇女的生育权。

（二）关于对"单身"的理解

原卫生部制定的《实施人类辅助生殖技术的伦理原则》（以下简称《伦理原则》，现已失效）中有关不得为单身妇女实施人类辅助生殖技术的规定被置于"社会公益原则"之下，可见，当时在国家卫生行政主管部门看来，单身妇女通过人类辅助生殖技术怀孕并生育后代有违社会公益。这样的规定显然是在遵循我国特殊历史背景下"一夫一妻一孩"的计划生育政策下制定的，因为彼时违反"一夫一妻一孩"计划生育政策而出生的新生儿被认为是增加了社会负担，无益于社会公共利益。毫无疑问，这里更多是政策考量。

通过人类辅助生殖技术帮助无自然生育能力的夫妻完成生育，与避免因大量单身妇女通过该项技术生育后代出现大量单亲子女引发社会问题，二者之间存在一定的冲突，如何平衡二者之间的冲突，对"单身"的正确认定至为重要。单身妇女存在以下三种情况：一是未婚单身女性；二是离婚单身女性；三是丧偶单身女性。从"不得给单身妇女实施人类辅助生殖技术"规定的目的及其背景来看，这一规定主要是为了避免"未婚生育"问题。因此，对"单身"的理解不应"一刀切"，也不宜作扩大解释。特别是对于通过人类辅助生殖技术获得人类胚胎的妇女来说，尽管因丧偶而导致夫妻关系自动解除，该丧偶妇女事实上属于单身法律状态，但能否因此即将其简单划归"单身"妇女，则值得商榷。湖南省长沙市开福区人民法院在其作出的一份与本案案情基本一致的案件判决中指出，原卫生部规定中的"单身妇女"应当指未婚妇女，与丧偶妇女有本质区别。从当前有关计划生育的法律、政策观之，对"单身"更宜作目的性限缩解释，即对于成功培育胚胎后，因意外情况丧偶的妇女来说，不宜认定为本案所讨论的"单身"妇女。理由在于，对于此类妇女来说，继续通过胚胎移植手术生育子女并未违反现行《人口与计划生育法》，并不损害社会公共利益。因此，在认识和看待是否要继续实施冷冻胚胎移植手术问题上，将成功培育胚胎后丧夫的妇女排除在"单身"妇女范围之外，更有利于保障妇女的生育权。

（三）关于对是否违背伦理的判断

对新生儿出生后将成为单亲子女的担忧，是医疗机构认定在配偶死亡情况下，继续完成胚胎移植手术违背伦理的重要理由。根据《伦理原则》规定，从保护后代原则出发，"如果有证据表明实施人类辅助生殖技术将会对后代产生严重的生理、心理和社会损害，医务人员有义务停止该技术的实施"。由此可知，"对后代产生严重的生理、心理和社会损害"是判断是否应当完成胚胎移植技术的实质标准。对于在本案情形下，是否会产生医疗机构担心的伦理问题，具体分析如下：

首先，对于出生在单亲家庭的孩子来说，其未必就一定会产生严重的生理、心理或社会问题，在正确的家庭教育和学校教育下，以及在正确的社会价值观和法律规范的引导下，单亲家庭的孩子完全可以身心健康地成长，形成完整、健全的人格。其次，丧偶不同于近亲结合、代孕、胚胎赠送等明显违背伦理的行为，在男方死亡之前，冷冻胚胎的培育是在符合伦理观（合法夫妻）的基础上完成的，不能因实施胚胎移植手术过程中男方的死亡而改变对伦理标准的认定。最后，对于合法夫妻成功通过人类辅助生育技术形成冷冻胚胎的情形，从伦理道德上不应与自然受孕形成胚胎的情形有所差异。如果一般社会观念认为通过自然受孕的妇女，在怀孕期间其丈夫死亡，孕妇完成分娩生育子女不存在违背伦理的问题，那么同样的情形，只不过是通过技术手段辅助完成子女的生育亦不应被认为是违背伦理。

此外，在当下，无论是国家法律还是社会观念，对非婚生子女都已经给予了平等的对待与尊重。既然我们的社会已经并不认为非婚生是有违伦理的，那么就更不应该认为一个仅是通过生殖辅助技术出生的婚生子女是违背伦理的。总之，尽管人类辅助生育技术固然涉及伦理问题，但不能仅因为在实施移植手术过程中男方死亡，就认为因继续实施胚胎移植手术而出生的孩子将产生严重的生理、心理和社会损害，进而认为这是违背伦理的。

二、司法保护妇女生育权在社会效果上的延展

法院通过司法裁判修正医疗机构基于过时规章制度所实施的诊疗行为，有利于将个案中对妇女生育权的保护，转化为司法保障妇女合法权益的良好社会效果，进而有力地弘扬社会主义核心价值观。

（一）保护妇女生育权是人权保护的进步

人权是对人的生存与发展各项权利的高度概括与凝练，在权利体系中居于最高价值的地位。习近平总书记指出："人权保障没有最好，只有更好。"[①]坚持以人民为中心，把人民利益作为出发点和落脚点，不断解决好人民最关心最直接最现实的利益问题，努力让人民过上幸福生活，这才是最大的人权。妇女生育权是一项基本人权，是与生俱来的权利，依法保障妇女生育权是人权保障的重要内容。保障妇女对生育与否的自由，是对妇女独立人格的尊重，是消除妇女歧视和男女不平等的重要方面。司法机关在处理涉冷冻胚胎移植相关纠纷时，不仅要在尊重当事人意愿的前提下准确找法、适法，还要从保障妇女生育权这一基本人权的高度进行价值考量，从而通过司法裁判，在依法保障妇女生育权的同时，推进我国人权事业的发展。

（二）保护妇女生育权是对当前生育政策的贯彻

与 20 年前不同，如今国家实施的是一种鼓励生育的政策导向。我国医疗机构对人类辅助生殖技术的应用以及相关操作规范，与国家计划生育政策有着密切关联。人类生殖辅助技术能够被法律承认其合法性，即在于这项技术旨在帮助存在生育障碍的女性恢复生育能力，让其生活得更加健康、幸福。因此，在不违反计划生育法律规定、公序良俗的前提下，尽可能保障有生育意愿但无法自然生育的妇女生育子女，是保障妇女合法权益的重要内容。司法机关在个案处理上，不仅要实现个案正义，从而起到依法适用法律保障妇女生育权，引导当事人修正行为的作用；而且还要通过司法活动贯彻落实我国现行计划生育法律和政策，从而获得依法鼓励生育的良好社会效果。

（三）司法对传统文化与家庭情感的尊重

尽管从法律上我国已经承认了生育自由的理念，并在社会心理上形成了对生育自由的普遍认同，但传宗接代的观念依然有着强大的文化力量。繁衍

[①] 习近平：《坚定不移走中国人权发展道路 更好推动我国人权事业发展》，载《求是》2022 年第 12 期。

后代无疑是确保种族延续的根本保障，因此要在尊重适育男女独立人格、自主意愿的前提下，积极通过立法、执法、司法引导适育男女生育子女。此外，生育后代往往会成为家庭幸福的源泉，对于部分无法自然生育的夫妻及其家庭来说，没有子女会给其个人及其家庭带来苦恼，甚至产生家庭矛盾。因此，愿意接受人类辅助生育技术的人，对成功生育子女充满期待，一般也都具备抚养能力。基于此，司法机关在面对患者继续实施胚胎移植手术的司法诉求时，除了应当充分尊重当事人的意愿，且对实施胚胎移植手术行为是否违反法律强制性、禁止性规定及公序良俗进行审查外，亦应将中国传统文化与家庭情感纳入裁判考量的范围，尽可能做到天理、国法、人情的统一，从而在充分保障妇女合法权益的同时，实现对社会主义核心价值观的有力弘扬。

案例编写人 北京市西城区人民法院 刘伟光 林 涛

 **专家点评**

> **王竹** 四川大学法学院教授、博士生导师，四川智慧社会智能治理重点实验室主任，四川大学市场经济法治研究所所长
>
> 本案是人民法院依照《民法典》和《妇女权益保障法》等法律的基本精神和价值取向，依法保护妇女生育权益的典型案例。一方面，原告配偶生前多次与原告一起接受人类辅助生殖技术治疗，且未向医疗机构表示拒绝履行合同，人民法院由此推知继续实施胚胎移植手术并不违反原告配偶的生前意愿，体现了人民法院对当事人意愿的充分尊重。另一方面，人民法院并未机械适用《人类辅助生殖技术规范》"禁止给单身妇女实施人类辅助生殖技术"这一规定，而是结合案情和国家人口和计划生育政策的变化，对"单身妇女"作限缩解释，指出丧偶妇女有别于上述规范中的"单身妇女"，体现了司法保护妇女生育权益的良好社会效果，有力弘扬了社会主义核心价值观。

 **相关法条**

《中华人民共和国民法典》

第一条 为了保护民事主体的合法权益，调整民事关系，维护社会和经

济秩序，适应中国特色社会主义发展要求，弘扬社会主义核心价值观，根据宪法，制定本法。

《中华人民共和国妇女权益保障法》

第三十二条 妇女依法享有生育子女的权利，也有不生育子女的自由。

32 某网络科技有限公司诉某投资管理有限公司、第三人某律师事务所其他合同纠纷案

——诉讼投资协议效力的司法认定

案件索引

一审： 上海市静安区人民法院（2020）沪 0106 民初 2583 号（2021 年 8 月 6 日）

二审： 上海市第二中级人民法院（2021）沪 02 民终 10224 号（2022 年 5 月 31 日）

基本案情

2017 年 7 月 20 日，上海市崇明区人民法院（以下简称崇明法院）对某投资管理有限公司（以下简称某投资公司）诉某参茸股份有限公司（以下简称某参茸公司）等服务合同纠纷一案（以下简称标的案件）作出某参茸公司支付某投资公司顾问服务费 7684950 元及违约金的判决。同年 11 月 2 日，上海市第二中级人民法院裁定发回重审。

2017 年 12 月，某投资公司、某网络科技有限公司（以下简称某科技公司）、某律师事务所（以下简称某律所）签订《诉讼投资合作协议》，主要约定：某科技公司是中国首家法律金融公司，为法律服务提供金融解决方案，以诉讼投资、不良资产处置为主要业务范围。某科技公司投资某投资公司在标的案件中的全部诉讼费用，包括案件受理费、律师费等。某投资公司根据生效法律文书，以其最终实际收到的某参茸公司支付款项的 27% 作为某科技公司的投资收益。若某投资公司败诉或最终无法收到款项，某科技公司自担损失，某投资公司无需支付任何费用。某科技公司关联方某律所的律师担任某投资公司在标的案件中的代理人。如果某律所及其代理律师发生主体变更，由某律所指派律师，并征得某投资公司同意。某投资公司有权跟进标的案件

的进展状况，并针对案件的调解、和解与诉讼行为，有权参与决策的最终制定。某科技公司可以参与商讨标的案件的诉讼策略、诉讼节点等问题。鉴于此项业务涉及不可预测的政策风险，缔约三方应尽最大努力做好保密与风控工作。

同日，某投资公司和某律所签订《委托代理合同》，主要约定：某科技公司向某律所支付律师费。律师费包括基础律师费 10 万元和某参茸公司支付款项金额的 15%（含基础律师费）。

2018 年 1 月 3 日，某科技公司分别向某投资公司和某律所转账诉讼费垫资款 65595 元和律师费 10 万元。

2018 年 2 月 5 日，标的案件重审，崇明法院判决某参茸公司支付某投资公司顾问服务费 3045000 元和违约金。后上海市第二中级人民法院二审判决驳回上诉，维持原判。

2019 年 7 月 24 日，某参茸公司向崇明法院交付标的案件执行款 5482835.34 元。

2019 年 12 月 30 日，上海市高级人民法院裁定驳回某投资公司就标的案件提出的再审申请。

某科技公司认为：《诉讼投资合作协议》系各方真实意思表示，并未违背现行法律。诉讼投资可在资金帮助和律师选择上为当事人提供便利，且通过案件的审核有效减少了不当诉讼，避免了司法资源的浪费，故与公序良俗无悖。诉讼投资不应当由司法作效力否定的评价，而应当进行监管。该投资形式在域外司法中被认定有效。某科技公司认定《诉讼投资合作协议》有效采用的是纯粹的商业自由思维，在专门规范缺位的现状下，应充分尊重意思自治。

某投资公司认为：某科技公司超越经营权限从事金融业务，且由专职律师担任法定代表人，故该协议违背法律、行政法规强制性规定，当属无效。某投资公司认定《诉讼投资合作协议》采用的是一般的合同无效认定规则。

某律所的观点同某科技公司。

核心争议焦点

案涉《诉讼投资合作协议》是否有效。

审判思路 ································

法院生效裁判认为，本案的争议焦点为《诉讼投资合作协议》的效力认定问题。

一、案涉协议的交易模式具有指向非实体经济领域的金融属性，应当谨慎认定其效力

首先，案涉协议并非有名合同，涉及投资、委托等多重法律关系。因存在资金融通，具有金融属性。投资对象和融资指向是标的案件和司法行为。此交易将资本投向非实体经济的诉讼领域，有违国家引导金融脱虚向实的价值导向，司法不应当对此持倡导和鼓励的立场。其次，合同效力评价体现国家对私法行为的干预。因政治、经济、文化、价值观念不同，判定标准在国家间存在差异。当前我国的诉讼投资领域规范和监管均为空白。司法应考量交易特征和行业现状，针对合同目的和条款内容从事实和价值等角度谨慎认定个案合同效力，从而引导新兴行业有序发展，防止资本无序扩张。

二、案涉协议内容有损公共秩序

（一）投资方某科技公司与代理人某律所高度关联，缺乏利益隔离设置，妨害诉讼代理基本原则的实现

某律所不再是独立的法律服务提供者，难以在某科技公司同某投资公司出现利益冲突时保障某投资公司实现权益最大化。通过高度捆绑的利益共同体，某科技公司可借某律所进入须特许经营的诉讼代理领域，某律所亦可借某科技公司之名获取法定代理费标准之外的收益，从而规避诉讼代理相关强制性规范，并产生税务合规等衍生问题。

（二）某科技公司过度控制某投资公司的诉讼行为，侵害其诉讼自由

案涉协议剥夺了某投资公司在标的案件中以下诉讼自由：首先，自行委托律师的自由。某投资公司欲更换律师时只能接受某律所重新指派的新律师，故某投资公司代理人实质上被某律所垄断。其次，行使诉讼处分权的自由。针对标的案件，某投资公司旨在保障自身权益，某科技公司的目的在于最大化投资回报，故二者存在利益冲突的可能。案涉协议将某投资公司依法当然享有的诉讼决策权限缩至诉讼决策参与权的同时，还赋予某科技公司参与商讨诉讼策略、节点的权利，将其纳入诉讼决策者的范围之中。这些约定赋予了某科技公

司干预和控制诉讼进程的权利，实质性地限制了某投资公司的诉讼自由。

（三）设置保密条款，投资信息不披露，危害诉讼秩序

首先，当标的案件审判组织存在因某科技公司而需回避的情形时，保密条款妨碍了回避制度的功能实现。其次，标的案件相对方或因知晓诉讼投资的存在而改变诉讼策略的选择或诉讼权利的处分，保密条款打破了两造对抗结构的平衡。再次，保密条款剥夺了某投资公司通过法院介入，从而避免某科技公司过度干预诉讼的机会。最后，保密条款为投资方同时投资标的案件双方当事人等危害诉讼秩序的行为提供了空间。

三、案涉协议项下的交易模式有违善良风俗

首先，有违司法活动服务社会公众利益的公共属性。投资标的包含司法活动。同代理人高度关联和过度控制诉讼的权利令某科技公司成为司法活动的密切利益方，其私利目的或影响司法。其次，有违和谐、友善的核心价值观。案涉协议助推或吸引当事人以较低的成本发起诉讼，可能引发随意起诉、滥诉现象，不利于息诉止争，有架空多元化解纠纷机制的风险，与善良风俗相悖。

案件点睛

本案系全国首例认定诉讼投资协议效力的案件。诉讼投资是投资方以被投资方作为一方当事人的诉讼案件为标的，为被投资方垫付诉讼费用，案件胜诉则投资方从被投资方所得案款中收取一定投资收益，败诉则投资方分文不取且无权要求返还已垫付费用的一种源起于域外的投资方式。诉讼投资于近年引入我国并初具发展规模，配套规制的空白使得诉讼投资协议效力认定成为理论界和实务界的热议话题。本案认为，评判诉讼投资协议的效力，应依据公序良俗原则，综合考量交易模式的金融属性和投资对象为司法案件等因素，结合诉讼投资行业刚刚起步、配套规范和监管缺失的现状，对合同订立目的、具体条款内容进行事实和价值层面的判断，审慎认定合同效力。诉讼投资协议约定投资方同诉讼代理人高度捆绑、投资方过度控制诉讼、禁止投资信息披露的，有损诉讼秩序，异化司法的公共属性，背离息讼止争的核心价值，违背公序良俗原则，依法应认定为无效。本案的处理不仅对后续类案审判具有极高的指导意义，还为诉讼投资行业健康有序发展作出了正确的指引。

案例编写人 上海市第二中级人民法院 李非易

专家点评 ....

许中缘　　中南大学法学院院长、教授、博士生导师，中国民法学研究会常务理事

作为当事人诉讼费用转嫁机制的一种形态，诉讼投资以市场转嫁的方式实现当事人诉讼费用的转移，被西方国家视为"接近司法"的新措施。诉讼投资本身是当事人的诉权交易。诉权是一种权利，但本质是国家司法权保障民事主体的权利救济的手段。因此，不能将诉权单纯理解为一种私人财产权，而应该理解为具有私人财产权性质的具有公共属性的权利。因此，诉权不能作为普通财产一样进行对赌投资。由此，诉讼投资协议本身并不能简单地理解为主体之间的私人契约，简单遵循契约自由原则，需要从诉讼资源的配置与当事人诉权的合法行使等角度进行综合考量。因此，为保障民事主体诉权的有效行使，对于该种类型的契约效力，应该受到公序良俗与社会主义核心价值观的审查。如果诉讼投资的本意是避免原告因诉讼成本高而放弃诉讼或仓促和解，通过投资者分散原告败诉风险，以及预先解决受害人生活费用、减轻社会压力的，则该类契约应该有效。但如果超越了诉权的本质，违背公序良俗与社会主义核心价值观，则为无效。本案中，投资方某科技公司与代理人某律所高度关联，缺乏利益隔离设置，会对诉讼代理基本原则的实现产生妨害。此外，案涉协议会助推当事人以较低的成本发起诉讼，可能引发随意起诉、滥诉，不利于息诉止争，有违和谐、友善的社会主义核心价值观。本案系全国首例认定诉讼投资协议效力的案件，对后续类案审判具有借鉴意义，对诉讼投资行业健康有序发展具有指导价值，亦对社会主义核心价值观的弘扬具有较高的社会意义。

相关法条 ....

《中华人民共和国民法典》

第一百五十三条　违反法律、行政法规的强制性规定的民事法律行为无效。但是，该强制性规定不导致该民事法律行为无效的除外。

违背公序良俗的民事法律行为无效。

33 苏州某科技股份有限公司诉练某某、第三人惠州某科技有限公司等合同纠纷案

——投资方让渡经营决策权给予业绩承诺方是
"对赌协议"的附随义务

案件索引

一审： 江西省宜春市中级人民法院（2021）赣 09 民初 110 号（2022 年 5 月 27 日）

二审： 江西省高级人民法院（2022）赣民终 869 号（2023 年 3 月 23 日）

基本案情

2017 年 1 月 9 日，原告苏州某科技股份有限公司（以下简称苏州某公司）作为甲方与乙方惠州某科技有限公司（以下简称惠州某公司）原股东吴某甲、吴某乙、练某某、柯某某、黄某某（以下简称练某某等原股东）分别签订了《苏州某某公司发行股份及支付现金购买资产协议》（以下简称《购买资产协议》）和《发行股份及支付现金购买资产的利润补偿协议》（以下简称《利润补偿协议》）。《购买资产协议》约定："乙方向甲方出让惠州某公司 100% 股权，价值为 34 亿元，甲方以发行股份的方式向乙方支付其所持有的资产对应价值 70% 的对价，以现金方式支付 30% 的对价。乙方内部按照其在惠州某公司的持股比例获取相应的股份对价和现金对价。"《利润补偿协议》约定："本次交易的业绩承诺期和利润补偿期为 2017 年、2018 年和 2019 年，乙方承诺惠州某公司利润承诺期间实现的净利润承诺数总额不低于 12.8 亿元，其中 2017 年度、2018 年度、2019 年度实现的净利润承诺数分别不低于 3.3 亿元、4.2 亿元、5.3 亿元；若利润承诺期间惠州某公司的实际净利润数低于乙方净利润承诺数，则乙方须就不足部分以股份形式向甲方进行补偿，如乙方所持股份不足以补偿的，应由乙方以现金方式补偿甲方。"

案涉股权收购之前，苏州某公司向中国证监会提出发行股份购买资产并募集配套资金的申请，并出具《苏州某公司发行股份及支付现金购买资产并募集配套资金预案》，内容包括："本次交易后的经营发展战略和业务管理模式，在业务管理方面，本次交易完成后，主要依托母公司的客户、资金优势，借助惠州某公司原有管理团队，在苏州某公司规范运作的框架下对惠州某公司进行监督、管理。"2017年4月，中国证监会向苏州某公司反馈意见，要求苏州某公司补充披露本次交易未设置业绩承诺期期末减值安排的原因等信息和意见。2017年5月，苏州某公司书面回复称："未设置业绩承诺期期末减值安排是交易双方在法律法规框架下通过市场化的商业谈判达成的一致意见；交易完成后，苏州某公司将通过新组建董事会、聘任总经理和财务总监等方式，对惠州某某公司实施有效控制。因此，交易对方不再对惠州某某公司未来的生产经营产生决定影响，对惠州某某公司未来的业绩事实上不具有全面负责的能力。若业绩承诺期期末设置减值测试安排，会造成权利和补偿责任不对等。"

2017年7月31日，苏州某公司与练某某等原股东签订了一份《发行股份及支付现金购买资产交割确认书》，确认向苏州某公司交割的资产为练某某等原股东持有的惠州某公司100%股权。2017年8月1日，惠州某公司进行了工商变更，法定代表人由吴某乙变更为王某某，股东变更为苏州某公司，企业类型变更为法人独资。自案涉股权收购完成组成新董事会起至2019年12月止，惠州某公司董事会成员保持由苏州某公司委派3名、惠州某公司原股东2名的结构。对赌期间，练某某作为总经理行使职权过程中与董事会意见不一致时，通常以董事会的意见为准实施惠州某公司决议和管理行为。苏州某公司在2017年度从惠州某公司抽取3600万元进行股东分红。2018年3月18日柯某某邮件代表惠州某公司练某某等原股东对提取惠州某公司资金至苏州某公司进行分红的董事会方案提出的反对意见时，苏州某公司未予理睬并实际按董事会决议抽取2191.09万元履行分红方案。2018年5月19日，练某某由于与惠州某公司董事会其他成员就3D项目投资有关事宜未达成一致意见，在微信群聊中以苏州某公司大股东严重干扰微博运营而又不承担任何责任为由提出辞去惠州某公司董事职务。惠州某公司2018年5月下旬召开董事会会议，决议接受练某某辞去董事职务，提议增补柯某某为新董事；惠州某公司常务副总经理、销售总监、运营总监职务，将由惠州某公司董事会决定聘任。该次董事会会议同时明确并决议："全资股东苏州某某公司委派的董事会被公司章程赋予的权力，必须得到管理层的遵守和服从；管理层对惠州某某公司董事会决议需及时、充分予以执行。"

案涉股权收购之前，惠州某公司的主营业务收入来自智能手机按键、卡托、装饰圈等精密金属小件产品。苏州某公司收购惠州某公司、向惠州某公司派驻董事形成新的董事会之后，惠州某公司董事会通过决议和经营指令，使惠州某公司的业务逐渐从金属小件为主转向金属小件、金属大件和 3D 热压塑胶后盖共同发展。2019 年主营业务转为 3D 后盖项目。

惠州某公司 2017 年实现净利润 22759.92 万元，2018 年实行净利润 8589.67 万元。对 2017 年、2018 年未达到业绩承诺，均已由练某某等原股东按《利润补偿协议》的约定返还苏州某公司股份、由苏州某公司按约定价格回购的方式补偿完毕。2019 年，惠州某公司实现扣除非经常性损益后归属于母公司所有者的净利润为 −8431456.65 元，未达到《利润补偿协议》约定的5.3 亿元净利润，业绩承诺未完成。2020 年 4 月 28 日，苏州某公司向练某某邮寄送达书面通知，要求练某某按照《利润补偿协议》约定履行补偿义务。练某某通过《律师函》回复苏州某公司称："惠州某某公司 2019 年度净利润未达承诺数，主要是因所处行业市场竞争加剧、贵司实质参与公司管理、公司经营决策重大调整、管理层发生变动等因素造成，贵司未对此予以考量，却要求练某某对惠州某某公司净利润未达承诺数在持股比例范围内承担完全责任，明显违反权利义务对等原则和公平原则，缺乏法律依据。"

苏州某公司向人民法院提起诉讼：（1）请求判令被告练某某向苏州某公司交付苏州某公司股份 7268154 股，苏州某某公司以 1 元回购并注销；（2）请求判令练某某向苏州某公司支付现金补偿 24909110.10 元，并支付利息损失；（3）请求判令练某某向苏州某公司返还现金分红 1453630.74 元并支付利息损失。

原告苏州某公司认为：其与惠州某公司练某某等原股东于 2017 年签署了《购买资产协议》和《利润补偿协议》，约定本次交易的业绩承诺期和利润补偿为 2017 年、2018 年和 2019 年，净利润承诺数分别不低于 3.3 亿元、4.2亿元、5.3 亿元，否则其应向苏州某公司进行补偿。因 2019 年度惠州某公司净利润为 −8431456.65 元，业绩承诺未完成。练某某应按照约定，按照其原持惠州某公司的股权比例履行其股份补偿及现金补偿义务，并返还现金分红。

被告练某某认为：在业绩承诺期间，惠州某公司的经营权由苏州某公司实际控制并行使，所以苏州某公司起诉主张的业绩补偿责任应当由当时的经营者即苏州某公司承担。

原告苏州某公司基于合同的履行义务，要求练某某根据《利润补偿协议》

的约定承担利润补偿责任。

被告练某某从权利义务对等原则出发，认为其在对赌期间已失去了对惠州某公司的经营决策权，让其继续按照《利润补偿协议》约定承担因经营决策不当导致利润不达标的补偿责任，无法律依据。

核心争议焦点

练某某是否应当履行利润补偿义务？如需履行，练某某应当履行的具体数额如何确定。

审判思路

法院生效裁判认为：本案各方当事人所签订的《购买资产协议》《利润补偿协议》及其补充协议等系列协议实质为"对赌协议"，合法有效。双方产生争议的根源在于惠州某公司的经营控制权之争。对赌协议作为附条件的股权转让协议，由目标公司原股东承担业绩差额的补偿，这正是股权收购方基于对目标公司前景的看好及对目标公司管理层的肯定而溢价收购的前提；同理，对目标公司的经营把控也是股权转让方出具业绩承诺的基础和前提。故对赌期间目标公司的经营及风险交由原股东承担，这符合对赌双方的利益驱动，也符合双方业绩对赌的初衷。

根据查明的事实，在对赌期间，苏州某公司控制了惠州某公司从董事、董事长到法定代表人，再到总经理等经理级以上人员重要岗位的人事任免权。2017年7月27日，苏州某公司制定惠州某公司新版章程，规定董事会作出决议必须经全体董事过半数通过。练某某因苏州某公司分红事项以及苏州某公司控制惠州某公司经营导致原股东无法行使经营决策权等原因与苏州某公司沟通不畅，提出辞去董事职务。苏州某公司于2018年5月下旬召开董事会，接受练某某辞去董事职务并要求练某某等作为管理层必须遵守和服从董事会的决议；对惠州某公司的董事会决议需及时、充分予以执行。以上事实表明，对赌期间惠州某公司的经营管理实际由董事会负责，惠州某公司原股东虽然有一定的经营管理权，但苏州某公司并未完全让渡惠州某公司的经营决策权给予原股东，原股东对惠州某公司的业绩事实上已不具有全面负责的能力。同时，本案中由于业绩承诺的存在，惠州某公司的利益在对赌期间与惠州某公司原股东的利益更为一致；苏州某公司的管理控制已经影响、妨碍了原股东的经营决策，事实上影响、妨碍了惠州某公司的经营决策，在惠州某公司净利润未达到业绩承诺的情形下不顾原股东反对提取惠州某公司资金分红的决议事实上损害了惠州某公司利益。事实上，苏州某公司对此也早有认知。2017 年 5 月，苏州某公司在通过其独立财务顾问向中国证监会就涉及本案交易"未设置业绩承诺期期末减值安排的原因"书面明确回复"苏州某公司将通过新组建董事会、聘任总经理和财务总监等方式，对惠州某公司实施有效控制。因此交易对方不再对惠州某公司未来的生产经营产生决定影响，对惠州某公司未来的业绩事实上不具有全面负责的能力。若业绩承诺期末设置减值测试安排，会造成权利和补偿责任不对等"。本案中苏州某公司对惠州某公司经营管理的安排既不符合对赌协议的本身目的，事实上也形成了对双方对赌协议权利义务的变更。在此情形下，练某某提出对业绩承诺约定的抗辩具有一定的事实和法律依据。结合本案的具体情形，法院酌定练某某承担 2019 年度业绩补偿个人责任的 40%。

案件点睛

近年来，业绩"对赌协议"在并购重组和公司投资领域被广泛应用。本案系一起公司并购中履行对赌业绩补偿纠纷的典型案例，双方产生争议的根源在于对赌期间并购方是否行使了目标公司的经营决策权并影响了公司业绩。本案生效裁判基于对赌的商业模式、对赌的目的、权利义务平衡、合同的诚信履行原则等，明确了对赌期间享有目标公司的经营决策权是融资方作出业绩承诺的前提，投资方让渡经营决策权给予融资方是"对赌协议"的内在附随义务。当目标公司未达到承诺业绩时，因对赌期间投资方妨碍融资方行使目标公司的经营决策权，融资方主张相应减免其业绩补偿责任的，人民法院应予支持。本案对类案的裁判具有指导价值，对于引导商事实践中"对赌协议"的合理运用、促进资本市场的良性循环发展有一定的积极作用。

一、对赌模式的核心在于目标公司的业绩

商事实践中，对赌通常是投融资双方在达成投资意向后，根据目标公司生产经营状况和发展前景等因素对其市场价值进行预估，通过签订"对赌协议"，以未来一段时间内目标公司的业绩增长、公司上市等内容为对赌目标，由投资方投入资金并获取股权，并约定根据目标公司完成对赌目标的情况，由一方通过股权回购、股权调整以及现金补偿等方式对公司的估值予以调整。

如当目标公司完成对赌目标时，投资方转让目标公司的部分股权给目标公司作为对赌成功的奖励；当目标公司未完成对赌目标时，由融资方回购投资方持有的目标公司的股权，或者将自身持有的股权以较低的价格转给投资方，或者支付金钱作为对投资方的补偿。① 可见，对赌的核心在于目标公司的业绩，也因此，作为影响公司业绩的最直接因素，对赌期间目标公司经营决策权的行使至关重要，直接决定了对赌的成功与否以及双方的利润收益和责任承担。

二、对赌模式下目标公司经营决策主体的考量

对于"对赌协议"内容约定不明导致对目标公司经营控制权行使主体的认定，可以从对赌的目的、双方追求的结果、合同权利义务均衡等方面进行考量。

（一）从对赌的目的出发，投资方追求的是利润收益上的共赢而非企业控制权

对赌模式下，于融资方而言，其基于目标公司既有的经营管理和市场前景，通过签订"对赌协议"的方式借助投资方的资本进一步扩大市场，提高公司业绩和利润增长，以从市场上获得巨额的股权收益；于投资方而言，对赌期间，其根本目的不是接管公司或取得公司的控制权，而是在于通过资金投入获得一定的收益回报。"对赌协议"投资方最初的角色仅为财务投资者，并不介入被投资企业的治理结构，也不参与被投资企业的经营管理。② 在私募股权融资中，投资方作为财务投资者，一般不参与公司的经营管理。③

（二）从对赌的效果来看，融资方行使经营决策权更有利于提升双方的利益

对于投融资双方来说，从本质上都是希望对赌成功的。"对赌协议"并不是投融资双方争夺同一块既定的蛋糕，而是都希望将蛋糕做大，从而使得自己拥有的那一部分变得更大。投资方从根本上是希望看到企业经营者赢得赌局的，只有这样投资方才能从资本市场上赚到钱，而不是从经营者手中赚到钱，因为与业绩推动下的资本增值相比，对赌协议中涉及的价值补偿并不足

---

① 傅穹：《对赌协议的法律构造与定性观察》，载《政法论丛》2011 年第 6 期。
② 傅穹：《对赌协议的法律构造与定性观察》，载《政法论丛》2011 年第 6 期。
③ 杨明宇：《私募股权投资中对赌协议性质与合法性探析——兼评海富投资案》，载《证券法律与监管》2014 年第 2 期。

以满足投资方的期望。[1]而由融资方行使目标公司的经营决策权更有利于实现对赌成功的目标。一方面，融资方作为目标公司的既有经营管理者，对目标公司的经营管理有着丰富的经验，而传统的金融服务公司或专业投资机构虽然在投资业务和财务管理方面具备专业经验，但往往并不擅长目标公司的市场经营管理。即便是公司并购中的并购方，大多数情况下，其对目标公司的熟悉程度都不及既有管理者。因此，融资方更有能力提升对赌期间目标公司的业绩和利润，促进对赌成功。另一方面，基于对赌失败情形下融资方要承担利润补偿等不利后果，融资方也有更加强烈的意愿和动力去妥善经营管理目标公司，提高公司业绩、实现对赌成功的目标，从而为投融资双方创造更大的收益。

（三）从均衡双方权利义务角度而言，应当由融资方行使经营决策权

对赌期间，目标公司的经营决策直接决定了公司的业绩和对赌的结果。在对赌成功的情形下，投融资双方必然会从市场上获得预期甚至是超预期的经营和投资收益。[2]但是，当对赌失败时，投资方可以按照协议要求融资方履行股权回购、股权调整或金钱补偿等义务保证其收益，而融资方则可能面临着巨额的金钱补偿、股权回购等补偿责任，甚至可能直接失去目标公司的控制权。因此，在投资方"旱涝保收"，但融资方要承担对赌失败的补偿责任等不利后果的对赌模式下，由融资方继续行使目标公司的经营决策权，方能体现双方的权利和义务均衡。相反，如果由投资方行使目标公司的经营决策权，因为有融资方业绩补偿责任的兜底，投资方妥善经营公司努力实现对赌目标的意愿和动力必然弱于融资方，甚至可能诱发投资方恶意经营致使业绩不达标的道德风险，有违双方对赌的初衷。

三、投资方让渡经营决策权给予业绩承诺方是"对赌协议"的附随义务

民事主体从事民事活动，应当遵循诚信原则，秉持诚实，恪守承诺。《民法典》第 509 条第 2 款规定："当事人应当遵循诚信原则，根据合同的性质、目的和交易习惯履行通知、协助、保密等义务。"此处"通知、协助、保密等义务"即为"附随义务"。[3]"对赌协议"中，业绩承诺与目标公司经营管理权条款是一种对价关系，只有掌握了目标公司的经营决策权，才能控制并真

---

[1] 参见程锋：《对赌协议中的成本分析与决策》，载《财会研究》2007 年第 2 期。

[2] 潘林：《金融创新与司法裁判：以我国"对赌协议"的案例、学说、实践为样本》，载《南京师范大学学报（社会科学版）》2013 年第 3 期。

[3] 彭诚信、朱琨：《合同履行中违反附随义务的法律效果》，载《政法论丛》2005 年第 10 期。

正决定目标公司的业绩。对赌期间，将经营决策权让渡给融资方，是融资方作出业绩承诺的基础和前提，这既有利于均衡双方的权利义务、实现双方共同追求的对赌成功的结果，也符合对赌双方的利益驱动和对赌初衷、符合社会公众最朴素的认知。因此，对赌期间投资方将目标公司的经营决策权让渡给业绩承诺方即融资方，是"对赌协议"的应有之义，也是投资方的内在附随义务。在对赌失败情形下，当"对赌协议"投资方未履行附随义务，干预融资方行使目标公司决策经营权并影响公司业绩的，应当承担相应的责任。

本案中，对赌期间，苏州某公司并未完全让渡惠州某公司的经营决策权给予原股东，原股东对惠州某公司的业绩事实上已不具有全面负责的能力。同时，苏州某公司的管理控制已经影响、妨碍了原股东的经营决策，事实上影响、妨碍了惠州某公司的经营决策。在此情形下，练某某提出对业绩承诺约定的抗辩具有一定的事实和法律依据。据此，生效裁判结合具体情形，酌定练某某承担 2019 年度业绩补偿个人责任的 40%。

案例编写人 江西省高级人民法院 王慧军

 专家点评 ....

温世扬 武汉大学法学院教授、博士生导师，中国法学会民法学研究会副会长

苏州某公司与练某某等原股东签订对赌协议后，目标公司的实际净利润数额在利润承诺期间内没有达到合同约定的净利润数额，由于练某某等原股东已不完全享有目标公司的经营决策权，要求练某某按照合同约定承担补偿义务并不合理。法院在认定案涉"对赌协议"有效的基础上，并未根据目标公司未达到约定经营业绩这一事实径行判令融资方承担补偿责任，而是依循"对赌协议"的实践逻辑，以投资方违反附随义务为由得出了相反的结论。本案的主要借鉴意义在于，其揭示了"对赌协议"中融资方享有目标公司的经营控制权是其履行补偿义务的基础和前提，让渡（或不夺去）目标公司的经营控制权亦是投资方所负的附随义务，在融资方失去目标公司的经营控制权的情形下，要求其按照合同约定承担补偿义务既不符合公平原则，也无助于"对赌协议"缔约目的的实现；关于投资方附随义务的裁判思路尤具参考价值。

相关法条

《中华人民共和国合同法》

第六条[1]　当事人行使权利、履行义务应当遵循诚实信用原则。

第六十一条[2]　合同生效后，当事人就质量、价款或者报酬、履行地点等内容没有约定或者约定不明确的，可以协议补充；不能达成补充协议的，按照合同有关条款或者交易习惯确定。

《中华人民共和国民法总则》

第七条[3]　民事主体从事民事活动，应当遵循诚信原则，秉持诚实，恪守承诺。

第一百四十二条第二款[4]　无相对人的意思表示的解释，不能完全拘泥于所使用的词句，而应当结合相关条款、行为的性质和目的、习惯以及诚信原则，确定行为人的真实意思。

---

[1]　该法已失效，本条参见《民法典》第 7 条。
[2]　该法已失效，本条对应《民法典》第 510 条。
[3]　该法已失效，本条对应《民法典》第 7 条。
[4]　该法已失效，本条对应《民法典》第 142 条第 2 款。

34 杨某某诉李某某、某快递公司等生命权、健康权纠纷案

——达到法定退休年龄人员在工作中受害时误工费的认定

案件索引

一审：河南省淇县人民法院（2021）豫 0622 民初 1666 号（2022 年 1 月 11 日）

二审：河南省鹤壁市中级人民法院（2022）豫 06 民终 276 号（2022 年 3 月 24 日）

基本案情

2020 年 9 月 7 日，被告李某某在受被告某快递公司雇用驾驶三轮电动车从事快递投递工作过程中，将驾驶电动自行车的杨某某撞伤，被告李某某承担事故全部责任。被告李某某驾驶的三轮电动车在被告某保险公司投保有非机动车第三者责任保险，本次事故发生在保险期间。杨某某受伤后，被送至淇县人民医院进行治疗。因杨某某与各被告就误工费等赔偿问题未能协商一致，故诉至法院。

原告杨某某诉称：被告李某某在送快递过程中将原告撞伤，致使原告住院治疗，产生医疗费、误工费、护理费等。本次交通事故中，被告李某某负全部责任，因此，被告李某某及雇用他的某快递公司应当对原告的损害承担侵权责任；该损害系因非机动车交通事故引发，承保李某某非机动车第三者责任保险的某财产保险公司亦应当对原告损害承担赔偿责任。

被告李某某、某快递公司对案件基本事实均无异议，对原告损失认为应当由某保险公司承担。

被告某保险公司辩称：原告现年 65 周岁，已经超出法定退休年龄，不应当支持其误工费用，应当驳回其不合理的诉讼请求。

核心争议焦点

原告系农民，且已满 65 周岁，已经超过了法定退休年龄，是否应当支持其误工费用的主张。

审判思路

法院生效裁判认为：法律规定 60 周岁退休年龄，是赋予劳动者的休息权。而劳动者因个人和家庭生活需要，在身体允许的条件下从事劳动生产，并不违反法律规定，况且，随着人民生活水平和医疗保健条件的提高，劳动者延迟退休年龄已是大势所趋。因此，某保险公司仅以杨某某已年满 60 周岁即否定其有权取得误工费的理由，不能成立。本案中杨某某作为淇县某村的村民，村委会的证明对其村民的情况如是否具有劳动能力及从事什么劳动等，并非绝对没有证据效力。结合杨某某在事故发生时的行进路线、二审到庭后本人陈述工作地点及法院对其观察情况来看，杨某某的体貌特征，符合体力劳动者的生理状态，法院确信其具备实际劳动能力且存在误工情况。因此，对其参照相关行业平均工资标准计算误工费，并无不当。

案件点睛

审判实践中，关于达到法定退休年龄人员诉请误工费是否应予支持的问题有两种截然不同的观点：一种观点认为，达到法定退休年龄人员的平等劳动权利应当得到保障，其误工费用的请求符合误工费的法律界定，应当得到支持；另一种观点认为，达到法定退休年龄人员务工的，不符合国家强制性退休机制的设定，因此其法律身份不合法，不应支持其误工费请求。从近几年司法实践来看，大多案件虽然已经逐渐接受并采纳了第一种观点，但依旧存在一些疑惑和误区，关于达到法定退休年龄人员受害误工费的认定问题的讨论仍未休止。笔者现结合本案对该问题探讨如下。

一、本案有利于进一步明晰法定退休年龄与劳动能力的区分

法定退休年龄是国家法律、法规规定的，公民退出工作岗位开始享受养老保险待遇或取得退休金的年龄界限，作为一种法定标准，法定退休年龄只意味着劳动者工作生涯的一个法律事实。[①] 相较于劳动能力，法定退休年龄有着更多的理论内涵和制度承载，其是基于经验或者统计分析，对劳动者因年老而丧失劳动能力的拟定。[②] 该拟定是法律拟定，是劳动方权益、资方权益与社会公共利益多种价值维度调和的结果。[③] 劳动能力是人类进行劳动工作的能力，包括体力劳动和脑力劳动，其以人体生理和心理因素为根据，具有自然属性。[④] 劳动能力的丧失与否取决于劳动者身体健康状况和工作岗位的要求，是一个客观事实，与法定退休年龄的法律拟定事实相区别。

因此，法定退休年龄与劳动能力是两个完全不同的概念，简单地将二者进行混同从而认为达到法定退休年龄即丧失劳动能力，并基于此对达到法定退休年龄受害的人员的误工费用请求不予支持的，显然会导致司法与现实的脱节，不符合法律本意，亦不符合客观现实。

二、本案昭示了法律并不禁止超龄劳动的价值取向

第一，法律并未禁止超龄劳动。法定退休年龄的划定不是禁止有劳动能力的劳动者继续劳动，而是出于保护劳动者身体健康的目的，使其慎重继续从事工作。[⑤] 根据我国《宪法》第 42 条"中华人民共和国公民有劳动的权利和义务"之规定，劳动权作为公民的基本权利，我国每一个公民都应享有，对公民权利的剥夺和限制，必须由法律明确规定。纵观我国法律法规体系，仅《劳动法》第 15 条规定禁止招用未满 16 周岁的未成年人，而并未有关于劳动者年龄上限的规定，这表明，我国法律法规对于公民行使劳动权利和履行劳动义务的年龄下限作出了禁止性规定，而没有对劳动者的年龄上限进行限制，只要公民年满 16 周岁直至死亡，都具有行使劳动和获取劳动报酬的权利，达到法定退休年龄的劳动者的劳动和劳动所得受法律保护。

第二，超龄劳动者就业是劳动者自身需求和社会需求的共同结果。在劳动者自身需求方面，《国务院关于工人退休、退职的暂行办法》及相关法律法规的规定，目前我国一般的法定退休年龄是"男满 60 岁，女满 50 岁（女干部满 55 岁）"，但这些都是针对国家干部身份和工人身份的群体，对于农民、

---

① 夏利民：《我国弹性退休制度的法律规制探讨》，载《法学杂志》2012 年第 11 期。

② 范围：《我国退休法律制度的预设前提及其反思》，载《中国人民大学学报》2014 年第 5 期。

③ 叶姗：《劳动权利能力的三重限制》，载《环球法律评论》2013 年第 4 期。

④ 王全兴：《劳动法》，法律出版社 2017 年版，第 81 页。

⑤ 张计玉：《超过法定退休年龄工伤的认定》，载《人民法院报》2021 年 9 月 16 日。

个体工商户等身份的群体法律法规并没有明确规定其退休年龄。对于可以享受退休待遇的劳动者来说，达到法定退休年龄意味着其可以不再工作而领取退休金，是一项福利待遇和权利。而对于广大不在此列的农民、个体工商户等而言，达到法定退休年龄与否都必须依靠自身劳动获取报酬，从而维持生计等。且即便是对于已经享受养老保险待遇的退休人员来讲，法律关于法定退休年龄的规定也只是赋予劳动者休息的权利，而不是剥夺其劳动权，公民可以行使休息的权利，也可以行使劳动的权利，其开展合法劳动活动并获取报酬受法律保护。在社会需求方面，2020 年第七次全国人口普查数据显示，我国 16~59 岁劳动年龄人口较上一次普查减少 4000 多万人，加之我国人口预期寿命的增长，劳动力资源供给的稀缺性正在日益加剧。[①] 并且，当前我国养老制度尚不够完善，社会保障水平不高，随着物价水平和生活要求的提高，一方面，为了维持自身生活等实际需要，那些虽已达法定退休年龄但尚未实际丧失或完全丧失劳动能力的人往往选择持续参与就业；另一方面，此类人员的再就业也是弥补当前存在的劳动力需求持续增加与供给不足的缺口的现实需求。

三、本案对误工费计算标准予以解读——只由误工时间和收入状况决定，与年龄无涉

第一，从误工费的概念来看，"误工费"顾名思义就是受害人因侵权事件所致的无法从事正常工作而实际减少的收入，是受害人受到人身损害到痊愈这段时间内因劳动能力的暂时丧失或减少导致无法从事正常工作的实际收入损失。该项费用的请求权基础在于，受害人因遭受损害而无法从事工作，导致无法得到预期工作收益，从而形成财产增值的利益损失，该项财产增益损失与侵权人侵权行为具有直接因果关系，因此应当由侵权人予以赔偿。无论受害人是否达到法定退休年龄，这种财产增益损失均是基于受害者受伤影响其从事劳动而客观存在的，如果以退休年龄来区分误工费是否应予以支持，显然不符合客观逻辑。

第二，从误工费的计算方式来看，《最高人民法院关于审理人身损害赔偿案件适用若干问题的解释》第 7 条规定，"误工费根据受害人的误工时间和收入状况确定……受害人有固定收入的，误工费按照实际减少的收入

[①] 原新、张圣健：《长寿时代老年人的年龄重构及退休政策调整》，载《人口与经济》2023 年第 4 期。

计算。受害人无固定收入的，按照其最近三年的平均收入计算；受害人不能举证证明其最近三年的平均收入状况的，可以参照受诉法院所在地相同或者相近行业上一年度职工的平均工资计算。"从此条规定可以看出，我国误工费的赔偿采取的是劳动能力丧失说，赔偿的是受害人因侵权行为受到伤害而就医治疗或休养期间，无法进行正常劳动所产生的预期利益损失，该项损失计算只与误工时间和收入状况有关，而与受害人年龄无关。概言之，从法律规定的误工费计算方式来看，误工费的多少与受害人年龄无涉，认为受害人达到法定退休年龄就无权主张误工费的观点没有法律规定支撑。

案例编写人　河南省鹤壁市中级人民法院　周化冰

孙鹏　西南政法大学民商法学院教授、博士生导师，中国法学会民法学研究会常务理事、副秘书长

　　法律规定退休年龄，是赋予劳动者休息权，而并不意味着一旦达到退休年龄，劳动者就丧失劳动能力，更不意味着劳动者将因此失去劳动权。即便已经享受养老保险待遇的退休人员，只要其劳动能力尚存，在其有生之年，仍可以行使劳动的权利，仍有权开展合法劳动并获取相应报酬。劳动者因侵权行为而误工，其误工费应根据误工时间和收入状况确定，与其是否已经达到退休年龄，是否已经享受养老保险待遇毫无关系。劳动者有固定收入的，按照其实际减少的收入计算误工费。无固定收入的，按照其最近三年的平均收入计算误工费。劳动者不能证明其最近三年平均收入的，参照受诉法院所在地相同或相近行业上一年度职工的平均工资计算误工费。

相关法条

《中华人民共和国民法典》

　　第一千一百七十九条　侵害他人造成人身损害的，应当赔偿医疗费、护理费、交通费、营养费、住院伙食补助费等为治疗和康复支出的合理费用，以及因误工减少的收入……

《最高人民法院关于审理人身损害赔偿案件适用若干问题的解释》

第七条　误工费根据受害人的误工时间和收入状况确定。

……

受害人有固定收入的，误工费按照实际减少的收入计算。受害人无固定收入的，按照其最近三年的平均收入计算；受害人不能举证证明其最近三年的平均收入状况的，可以参照受诉法院所在地相同或者相近行业上一年度职工的平均工资计算。

35 上海市人民检察院第三分院诉詹某某消费者权益保护民事公益诉讼案
——食品安全公益诉讼中惩罚性赔偿责任的适用

一审：上海市第三中级人民法院（2021）沪03民初806号（2022年10月28日）

2019年8月、9月，詹某某在无食品生产许可证、食品经营许可证的情形下，通过网络购入大袋装过期、临期动物用奶粉或价格相对较低的茶品牌天然奶粉等作为制假原料，又网购了假冒"DEVONDALE"（德运）品牌奶粉包装袋、中文标识以及称重机、封口机等设备，在广东省某村寨75号房屋内对大袋装原料奶粉拆袋、称重后，使用假冒包装袋重新灌装、封口成每袋1千克的翻包装奶粉。上述翻包装奶粉被贴标成假冒"DEVONDALE"（德运）注册商标的全脂或脱脂奶粉后通过淘宝、拼多多等网络平台向全国各地消费者出售。仅2019年11月11日至12月12日期间，詹某某销售价款合计达人民币904961.8元（币种下同）。某村寨75号生产经营场所、场所内的称重机等机器设备以及生产经营人员在拆袋、称重、灌装奶粉过程中均未进行卫生消毒，假冒"DEVONDALE"（德运）品牌奶粉包装袋上的生产日期、保质日期等由包装袋自带，并非由詹某某按实际日期注明。

詹某某因涉嫌生产销售伪劣产品罪被刑事拘留，后以涉嫌假冒注册商标罪被逮捕。上海市第三中级人民法院相关生效刑事判决认定詹某某非法经营额达124万余元，其行为构成假冒注册商标罪，判处其有期徒刑四年，并处罚金50万元；查获的相关原料及工具予以没收。该刑事判决还载明詹某某"对食品公共安全造成了严重的隐患……依法应予以从重处罚"。此外，广东省普宁市市场监督管理局经法院书面告知该案受理情况及检察院向其发送线索移送函后，并未对詹某某危害食品安全的行为进行调查并行政处罚。

上海市人民检察院第三分院（以下简称市检三分院）向上海市第三中级人民法院提起诉讼。其认为：被告使用的部分奶粉原料不符合食品安全国家标准，生产经营场所和使用的设备无法达到安全标准，也无生产奶粉专业技术人员，其生产经营行为给食品安全带来重大损害风险，侵害了众多不特定消费者的合法权益，应当承担民事侵权责任。被告主观过错严重，违法销售金额大，受害人覆盖面广，且相关刑事判决中的罚金 50 万元远低于被告在2019 年 11 月 11 日至 12 月 12 日期间的销售价款 904961.8 元，尚不足以对被告作出相应的经济处罚，故该案应对詹某某适用惩罚性赔偿。

参照《食品安全法》第 148 条第 2 款，参照销售价款两倍，酌情主张惩罚性赔偿金 1809923.6 元。为此，请求：（1）判令詹某某在正义网公开向社会赔礼道歉；（2）判令詹某某在正义网刊登声明，说明生产、销售假冒"DEVONDALE"（德运）品牌奶粉情况，并提示消费者停止食用；（3）判令詹某某支付 2019 年 11 月 11 日至 12 月 12 日期间销售金额二倍的赔偿金共计1809923.6 元。

詹某某辩称：涉案假冒"DEVONDALE"（德运）品牌奶粉经抽样检测为合格，被告不构成生产销售伪劣产品罪，在该案中愿意赔偿 40 万元。

核心争议焦点

1. 在不构成危害食品安全刑事责任的情形下，被告是否仍应当承担民事侵权责任；

2. 在消费公益诉讼中，是否可以对侵权人适用惩罚性赔偿；

3. 如果该消费公益诉讼案中可以适用惩罚性赔偿，赔偿金额应当如何确定。

审判思路

关于争议焦点一，法院认为，同一行为经刑事审判认定不构成犯罪，不影响人民法院通过民事诉讼认定其是否承担民事侵权责任。被告詹某某虽然已经因生产、销售假冒"DEVONDALE"（德运）品牌奶粉构成假冒注册商标罪而被刑事制裁，但其行为同时给食品公共安全带来重大风险和隐患。为消除詹某某销售涉案奶粉带来的现实危险性，防止危害与风险继续扩大，避免更多消费者的合法权益受损，詹某某应当及时在媒体上公布生产、销售涉案奶粉的事实，提示消费者停止食用，并向社会公开赔礼道歉，表达悔过与歉意。公益诉讼起诉人要求詹某某承担赔礼道歉、消除危险等民事侵权责任的诉请，符合原《侵权责任法》第15条和《最高人民法院关于审理消费民事公益诉讼案件适用法律若干问题的解释》第13条第1款之规定，法院予以支持。

关于争议焦点二，法院认为，在食品安全民事公益诉讼中探索适用惩罚性赔偿制度，是深入贯彻落实习近平总书记关于食品安全"四个最严"要求的重要制度安排，可以在对食品违法犯罪行为予以刑事打击、行政处罚的同时，充分发挥民事公益诉讼的追责功能，惩处不法经营行为，维护市场秩序，保障消费者合法权益，维护社会公共利益。在判断是否可以适用惩罚性赔偿责任时，可以综合考量侵权人主观过错程度、违法次数和持续时间、受害人数、损害类型、经营状况、获利情况、财产状况、行政处罚和刑事处罚等因素。（1）该案中，被告詹某某使用临期、过期动物用奶粉或价格低廉的奶粉作为原料制假售假，主观过错严重；（2）詹某某通过淘宝、拼多多等知名网络平台向全国不特定消费者销售涉案奶粉，销售订单多、金额大、购买者覆盖面广；（3）詹某某在没有食品生产、经营许可证的情形下，生产、经营明知是不符合食品安全标准的食品，但未受到过行政处罚；（4）詹某某涉案行为给食品公共安全、不特定消费者的生命健康安全带来严重隐患；（5）在假冒注册商标罪案件中，詹某某销售涉案奶粉的违法所得未被刑事判决予以追缴，其被判处的刑事罚金50万元，也远低于其2019年11月11日至12月12日之间的销售价款，尚不足以对其起到相应的经济制裁。综合考量上述因素，法院认为，该案应当发挥食品安全公益诉讼的追责功能，依据《最高人民法院关于审理食品药品纠纷案件适用法律若干问题的规定》第17条第2款，参照适用《食品安全法》关于惩罚性赔偿金的规定，适度探索惩罚性赔偿制度在食品安全公益诉讼中的运用。

关于争议焦点三，法院认为，消费公益诉讼的首要目的是为不特定消费者提供有效的预防性救济，实现其功能的主要手段是制止经营者的不当行为，故在消费公益诉讼中确定惩罚性赔偿金的金额时，应综合考量公益诉讼中存在的各项因素，酌情确定相应的金额，以达到必要的惩戒、警示和教育功能为标准。（1）该案中，被告销售假冒品牌奶粉的行为给食品公共安全带来严重隐患，但尚未有证据证实实际损害的发生；（2）假冒注册商标罪刑事判决在考虑涉案奶粉销售价款、待售奶粉货值金额的基础上，认定詹某某非法经营额 124 万余元；（3）被告詹某某已经被判处刑事罚金 50 万元。综合考量以上要素，法院酌情确定该案惩罚性赔偿金金额为 80 万元，并指出该案判决后，因詹某某销售涉案奶粉的行为而遭受权益侵害的消费者个体，仍可根据《民事诉讼法》第 122 条以及《食品安全法》《消费者权益保护法》等相关法律法规规定，主张相应的赔偿金。

案件点睛

长期以来，一些不法商家以较低的价格通过电商平台向全国各地消费者销售假冒伪劣产品，消费者发现受骗上当后可以依法主张惩罚性赔偿金，但因涉案产品价值不高，单个消费者诉讼意愿较低，这在一定程度上助长了经营者的不法生产经营行为。因此，通过消费公益诉讼发挥追责功能，对侵权人适用惩罚性赔偿，可以有力惩处不法经营行为，对侵权人及潜在违法者产生震慑与警示，保障不特定消费者的生命健康安全。该案中，在法律和司法解释对消费公益诉讼惩罚性赔偿制度没有作出直接规定的情形下，审理法院积极探索食品安全领域的惩罚性赔偿制度，综合考虑侵权人主观过错程度、违法次数和持续时间、受害人数、损害类型、经营状况、获利情况、财产状况和刑事处罚等因素，酌情确定被告承担的惩罚性赔偿金。该案在消费公益诉讼惩罚性赔偿金适用的请求权基础、法律依据、赔偿标准、归属主体等疑难问题方面开展了充分的裁判说理，探索对食品安全公益领域的惩罚性赔偿制度进行独立构造，厘清了公益诉讼和私益诉讼的不同功能及惩罚性赔偿金的不同归属主体，为食品安全民事公益诉讼惩罚性赔偿制度的建立提供了司法样本。该案有利于促进食品生产经营者诚信自律、合法经营，对于规范市场秩序、守护食品安全底线具有重要警示意义。

该案被《21 世纪经济报道》《劳动报》、上观新闻等多家主流媒体报道，获评"2022 年度上海法院涉民生典型案例"，取得了较好的法律效果和社会效果。

案例编写人 上海市第三中级人民法院 丁晓华

黎江虹　　中南财经政法大学法学院教授、博士生导师，中国法学会经济法研究会常务理事，湖北省法学会财税法研究会会长

　　该案是一起典型的食品安全公益诉讼适用惩罚性赔偿制度案件。该案中，法院明确了刑事责任和行政处罚并不影响民事侵权责任的认定和承担，妥善处理了公益诉讼与私益诉讼的衔接和配合。该案件的亮点是，法院在充分把握食品安全领域违法犯罪行为特点的基础上，对消费公益诉讼中适用惩罚性赔偿制度以及确定赔偿金额的影响因素进行了较为全面的梳理，为系统化建构消费公益诉讼惩罚性赔偿制度的适用条件和赔偿基准提供了有力支持。近年来，如何补足公益诉讼主体惩罚性赔偿请求权的正当性，如何统一惩罚性赔偿的适用条件和金额裁量标准，如何协调惩罚性赔偿金与刑事罚金、行政罚款的关系，以及如何设计赔偿金的管理使用机制等问题始终是消费公益诉讼惩罚性赔偿制度司法实践和理论研究的重点难点。该案对推动消费公益诉讼适用惩罚性赔偿的制度完善和功能实现具有重要价值。

相关法条

《中华人民共和国食品安全法》

第一百四十八条第二款　生产不符合食品安全标准的食品或者经营明知是不符合食品安全标准的食品，消费者除要求赔偿损失外，还可以向生产者或者经营者要求支付价款十倍或者损失三倍的赔偿金；增加赔偿的金额不足一千元的，为一千元。但是，食品的标签、说明书存在不影响食品安全且不会对消费者造成误导的瑕疵的除外。

《最高人民法院关于审理消费民事公益诉讼案件适用法律若干问题的解释》

第十三条　原告在消费民事公益诉讼案件中，请求被告承担停止侵害、排除妨碍、消除危险、赔礼道歉等民事责任的，人民法院可予支持。

……

《最高人民法院关于审理食品安全民事纠纷案件适用法律若干问题的解释（一）》

第六条　食品经营者具有下列情形之一，消费者主张构成食品安全法第一百四十八条规定的"明知"的，人民法院应予支持：

（一）已过食品标明的保质期但仍然销售的；

（二）未能提供所售食品的合法进货来源的；

（三）以明显不合理的低价进货且无合理原因的；

（四）未依法履行进货查验义务的；

（五）虚假标注、更改食品生产日期、批号的；

（六）转移、隐匿、非法销毁食品进销货记录或者故意提供虚假信息的；

（七）其他能够认定为明知的情形。

《最高人民法院关于审理食品药品纠纷案件适用法律若干问题的规定》

第十五条　生产不符合安全标准的食品或者销售明知是不符合安全标准的食品，消费者除要求赔偿损失外，依据食品安全法等法律规定向生产者、销售者主张赔偿金的，人民法院应予支持。

……

第十七条第二款　法律规定的机关和有关组织依法提起公益诉讼的，参照适用本规定。

36 陆某诉上海某体育有限公司违反安全保障义务责任纠纷案

——《民法典》"自甘风险"规则适用于体育场馆安全保障义务的裁判路径及社会治理价值

案件索引

一审：上海市普陀区人民法院（2021）沪 0107 民初 25275 号（2022 年 9 月 22 日）

二审：上海市第二中级人民法院（2023）沪 02 民终 297 号（2023 年 2 月 6 日）

基本案情

2021 年 4 月 1 日，原告通过在名为"Class Pass"的微信小程序中购买会员的链接，花费 139 元购买了会员套餐，取得了会员点数。在该"Class Pass"程序中，原告通过花费 6 个会员点数的方式预约了名为"NEVEREST 室内攀岩门票"，其中显示时间为"2021/4/2 18：00—20：00 Neverest Climbing Gym"。被告具有攀岩场所开放、攀岩培训的《高危险性体育项目经营许可证》。

原告自述其从未有过攀岩的经历，原告的一位朋友有过攀岩的经历，且在被告处已运动过好几次。

原告与其朋友一行三人于 2021 年 4 月 2 日 18 时 30 分左右到达了被告经营的位于上海市普陀区某处的攀岩馆内。原告一行人在被告处前台核对了预约信息后进入被告处，原告在被告处花费 10 元租赁了攀岩鞋，进入更衣室内更换了衣服后，进入攀岩区域。在被告的攀岩区域内，设置有攀岩垫子，有被告的工作人员在现场，但无人对原告一行进行指导。

原告自述其朋友告诉原告如何玩攀岩，先按照最简单的路线开始攀爬，基本是通过看原告朋友如何玩，原告再进行攀岩。

原告此后尝试了不同的线路，在 20 时 45 分原告向上攀爬过程中，尝试向上抓一个着力点，没有抓住后落在攀岩垫上，原告就躺在了垫子上，被告的工作人员上前来到原告身旁，在 21 时 26 分原告朋友拨打了 120 急救电话。急救车于 21 时 33 分到达现场，将原告送至上海市普陀区人民医院治疗。

后原告在该医院住院治疗，入院诊断为：（1）L2 椎体压缩性骨折；（2）腰椎退行性病变，医院行腰椎骨折切开复位内固定术等，原告于 2021 年 4 月 13 日出院。

后原告向法院提起诉讼，在诉前调解阶段，经原告申请，法院依法委托上海枫林司法鉴定中心对原告的伤残等级、休息、营养、护理期限进行鉴定，上海枫林司法鉴定中心作出沪枫林〔2021〕临鉴字第 4684 号司法鉴定意见书，鉴定意见为：被鉴定人陆某腰 2 椎体粉碎性骨折，椎管内骨性占位，经手术治疗，构成九级伤残，伤后可酌情给予休息期 150 天、营养期 90 天、护理期 90 天。嗣后，原告诉至法院。

原告陆某诉称：2021 年 4 月 1 日，原告通过朋友微信发送的小程序"CLASS PASS"的新会员链接，购买了会员套餐，购买后可以得到小程序上 25 个点，并可以上 3~5 节课程。原告和朋友商量后，选择了被告上海某体育有限公司经营的位于上海市普陀区某处某攀岩馆的室内攀岩门票，并于 2021 年 4 月 2 日晚 6 点 30 分到达被告处进行原告首次攀岩项目活动。在原告攀岩的过程中，被告没有为原告配备攀岩保护绳，更没有被告工作人员进行指导、巡视且毫无现场管理、指挥，原告在攀岩过程中未获得相应指导、保护及攀岩装备，致使原告从被告场馆攀岩区内高处摔下受到严重的身体损伤。当晚 8 点 45 分左右，原告在试图攀爬至一个高点时从攀岩区顶部处摔下受伤。原告摔倒后，被告场馆内工作人员没有进行紧急救治，直至当晚 9 点 26 分，原告的朋友拨打 120 急救电话，并由 120 急救车将原告送往上海市普陀区人民医院进行救治。

原告认为，原告进入被告经营的攀岩场地后，没有工作人员为原告讲解如何攀岩和安全注意事项，也没有让原告签书面的告知书，原告花费 10 元向被告租赁了攀岩鞋，被告在原告攀岩过程中并未向原告提供专业的攀岩袜和安全保护绳。原告认为，抱石攀岩作为高危险性体育项目，从原告第一次进入被告经营的攀岩馆，全程没有被告工作人员对原告进行安全培训，也未进行任何的危险告知。被告全程没有给原告配备攀岩专用袜，原告在攀岩过程中曾多次提及"脚痛"，但被告工作人员均未理会，也没有查看原告情况。

被告的经营场所也没有在醒目位置悬挂任何"攀岩活动人员须知"及安全警示。根据《民法典》第1198条的规定，被告作为经营者未能尽到安全保障义务，应当对原告受伤后的损失承担85%的赔偿责任。故原告诉至法院，请求：判令被告赔偿原告医疗费人民币16513.70元（以下币种均同）、残疾赔偿金288928元、住院伙食补助费310元、营养费3600元、误工费12671.94元、护理费3600元、鉴定费2450元、交通费600元、精神损害抚慰金1万元、律师代理费1万元，上述项目要求被告承担85%的赔偿责任。

被告辩称：原告通过微信小程序购买了被告经营的攀岩馆的抱石攀岩体验门票，体验时间是2021年4月2日的18时至20时，体验项目是个人攀岩体验，且无教练指导。当日，原告及其朋友一行人于18时20分左右到达被告场馆，原告等人到达后，被告处的工作人员进行了接待，对攀岩的相关情况进行了简单的介绍，并询问原告是否第一次来攀岩，原告当时表现得不耐烦，并回复被告工作人员原告是和朋友一起来的。被告的工作人员对原告的整体情况进行了了解，原告进入攀岩区域内也是在难度低的攀岩区域进行抱石攀岩，可以不佩戴动力绳、安全带等。根据攀岩馆的监控录像显示，原告在体验抱石攀岩的过程中攀岩的动作、下降的情况均属正常，被告的巡视员无需纠正和指导。被告认为，攀岩分为三种：第一种速度攀岩，其岩壁有15米，需要顶部牵引绳子和人员保护，穿戴设备较为复杂；第二种难度攀岩，高度15米，需要牵引绳保护和人员保护，穿戴设备复杂；第三种抱石攀岩，岩壁4米出头，不需要牵引绳及人员保护，其保护即岩壁下方的保护垫，装备是攀岩鞋，攀岩鞋的穿法同一般的运动鞋。事发时的监控录像显示原告的攀岩鞋完好，其受伤与装备无关。原告在体验时间截止后继续滞留被告处，并于20时45分左右在正常攀爬的过程中，在其脚步距保护垫2米左右处正常下降，后落入下方保护垫，下降的姿态正常。原告下降后神志清醒、没有呼救，几分钟后被告的巡视员询问原告是否受伤及是否需要叫救护车，原告称需要躺一会儿、先缓一下。被告的巡视员在21时21分左右再次建议原告叫救护车，后原告让其朋友拨打120电话，被告巡视员一直陪同守候在原告身边询问情况直至将原告送上救护车。

被告认为，其作为正规的抱石攀岩场馆，有上海市体育局颁发的高危险体育项目经营许可证，场馆内的攀岩及保护措施经过专业机构检验合格，人员配备及规章也经过管理部门的审核。在原告受伤的那次攀爬过程中，其从攀爬至下降，被告的岩壁及岩壁的支撑点未发生破损，原告降落后落在被告的保护垫上，保护垫也没有破损，均为正常的情况。被告为原告提供了攀岩鞋，且抱石攀岩项目无专业的攀岩袜，没有穿攀岩袜不影响攀岩；抱石攀岩也不需要安全绳；被告在场馆内显著部位张贴了入场须知，对抱石攀岩的危险性、相关注意事项均有告知；原告是第一次到被告处，但原告不是第一次体验抱石攀岩运动，原告作为成年人应该对攀岩项目的危险性有判断，其选择抱石攀岩项目则应当承担攀岩项目作为体育运动的风险，其"自甘风险"进行抱石攀岩，在超时的情况下连续攀岩，原告的受伤是其自身体质原因导致，原告受伤的损害结果应由原告承担全部责任。被告已尽到安全保障义务，无需向原告承担赔偿责任，故不同意原告的全部诉讼请求。

庭审中，法院对双方均提及的《攀岩场所服务规范》中存在争议的问题，邀请具有专门知识的人员予以说明，上海市登山户外运动协会的工作人员通过视频的方式对此进行了说明。在视频中主要提及的内容包括：攀岩运动基本介绍，攀岩运动分类，《攀岩场所服务规范》的起草过程、主要内容，攀石项目中无需安全绳和人员保护，攀岩袜是卫生用品，并非安全用品等内容。法院当庭向原、被告播放了视频，经质证，原告认为被告提供服务中没有告知其风险，也没有专业的指导；被告认为其在入口处张贴了须知和警示标志，是否告知其流程与原告受伤之间没有必然联系。

核心争议焦点

1. 原告主张在被告经营的攀岩场所内摔落受伤，被告是否尽到安全保障义务。

2. 被告是否应当承担赔偿责任？如应当承担赔偿责任的话，相应的责任比例如何划分。

审判思路

法院生效裁判认为：

第一，原告系被告经营场所的服务对象，原告通过购买攀岩体验门票的方式有权进入被告的经营场所进行攀岩活动，被告作为攀岩场馆的经营者，对原告产生法律意义上作为经营场所经营者的安全保障义务，对此予以确认。

第二，受伤原因及其与运动风险的关系。首先，法院认为，根据原、被告双方确认的事实，结合被告提供的事发时监控录像所显示的内容来看，在20时45分原告向上攀爬过程中，尝试向上抓一个着力点，没有抓住后落在攀岩垫上，原告随后躺在垫子上，此后原告被送医治疗，被诊断为 L2 椎体压缩性骨折等，对此予以确认。其次，根据上海市登山户外运动协会的工作人员作出的说明和《攀岩场所服务规范》中载明的内容可知，攀石岩壁这一运动项目是在不超过 5 米高的圆石或岩壁上进行攀爬，即可理解为攀石运动的过程中必然包含着参与者从岩壁下落的过程。法院认为，这种运动的风险是区别于日常生活中一般活动的风险，是提高了的特定风险（即从有一定高度的岩壁处下落），并且这种风险在进行这一文体活动过程中极易发生，具有内在的、固有的危险性。所谓内在风险，通常被认为是某类运动自身属性所必需的，即使履行注意义务仍无法避免的危险。最后，就本案而言，攀石运动本身意味着参与者在攀爬过程中通过不断尝试各种路径选择、姿态调整的方式向上攀爬，从而实现对自身极限的突破和超越，在这一过程中也必然意味着在落地时产生的风险会不断升高，所以法院注意到在《攀岩场所服务规范》中载明攀石的保护垫有严格的规定（厚度不小于 0.4m，保护垫覆盖范围的外侧距离岩壁纵向投影外沿不小于 2.5m），法院认为，本案中原告受伤的原因是攀石运动本身所蕴含的内在风险所致，系运动本身的风险。

第三，被告履行安全保障义务的情况。（1）原、被告在庭审中对于原告所购买的项目是否包含"教练指导"的内容存在不同意见，原告亦在庭审中强调"其第一次攀岩，对（抱石攀岩运动）不太了解"。法院认为，就本案而言，是否有教练指导可以用来判断原告对于造成其受伤的这种内在风险是否具有相应的认知，但并不是唯一的标准。根据本案中查明的事实，原告从 18 时 30 分左右进入被告处后，原告自述其朋友告诉原告如何玩攀岩，先按照最简单的路线开始攀爬，基本是通过看原告朋友如何玩，原告再进行攀岩，其间尝试了不同的线路，至其受伤前已有 2 个多小时的时间，法院认为，即使如原告所述，其在开始时对攀石运动"不太了解"，通过原告在受伤前这么长时间的运动后，其对于攀石运动中落地时存在的风险应当是有足够且明确的认知的，正如原告在审理中自己陈述的"之前几把我直接（落）下来的，最后一把是我尝试想要抓上面那个点没有抓住掉下来的"，其实这种对落地风险的认知是社会一般人都可以知晓的。（2）被告的场馆中是否存在固有安全隐患。根据被告提供的证据，被告的场馆经验收合格，具有攀岩场所开放、攀岩培训的《高危险性体育项目经营许可证》，被告处的保护垫也符合前述提及的《攀岩场所服务规范》中载明的要求，对此予以确认。对于原告主张被告未提供保护绳、无工作人员保护且未提供攀岩袜的问题，根据上海市登山户外运动协会的工作人员作出的说明和《攀岩场所服务规范》中载明的内容可知，攀石运动并不需要保护绳和保护员，攀岩袜并非安全用品，故法院对原告据此认为被告未尽安全保障义务的上述诉称意见难以采纳。关于原告提及的镁粉的问题，法院认为，根据原告在庭审中的自述，其下落导致受伤的原因是"最后一把是我尝试想要抓上面那个点没有抓住掉下来的"，与是否使用了镁粉、被告有无提供镁粉并无直接关系，故法院对被告的抗辩意见予以采纳，对原告的上述诉称意见，同样不予采纳。（3）被告处服务是否规范。法院认为，被告提供的图片拍摄时间为事发后，现原告否认其知晓上述图片中的告知，法院难以认定被告已向原告作出了明确的说明和介绍，被告向原告的告知方面存在一定的疏失，被告对此存在过错。关于原告提及的被告未指导顾客热身这一问题，根据法院在前述"镁粉"问题中作出的分析，原告并非因热身不足导致其受伤，而是在运动了 2 个多小时后才发生的受伤，故原告的上述诉称意见难以成立，法院对此不予采纳。关于原告提及被告未教导其基本攀岩技能的问题，法院认为，根据被告提供的监控录像，原告在 20 时 40 分左右存在一次落地，在 20 时 45 分这次受伤时的落地与前一次的落地动作基本是一致的，也并未看出原告的动作存在错误之处，结合法院在前述是否存在"教练指导"中的分析，原告的上述诉称意见，缺乏足够依据，对此不予采纳。

第四，事发后的处置。法院认为，从被告提供的监控录像中显示的内容来看，当原告躺在垫子上之后，被告的工作人员上前来到原告身旁，虽然在 21 时 26 分是原告朋友拨打了 120 急救电话，但从原告受伤后被告的工作人员多次关注原告情况，且与原告之间存在交流，只是囿于监控录像无法反映具体对话内容，法院综合原、被告的陈述，难以认定被告未拨打急救电话系未尽安全保障义务。最后，如被告所述，本案中的攀石运动不但是一项在国内新兴的极限运动项目，也是一项危险性较高的运动项目，法院认为，对本案中被告安全保障义务的判断，还是应当着重于其对上述运动风险的提示和告知，被告作为经营者在提供服务的过程中仍存在一定的不足。

根据原告提供的门票上显示的时间为"2021/4/2 18：00—20：00"，即使如原告所述其理解为入场时间，原告在运动的过程中也应当注意自己的体力，毕竟在进行攀石这样具有一定风险的文体活动时，极易引发运动风险，原告应是自己健康的第一责任人。综上所述，法院认为，综合考虑本案的实际情况，被告在其服务过程中履行告知和提示中存在一定的疏失，应当对原告的损害后果承担相应的赔偿责任。最后，结合本案的具体情况，法院酌情确定被告应当赔偿原告医疗费、残疾赔偿金、住院伙食补助费、营养费、误工费、护理费、鉴定费、交通费、精神损害抚慰金和律师代理费共计 5 万元。

《民法典》第 1176 条第 2 款属于引致条款，"自甘风险"规则不会对体育场馆的经营者产生绝对免责的法律效果，但对伤害与"文体活动的风险"之间因果关系的分析有利于查明伤者对风险的认知程度。从比较法上看，美国法的自甘风险主要用来解决体育损害纠纷，《美国侵权法（第三次）重述》仅在文体活动领域承认主要的默示自甘风险；《埃塞俄比亚民法典》第 2068 条第 2 款也明确规定了"自甘风险"规则适用于体育活动。澳大利亚新南威尔士州《民事责任（个人责任）法修订案》规定了以体育形式开展的危险性娱乐活动的免责条款。当然，有一些国家如比利时，以及北欧国家等的自甘风险不仅适用于体育比赛，还适用于其他对受害人存在危险的情形。① 所以，对风险的认定将会在衡量体育场馆经营者、管理者安全保障义务中产生重要作用。就本案而言，原告受伤的原因是攀石运动本身所蕴含的内在风险所致，系运动本身的风险。

根据自甘风险行为人（即伤者）意思表示的不同，可分为明示的自甘风险和默示的自甘风险。对运动风险的实质性认识是自甘风险规则适用的前提，如果对运动风险没有系统、综合性的认识，活动风险和一般的生活风险无异，自甘风险规则就没有独立存在的意义。就本案而言，原告提及了被告处无教练指导。笔者认为，是否有教练指导可以用来判断原告对于造成其受伤的这种内在风险是否具有相应的认知，但并不是唯一的标准。通过原告在受伤前这么长时间的运动后，其对于攀石运动中落地时存在的风险应当是有足够且明确认知的，正如原告在审理中自己陈述的"之前几把我直接（落）下来的，最后一把是我尝试想要抓上面那个点没有抓住掉下来的"，其实这种对落地风险的认知是社会一般人都可以知晓的。笔者认为，从以上提及的域外立法例来看，对默示的自甘风险适用范围较为审慎，我国《民法典》新增了自甘风险规则，人民群众对运动风险，尤其是高危体育活动中运动风险的认知仍需要在不断普法中提升，除非是类似于本案中这种社会一般人都可以知晓的落地风险，一般而言还是应当对体育场馆的经营者、管理者科以更高的服务要求，要求体育场馆的经营者、管理者对运动风险予以充分明确的告知，让参与者对风险有足够的认知。

判断安全保障义务主体是否履行了安全保障义务，可从以下五个方面加

---

① 程啸：《侵权责任法》，法律出版社 2021 年版，第 352 页。

以把握：第一，法定标准。第二，行业标准。由于安全保障义务主体一般是某一行业的经营者、管理者，其往往具备行业要求的相关专业资质、管理能力，其对安全保障注意义务的履行应当高于对普通人的标准，即要达到与其专业管理能力相匹配的程度。比如本案中，上海市在全国范围内率先出台了《攀岩场所服务规范》，其是上海市地方标准，该标准适用于上海市向社会开放的各类经营性攀岩场所。《攀岩场所服务规范》规定了攀岩场所的基本要求、基础设施、环境卫生、用品装备、公示与标识、服务人员、服务提供、安全管理和服务监控评价与持续改进等内容，上述内容将成为衡量被告是否尽到安全保障义务的重要衡量标准。在审理过程中，对于原告主张被告未提供保护绳、无工作人员保护且未提供攀岩袜的问题，根据上海市登山户外运动协会的工作人员作出的说明和《攀岩场所服务规范》中载明的内容可知，攀石运动并不需要保护绳和保护员，攀岩袜并非安全用品，故法院未采纳原告的意见。第三，合同标准。尽管安全保障义务属于侵权责任层面的法定义务，但如果合同约定一方负有对另一方的安全保障义务，则安全保障义务也可来源于合同的约定。第四，善良管理人的标准。如果法律没有规定确定的标准，是否履行了安全保障义务，可以按照善良管理人的标准确定。在比较法上，美国侵权行为法中，对于受邀请而进入土地利益范围的人，土地所有人或者占有人应当承担的安全保障义务是要保证受邀请人的合理性安全。在法国，有判例认为，在欠缺法定的作为义务的情况下，行为人是否对他人负有积极作为的义务，应根据善良家风的判断标准加以确定。这种标准与德国法上的"交易上必要之注意"相当，都是要以交易上的一般观念，客观地加以认定。第五，特别标准。根据保障权利的特点和目的，在一些场合，对安全保障义务的要求应采取特殊标准。比如对于未成年人的安全保障义务，因未成年人心智发育不健全，认知和自我保护能力较弱，因此应当采用较成年人权益保护更高的标准。[1]

　　具体而言，对本案中攀岩场馆的安全保障义务，场馆中是否存在固有安全隐患、安全警示等服务内容是否全面和规范，以及事发后的处置是否及时和得当等方面都是需要着重考量的内容。《民法典》第1198条中规定的违反安全保障义务责任是不作为责任，安全保障义务主体在未履行安全保障义务造成损害时，应当承担的是直接责任。就场所责任而言，特定场所处于经营

---

　　[1]　最高人民法院民法典贯彻实施工作领导小组主编：《中华人民共和国民法典侵权责任编理解与适用》，人民法院出版社 2020 年版，第 289 页。

者、管理者控制之下，经营者、管理人对该场所内的不特定的人因此负有安全保障义务，这是场所责任的义务来源。就本案而言，法院在综合考虑实际情况后认为，被告在其服务过程中履行告知和提示义务时存在一定的疏失，应当对原告的损害后果承担相应的赔偿责任，故酌情确定了5万元的赔偿数额。

判决生效后，法院向企业发出了《司法建议书》同时抄送了市、区两级体育局，上海市体育局高度重视，已建议全市攀岩场馆参照司法建议的内容完成各项要求。笔者认为，法院判决应当具有引导体育场馆的经营者、管理者守法经营、促进行业规则树立、服务大局等方面的作用，本案通过发送《司法建议书》的方式促进行业规范发展，对社会治理起到引导作用。

案例编写人　上海市普陀区人民法院　洪　珏　吴文俊

张新宝　　中国人民大学法学院教授、博士生导师，中国法学会法学期刊研究会会长，中国法学会网络与信息法学研究会副会长

本案是一个涉及攀岩活动经营者与攀岩活动参与者人身损害赔偿的案件。原告与被告之间存在合同关系，可以依据明示和默示的合同条款以及合同法的相关规则处理二者之间的纠纷；同时，案件涉及原告人身损害，在固有权利受到侵害的情况下，受害人主张侵权损害赔偿的，法院也应当接受其诉讼请求。

从侵权责任法的角度观察，与本案关系密切的规定是《民法典》第1198条，即经营者、管理者等违反安全保障义务的侵权责任。文章对此进行了论述。该文还引用《民法典》第1176条第2款（活动组织者责任转致违反安全保障义务责任），这种"舍近求远"的讨论意义不大，直接讨论经营者的安全保障义务及其侵权责任即可。《民法典》第1176条第2款主要是一个排除条款，即排除组织者责任适用第1款（自甘风险）的规定。

《中华人民共和国民法典》

第一千一百七十六条　自愿参加具有一定风险的文体活动，因其他参加

者的行为受到损害的，受害人不得请求其他参加者承担侵权责任；但是，其他参加者对损害的发生有故意或者重大过失的除外。

活动组织者的责任适用本法第一千一百九十八条至第一千二百零一条的规定。

第一千一百九十八条第一款 宾馆、商场、银行、车站、机场、体育场馆、娱乐场所等经营场所、公共场所的经营者、管理者或者群众性活动的组织者，未尽到安全保障义务，造成他人损害的，应当承担侵权责任。

37 罗某甲、吴某某诉北京市丰台区某医院医疗损害责任纠纷案

——因缺陷出生引发的医疗损害责任纠纷中关于特殊抚养费的裁判路径

 **案件索引**

一审：北京市丰台区人民法院（2021）京 0106 民初 33099 号（2022 年 12 月 30 日）

基本案情

吴某某于 2016 年 7 月 10 日经医院诊断为早孕，后在北京市丰台区某医院（以下简称某医院）建档并进行产检。吴某某于 2016 年 10 月 13 日进行产科筛查，2017 年 2 月 21 日经该院诊断为：孕 3 产 1 妊娠 39 周 +5 天，左枕前位，先兆临产，并于当日住院，于 2017 年 2 月 22 日 00：32 自然分娩一足月女活婴罗某乙。婴儿体重 3050g，阿氏评分 10 分，羊水清亮，胎盘胎膜自剥娩出完整。吴某某于 2 月 25 日经检查会阴伤口呈 Ⅱ / 甲级愈合，并于当日出院。

罗某乙于 2017 年 8 月 22 日因感冒被送至当地医院治疗，经诊断发现心脏杂音，于 2017 年 11 月 20 日被送至安贞医院，经诊断为先天性心脏病、二尖瓣畸形、二尖瓣关闭不全（重度）、肺动脉高压、心功能 Ⅱ 级，于 2017 年 11 月 24 日行二尖瓣成型手术治疗，罗某乙术后继发肺炎、缺氧缺血性疾病，并于 2017 年 12 月 14 日出院。后罗某乙前往多家医院就诊。

罗某甲、吴某某起诉认为：吴某某怀孕后在某医院建档并定期进行产检，每次产检结果均为正常，于 2017 年 2 月 21 日 16：37 入院，次日自然分娩一足月女婴罗某乙，于 2017 年 2 月 25 日经检查伤口愈合良好出院。罗某乙于 2017 年 8 月 22 日经诊断发现心脏杂音，后诊断患有先天性心脏病并

行二尖瓣成型术，术后意识障碍，现在持续进行康复治疗。某医院在对吴某某进行产检过程中未发现胎儿心脏缺陷，侵犯了吴某某的生育知情权及优生优育选择权。故某医院应承担侵权责任，赔偿罗某甲、吴某某医疗费、护理费、交通费、住院伙食补助费、营养费、特殊抚养费、精神损害抚慰金共计300732.1元。

某医院认为：某医院的产检行为符合诊疗规范，未给罗某甲、吴某某造成损失，故不应对罗某甲、吴某某承担赔偿责任。

本案审理过程中，法院依据吴某某、罗某甲申请委托北京中衡司法鉴定所就某医院对吴某某产检的医疗行为是否存在过错、过错行为与损害结果之间的因果关系和原因力大小进行鉴定。该鉴定机构于2022年7月29日出具《司法鉴定意见书》，载明："五、分析说明（一）关于某医院对被鉴定人诊疗行为的评价：……被鉴定人于医方孕检期间，多次行超声检查，医方给予Ⅱ级超声筛查，没有行心脏系统超声筛查（Ⅲ级）或建议到外院进行检查，对胎儿心脏畸形存在漏诊，医方存在过错。（二）关于某医院医疗行为与被鉴定人损害后果的因果关系分析：……医方在被鉴定人产检期间多次行胎儿超声检查，但是没有行心脏系统排畸超声筛查或建议到上级医院进行检查，使胎儿丧失了心脏畸形的诊断机会，医方存在过错，与被鉴定人之女先天性心脏病出生的损害存在一定的因果关系。综合考虑，被鉴定人之女生后超声提示：二尖瓣前叶裂（二尖瓣、三尖瓣关闭不全）为自身发育性疾病；且不在产前必须查出的心脏畸形范围内，产前诊断存在困难；自身存在的不利因素是其损害后果的根本性原因。六、鉴定意见 某医院对被鉴定人的诊疗过程中存在过错，该过错与被鉴定人方的损害后果有因果关系，属轻微原因。"某医院对《司法鉴定意见书》不予认可，并申请鉴定人员出庭。庭审中，鉴定人员表示，医方未按照系统筛查规范筛查，未对左室流出道、右室流出道、三血管进行描述，但考虑到即便筛查，亦不确定能够诊断发现心脏畸形，故确认某医院承担轻微责任。

核心争议焦点

1. 某医院是否应当承担侵权责任，是否应赔偿罗某甲、吴某某特殊抚养费；
2. 特殊抚养费应如何确定。

审判思路

法院生效裁判认为：患者在诊疗活动中受到损害，医疗机构及其医务人员有过错的，由医疗机构承担赔偿责任。医疗机构应当按照其责任比例向患者承担医疗损害赔偿责任。本案中，经鉴定，某医院在对吴某某的诊疗过程中存在过错，该过错与吴某某的损害后果存在因果关系，属轻微原因。某医院对此虽不认可，但未提交相应证据推翻该鉴定意见，故法院对其抗辩意见不予采信。法院结合鉴定报告所作分析及鉴定人出庭作出的解释、说明，酌定某医院承担15%的赔偿责任。对于吴某某、罗某甲主张的合理损失，法院予以确认，过高或不合理的损失，法院不予支持。

关于特殊抚养费，因某医院在诊疗过程中存在的过错，致使吴某某、罗某甲丧失了生育选择权而生育患儿。患儿的出生也导致患儿将长期处于治疗、康复中。应当肯定的是，首先，生命纵有缺陷，也不能因此低估生命的价值，不能说患儿的出生是一种损害。其次，婴儿的出生，无论是否有缺陷，对父母而言，都并非损害，父母基于亲权而承担的抚养照顾义务亦不应单独被抽取，而主张对子女的付出是一种损害。但是就患儿现状而言，即使其年龄尚幼，后续病情难以确定，亦足以预见吴某某、罗某甲支出的各种费用必然超出一般抚养费用，特殊的教育和照顾的费用应当获得赔偿。因此在这些费用方面，某医院应当承担相应赔偿责任。法院结合某医院的过错程度、造成损害的后果及北京市平均生活水平，酌情确定某医院支付吴某某、罗某甲特殊抚养费14万元。

案件点睛

随着"三孩"政策的放开，生育数量大幅上升。每个家庭都希望孕育健康的孩子，但无论是存在诊疗过失抑或无法检测的先天性疾病，缺陷儿的出生必然发生。特殊抚养费是缺陷出生案件中父母要求医院赔偿的主要项目之一，是父母抚养缺陷儿较之抚养健康孩子额外支出的费用。但目前尚无法律或司法解释对特殊抚养费是否应予赔偿及赔偿标准予以规定。

一、特殊抚养费应否予以赔偿

从侵权行为的构成要件分析。首先，从过错行为的角度来看。产前诊疗行为的根本目的在于通过检测技术了解胎儿的发育情况，对可能有先天性缺陷的胎儿进行及时治疗或对其是否出生作出选择，故而孕父母有权通过诊疗检测技术检测胎儿是否存在异常情况，如果存在异常，其有权决定是否采取其他诊疗行为抑或终止妊娠。医院未尽全面检测而未发现胎儿存在异常的情况且未能如实告知的行为，属于侵犯了孕父母的优生优育选择权及知情权，该行为存在过错。其次，从损害后果的角度来看，缺陷儿的抚养及教育所消耗的精力及财力均高于健康婴儿，由此使抚养缺陷儿的父母在医疗及教育费用上均产生了额外的支出。需要说明的是，缺陷儿的出生并不是损害，损害后果并非缺陷儿的出生，而是由于侵害父母知情选择权，使其失去了选择终止妊娠的机会，从而产生了财产及精神损害。最后，从因果关系的角度来看，若医院在产检中准确检查并告知父母胎儿可能存在缺陷，父母不会错误地认为胎儿是健康的，并将其生下，父母的知情权及选择权不会受到侵害。父母在不知情的情况下分娩缺陷儿，给父母带来了财产损失。因此，医疗机构的行为与父母的损失是存在因果关系的。所以从这个角度分析，特殊抚养费属于父母的合理损失，其有权要求医院予以赔偿。

从立法精神的角度分析。从之前的《侵权责任法》以及现行的《民法典》及相关司法解释的规定中可以看出，其立法目的均在于保护民事权益不受侵害，对于因过错行为造成的损害，侵权人应当承担赔偿责任。虽然目前法律并未明确规定"特殊抚养费"，但抚养一个患有先天疾病的孩子比抚养一个健康的孩子，势必会增加更多额外的支出，故在医院存在诊疗过错的情况下，单以法律未对"特殊抚养费"进行规定为由对父母的该项损失不予支持的观点显然不符合《民法典》侵权责任编及相关法律的立法精神。

从维护社会安定的角度分析。我国社会主要矛盾已转化为人民日益增长的美好生活需要和不平衡不充分的发展之间的矛盾。优生优育的理念已成为人民群众最普遍、最基本的生育观念，随之也带来了对产前诊疗检查的重视。因此，避免缺陷孩子出生是当前社会所共同追求的，医院若对缺陷儿的出生存在过错则需承担相应的责任。[①]

综上，笔者认为，特殊抚养费作为父母抚养缺陷儿较之抚养健康孩子的额外支出，可视为一种经济损失，[②] 在医院存在过错诊疗行为导致父母在不知情的情况下分娩缺陷儿的，该损失应属于父母的合理损失，应由医院予以赔偿。本案中，经鉴定，某医院在对吴某某的诊疗过程中存在过错，该过错与

---

① 匡悦、王丽莎、邓勇：《错误出生之诉特殊抚养费赔偿规则研究——基于 65 例生效裁判文书的实证分析》，载《医学与哲学》2022 年第 4 期。

② 张娣：《"不当出生"侵权损害赔偿研究》，西北师范大学 2022 年硕士学位论文。

吴某某的损害后果存在因果关系，属轻微原因。医院在吴某某产检期间虽多次行胎儿超声检查，但是没有行心脏系统排畸超声筛查或建议到上级医院进行检查，使胎儿丧失了心脏畸形的诊断机会，吴某某在认为胎儿是健康的情况下分娩了胎儿，以致其出生时存在先天缺陷。医院存在过错诊疗行为导致父母在不知情的情况下分娩缺陷儿的，特殊抚养费作为父母抚养缺陷儿较之抚养健康孩子额外支出而造成的经济损失应属于父母的合理损失，应由医院予以赔偿。

二、特殊抚养费的计算模式及标准

关于特殊抚养费的计算标准，笔者更倾向于参照适用城镇居民人均消费支出的标准。原因有二：一是特殊抚养费属于抚养费的一种，是父母在抚养子女的过程中为子女的教育、生活、医疗支出的费用，而城镇居民人均消费支出在一定程度上可以反映社会平均支出情况。二是出于减轻当事人诉累、一次性化解纠纷的目的，适用城镇居民人均消费支出这一社会平均标准，具有说服力、可操作性及合理性，更有利于实现公正与效率的统一，避免增加双方的诉讼及经济成本。

关于特殊抚养费的计算期限。笔者认为，计算期限的重点在于患儿的病情、可治疗程度及治疗用时。对于具备治疗基础、可通过后期治疗逐渐康复的患儿的特殊抚养费，可采用固定型或分段型方式计算，对已实际发生或可预见期间内的费用予以裁判；对于尚无法治疗、病情较为严重的患儿，以年满 18 周岁作为计算期限更为恰当。[①] 父母对子女享有法定抚养义务，特殊抚养费系父母因子女缺陷出生而负担的额外的抚养费支出，其赔付应当依据父母的法定抚养义务的期限进行计算。但对于患儿即使成年也可能不具备民事行为能力仍需父母的监护的案件，则应适当延长特殊抚养费的计算期限。

综上，特殊抚养费的计算规则可参照受诉法院所在地上一年度城镇居民人均消费支出标准，并根据缺陷儿的病情、可治疗程度及治疗用时等因素确定赔偿年限。此种计算规则的赔偿标准参考的是社会平均标准，具有说服力、可操作性及合理性，而赔偿年限兼顾了各案的差异性，有利于兼顾公正与效率，从实质上维护各方权益。本案中，法院依据罗某乙的病情，酌情确认赔偿年限为 20 年，并按照北京市城镇居民人均消费支出结合医院的过错比例，

---

① 肖荣远：《缺陷出生损害赔偿责任分析——从董某乙缺陷出生损害赔偿案说起》，载《法律适用（司法案例）》2017 年第 24 期。

确认医院应赔偿罗某甲、吴某某 14 万元。

值得说明的是，生命纵有缺陷，也不能因此低估生命的价值。婴儿的出生，无论其是否有缺陷，对父母而言，都并非损害，父母基于亲权而承担的抚养照顾义务不能被他人所代替，更不应单独被抽离，其应给予婴儿更多关爱，抚育其快乐成长。

案例编写人　北京市丰台区人民法院　杨　薇　赵冰洁

谢鸿飞　　中国社会科学院法学研究所研究员、博士生导师，中国法学会民法学研究会副会长

出生缺陷类案件在医疗机构存在过错的情况下判决其承担赔偿责任，保护的是孕妇优生优育知情权、选择权。人民法院按照过错程度判决医疗机构承担赔偿责任，遵循了比例原则；并对特殊抚养费在合理范围内予以支付，兼顾了案件的特殊性，在判决中融入情、理、法，平衡了胎儿父母和医疗机构之间的关系。相对于胎儿父母而言，医疗机构具有专业技术和专业知识，对于产前检查，医疗机构有义务向孕妇作出全面和明确的说明，应当履行产前诊断的义务、告知义务和提出医学意见的义务，以保障孕妇的知情同意权。出身缺陷类案件不仅涉及法律层面的特殊保障，还需要有伦理道德和哲学的关照，因为生命是无价的。

相关法条

《中华人民共和国侵权责任法》

第五十四条[①]　患者在诊疗活动中受到损害，医疗机构及其医务人员有过错的，由医疗机构承担赔偿责任。

《中华人民共和国民法总则》

第二十六条第一款[②]　父母对未成年子女负有抚养、教育和保护的义务。

---

①　该法已失效，本条对应《民法典》第 1218 条。

②　该法已失效，本条对应《民法典》第 26 条第 1 款。

《中华人民共和国母婴保健法》

第十八条　经产前诊断，有下列情形之一的，医师应当向夫妻双方说明情况，并提出终止妊娠的医学意见：

（一）胎儿患严重遗传性疾病的；

（二）胎儿有严重缺陷的；

（三）因患严重疾病，继续妊娠可能危及孕妇生命安全或者严重危害孕妇健康的。

《最高人民法院关于适用〈中华人民共和国民法典〉时间效力的若干规定》

第一条第二款　民法典施行前的法律事实引起的民事纠纷案件，适用当时的法律、司法解释的规定，但是法律、司法解释另有规定的除外。

38 王某一、何某诉阚某等生命权、 健康权、身体权纠纷案

——侵权案件中行为人过错的分析与认定

案件索引

一审：北京市顺义区人民法院（2021）京 0113 民初 20005 号（2022 年 9 月 16 日）

基本案情

2021 年 6 月 21 日下午，孙某一召集王某二等同事好友，于当日晚上在阚某及其女友任某共同租住的房屋（以下简称案涉房屋）内喝酒聚会。当晚 7 时许，孙某一带了 4 瓶白酒来到聚会现场，随后张某及其女友姜某、王某二先后赴约。聚会一直持续到 6 月 22 日凌晨 1 点结束。其间，孙某一、王某二、阚某、张某共喝 4 瓶白酒，姜某、任某各自喝了几瓶啤酒。聚会结束时，孙某一醉倒昏睡在沙发上，张某、姜某打车离开案涉房屋，王某二因醉酒未打车离开。6 月 22 日凌晨 1 点 30 分左右，王某二从案涉房屋南侧窗户（以下简称案涉窗户）进入屋外平台（以下简称案涉平台），阚某、任某发现后多次欲将王某二拉回屋内，但因王某二酒醉后状态兴奋未能如愿，后阚某、任某回屋内采取"打游戏"的方式休息，王某二从屋外平台不慎坠亡。

王某二父母王某一、何某认为共饮人张某、姜某、孙某一、阚某、任某，涉诉房屋开发建筑单位某置业公司、涉诉房屋物业服务公司某物业公司、涉诉房屋业主孙某二对王某二的死亡事实均存在过错，故诉至法院，要求其各自承担相应的赔偿责任。

二原告诉称：2021 年 6 月 22 日，阚某等人在案涉房屋内聚会。凌晨 1 点左右，醉酒后的王某二穿过窗户，躺在外面露台内打滚，后不慎坠亡。二原告系本案死者王某二的父母，认为各被告对王某二坠亡具有不可推卸的责任。

为维护合法权益，请求法院判决各被告共同赔偿死亡赔偿金 1630360 元、丧葬费 63204 元以及精神损失费 10 万元；各被告承担本案全部诉讼费用。

被告阚某、任某共同辩称：不同意二原告的诉讼请求，死者是完全民事行为能力人，可以独立实施民事法律行为，应该自己承担责任，二人已经尽到相应注意义务。

被告张某、姜某共同辩称：不认可二原告诉称的事实及理由，当天二人离开时，王某二还在屋里，没有去外面的阳台。

被告孙某一辩称：不同意原告诉讼请求。当时其已在沙发上睡着了，睡觉之前，王某二一直在屋里待着。

被告孙某二辩称：我是案涉房屋业主，与死者没有任何关系。

被告某置业公司辩称：不同意二原告诉讼请求，本案与本公司无关。

被告某物业公司辩称：不同意二原告诉讼请求，本案与本公司无关。

通过法院从公安机关调取的卷宗、各方当事人的陈述、现场勘验的情况，还可以认定以下事实：

1. 某置业公司交付房屋时，南侧窗户原系房屋中空调外机室的固定百叶窗（不可打开）。孙某二在装修房屋时，将该百叶窗拆除后安装了向外平推的窗户，遂可以通过该窗户进入屋外平台。

2. 孙某二在进行装修的时候，向物业服务公司提交过装修申请，而物业服务公司最终也验收通过，退还了孙某二的装修保证金。

3. 屋外平台原是底商的房顶系非上人平台，但是有多家业主均存在与孙某二一样的情形，即拆除原有固定百叶窗，改装窗户后可进入该平台。且在本次坠亡事故发生之前，该平台上并无任何标识提醒大家此为非上人平台。

4. 孙某一是这次聚会的召集人，同时他也是 4 瓶白酒的提供者。

5. 王某二在醉酒进入屋外平台后，阚某、任某确实多次欲将王某二拉回屋内未果。后阚某、任某回屋内采取"打游戏"的方式休息，后来，在阚某、任某"打游戏"期间，王某二从屋外平台上坠亡。

核心争议焦点

1. 各方对王某二酒后坠亡的事实是否存在过错；

2. 各方是否存在违法行为；

3. 各方是否应当承担赔偿责任及各自承担赔偿责任的比例是多少。

审判思路

一、各方的过错分析

某置业公司为业主提供了符合法律规定的房屋，故该公司在本次事故中并不存在过错。

孙某二认可某置业公司交付案涉房屋时，案涉窗户系固定的百叶窗。后在装修过程中，孙某二未按照相关规定，私自更改窗户，造成了人员可通过案涉窗户进入案涉平台的现状，形成安全隐患，故孙某二对王某二的坠亡事实存在一定过错。

某物业公司作为物业服务公司，对小区的公共部位有检查、维护、管理的职责，对住户的装修等有监督、验收等职责。该公司对案涉窗户、案涉平台的管理存在明显的漏洞，故法院认为其存在过错。

就共饮人而言，共饮人之间基于聚餐饮酒的共同行为，相互之间负有合理的注意义务。即每个人都负有不使其他共饮人受到损害的义务，应当尽到提醒、劝诫、照顾、护送等义务。虽然王某二并非过量饮酒导致酒精中毒或诱发其他疾病死亡，但醉酒状态是其发生坠亡事故的原因，故共饮人的不作为与王某二的死亡后果之间存在因果关系。

孙某一系本次喝酒聚会的召集人，亦是 4 瓶白酒的提供人，其在喝酒聚会中应当比其他共饮人负有更高的注意义务，其未提前安排好其他共饮人饮酒后的后续事宜，故应当认定其存在一定的过错。

张某、姜某尽管于王某二坠亡事实发生前已离开，但是作为共饮人其应当尽到各自的注意义务，确保其他共饮人不因饮酒发生意外，故二人仍存在一定的过错，但相比孙某一而言，二人的过错程度较小。

阚某、任某除了与张某、姜某存在相同的共饮人注意义务外，还应当承担紧急情况下的特殊照顾注意义务。二人知晓醉酒后的王某二从案涉窗户进入案涉平台后的危险程度。但二人未采取有效措施确保王某二安全，反而返回屋内"打游戏"，故二人对王某二坠亡事实存在较重的过错。

王某二作为成年人，其过分饮酒后，自行穿过案涉窗户来到案涉平台，使自己处于一种极度危险的状态，对本次坠亡事实存在重大过错。

二、各方的违法行为分析

行为违法作为过错责任原则的构成要件之一，就是指行为人实施的行为在客观上违反法律规定。行为依其方式分为作为和不作为。因本案中王某二系自行酒后坠亡，在违法行为上即排除了各方当事人的作为这一行为方式。而不作为是指违反法律规定的积极作为的法定义务的行为。确定不作为违法行为的前提是行为人负有法定的作为义务，如来自法律的直接规定，来自当事人之间的约定，来自行为人的先前行为。

本案中，某物业公司未尽到积极的检查、维护、管理、监督职责及义务；孙某二未尽到安全、合法利用案涉房屋的义务；阚某等未尽到相互直接提醒、劝诫、照顾、护送等确保共饮人安全的义务，均属于上述违法行为中的不作为。

三、各方的赔偿责任比例及金额

因某置业公司不存在过错，故不应当承担赔偿责任。

对于其他当事人，综合各方对于损害后果发生的原因力大小、过错程度等因素予以酌定。因阚某、任某系共同过失造成损害后果，故应当承担连带赔偿责任。在确认合理合法损失的赔偿数额（死亡赔偿金为1630360元，丧葬费56443元，精神损害抚慰金2万元）的基础上，具体责任比例为：孙某二承担3%；某物业公司承担8%；阚某、任某连带承担15%；张某承担1%；姜某承担1%；孙某一承担2%。王某二自行承担70%。

案件点睛 ··················

在侵权责任中，过错责任原则是归责的一般原则。《民法典》第1165条第1款对该原则进行了明确的规定，即行为人因过错侵害他人民事权益造成损害的，应当承担侵权责任。一般而言，按照过错责任原则，侵权责任的成立，必须具备违法行为、损害事实、因果关系和主观过错四个要件，四者缺一即不能构成侵权责任。尽管过错的认定并非完全依照客观标准，但是与违法行为通常亦存在较为紧密的联系。当损害后果并非由侵权行为直接造成的情况下，往往只能通过确认各方是否存在主观过错，才能分析出各方的违法行为，进而根据案件的全部事实概况来确认各当事人的赔偿责任。

一、主观过错

过错，是指侵权人在实施侵权行为时对于损害后果的主观心理状态，包括故意和过失。一般而言，民法上的过失，就是侵权人对被侵权人应负注意义务的疏忽或懈怠。结合本案中各方主体均不涉及故意，故仅在过失范畴内进行分析。

就开发建筑单位即某置业公司而言，其义务是向业主提供符合法律规定的房屋。根据已查明的事实可知，房屋在交付时符合法律规定，故不宜认定其存在过错。

就孙某二而言，其在装修过程中，未按照业主手册、装修手册、使用说明书等规定，私自将百叶窗拆改为向外平推的窗户后，造成了人员可通过窗户进入屋外平台的现状，形成安全隐患，故孙某二存在一定过错。

就某物业公司而言，对小区的公共部位进行检查、维护、管理，对住户的装修进行监督、验收等是其应尽的责任。现某物业公司对案涉窗户、案涉平台的管理存在明显的漏洞，故某物业公司存在过错。

就阚某等共饮人而言，共饮人相互之间基于聚餐饮酒的共同行为已经产生合理的信赖，相互之间负有合理的注意义务。即每个人都负有不使其他共饮人受到损害的义务，应当尽到提醒、劝诫、照顾、护送等义务。虽然王某二并非过量饮酒导致酒精中毒或诱发其他疾病死亡，但醉酒状态是其发生坠亡事故的原因之一，故阚某、任某、孙某一、张某、姜某作为共饮人的不作为与王某的死亡后果之间存在因果关系。但各共饮人对王某的注意义务应当具体问题具体分析。

就孙某一而言，其系本次喝酒聚会的召集人，亦是 4 瓶白酒的提供人，在喝酒聚会中对比其他共饮人应当负有更高的注意义务，其未提前安排好其他共饮人饮酒后的后续事宜，故应当认定其存在一定的过错。

就张某、姜某而言，尽管王某坠亡事实是在张某、姜某离开后发生的，且离开前王某二是处于一个相对安全的环境内，但是其作为共饮人应当尽到各自的注意义务，确保其他共饮人不因饮酒发生意外，故张某、姜某仍存在一定的过错，但对喝酒聚会召集人孙某而言，张某、姜某的过错程度较小。

就阚某、任某而言，除了与张某、姜某存在相同的共饮人注意义务外，阚某、任某还应当承担紧急情况下的特殊照顾注意义务。两人不仅知晓醉酒后的王某二从案涉窗户进入案涉平台这一事实，亦知晓醉酒后的王某二所处环境的危险程度。但两人未采取有效措施确保王某二安全，反而返回屋内"打游戏"，轻信可以避免损害后果发生，故阚某、任某对王某二坠亡事实存在较重的过错。

就王某二而言，其作为成年人，过分饮酒后，自行穿过案涉窗户来到案涉平台，使自己处于一种极度危险的状态，亦对本次坠亡事故的发生存在重大过错。

二、违法行为

行为违法就是指行为人实施的行为在客观上违反法律规定。行为依其方式分为作为和不作为。作为是违反法律规定的不作为法定义务的行为。不作为是违反法律规定的积极作为的法定义务的行为。因本案中，除王某二本人外，各方主体均未对王某二酒后坠亡事实存在直接行为，故仅在不作为范畴内进行分析。

不作为在行为样态上通常是消极地未实施相应行为或是实施相应行为达不到积极履行法定义务的后果。确定不作为违法行为的前提是行为人负有法定的作为义务。通常而言，法定作为义务的来源有三种：一是来自法律的直接规定；二是来自当事人之间的约定；三是来自行为人的先前行为，即行为人先前的行为使他人进入某种危险状态，这时行为人应当承担危险防免的作为义务。

具体到本案中，可知，某物业公司并未尽到积极的检查、维护、管理、监督职责及义务；孙某二作为业主未尽到安全、合法使用案涉房屋的义务；阚某等作为共饮人未尽到相互直接提醒、劝诫、照顾、护送等确保共饮人安全的义务，即均存在上述违法行为中的不作为行为方式。

三、因果关系

一般而言，作为过错责任的构成要件，因果关系的判定多遵循直接原因的规则和相当因果关系的规则。直接原因的规则，是指违法行为与损害结果之间具有直接因果关系，无需再适用其他因果关系理论判断，即可直接确认其具有因果关系。适用相当因果关系规则，关键在于掌握违法行为是发生损害事实的适当条件。适当条件是发生该种损害结果不可或缺的条件，它不仅是在特定情形下偶然引起的损害，而且是一般发生同种结果的有利条件。

但需要注意的是，本案中，如某物业公司能对公共区域及时检查、维护、管理，是可以避免人员进入屋外平台这一危险状态发生的；孙某二如严格遵守相关规定，不擅自改装窗户致使人员可进入屋外平台，亦不会发生本次坠亡事件；共饮人特别是阚某、任某如能采取有效措施妥善照顾王某二的安全，本次悲剧亦可避免。由此可知，上述各方主体的各种不作为均是王某二酒后坠亡这一损害结果发生的适当条件。

四、损害后果

损害作为一种事实状态，是指因一定的行为或事件使某人受侵权法保护的权利和利益遭受某种不利益的影响，本案的损害后果即是王某坠亡的事实。

最终，北京市顺义区人民法院在结合各方主观过错及违法行为的情况下，综合过错程度、违法行为及各方对王某二酒后坠亡这一损害后果的原因力大小等因素酌定赔偿比例及金额，依法作出判决。尽管本次事故的发生存在一定的偶然性，但需要注意的是，特别是在非直接侵权情况下发生的事故均存在一定的偶然性，建议公众不要存有侥幸心理，只有严格履行自己的职责和义务，才能真正保护好他人、保护好自己，减少偶发悲剧，促进社会和谐、稳定发展。

案例编写人 北京市顺义区人民法院 张 莉 黄慧茹

专家点评

辜明安 西南财经大学法学院教授、博士生导师，中国法学会民法学研究会理事

同事、朋友之间聚会共饮在日常生活中极为常见，由此发生酒后伤亡虽有一定的偶然性，但亦非个案，由此产生纠纷的裁判因涉及人们之间的情义交往与法律责任，常为人们所关注。本案的亮点在于通过对相关各方对王某二酒后坠亡的事实是否存在过错、是否存在违法行为的分析，确定了应当承担的赔偿责任比例。本案的典型意义在于：第一，作为完全行为能力人应该对自己的行为负责，包括是否饮酒以及酒后行为，因此，本案裁判主要责任在于死者本人；第二，相关当事人根据其对于损害后果发生原因力以及过错承担一定比例的赔偿责任；第三，对社会公众有一定的警示作用，饮酒应当适量以避免悲剧发生。本案引发的进一步思考包括：一是如何认定当事人的注意义务及其限度；二是如何平衡公众的普遍认知与法律责任之间的关系。对此类问题应有更清晰的法理阐释。

《中华人民共和国民法典》

第一千一百六十五条 行为人因过错侵害他人民事权益造成损害的，应当承担侵权责任。

依照法律规定推定行为人有过错，其不能证明自己没有过错的，应当承担侵权责任。

第一千一百七十九条 侵害他人造成人身损害的，应当赔偿医疗费、护理费、交通费、营养费、住院伙食补助费等为治疗和康复支出的合理费用，以及因误工减少的收入。造成残疾的，还应当赔偿辅助器具费和残疾赔偿金；造成死亡的，还应当赔偿丧葬费和死亡赔偿金。

39 徐州某餐饮配送有限公司诉某财产保险股份有限公司上海分公司责任保险合同纠纷案

——新业态中"业务有关工作"的判断及特别约定中
免责格式条款之效力认定

案件索引

一审：上海市虹口区人民法院（2022）沪 0109 民初 14220 号（2023 年 2 月 24 日）

基本案情

原告徐州某餐饮配送有限公司（以下简称某配送公司）诉称：其在被告某财产保险股份有限公司上海分公司（以下简称某保险公司）处投保雇主责任险，其中附加个人第三者责任保障限额 40 万元，雇员工种外卖骑手。2021 年 3 月 9 日 8 时，原告公司员工阚某某在前往某医院办理外卖骑手人员健康证途中与案外人钱某某发生碰撞，经交警部门认定案涉骑手负全部责任。2021 年 8 月 15 日，原告与案外人钱某某就赔偿款项达成协议，由原告赔偿其 7.1 万元，并已履行完毕。后原告向被告申请理赔遭拒，故原告诉至法院，请求判令被告在保险范围内赔偿原告 7.1 万元。

被告某保险公司辩称：对投保事实无异议，但不同意原告诉请。因案涉事故为骑手在办理健康证途中发生，并非送餐途中发生，而办理健康证非从事受雇行为，故该事故不属于保险责任范围；若法院认为被告某保险公司应予赔付，对 7.1 万元金额本身无异议，但根据保单特别约定第 9 条，要求扣除 11586.2 元的自费部分。

原告某配送公司补充认为：骑手受指派办理健康证亦是从事受雇活动，办理健康证为送餐骑手预备性工作，应属保险条款约定的保险责任范围；认可自费部分金额，但不同意扣除，因为被告未对该特别约定尽到提示说明义务，未以突出字体显示，故其不对原告发生效力。

被告某保险公司补充辩称：案涉保单系线上投保，无投保单，被告通过在保单"特别约定"栏列明以履行告知说明义务；原告投保时应可从投保页面中看到特别约定的内容，但无法提供案涉保单的投保流程。

法院认定事实如下：2021年3月9日，原告向被告投保雇主责任险，被保险人为原告，保险责任为雇主责任，保险金额（每人限额）为65万元，每次事故免赔为无，雇员工种为外卖骑手，雇员人数为1人。保单"特别约定"栏载明："8.本保单附加个人第三者责任：承保对被雇用人员在本保险单有效期内从事本保险单所载明的被保险人的业务有关工作时，由于意外或疏忽，造成被保险人及其雇员以外的第三者人身伤亡或财产损失的直接实际损失，保障限额40万元；9.对于第三者人伤：保险承担三者在中华人民共和国境内二级以上（含二级）公立医疗机构治疗所支出的符合政府社会医疗保险主管部门规定可以报销的、必要的、合理的医疗费用（事故发生地的社会医疗保险或其他公费医疗管理部门规定的自费项目和自费药品费用以及医保统筹基金、附加支付，均为保险责任除外）。"《雇主责任险清单》载明：雇员名字为阚某某。

2021年3月9日，阚某某经公司指派驾驶电动自行车前往公司定点医院办理健康证，途中与驾驶非机动车的钱某某发生碰撞，致两人受伤、两车受损的交通事故。交警部门认定阚某某负事故全部责任，钱某某无责。

后，原告与案外人钱某某签订《结清协议》，原告赔偿案外人7.1万元，双方如全部结清则不再有争议，后续由原告向保险公司追偿。2021年8月19日，原告向案外人转账支付赔偿款7.1万元。

核心争议焦点

1. 本案涉保险事故是否属于雇主责任险附加个人第三者责任的保险责任范围；
2. 若属于保险责任范围，赔付金额如何确定。

审判思路

关于案涉保险事故是否属于雇主责任险附加个人第三者责任的保险责任

范围。一审法院认为，雇主责任险附加个人第三者责任的保险责任范围在保险条款中虽无具体规定，但在保单"特别约定"中有明确的承保范围。特别约定第8条载明：附加个人第三者责任承保对被雇用人员在本保险单有效期内从事本保险单所载明的被保险人的业务有关工作时，由于意外或疏忽，造成被保险人及其雇员以外的第三者人身伤亡或财产损失的直接实际损失。但纵观案涉保单及保险条款并未载明被保险人业务有关工作的具体内容，也未对"业务有关工作"进行释义。由此造成本案原、被告之分歧即办理健康证是否属于从事被保险人业务有关的工作。对此，一审法院认为，对"从事被保险人业务有关工作"的理解应结合被保险人的经营范围、雇员的工种、从事工作之于其主要工作的重要性和关联性及是否受雇主指派等因素综合予以考量。本案中，原告为餐饮配送企业，其雇员即案涉骑手工种为外卖骑手。根据《食品安全法》的相关规定，健康证是包括餐饮外卖配送工作人员在内的餐饮工作人员应当办理的证件之一。办理健康证对于案涉骑手开展配送工作至关重要，与其主要工作内容紧密相关。此外，案涉骑手至定点医院办理健康证之行为亦是受原告指派，符合受雇行为的形式外观要件。综上，案涉办理健康证的行为应理解为从事被保险人业务有关工作的行为；其在办证途中发生的事故，属于受雇过程中，从事与被保险人业务有关工作时发生的事故，属于案涉附加险的保险责任范围。被告辩称附加险的保险责任范围为骑手从事接送单的工作过程中，对此，一审法院认为，从文义解释来看，"从事被保险人业务有关工作"与"从事接送单工作"明显不同，被告的解释明显限缩了保险责任范围，不符合该条款的通常理解，一审法院不予采纳。

关于赔付的金额如何确定。一审法院认为，保单中之所以设置"特别约定"条款，旨在缓解保险格式化条款与投保人多样化需求之间的矛盾，对未经合意的特别约定免责格式条款，被告仍应尽提示说明义务。本案中，特别约定第9条虽列明在特别约定部分，但被告并无证据证明条款内容系经双方磋商达成的合意；且特别约定共17条，其内容系被告为同类险种重复使用而预先拟定，符合格式条款的一般特征，该第9条属于免除提供格式条款一方责任、加重对方责任、排除对方主要权利的免责条款，被告应尽到提示、说明义务。然而该第9条仅在保单"特别约定"部分以普通字体予以列明，不能证明保险人在投保时已尽到提示、说明义务。被告虽辩称线上投保时原告某配送公司可从投保页面看到该特别约定，但未能提供任何证据。综上，一审法院认为，案涉特别约定第9条不成为合同内容，被告应按照保险合同约定赔付的金额进行全额赔付。鉴于被告对赔付金额 7.1 万元本身无异议，原告亦实际履行了对案外人的赔偿义务，故一审法院确认被告应在保险责任范围内赔付原告保险金 7.1 万元。

本案为全国首例外卖骑手办健康证途中撞伤人而引起的责任保险合同纠纷。案件看似系作为被保险人的雇主与保险人之间的保险理赔纠纷，实则关涉诸如外卖骑手这类新业态从业者的权益保障问题。

一、新业态中"业务有关工作"的理解和判断

"业务有关工作"的认定标准及相关研究缺位的问题早已存在。只是在传统用工模式中因工作时间、工作场所、工作模式较为固定，"三工要素"（即工作时间、工作场所、工作原因）的适用已基本能解决绝大多数的工伤认定问题，业务相关性的判断未能成为制度建设的要点。然而，随着新业态的迅猛发展，传统的"三工要素"难以应对开放性的劳动模式，制度空白不断扩大。尤其是对于外卖骑手等新业态从业者而言，其工作时间碎片化、工作场所分散化、工作状态与私人活动可自主切换的特点，使得"三工要素"中的时间、场所要素失灵，原因要素亦因工作状态与私人活动在时空上的混同而难以辨析，因此在新业态中，对"业务相关工作"的判断便至关重要，下文将从行为性质和词组本身两个层面展开。[1]

就行为性质而言，新业态从业者的"本职工作"范围仍相对固定，具体可参考其工作职责。如新业态从业者在从事本职工作时遭遇保险事故，则当然属于雇主责任险的保险范围。而"业务有关工作"的语义范围大于"本职工作"，二者系包含关系（见图 1）。如保险人将"业务有关工作"纳入雇主责任险保险范围条款，则亦应对此担责。

---

① 参见马宁：《保险合同解释的逻辑演进》，载《法学》2014 年第 9 期。

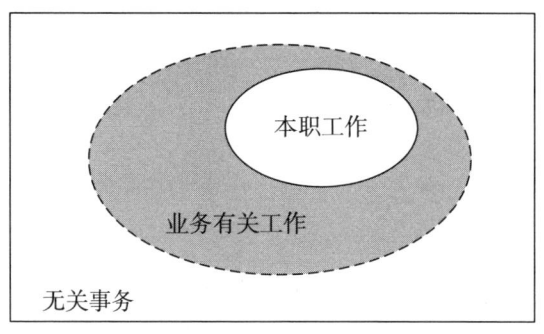

图1　行为性质视角下不同行为关系示意图

不同于相对明确的本职工作，新业态从业者的工作特性致使新业态中"业务有关工作"与无关事务之间并非泾渭分明，且边界存在一定的流动性。无关事务显然不属于雇主责任险的保险范围，对新业态中非本职工作的特定行为的性质判定，将决定该行为引发的事故是否属于保险范围。

就词组本身而言，对"业务有关工作"的判断应结合新业态行业特性，从雇主经营范围、雇员工种、是否受雇主指派、从事行为之于主要工作的重要性和关联性等多个因素综合判断。其中，"雇主经营范围"及"雇员工种"框定出新业态从业者"本职工作"的基本边界，"业务有关工作"在此基础上加以延伸，而其他因素则影响着对特定行为是"业务有关工作"还是"无关事务"的裁量。

值得注意的是，对"业务有关工作"的认定不宜过于严苛或宽松，过分限缩或扩张该词组的语义范围，可能使保险人的保险责任畸轻畸重，亦让被保险人一方处于不安定状态。在具体判断上，考量新业态的行业特性，应当比较特定行业与其他行业的差别，明晰该行业从业者的工作特殊性。而在各考量因素中，雇主经营范围、雇员工种等通常易于查明，而是否受雇主指派亦属客观事实，故对"从事行为之于主要工作的重要性、关联性"的衡量最为关键。笔者认为，对"从事行为之于主要工作的重要性、关联性"的判断可立足于业务相关性认定的必要性原则，考量该行为是否有助于新业态从业者达到其同事正常工作的平均水平。如是，则该行为可视为具有最低限度的重要性、关联性，有必要进一步结合认定标准的其他因素予以综合评判；反之，则该行为不具备最低限度的重要性、关联性，应属于无关事务，特定事故亦不属于雇主责任险的保险范围。

二、特别约定中免责格式条款的效力认定

（一）制度审视：特别约定的理论内涵与司法实践

作为格式合同的保险合同一定程度上限制了保险合同双方的缔约自由，无法体现个性化的需求。因此，为缓解保险格式化条款与投保人多样化需求之间的矛盾，特别约定应运而生。

特别约定是经投保人与保险人共同协商确定，在保险基本条款之外体现投保人或被保险人及保险人利益的个性化内容。其内容包含除外或加费约定、产品区别化约定、免责约定等，以对基本条款进行补充或变更。特别约定的本质特征为"合意"，是投保人与保险人之间达成的新要约和承诺。

理论上，为使保险合同更适合自身，通常由投保人就特别约定提出要约。如保险人接受，则其以特别约定的形式打印于保险单上。当保险公司同意承保时，特别约定成立并对合同当事人产生约束力。然而从实务来看，保险合同中特别约定的订立方式有所不同。特别是有利于控制危险的条款（共保条款、保证条款、免责条款等）多由保险人提出要约，由投保人或被保险人对该新要约进行承诺。

（二）作用回归：特别约定中的保险人提示说明义务

保险人的提示说明义务源于我国《保险法》第17条，依据该条规定，提示说明义务包括两个层次的含义：其一，对保险合同条款的一般内容，保险人对投保人负有一般说明义务；其二，对保险合同中免除保险人责任的条款，保险人首先应向投保人进行合理提示，继而对内容进行明确说明。[1] 值得注意的是：上述两个层次的义务强度明显不同。违反一般说明义务，法律未规定不利后果，该部分内容可视为倡导性规定；而免责条款的明确说明义务属于强制性义务，一旦违反则该条款不产生效力。与如实告知义务类似，条款说明义务也是一种法定义务、先合同义务，其履行不以投保人询问或提出请求为条件，是保险人的主动行为。此制度是基于投保人与保险人之间的信息不对等现象而作出的特殊安排。[2]

因其订立过程的特殊性，特别约定（包括其中的免责条款）一般不适用提示说明义务。保险人说明义务的立法目的，是"保护被保险人的利益，使保险合同真正建立在相互了解各方的权利义务、根据平等互利原则经过公平

---

① 需注意：保险范围条款不属于免责条款。

② 参见潘红艳：《论保险人的免责条款明确说明义务》，载《当代法学》2013年第2期。

协商的基础之上"。投保人提出新要约、保险人予以承诺，此过程即可视为保险合同当事人就合同条款进行了公平协商。对于经协商形成的特别约定，保险人没有再履行说明义务之必要。

然而司法实践中，部分特别约定出现了异化，投保人在投保时对特别约定内容并不知情。对于此类特别约定中的免责格式条款，保险人是否应履行提示说明义务，司法审判需进一步检视。

（三）审查标准：特别约定中保险人提示说明义务的认定思路

笔者认为，判断保险人是否需对特别约定履行提示说明义务，需审查特别约定的订立过程及相关条款的法律性质。其中，又因直接关系到特别约定的认定问题，故对订立过程的审查更为关键（见图 2）。

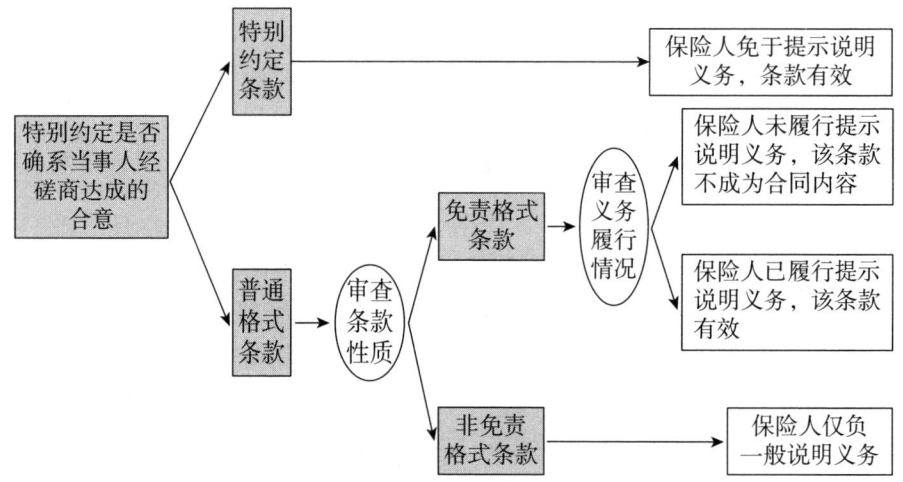

图 2　特别约定中保险人提示说明义务的认定思路

对特别约定的认定应从实质上进行把握，关注其是否确系投保人与保险人在订立保险合同的过程中经磋商达成的合意，而不能局限于以"特别约定栏"为名的记载。未经合意的特别约定即便载于"特别约定栏"，也因背离了特别约定的本质属性，而只能被视为普通格式条款，不应享受特别约定免予提示说明之特权。在具体审查时，可结合当事人达成合意的过程、投保单等相关保险凭证、保险合作框架协议中的约定予以综合认定。若特别约定确属经双方磋商达成的合意，则应径行认定其合法有效并对当事人具有约束力；反之，则需要进一步审查条款的法律性质。就提示说明义务而言，《保险法》第 17 条对不同类型的条款提出了不同层次的要求。因此，对于非真实意义上的特别约定而言，判断其是否属于免责格式条款至关重要。免责格式条款是保险合同中载明的保险人不负赔偿责任或者给付保险金责任的范围的格式条款。对于免责格式条款，保险人仍应履行提示说明义务；若保险人未尽提示说明义务的，则该条款因不符合订入规则而不成为合同内容。[①]

（四）衡平路径：特别约定相关争议中举证责任的合理配置

举证之所在，败诉之所在。司法审判中，举证责任的分配对于诉讼的走向及最终结果有着重要影响，因此对其进行合理配置便尤为重要。通常而言，举证责任的分配原则上遵循《民事诉讼法》及其司法解释的相关规定即可。然而实践中，举证责任的分配更为复杂。以本案所代表的保险纠纷为例，由于存在知识、信息、能力等诸多差异，保险人相对于索赔方而言通常处于优势地位。为调和不同主体间实质意义上的不平等，保险人在诉讼中有必要承担更重的举证责任。

在本案索赔方已初步证明的前提下，举证责任的配置主要体现在两个层面上：其一，对特别约定是否确属经双方磋商达成的合意的证明。以特别约定为名的条款并不必然是合意。相较于一般的索赔方，长期处理保险业务的保险公司对于"特别约定"的理解具备知识优势，对于投保数据具备信息优势，在保险销售行为可回溯管理方面具备能力优势。基于合同当事人实质的不平等地位，保险公司对特别约定的实际情况承担更重的举证责任。具体来说，保险公司可通过举证磋商过程、同类保单的特别约定内容不完全一致等方式证明合意的存在，特别约定的篇幅、内容是否合理亦能辅助证明。其二，在法院认定非真正意义上的特别约定属于免责格式条款的前提下，对保险人是否尽到提示说明义务的证明责任的认定。此时，提示说明义务的履行与否将直接影响免责格式条款的效力。作为法定义务的承担者，保险人应就自身已尽到提示说明义务承担证明责任，具体可通过已采用易于识别的明显标识、已对免责条款相关内容进行说明并提供经投保人认可的凭证等方式，对义务履行情况进行证明。综合来看，索赔方完成初步证明后，举证责任即转移至保险人，索赔方可在后续提供相反证据。

案例编写人　上海市虹口区人民法院　张　毅　蒋龙宇　袁　园

[①]　参见于永宁：《保险人说明义务的司法审查》，载《法学论坛》2015年第6期。

温世扬　　武汉大学法学院教授、博士生导师，中国法学会民法学研究会副会长

　　特别约定第8条、第9条，系保险人预先拟定并重复使用的格式条款，保险人在解释第8条时，将"从事被保险人业务有关工作"解释为"从事接送单工作"，不符合该条款的通常理解，法院未采纳此种解释。特别约定第9条限制了保险人所应承担的责任范围，保险人对此并未尽到提示及说明义务，这一约定不成为合同内容。本案在事实认定和法律适用方面均有可取之处，其主要价值在于，适用格式条款解释规则对保险合同的内容作出合理的解释，避免保险人不合理地拒绝承担保险责任，进而对外卖骑手的合法权益提供保护，有利于保障新业态经济的健康发展。

《中华人民共和国民法典》

　　第四百九十六条第二款　采用格式条款订立合同的，提供格式条款的一方应当遵循公平原则确定当事人之间的权利和义务，并采取合理的方式提示对方注意免除或者减轻其责任等与对方有重大利害关系的条款，按照对方的要求，对该条款予以说明。提供格式条款的一方未履行提示或者说明义务，致使对方没有注意或者理解与其有重大利害关系的条款的，对方可以主张该条款不成为合同的内容。

　　《中华人民共和国保险法》

　　第六十五条第四款　责任保险是指以被保险人对第三者依法应负的赔偿责任为保险标的的保险。

㊵ 李某甲诉杨某甲、杨某乙等婚约财产纠纷案

——父母代为调解婚约财产返还的行为效力认定

案件索引

一审： 山东省单县人民法院（2023）鲁 1722 民初 2942 号（2023 年 7 月 6 日）

基本案情

2017 年 12 月，李某甲与杨某甲经媒人介绍认识，并于 2018 年 2 月按农村风俗举行定亲仪式，当日李某甲给付杨某甲彩礼款 166000 元，杨某甲返还 2 万元，实收彩礼款 146000 元。2018 年 10 月，李某甲又给付杨某甲彩礼款 4 万元。2019 年 1 月双方按照农村习俗举行结婚仪式并共同生活，未办理结婚登记手续。2021 年年底，婚约财产经李某甲父亲及媒人与杨某甲、杨某乙等调解，达成一致调解意见，即由杨某甲方退还李某甲方彩礼款 13000 元、杨某甲自愿放弃嫁妆。双方于调解当日履行完毕。现李某甲以其对当时调解婚约财产一事不知情为由，提起诉讼，要求杨某甲、杨某乙等返还剩余彩礼款 173000 元。

原告李某甲主张：其父亲参与调解婚约财产的行为，其本人不知情，其亦未授权其父亲调解婚约财产，其父亲无权代理其进行调解。李某甲与杨某甲办理结婚仪式后同居生活时间较短，亦未办理结婚登记，故杨某甲、杨某乙等仍应返还李某甲剩余彩礼款 173000 元。

被告杨某甲、杨某乙等辩称：（1）李某甲辩称其对调解一事不知情，与事实不符，在距调解一事一年多之后提起诉讼的行为违背诚信原则。根据女方提供的证据，足以证明婚约财产调解一事是在男女双方均同意的情况下达成的。（2）即使李某甲本人没有亲自参与调解，由其父亲代为调解的行为亦符合农村生活习惯，对李某甲产生约束力。男女双方婚约财产一事已经调解

达成一致意见并当场履行完毕，故李某甲要求杨某甲、杨某乙等返还剩余彩礼款 173000 元无事实和法律依据。

核心争议焦点

1. 李某甲父亲代为调解婚约财产的行为是否对李某甲具有约束力；

2. 李某甲要求杨某甲、杨某乙等返还剩余彩礼款 173000 元有无事实和法律依据。

审判思路

李某甲主张杨某甲、杨某乙等返还彩礼款 173000 元，并申请证人王某、李某出庭作证。杨某甲、杨某乙等辩称彩礼返还一事已经双方村干部调解解决，并申请黄某、孟某出庭作证。经审查，结合原、被告陈述，李某甲提供的证人证言及杨某甲、杨某乙等提供的证人证言，均能证实 2021 年年底李某甲方委托村干部调解案涉彩礼返还一事，经男女双方村干部调解达成一致调解意见，即由女方返还男方彩礼款 13000 元、女方放弃嫁妆，双方已于调解当日履行完毕。

法院认为：首先，李某甲辩称调解一事是由其父亲联系，其本人不知情，但未提交证据证明，且该辩称亦不符合常理；其次，实践中给付彩礼问题，并不单纯仅是男女双方之间的事情，更多时候涉及两个家庭之间的往来，一般彩礼的给付均是全家用共同财产给付的，甚至是全家共同举债所为。因此，对于彩礼的给付人和接受人，不能仅仅局限于准备缔结婚姻关系的男女本人。另外，在中国的传统习惯中，儿女的婚姻通常被认为是终身大事，一般由父母一手操办，故即使李某甲本人没有参与调解彩礼返还，李某甲父亲委托村干部调解并达成一致调解意见的行为对男女双方仍具有约束力，亦符合当地风俗习惯。且李某甲认可事后通过姐姐知晓了调解一事，但既未提交证据证明提出过异议，也未将杨某甲返还的 13000 元彩礼款退还，亦未采取其他救济途径。此次诉讼距双方协商解除婚约已有一年多之久，即使李某甲当时不知道调解一事，此后的行为也应视为对调解的默认。

因此，案涉彩礼返还已于 2021 年调解并履行完毕，该调解系双方当事人的真实意思表示，对双方当事人均具有约束力。李某甲要求杨某甲、杨某乙等返还彩礼的诉讼请求不具有事实和法律依据，法院不予支持。

关于彩礼的给付、接受主体，均应作广义的理解，不能仅仅局限于准备缔结婚姻关系的男女双方本人。实践中，给付彩礼问题并不单纯是男女双方之间的事情，更多的时候涉及两个家庭之间的往来，因为许多时候彩礼的给付都是全家用共同财产给付的，甚至是全家共同举债所为。就给付人而言，既可以是婚姻关系当事人本人所为的给付，也可以是婚姻关系当事人一方的亲属所为的给付，包括其父母兄姐等。就收受彩礼方而言，既包括由婚姻关系当事人本人接受的情形，也包括其亲属接受给付的情形。

一般而言，没有代理权的行为人实施的民事法律行为，未经被代理人追认的，对被代理人不发生效力。但如果相对人客观上有事实或理由相信行为人有代理权，主观上不知道或不应知道行为人无代理权的，则无代理权人构成表见代理，即其代理行为有效，其所实施的民事法律行为的后果应由被代理人承担。基于中国的传统习俗，实践中儿女的婚姻一般由父母一手操办，彩礼多为家庭共有财产，定亲送彩礼也均有父母参与，且本案中李某甲父母参与了定亲送彩礼事宜。

因此，杨某甲、杨某乙等对李某甲父亲调解行为的相信，是善意的、无过失的。故即使李某甲本人没有参与调解彩礼返还，因其父亲代为调解婚约财产返还的行为不仅符合当地习惯做法，亦构成表见代理，其行为对李某甲具有约束力。

案例编写人　山东省单县人民法院　朱文静

孙鹏　西南政法大学民商法学院教授、博士生导师，中国法学会民法学研究会常务理事、副秘书长

实践中，彩礼可能由男方以其个人财产向女方给付，但更多时候为男女双方两个家庭之间的往来，表现为由双方家长操持，以男方家庭共有财产向女方家庭给付。在后一情形中，彩礼本来就不是婚恋当事人之间的给付，若出现法定的返还原因，理应由实际给付方与受领方协商返还事宜，协商结果无需取得婚姻当事人同意。在男方以其个人财产向女方给付彩礼之情形中，父母等近亲属与受领方协商返还时，

其身份为男方的代理人。若取得了男方授权，其与对方达成的和解或调解当然对男方发生效力。即便未取得男方授权，若男方明知协商进程和结果而不提出异议，显然系对该协商之认可，事后不能再否定和解或调解之效力。

相关法条

《中华人民共和国民法典》

第一百七十二条　行为人没有代理权、超越代理权或者代理权终止后，仍然实施代理行为，相对人有理由相信行为人有代理权的，代理行为有效。

第一千零四十二条第一款　禁止包办、买卖婚姻和其他干涉婚姻自由的行为。禁止借婚姻索取财物。

《最高人民法院关于适用〈中华人民共和国民法典〉婚姻家庭编的解释（一）》

第五条　当事人请求返还按照习俗给付的彩礼的，如果查明属于以下情形，人民法院应当予以支持：

（一）双方未办理结婚登记手续；

（二）双方办理结婚登记手续但确未共同生活；

（三）婚前给付并导致给付人生活困难。

适用前款第二项、第三项的规定，应当以双方离婚为条件。

41 北京市道路交通事故社会救助基金管理中心诉某保险公司北京分公司等机动车交通事故责任纠纷案

——道路交通事故社会救助基金管理机构垫付费用及追偿范围认定

案件索引

一审： 北京市石景山区人民法院（2022）京 0107 民初 9584 号（2022 年 12 月 26 日）

基本案情

2020 年 11 月 8 日 11 时 10 分许，在北京市石景山区某小区楼前路口，黄某驾驶电动自行车由北向南行驶，适有刘某驾驶灰色小型轿车由西向东行驶，电动自行车前部与小型客车左前部接触，造成两车损坏，黄某受伤。

本次事故经北京市公安局交通管理局石景山交通支队认定：黄某为主要责任，刘某为次要责任。

事故后，黄某被送至首都医科大学附属北京朝阳医院（西院）抢救治疗。

2020 年 11 月 25 日，北京市公安局交通管理局石景山交通支队向原告作出道路交通事故抢救费支付（垫付）通知书，载明：请原告在接到通知后为受伤人员黄某支付（垫付）抢救费用。收据由原告暂存。

2020 年 11 月 25 日，黄某之妻作出承诺书。2020 年 12 月 30 日，首都医科大学附属北京朝阳医院（西院）在承诺书上盖章。

2020 年 12 月 30 日，首都医科大学附属北京朝阳医院（西院）向原告提出垫付抢救费用申请，申请表载明：受害人黄某，抢救费用合计 60499.53 元，黄某预付 5 万元，申请救助基金垫付 10499.53 元。

2021 年 3 月 31 日，原告垫付 10499.53 元。

2022 年 1 月 12 日，首都医科大学附属北京朝阳医院（西院）出具情况说明，载明医疗费发票已经给付患者，故无法重复出具。首都医科大学附属北京朝阳医院（西院）已经收到原告垫付的 10499.53 元。

另查，事发时刘某驾驶的机动车车主为胡某，胡某在某保险公司北京分公司投保交强险，保期自 2020 年 10 月 27 日至 2021 年 10 月 26 日。保额为 20 万元（医疗费用赔偿限额 1.8 万元 + 财产损失赔偿限额 2000 元 + 死亡伤残赔偿限额 18 万元）。该车同时在某保险公司北京分公司投保商业险，第三者责任保险为 50 万元。

黄某治疗完毕后曾至某保险公司北京分公司理赔。某保险公司北京分公司、黄某与胡某曾签订交通事故调解协议书，载明：交强险赔付 63600 元，商业险按照 30% 赔付 19807.4 元，某保险公司北京分公司承担赔偿金额共计 82687.4 元。某保险公司北京分公司将 18000 元打入胡某账户，将 64687.4 元打入黄某账户。

2021 年 7 月 8 日，某保险公司北京分公司给付黄某 45600 元、1800 元（财产电动车 + 施救费）、19087.4 元（商业险）。

原告北京市道路交通事故社会救助基金管理中心（以下简称社会救助基金管理中心）将黄某、刘某、胡某、某保险公司北京分公司诉至法院，基于垫付费用向黄某主张款项，基于追偿权向刘某、胡某、某保险公司北京分公司主张款项。

庭审时，某保险公司北京分公司提供了黄某理赔时提供的医疗费票据，载明：黄某医疗费预交 60499.53 元。

原告社会救助基金管理中心认为：为保障道路交通事故社会救助基金的良性运转，持续发挥其救助功能，上述被告应依法返还原告在此次事故中垫付的抢救费。原告为维护合法权益，现根据《道路交通安全法》第 75 条、《机动车交通事故责任强制保险条例》第 24 条、《道路交通事故社会救助基金管理办法》第 28 条的相关规定，请求法院判令各被告支付原告为黄某垫付的抢救费 10499.53 元。

被告某保险公司北京分公司认为：刘某驾驶的机动车车主是胡某，胡某在某保险公司北京分公司投有交强险，当时投保金额是 12.2 万元，因为出险时间是 2020 年 9 月 19 日之后，所以按照相关规定保额提高到 20 万元（1.8 万元医疗 + 财产 2000 元，死亡伤残 18 万元各项之间不能互相突破）。就本次事故，某保险公司北京分公司已经单独赔付给黄某财产损失 1800 元（电动车救助费），所有医疗费 59824.67 元及其他损害赔偿相关费用共计 82687.4 元（包含原告主张的抢救费），因为刘某是次责所以所有赔付金额是按照 30% 计算的。原告主张的费用某保险公司北京分公司已经向黄某支付了，所以不同意再次支付。

核心争议焦点

1. 社会救助基金管理中心进行垫付并追偿的行为是否符合追偿权的构成要件；

2. 社会救助基金管理中心进行垫付的费用范围及数额能否得到支持。

审判思路

为体现公平原则，引导机动车参加强制保险，道路交通事故社会救助基金垫付被侵权人人身伤亡的抢救、丧葬等费用后，其管理机构有权向逃逸的机动车驾驶人、应当购买而未购买强制责任保险的机动车所有人或者管理人等交通事故责任人追偿。社会救助基金管理中心会在垫付救助费用前按照《道路交通事故社会救助基金管理办法》第18条的规定进行审查，并且要求医疗机构出具证明等，但是在涉及社会救助基金管理中心垫付救助费用从而追偿的民事诉讼中，对于社会救助基金管理中心垫付的费用仍需进行以下必要审查，即符合以下要件，社会救助基金管理中心的垫付费用追偿权方能得到支持：

第一，垫付的必须是"人身伤亡的丧葬费用、部分或者全部抢救费用"。《道路交通事故社会救助基金管理办法》第14条对此有明确规定。一般情形下，机动车道路交通事故的侵权责任纠纷中的赔付类型项目有：死亡伤残赔偿金、丧葬费、受害人亲属办理丧葬事宜的交通费用、残疾辅助器具费、护理费、康复费、交通费、被扶养人生活费、住宿费、误工费、精神损害抚慰金、医药费、诊疗费、住院费、住院伙食补助费、必要合理的后续治疗费、整容费、营养费、财产损失等。由于社会救助基金管理中心的垫付费用救助行为系相关法律对于交通事故的法定补充保障，其必须突出抢救的紧急性和必要性。因此，凡是非人身伤亡的丧葬费用、部分或者全部抢救费用，不能包括在垫付抢救费用范围中。该部分赔付亦不符合该基金设立的立法精神，从而不具备追偿权权利基础。出于人道主义精神和法律立法本意，笔者认为，该部分赔付范围应当以赔付为原则，综合审查社会救助基金管理中心与医疗机构对于被侵权人的伤情的诊断与费用判断，进行救助垫付。但是，以下费用不能计算在垫付范围内，从而不能得到民事法律诉讼中的支持：死亡伤残赔偿金、并非急需使用的残疾辅助器具费、超出伤者治疗完毕或一定期限的护理费、并非马上进行的康复费、交通费、被扶养人生活费、住宿费、误工费、精神损害抚慰金、后续治疗费、整容费、超出治疗范围的营养费、财产损失。

第二，抢救费用的数额存在限制，即必须在保险公司责任限额范围外进行垫付。当然，未参保第三者强制险或肇事逃逸而导致无法及时理赔的不在此列。

综上，道路交通事故社会救助基金管理机构依据《道路交通事故社会救助基金管理办法》的规定，向伤者垫付医疗费后，向交通事故责任方及其投保的保险公司主张给付钱款，属于行使追偿权的行为，应当按照追偿权的司法规则进行处理。但是垫付费用应仅为人身伤亡的丧葬费用、部分或者全部抢救费用，且具有一定的数额和范围限制。

2022 年 12 月 26 日，一审法院作出判决：判决黄某于本判决生效后 7 日内给付社会救助基金管理中心为被告黄某垫付的医疗费 10499.53 元；驳回社会救助基金管理中心其他诉讼请求。

随着道路建设的加强，交通发展提速明显，这也促进了社会经济的发展，但是由此产生的道路交通事故带来了大量的法律纠纷，尤其是重大人身伤害的急救问题也日益突出。本案例即为近年来蓬勃发展的道路建设过程中出现的人身伤害导致的社会救助基金的垫付问题的反映。人民法院在审理本案时能动履职，既保证了对伤者的救助，又解决了社会救助基金的规范使用问题。《民法典》正式施行后，本案例涉及的社会救助基金的性质、追偿权行使的范围等问题依然是司法实践中的难点。因此，有必要在《民法典》视域下对道路交通事故中社会救助基金的使用和司法实践进行解构，建立符合目前高速发展经济框架下的"救助、追偿"一体化法律适用规则和审查规则，保障经济发展和社会救助基金安全、伤者生命安全，引导社会救助基金新业态新模式在法治轨道上健康有序发展。

案例编写人　北京市石景山区人民法院　梁　爽

 **专家点评** ....

温世扬　　武汉大学法学院教授、博士生导师，中国法学会民法学研究会副会长

　　社会救助基金管理中心在垫付了黄某所需的医疗费后，获得了对于交通事故责任方及其投保的保险公司的追偿权。本案在事实认定和法律适用方面均有可取之处，其主要价值在于，通过保障社会救助基金管理中心追偿权的实现，维持道路交通事故社会救助基金的良性运转，进而更好地发挥道路交通事故社会救助基金对受害人提供及时救济的作用。由于社会救助基金管理中心所垫付的费用为受害人因人身伤害所产生的医疗费用，还对保障受害人人身权益具有重要意义。

相关法条 ....

《中华人民共和国民法典》

第一千二百零八条　机动车发生交通事故造成损害的，依照道路交通安全法律和本法的有关规定承担赔偿责任。

第一千二百一十三条　机动车发生交通事故造成损害，属于该机动车一方责任的，先由承保机动车强制保险的保险人在强制保险责任限额范围内予以赔偿；不足部分，由承保机动车商业保险的保险人按照保险合同的约定予以赔偿；仍然不足或者没有投保机动车商业保险的，由侵权人赔偿。

第一千二百一十六条　机动车驾驶人发生交通事故后逃逸，该机动车参加强制保险的，由保险人在机动车强制保险责任限额范围内予以赔偿；机动车不明、该机动车未参加强制保险或者抢救费用超过机动车强制保险责任限额，需要支付被侵权人人身伤亡的抢救、丧葬等费用的，由道路交通事故社会救助基金垫付。道路交通事故社会救助基金垫付后，其管理机构有权向交通事故责任人追偿。

《中华人民共和国道路交通安全法》

第七十五条　医疗机构对交通事故中的受伤人员应当及时抢救，不得因抢救费用未及时支付而拖延救治。肇事车辆参加机动车第三者责任强制保险的，由保险公司在责任限额范围内支付抢救费用；抢救费用超过责任限额的，未参加机动车第三者责任强制保险或者肇事后逃逸的，由道路交通事故社会救助基金先行垫付部分或者全部抢救费用，道路交通事故社会救助基金管理

机构有权向交通事故责任人追偿。

第七十六条 机动车发生交通事故造成人身伤亡、财产损失的，由保险公司在机动车第三者责任强制保险责任限额范围内予以赔偿；不足的部分，按照下列规定承担赔偿责任：

（一）机动车之间发生交通事故的，由有过错的一方承担责任；双方都有过错的，按照各自过错的比例分担责任。

（二）机动车与非机动车驾驶人、行人之间发生交通事故，非机动车驾驶人、行人没有过错的，由机动车一方承担赔偿责任；有证据证明非机动车驾驶人、行人有过错的，根据过错程度适当减轻机动车一方的赔偿责任；机动车一方没有过错的，承担不超过百分之十的赔偿责任。

交通事故的损失是由非机动车驾驶人、行人故意碰撞机动车造成的，机动车一方不承担赔偿责任。

42 郭某某诉某置业公司房屋买卖合同纠纷案

——合同僵局中非恶意的违约方有权起诉解除合同

一审：河南省洛阳市西工区人民法院（2022）豫0303民初22号（2022年3月31日）

基本案情

2021年3月至6月，某置业公司先后收取郭某某交付的房产定金2万元、首付8万元、房款28574元，并出具《收款收据》。同年7月29日，某置业公司与郭某某签订《商品房买卖合同（预售）》，约定郭某某购买该置业公司开发的某房产，总价款608574元；合同签订前，郭某某已支付定金2万元，该定金于合同签订时抵作商品房价款，郭某某采取按揭贷款方式付款，应当于2021年6月5日前支付首期款128574元，余款48万元向银行申请贷款支付。该合同第8条逾期付款责任的主要内容为除不可抗力外，买受人未按照约定时间付款的，按照逾期时间分别处理：（1）逾期在60日之内，买受人按日计算向出卖人支付逾期应付款万分之一的违约金；（2）逾期超过60日后，出卖人有权解除合同，出卖人解除合同的，应当书面通知买受人，买受人应当自解除合同通知送达之日起7日内按照累计应付款的1%向出卖人支付违约金，同时出卖人退还买受人已付全部房款（含已付贷款部分），出卖人不解除合同的，买受人按日计算向出卖人支付逾期应付款万分之一的违约金。此外，该合同还对商品房交付条件与交付手续、商品房质量及保修责任、合同备案及房屋登记等事项进行约定。该合同附件十一《补充协议》第3条约定："……【4】买受人已经知悉签订本合同时国家、地方、人民银行、各贷款银行、各公积金中心的信贷政策，并可以合理地预见到本合同签订后相关信贷政策会发生变化，如买受人因不符合信贷政策（无论是签订合同时或签订合同后颁布的信贷政策）致使贷款申请未被批准、批准后的贷款金额不足申请金额、贷款申请批准后银行拒绝放贷、贷款利率调整等，出卖人不承担责任，买受人在银行或出卖人通知 90 日内一次性支付，不承担违约责任，逾期参照主合同第八条约定……"

郭某某系在校就读研究生，父母离异后跟随母亲牛某某生活，尚未就业。郭某某在办理房屋按揭贷款过程中，因其曾申请过助学贷款，银行在审核客户资料时，认为其不符合贷款条件，不予贷款。郭某某因贷款无法实现且无力一次性支付剩余房款，于 2021 年 12 月 10 日，由牛某某代为向某置业公司发送《解除合同、办理退房通知函》。此后，双方多次协商退房、退款事宜无果，郭某某遂诉至法院，请求判令：（1）解除郭某某与某置业公司于 2021 年 7 月 29 日签订的《商品房买卖合同（预售）》；（2）判令某置业公司立即向郭某某退还首付款 128574 元并支付资金占用期间的利息；（3）本案诉讼费由某置业公司承担。

原告郭某某认为，在签约前其已向某置业公司的置业顾问告知本人尚在就学、未就业，并提交征信报告，置业顾问称征信没问题，可协助郭某某在合作银行办理按揭贷款。双方遂签订《商品房买卖合同（预售）》，郭某某支付了首付款。但签约后，银行以郭某某系学生，不符合贷款条件为由拒贷。合同履行不能的过错不在郭某某，其并非违约方，故要求解除合同，返还定金及首付款。

被告某置业公司认为，案涉《商品房买卖合同（预售）》合法有效，双方均应按照合同约定履行各自的权利义务。郭某某不符合贷款条件导致其未能获得银行贷款，系其自身原因未能订立商品房担保贷款合同，不属于《最高人民法院关于商品房买卖合同纠纷案件适用法律若干问题的解释》第 19 条规定"因不可归责于当事人双方的事由未能订立商品房担保贷款合同并导致商品房买卖合同不能继续履行"的情形，故某置业公司有权选择请求继续履行合同或请求解除合同、赔偿损失，作为违约方的郭某某没有法定解除权。

法院经审理认为，郭某某与某置业公司签订的《商品房买卖合同（预售）》系双方当事人真实意思表示，不违反法律、行政法规的强制性规定，应属合法有效，对双方当事人均具有法律约束力。郭某某支付了合同约定的购房首付款后，因个人原因未能按照约定办理住房贷款，后亦未一次性付清全部房款，在本案审理中，郭某某亦明确表示自己无力一次性付清剩余房款，案涉合同已陷入僵局，如继续履行合同对郭某某明显不公平，故法院根据郭某某的请求终止案涉合同的权利义务关系。关于郭某某要求某置业公司返还首付款并支付资金占用费的主张，双方签订的《商品房买卖合同（预售）》解除后，某置业公司应当返还郭某某已支付的房款，但郭某某作为房屋买受人因个人原因未能依约办理房屋按揭贷款，且在某置业公司工作人员告知其可补交余款并签订补充协议后仍未能通过其他方式支付剩余购房款，已构成违约，故某置业公司无需支付资金占用费，并可另行向郭某某主张相应的违约责任。判决：一、解除郭某某与某置业公司于 2021 年 7 月 29 日签订的《商品房买卖合同（预售）》；二、某置业公司于判决生效之日起 10 日内向郭某某返还房款 128574 元；三、驳回郭某某的其他诉讼请求。宣判后，双方当事人均未提起上诉。

核心争议焦点

郭某某作为合同关系中的违约方能否以提起诉讼的方式要求解除合同。

审判思路

除非法律、司法解释另有规定，通常情况下，解除权只赋予合同关系中的守约方，而违约方并不享有合同解除权。《民法典》第 580 条第 2 款赋予了违约方在非金钱债务履行过程中特定条件下终止合同的权利，即赋予违约方解除合同的诉权，该规定打破了传统民法理论仅仅赋予守约方合同解除权的局面。然而，合同关系中的违约方能否要求解除合同？违约方请求人民法院解除合同属于行使诉权还是实体法上的合同解除权？违约方诉请解除合同情形下债务类型能否进行扩张解释？守约方的权益如何得到保障？司法实践中，对此类案件的处理争议较大，而本案的原、被告双方对此也秉持两种截然不同的观点，故在审理本案时，应作如下分析及考量：

一、违约方是否有权提起解除合同之诉

违约方不享有法定解除权，那么违约方是否有权提起解除合同之诉？《民事诉讼法》第 126 条规定，人民法院应当保障当事人依照法律规定享有的起诉权利，对符合《民事诉讼法》第 122 条的起诉，必须受理。由此可见，当事人是否有权提起诉讼，人民法院是否应予受理，以是否符合起诉条件为判断标准。而合同解除权是形成权，违约方不具有合同解除权，是指不具有仅

依单方意思表示即可解除合同关系的实体权利；而违约方提起解除合同之诉为程序性权利，即行使诉权，只要符合《民事诉讼法》规定的起诉条件，人民法院就应予受理。

二、诉请判决解除合同与行使解除权解除合同的区别

（一）权利性质不同

违约方诉请判决解除合同系行使诉权，以寻求公权力救济的程序性权利。而法定解除权是形成权，是权利人依自己的单方意思表示就可以解除合同的实体权利，属于私力救济权。

（二）行使方式不同

违约方诉请人民法院或仲裁机构解除合同，本质为司法解除，此时，违约方享有的是诉权，合同是否解除需要人民法院及仲裁机构对合同是否解除作出裁判。而行使解除权解除合同的行使方式应符合《民法典》第 565 条的规定，解除权人将解除合同的意思表示通知到对方时，合同即发生解除的效果。解除权人行使解除权有两种方式：一是自行通知解除合同；二是直接以提起诉讼或申请仲裁的方式解除合同。

（三）处理结果不同

违约方诉请解除合同时，如人民法院或仲裁机构裁判支持违约方的诉讼请求，则解除方式为司法解除。与此不同的是，当解除合同的条件成就时，守约方行使解除权的单方意思表示到达对方时即发生合同解除的法律效果，无需征得对方同意。

三、解决合同僵局问题的司法实践及法律依据

在合同履行中，一方因经济形势变化、履约能力不足等客观原因或主观原因，导致不能继续履行合同，需提前解约，而另一方拒绝解除合同的，即会出现合同僵局。

2019 年之前，司法实践中，关于合同僵局如何破解，违约方是否享有合同解除权，诉请人民法院判决解除合同的主张能否得到支持存在较大争议，并产生了两种不同的裁判结果：第一种结果认为，合同严守是审判实践中应遵守的一项重要原则，故在守约方不同意解除合同的情形下，违约方无权解除合同，判决驳回违约方关于解除合同的诉讼请求。该种意见的法律依据为

原《合同法》第 8 条第 1 款及第 94 条。第二种结果认为，当事人在履行合同过程中，因主观或客观原因无法继续履行合同内容，同时守约方又拒不行使解除权并要求违约方继续履行，形成合同僵局，判决解除合同，法律依据是原《合同法》第 110 条或第 94 条。

2019 年 11 月 8 日，最高人民法院发布《全国法院民事商事审判工作会议纪要》，其中第 48 条即关于违约方起诉解除合同的规定。至此，司法实践中，人民法院对于违约方诉请解除合同的裁判尺度趋向统一，认为对于不能履行的交易，以鼓励交易的名义强制履行，并非鼓励交易的真义，双方应遵守诚信原则善意地行使权利。

2020 年 5 月 28 日，《民法典》予以颁布。《民法典》第 580 条即为破解合同僵局问题而设定，是对非金钱债务继续履行及除外条款以及不能继续履行致使合同目的不能实现的当事人请求终止合同的规定。与原《合同法》第 110 条的规定相比，增加了不能继续履行致使合同目的不能实现的当事人有权请求终止合同的新规则。该条款在司法实践中为守约方滥用权利侵害违约方合法权益使合同陷入僵局的行为提供了救济方法，是民事立法应对合同僵局问题的积极探索。

四、人民法院支持违约方诉请判决解除合同的情形

关于违约方解除合同的诉讼请求能否得到支持，关键在于违约方诉请解除合同是否具备以下三个条件：

第一，违约方起诉请求解除合同主观上并非恶意。这一条件是为了保护守约方的利益不受侵害，以防任何人从其不法行为中获利，从而损害他人的合法权益。

本案中，郭某某作为学生，自身尚不具备相应的经济条件，在合同履行过程中，其家人的贷款能力也发生了变化，且郭某某无力改变现状而导致违约，并非主观恶意。

第二，违约方继续履行合同对其显失公平。合同陷入僵局，如继续履行合同虽可以给守约方带来一定利益，但该利益与给违约方造成的损失相比而言明显不对等时，将导致双方的利益明显失衡，若守约方拒绝解除合同，则在法律上有纠正的必要。

本案中，在双方已经形成合同僵局，买受人郭某某已明显不具备购买能力的情况下，强行履行合同，将致使郭某某的违约责任进一步扩大，进而可能影响其今后更长时间内的人生规划与发展道路，对尚为学生的郭某某显失

公平。

第三，守约方拒绝解除合同违反诚信原则。合同关系应当为合作共赢的关系，双方当事人都应当照顾到对方的合理期待，尊重对方的利益。而在合同陷入僵局时，如若违约方愿意通过承担违约责任的方式弥补守约方的损失，但守约方仍拒绝解除合同的情形下，可认定守约方违反了诚信原则。

本案中，某置业公司出于维护自身经济利益的考量，尽量维持《商品房买卖合同（预售）》的稳定性，可予理解，但在郭某某告知其已不具备履行能力，强制履行合同所需的财力、物力超过双方基于合同履行所能获得的利益，即不能保障双方利益实现的情况下，某置业公司仍坚持出售房屋有违诚信原则。

五、违约方诉请解除合同情形下债务类型的扩张解释

合同僵局是合同履行难以为继的一种事实状态，不仅会因非金钱债务产生，也会涉及金钱债务。

《民法典》第 579 条和第 580 条第 1 款分别是对金钱债务的违约责任和非金钱债务的违约责任的规定，第 580 条第 2 款系对非金钱债务合同僵局的规定，但对于金钱债务的合同僵局问题未予涉及。《民法典》第 580 条明确规定违约方有权解除合同的两个前提条件：一是不履行非金钱债务或履行非金钱债务不符合约定；二是致使不能实现合同目的。该规定仅适用于违约方因拒绝履行非金钱债务而诉请解除合同的情形。然而，司法实践中，也存在非恶意的违约方继续履行合同约定的金钱债务对其显失公平的情形，如果守约方不同意解除合同，根据该条款的文义解释，法院将无法认定违约方解除合同的诉请成立，从而造成违约方继续履行合同并承担违约责任的后果，这将使双方之间的利益关系严重失衡。因此，《民法典》第 580 条第 2 款的规定仅系对非金钱债务的限制，给司法实践中的法律适用造成障碍，无法解决关于金钱债务的合同僵局问题，故可对《民法典》第 580 条第 2 款规定的债务类型作扩张解释。通过对债务类型的扩张解释，将不履行金钱债务以及从债务和附随债务从而导致合同目的不能实现纳入该条款的适用范围，以突破对非金钱债务所进行的文义限制。

结合本案，合同僵局出现的原因并非由于郭某某主观恶意违约，如继续履行合同将使郭某某违约责任进一步扩大，其利益将遭受重大损害。设置合同解除权的目的既非惩罚也非救济，而是终止已无履行必要的合同关系。不能实现合同目的是当事人行使合同解除权的根本原因。因此，在本案符合郭

某某主观上非恶意、继续履行合同对其显失公平以及某置业公司拒绝解除合同的条件下，可参照法定解除权对债务类型进行扩张解释，即使违约方郭某某应履行的为金钱债务，也应当允许其通过起诉方式由人民法院判决终止合同关系，以打破合同僵局。

此外，因违约方不具有法律意义上的合同解除权，只能通过起诉的方式请求人民法院通过裁判终结合同关系，合同解除的时间应是合同解除的判决生效之日。

六、守约方权益的保护

《民法典》规定了法定解除的法律后果，即承担违约责任、赔偿损失等，但对于违约方诉请司法解除的法律后果并无明确规定，司法实践中也无法类推适用法定解除的法律后果。此外，虽然违约方存在过错，但守约方拒不同意解除合同的行为也违反了诚信原则，在此情形下，若参照法定解除的规则处理，要求违约方赔偿守约方全部损失对违约方有失公平。因此，司法解除与法定解除有着本质的区别，解除规则、解除的法律后果亦不相同。在没有法律明确规定的情况下，为保障守约方的利益，应向其释明合同已陷入僵局，可提出同时履行抗辩，由守约方自行决定是否同意解除合同并要求违约方承担解除合同的违约责任，如果守约方坚持要求履行合同，可就合同解除问题先行判决，并在裁判文书中指出守约方可通过另行诉讼的方式主张损失赔偿、违约责任等。

本案中，合同已陷入僵局，如继续履行合同对买受人郭某某明显不公，并在向某置业公司释明可提出同时履行抗辩的情况下，某置业公司仍不同意解除合同，遂根据郭某某的诉请判决终止合同的权利义务关系，并保留了某置业公司另行主张违约责任的权利。

案件点睛

当合同陷入僵局，双方仍受合同约束，合同不能终止也不能继续履行，双方无法从合同中继续获得利益，违背了订立合同的初衷，也不能实现合同的经济效益，为此需打破合同僵局。《民法典》第 580 条第 2 款是民事立法应对合同僵局问题的积极探索。然而，司法实践中该条款的适用存在障碍。违约方诉请解除合同情形下的债务若为金钱债务，在特定条件下，可在明确该条款立法初衷是为解决合同僵局问题的基础上，以法律解释的方式排除障碍。

在对债务类型进行扩张解释后，允许非恶意的应履行金钱债务的违约方诉请人民法院裁判终结合同关系的目的在于纠正利益失衡现象，从而平衡当事人之间的利益关系。但出于交易安全与道德风险的考量，合同严守原则仍是首要的价值取向，在违约方诉请解除合同时，应进行严格审查，排除恶意违约情形，进而维护诚信原则，保障合同效率，促进社会资源优化，保障守约方合法利益。

案例编写人　河南省洛阳市西工区人民法院　殷春昱

 **专家点评**

> **张双根　　北京大学法学院副教授、博士生导师**
>
> 　　本案在审判思路上采纳了理论界部分学者的观点，即主张《民法典》第580条第2款构成违约方解除权的规范基础，同时又创造性地将该款规定扩张适用于非金钱债务，以达到对已陷入支付困境的买受人郭某某提供司法救济的目的，这一能动司法的精神值得鼓励。不过要注意的是，违约方解除权制度在理论上本极具争议，在适用时似宜采严格解释的立场。倘若本案先行检索并排除现行法上的其他规范基础，如意思表示瑕疵制度（对商品房贷款的错误确信等），或如消费者保护规范（最高人民法院在相关司法解释中，将商品房购买人视作消费者），然后指出适用违约方解除权乃本案唯一的救济路径，则在判决说理上会显得更有说服力。

 **相关法条**

《中华人民共和国民法典》

　　第五百六十三条　有下列情形之一的，当事人可以解除合同：

　　（一）因不可抗力致使不能实现合同目的；

　　（二）在履行期限届满前，当事人一方明确表示或者以自己的行为表明不履行主要债务；

　　（三）当事人一方迟延履行主要债务，经催告后在合理期限内仍未履行；

　　（四）当事人一方迟延履行债务或者有其他违约行为致使不能实现合同目的；

（五）法律规定的其他情形。

以持续履行的债务为内容的不定期合同，当事人可以随时解除合同，但是应当在合理期限之前通知对方。

第五百六十六条 合同解除后，尚未履行的，终止履行；已经履行的，根据履行情况和合同性质，当事人可以请求恢复原状或者采取其他补救措施，并有权请求赔偿损失。

合同因违约解除的，解除权人可以请求违约方承担违约责任，但是当事人另有约定的除外。

主合同解除后，担保人对债务人应当承担的民事责任仍应当承担担保责任，但是担保合同另有约定的除外。

第五百八十条第二款 有前款规定的除外情形之一，致使不能实现合同目的的，人民法院或者仲裁机构可以根据当事人的请求终止合同权利义务关系，但是不影响违约责任的承担。

43 某实业公司诉某农商行、某农业 公司等合同纠纷案

——借新还旧及担保人责任认定

案件索引

基本案情

王某某于 2005 年 10 月 28 日、10 月 29 日与某农商行签订借款合同，从某农商行处分两笔贷款共计 600 万元，借款用途均为征地，担保单位均为某实业公司，某实业公司在合同上加盖公章，并以自有的国有土地使用权为上述借款提供抵押担保，并办理了土地他项权证，抵押权人为某农商行。王某某于 2007 年 4 月 30 日向某农商行偿还该笔借款。某农商行于当日向王某某出具收回贷款凭证 2 张。王某某于 2007 年 4 月 30 日再次向某农商行分两笔贷款共计 600 万元，某农商行与王某某签订抵押担保借款合同两份，借款期限为 2007 年 4 月 30 日至 2008 年 4 月 30 日，借款用途均为征地，担保单位均为某实业公司，某实业公司在合同上加盖公章，但双方未重新办理抵押登

记，某农商行陈述直接将该借款用于偿还王某某于 2005 年 10 月 28 日、29 日的两笔贷款 600 万元。2012 年 9 月 26 日，某农商行与某农业公司签订《收购不良贷款协议书》，约定某农业公司收购某农商行部分不良贷款。2013 年 4 月 29 日，某实业公司原员工时某某向赵某某（某农商行原员工）转账 1500 万元，赵某某向时某某出具收到条一张，内容为："今收到时某某现金壹仟伍佰万元整 2013.4.29 赵某某"。2013 年 5 月 21 日，某农商行在《河南法制报》发布债权转让通知暨债务催收联合公告称，已将其对王某某及其担保人所享有的债权、担保权益以及其他与清偿本金及利息有关的全部权利依法转让给某农业公司。2014 年 1 月 30 日，时某某给付赵某某 150 万元承兑汇票，赵某某向时某某出具收到条一张。时某某于 2014 年 2 月 7 日给付某农业公司 150 万元承兑汇票，某农业公司向时某某出具收款收据一张。赵某某于 2014 年 4 月 22 日给付某农业公司 7965000 元，某农业公司向赵某某出具收到条一张。时某某于 2021 年 9 月 30 日出具情况说明，说明其给付赵某某的款项用于偿还包括王某某 600 万元在内的债务，赵某某于 2021 年 11 月 2 日出具证明，说明其收到的时某某的转账是用于包括王某某在内的借款本息。

原告某实业公司认为，某实业公司以自有的国有土地使用权为 2005 年王某某与某农商行签订的借款合同共 600 万元提供抵押担保，并办理了抵押登记。2007 年 4 月 30 日，王某某将其所借的 600 万元借款本息全部偿还给了某农商行，双方之间的债权债务已经消灭。某农商行应协助某实业公司办理解押手续。

被告某农商行认为，王某某前一笔借款到期的那一天同时向某农商行借款与还款，并且借款数额与还款本金相同，新一笔借款与旧一笔借款的担保人、时间、数额一致，是典型的借新还旧。某实业公司应对新贷继续承担抵押担保责任，某实业公司所请求为抵押物办理解押手续没有事实和法律依据。

第三人某农业公司的观点同某农商行。

第三人王某某未出庭及提交答辩意见。

核心争议焦点

某农商行的诉讼请求有无法律依据和事实根据。

审判思路

法院生效裁判认为：本案纠纷均发生在《民法典》实施之前，应适用当时的法律、司法解释的规定。关于案涉土地抵押权是否已经消灭的问题。某农商行主张 2007 年 4 月 30 日贷款系借新还旧，但是未对当日向王某某出具收回贷款凭证的原因作出合理解释，未提供证据证明某实业公司对所谓案涉贷款用途系借新还旧的合意作出了书面同意，故其关于案涉贷款属于借新还旧的主张不能成立。现时某某、赵某某均明确 2007 年 4 月 30 日的 600 万元债权已经获得全部清偿，故某实业公司的担保责任随着主债权的消灭亦归于消灭。且某农业公司并未举证证明自 2013 年 5 月发出债务催收公告后向王某某、某实业公司主张过权利，故某农商行关于诉讼时效的理由不能成立。关于某农商行是否有义务配合办理案涉抵押权的注销登记。不论某农商行抑或某农业公司，均已不享有对案涉土地使用权的抵押权，但抵押登记仍未涂销，该权利负担已经侵害了某实业公司的利益，故某农商行有义务配合某实业公司办理涉案国有土地使用权的解押手续。综上，发回重审后一审法院作出某农商行协助某实业公司办理国有土地使用权解押手续的判决，二审法院予以维持。

案件点睛

2019 年《全国法院民商事审判工作会议纪要》（以下简称《九民纪要》）正式发布，其中第 57 条就是关于借新还旧担保物权的专门规定。然而，2020年 5 月 28 日正式通过的《民法典》对于借新还旧却没有相应的条文论述。2021 年发布的《最高人民法院关于适用〈中华人民共和国民法典〉有关担保制度的解释》（以下简称《担保制度解释》）第 16 条基本延续原《最高人民法院关于适用〈中华人民共和国担保法〉若干问题的解释》（以下简称《担保法解释》）以及《九民纪要》中的担保规则，适用范围广泛，将担保范围扩大至所有类型的担保。司法实践中借新还旧的案件频发，如何正确把握"借新还旧"的构成要件，合理分配担保责任，理清楚相关规则的适用情形显得尤为重要。

一、借新还旧的构成要件

借新还旧是指银行对于贷款到期后不能按时收回，且能够正常结息的企业，又重新发放贷款用于归还部分或全部原贷款的行为。作为 21 世纪初我国银行业的一项重要制度创新，对信贷和银行经营产生了深远影响，并在一定历史时期发挥了重要作用。但是随着当下金融形势的快速发展，借新还旧的弊端也日渐凸显。

（一）同一主体签订新借款合同

符合借新还旧的特征首先要新旧两份借款合同的主体一致，即同一贷款银行，同一借款人。我国法律规定各分行均有独立的原告资格，因此"借新还旧"合同中的债权人只能是各分行中的一个，不能是同一家银行中的其他分行，从一个分行中获得的贷款用于偿还其他分行中的债务并不构成同一借款。"借新还旧"的债务人，既可以是需要资金周转的企业，也可以是需要投资固定资产的企业。"借新还旧"行为对债务人身份的要求也是一样的，一家公司为清偿其附属公司对该银行的债务而从一家银行获得贷款，并不构成本文所述的"借新还旧"行为。

（二）借款合同双方有借新还旧的行为

客观上，借款人有实施将新贷偿还旧贷的契机与行为。旧的借款合同已经到期，且未获清偿，是签订新的借款合同的契机，新借款合同签署的目的就为偿还旧债。同时，借款人有实施将新贷偿还旧贷的具体行为。"借新还旧"包含"借"和"还"两个行为，可以通过银行放贷凭证、贷款流向、借款人还款明细等来证明。银行应当遵守会计处理规范，先发放新贷款至借款人账户，然后在借款人出具转账支票后注销到期的旧债。若银行仅单纯作账面上的处理而未与借款人发生实际的账款往来，也就不能认定存在"借新还旧"的行为。

（三）借款合同双方有借新还旧的真实意思表示

借款合同是双务合同，只有双方达成一致意思表示，借款合同才能依法成立，即贷款人与借款人之间达成以新贷偿还旧贷的共同意思表示，是认定借新还旧的重要因素之一。除借款合同中明确记载"借新还旧"之外，实践中要查明借贷双方有"借新还旧"的合意有一定难度。因此，如合同一方对另一方的某种特定行为表示明确认可或者默示同意，则可以认定合同双方存在合意。在债务人不知道或不同意的情况下，银行单方面扣留债务人贷款的资金，或者在债务人不同意的情况下，以新的贷款还旧的贷款，都不能被认为是"借新还旧"。

而本案中，借款人王某某在2007年4月30日，以现金的形式向银行支付两笔分别为2129409.5元、4256690元的款项，用于归还其在2005年10月

28 日、29 日向银行所借的 200 万元、400 万元的借款及利息。回收凭证上明确注明还款为"现金收讫"。虽然同一主体再次签订借款合同，贷款人与借款人之间具有"借新还旧"的表象，但并未形成"借新还旧"的真实意思表示，新合同中明确写明借款用途为征地，其中看不出双方的合意，且本案所有的在卷证据中没有任何以贷还贷的信息。由此可见，王某某在 2005 年 10 月 28 日、29 日向银行所借的两笔共计 600 万元的借款已经清偿，其在 2007 年 4 月 30 日向银行申请的 600 万元借款系双方发生的新的借贷关系，并不存在"借新还旧"的情形。

二、借新还旧在司法实践中的表现形式

实践中"借新还旧"的表现形式多种多样，有的符合一般理论认知并且易于认定，有的因为表现复杂或者不同于典型的类型而增加了界定的难度。

首先，最易于认定的类型是银行和债务人在借款合同中明确约定借款用途为"借新还旧"，但是这种理想情形在实践中并不常见。

其次，最常见的情况是，借贷双方都以"购买原材料""购买设备""补充流动资金"等名义借贷，而实际借贷则以"借新还旧"的方式进行。这一情况就是导致担保争议不断出现的原因，其主要原因在于"借新还旧"有延迟风险暴露的危险，而且银行放款的人为逃避债务经常会以其他借贷方式为幌子以逃避责任。

最后，借贷者通过其他渠道筹措资金来还清自己所欠的债务，然后由银行再给借贷者提供新的贷款来还清借贷者在其他地方的债务，这就是所谓的"过桥资金"，以达到对借贷者的持续利用。因为放款和"借新还旧"都要面对降级的问题，银行必须对借款人以新贷款偿还"过桥资金"的事实有足够的了解，"借新还旧"行为的前提是双方必须达成协议，否则，新贷款就是从老贷款中剥离出来的一项贷款。

三、借新还旧情形中担保责任的承担

担保人的保证责任是"借新还旧"中实现其债权的唯一希望，担保人的保证责任是关系到债权人利益的重要因素，因此，明确担保责任的保证机制，在不同情况下对新贷担保人的责任承担问题进行厘清就显得尤为重要。

本案中，虽然不符合《九民纪要》第 57 条规定的适用情形，但退一万步，即使按借新还旧来讲，也需要担保人明确表示继续为新贷款提供担保，新贷的担保才能够成立。王某某重新借款的新合同中明确写明借款用途为征地，某实业公司作为担保人在合同上盖章，仅知道借款用途为征地，某实业公司不知道也不认可该两笔新的贷款实际用途为"借新还旧"，原担保人仍承担担保责任的，应当以担保人明知或应当知道借款用途系"借新还旧"为前提。借款人与银行在 2007 年 4 月 30 日签订的《抵押担保借款合同》第 14 条明确约定："本合同自各方当事人签章并依法办理登记之日起生效。"根据原《合同法》第 45 条和原《物权法》第 187 条的规定，借款人与银行在 2007 年 4 月 30 日签订的《抵押担保借款合同》并未生效，抵押权也更未设立。即使依《九民纪要》第 57 条但书的规定，本案的担保也不成立，贷款人根本就无权行使担保物权。在"借新还旧"的司法实践中，区别担保合同无效时担保责任的承担和担保合同有效时担保责任的承担显得尤为重要。

（一）担保合同无效时担保责任的承担

1. 由于新的贷款合同的失效，新的贷款保证合同也就失效了。新贷担保合同是新贷款合同的附属合同，其法律效果是从属性上对新贷款合同产生影响的。另外，《民法典》第 682 条对原《担保法》第 5 条关于"以约定为准"的条款进行了修正，明确了当事人不能以约定为准，从而否定了该从属性。当新贷合同是由于债权人和债务人双方恶意串通而形成，并且是无效的时候，新贷担保合同自然也就不会产生法律效力。在这种情况下，新贷担保合同就失去了依附的对象，也就无所谓担保责任。

2. 新贷合同有效，新贷担保合同因自身的原因无效。即使新贷合同有效，新贷担保合同仍有可能因为担保人不适格、担保人意思表示不真实、担保合同内容违法等原因而无效，这些情况下新贷担保人亦无需承担担保责任，但如其自身有过错的，需要在过错范围内承担相应的缔约过失责任。

（二）担保合同有效时担保责任的承担

原《担保法解释》第 39 条规定："借新还旧"的，新贷款担保人不负保证责任，但新贷款担保人知悉或应知悉的除外；如果新的贷款与旧的贷款由同一保证人提供担保的，保证人应负保证责任。《担保制度解释》第 16 条实际上是以原《担保法解释》第 39 条的思路为基础，对"借新还旧"中的担保责任作出了新的规范。从《担保制度解释》第 16 条可以得出一个解决"借新还旧"担保责任在保证合同有效情况下的解决方案：首先，免除旧贷担保人对旧贷的担保责任；其次，新贷担保人原则上对新贷不承担担保责任；最后，新贷担保人提供担保时知道、应当知道"借新还旧"以及新旧贷款担保人为同一人时，新贷担保人对新贷承担担保责任。具体如下：

1. 旧贷担保人对旧贷不承担担保责任。通过"借新还旧"的方式债务人已经结清了旧贷，旧贷担保人的担保责任也随着旧贷债务的履行完毕而消灭，此时只存在新贷担保人是否对新贷承担担保责任的问题。

2. 新贷担保人原则上对新贷不承担担保责任。原则上，借款合同中普遍约定的是除"借新还旧"之外的其他借款用途，新贷担保人对于新贷合同当事人"借新还旧"的事实实际上并不知情也不应当知情，而未经新贷担保人同意就改变借款用途，甚至让新贷担保人担保一笔呆账无疑有违公平原则，新贷担保人是唯一一个利益受到潜在损害的主体，理所当然无需承担担保责任。但是，如果仅仅是债务人擅自变更合同约定的借款用途，而债权人并不知情，则不能免除新贷担保人的担保责任，因为在这种情况下，债权人和新贷担保人的利益都有可能受到损害。新贷担保人不能以"不知道债务人单方面改变借款目的"为由免除担保责任，这是一种在借贷关系中倾斜保护债权的理念。

3. 新贷担保人提供担保时知道或应当知道"借新还旧"以及新旧贷款担保人为同一人的，新贷担保人对新贷承担担保责任。显然，如果新贷担保人提供担保时就知道或应当知道"借新还旧"但仍然担保了债务，则属于新贷担保人自担风险的行为，所以躲避不了担保责任。此外，《担保制度解释》第16条规定新旧贷款的担保人相同的，担保人应当承担担保责任。这一规定乍看之下不合乎情理，因为担保人也有可能因为重大误解或者受到欺诈而提供担保，仅仅根据担保人相同这一点就认定担保人知情并需要承担担保责任，貌似不合理地剥夺了担保人的撤销权，存在有失公平的嫌疑，但深入分析会发现，这样规定的背后有着合理的原因：

（1）"借新还旧"为担保人降低了风险并减轻了责任。如果按新贷合同记载的用途（非"借新还旧"）使用贷款，担保人不仅要对新贷承担担保责任，还要对旧贷承担担保责任；而"借新还旧"则消灭了旧贷债务，担保人只需对新贷承担担保责任。

（2）在新、老借款均为同一保证人的情况下，可以从法律上推定保证人知道"借新还旧"的事实。当新老两个担保人都是同一身份的时候，担保人对于债务人以前的债务，应当承担谨慎的义务。这种谨慎的义务是指，当债权人和债务人都是"借新还旧"的时候，担保人应该在尽职调查之后将"借新还旧"的真相揭露出来，并在这个时候为新的贷款提供担保。

案例编写人　河南省新乡市中级人民法院　刘　佳　徐　一

专家点评

王竹　四川大学法学院教授、博士生导师，四川智慧社会智能治理重点实验室主任，四川大学市场经济法治研究所所长

"借新还旧"是金融贷款中的常见情形，在我国经济发展历程中该制度曾发挥重要作用，但也存在着掩盖信贷资产真实状况、不利于落实贷款管理责任等弊端。因此，为了维护债权双方的合法权益，人民法院需要严格审核"借新还旧"的构成要件。一方面，关于案涉抵押权的状态，人民法院结合案件事实和相关证据，指出某农商行关于案涉贷款属于"借新还旧"的主张不能成立，某实业公司的担保责任随着主债权的消灭亦归于消灭；另一方面，关于案涉抵押权的注销登记，人民法院准确厘清当事人之间复杂的权利义务关系，指出案涉土地使用权上的抵押登记未涂销，而这一权利负担已经侵害了某实业公司的利益，因此某农商行有配合办理案涉土地使用权解押手续的义务。

相关法条

《中华人民共和国物权法》

第二百零二条[①]　抵押权人应当在主债权诉讼时效期间行使抵押权；未行使的，人民法院不予保护。

《中华人民共和国担保法》

第五十二条[②]　抵押权与其担保的债权同时存在，债权消灭的，抵押权也消灭。

《全国法院民商事审判工作会议纪要》

【借新还旧的担保物权】　贷款到期后，借款人与贷款人订立新的借款合同，将新贷用于归还旧贷，旧贷因清偿而消灭，为旧贷设立的担保物权也随之消灭。贷款人以旧贷上的担保物权尚未进行涂销登记为由，主张对新贷行使担保物权的，人民法院不予支持，但当事人约定继续为新贷提供担保的除外。

【主债权诉讼时效届满的法律后果】　抵押权人应当在主债权的诉讼时效期间内行使抵押权。抵押权人在主债权诉讼时效届满前未行使抵押权，抵押人在主债权诉讼时效届满后请求涂销抵押权登记的，人民法院依法予以支持。

---

①　该法已失效，本条对应《民法典》第419条。

②　该法已失效，本条参见《民法典》第393条。

❹❹ 陈某某诉上海某投资管理有限公司、第三人某金融租赁股份有限公司其他合同纠纷案

—— "规章先行"背景下代持金融机构股权之限制与公序良俗间牵连

案件索引

一审： 上海市黄浦区人民法院（2020）沪 0101 民初 4595 号（2021 年 1 月 8 日）
二审： 上海市第二中级人民法院（2021）沪 02 民终 2446 号（2022 年 2 月 28 日）

基本案情

2011 年 3 月，第三人某金融租赁股份有限公司与被告上海某投资管理有限公司签订《增资扩股协议》，约定被告以自有资金出资 3.90 亿元，持股比例 5.89%。2011 年 11 月，原告陈某某与被告签署《股权代持协议》《股权代持补充协议》，约定被告受原告委托，以自己名义将原告所有的 1300 万元资金用于认购第三人定向增发的 1000 万股股份（发行价格为 1.30 元 / 股），并为其代持及管理标的股份，原告同意代持关系解除时，向被告支付受托代持管理费，计算方式为（解除时标的股份评估价值或市场价值 − 标的股份总股数 × 1.30 元 − 当期标的股份变现应缴交易税费）× 20%。后原告向被告支付投资款 1300 万元及后者先行垫付款项产生的利息 116700 元。2019 年，被告出具《确认书》，确认收到原告支付的款项，并为其认购、代持相应股份，同时确认自 2011 年起未收到第三人分红或其他收益，第三人 2019 年净资产为 3.50 元 / 股。另，第三人 2018 年资产负债表、2019 年年度报告及其母公司 2020 年半年度报告均显示第三人股东权益为正且逐年增长。案件审理中，各方均认可自 2011 年以来，第三人未分红。

原告诉称：因第三人未曾分红，其亦未行使过股东权利，其经咨询方知金融租赁公司不得由自然人投资入股，案涉协议与涉及金融安全等规章内容相冲突，违背公序良俗，故请求确认案涉协议无效，被告向其返还投资款

1300万元及利息116700元，并赔偿损失1760万元〔（3.50元 –1.30元）×1000万元 × 80%〕。

被告辩称：不同意原告的诉请。（1）协议签署时，法律、行政法规未对代持金融租赁公司股权持强制否定态度，原告所述部门规章并不构成无效依据。（2）被告自身持股比例及其为原告代持比例较小，不足以影响第三人经营，无涉金融安全、市场秩序及国家宏观政策等公序良俗。（3）即便案涉协议无效，被告返还部分仅为基于代持协议取得的款项。

第三人述称：根据监管规定，自然人不得成为金融租赁公司股东，针对股份价值，从会计学的角度，参考公司发布的2019年年度报告数据计算得出股份价值为3.79元/股。

核心争议焦点

1. 原、被告间《股权代持协议》《股权代持补充协议》的效力如何；
2. 如若《股权代持协议》《股权代持补充协议》无效，相应后果应为何。

审判思路

法院认为，就争议焦点一，案涉协议是否有效，应判断其是否违反影响合同效力的法律、行政法规的强制性规定或是否有悖公序良俗。对于协议效力的审查，应立足于与金融租赁公司监管相关的规定上。

就法律和行政法规层面，根据全国人大常委会于2006年颁布的《银行业监督管理法》第2条、第19条规定以及国务院于2011年颁布的《非法金融机构和非法金融业务活动取缔办法》第3条、第5条规定，可知案涉协议是否为监管部门所允许，应根据国务院银行业监督管理机构针对金融租赁公司监管制定并发布的相应规章的内容予以审查。就部门规章层面，银保监会颁布的《金融租赁公司管理办法》（以下简称《管理办法》）以及中国银行业监督管理委员会发布的《非银行金融机构行政许可事项实施办法》（以下简称《实施办法》），就金融租赁公司的设立、变更、终止等事项规定明确，本案中，案涉协议达成时施行的系2007年1月《管理办法》及2007年8月《实施办法》，协议履行期间，《管理办法》于2014年进行修订，《实施办法》分别于 2015 年、2018 年、2020 年进行修订，① 对于自然人是否具备金融租赁公司持股资格，需充分结合上述规章的内容进行判断。

根据 2007 年《管理办法》第 8 ~ 10 条以及第 13 条的规定，可知金融租赁公司出资人的主体资格限于法人，自然人并不符合该项要求，2007 年《实施办法》于第 30 ~ 36 条以及第 75 条亦重申上述规定，故虽然规章本身未直接表述自然人不得成为金融租赁公司的出资人，但从有关出资人主体资格要件的规定可知，金融租赁公司出资人主体资格仅限于法人机构而不包括自然人。此一基本原则在后续两部规章的修订过程中亦予沿袭，2015 年《实施办法》更直接明确：代他人持有金融租赁公司股权的，不得作为金融租赁公司的发起人，拟投资入股的出资人亦然。综合上述内容可知，金融租赁公司出资人主体资格限于法人系一以贯之的原则，且随着监管实际要求，代他人持有金融租赁公司股份为监管部门所禁止，案涉协议与规章规定相悖。

法院认为，《管理办法》与《实施办法》系银保监会依据《银行业监督管理法》明确授权，根据促进融资租赁业务发展，规范金融租赁公司经营行为之实际需要所制定，两规章中关于金融租赁公司出资人的主体资格及禁止代持股权的规定与《银行业监督管理法》的立法目的一致，且未与法律、行政法规等相冲突，系属加强金融机构的监督管理，防范和化解金融风险，促进金融机构健康发展，维护社会经济秩序与社会公共利益之必要保障。案涉协议与规章规定相冲突，双方间基于股份转让所达成的代持合意违反涉及金融安全、市场秩序、国家宏观政策等规章的内容，有悖公序良俗，依法应属无效。

就争议焦点二，根据法律规定，民事法律行为无效后，行为人因该行为取得的财产，应当予以返还。各方确认，原告从未获得分红，其无需向被告返还财产，被告则应当返还原告为获得相应股份权益所支付的款项。至于原告要求被告赔偿因股份增值而产生的损失，实系要求对股份增值部分的收益予以分配，法院认为，案涉协议因有悖公序良俗无效，而非因意思表示存在瑕疵，协议中约定的收益分配比例系双方真实意思，故对于原告主张获得代持期间股份增值收益部分的 80%，可予支持。

故一审法院判决：一、原、被告间所涉协议无效；二、被告于判决生效之日起 10 日内向原告返还 1300 万元及 116700 元；三、被告于判决生效之日起 10 日内向原告支付 1760 万元。

---

① 该《实施办法》现已被 2023 年 10 月 9 日国家金融监督管理总局令 2023 年第 3 号公布的《非银行金融机构行政许可事项实施办法》所废止。

被告不服一审判决并提起上诉,二审法院后判决:驳回上诉,维持原判。

金融领域所涉问题的复杂性、专业性较强,监管措施适用影响力较大、敏感度较高,故立法工作的开展相对审慎,通过灵活性较强的规章反映特定时期的监管需求系常见做法,"规章先行"成为金融监管领域的一大特征。规范金融机构持股主体资格系监管的重要一环,通常而言,符合特定资信条件且经监管部门审查批准的主体方可成为金融机构的发起人或投资入股的出资人,故对于规避资质审查,由隐匿于名义股东背后,资信条件不明的实际投资人享有股东权益的代持行为,监管多持否定态度,相应规章亦多明确禁止代他人持有金融机构股权。在对此类代持行为效力进行判断的过程中,因规章更迭较快产生的内容适用问题及因规章效力层级较低产生的效力认定问题,仍需在明确行为发生当时监管规定本身态度的同时,厘清有关持股主体资格限制的规定与公共秩序间牵连。

一、针对规章适用问题

代持金融机构股权的行为有效与否,首先需要明确的即是行为有无与规章内容相悖,对于本案所示的历经规章修订的代持行为,若在先规章允许代持或规定相对模糊,在后规章明确禁止,在后规章能否认为系对在先规章的更正或补充,认定标准应为何。就此而言:

1.对于在先规章规定相对模糊的情形,应充分结合规章上下文规定及同时期施行的其他部门规章内容判断代持行为是否为监管所允。本案涉及金融租赁公司,2000年颁布的《管理办法》明确规定金融租赁公司不得吸收自然人为公司股东,但采取股份有限公司组织形式,并经批准上市的除外。2007年修订的《管理办法》删除了上述规定,在明确主要出资人的类型为符合特定条件的商业银行、租赁公司、大型企业以及其他金融机构之时,并未就一般出资人可否为自然人,以及出资人可否为自然人或其他法人代持股权作明确表述,但结合2007年《管理办法》关于申请筹建金融租赁公司,申请人应当提交"出资人基本情况,包括出资人名称、法定代表人、注册地址、营业执照复印件及营业情况以及出资协议"的规定,以及随后颁布的2007年《实施办法》补充规定的境内非金融机构、境内外金融机构作为特定金融租赁公司一般出资人应具备的条件,以及公司股权变更时,拟投资入股的出资人适用同样条件的规定，可知彼时监管背景下，自然人不具备成为金融租赁公司发起人或出资人的资格，为自然人代持股权亦不被允许。

2. 对于在先规章允许股权代持，而在后规章明确禁止，或结合在先规章上下文规定及同时期施行的其他部门规章的规定，无法得出股权代持为监管所不允许的情形，则难以认定在后规章具有溯及既往效力。2023 年修正的《立法法》第 104 条规定，"法律、行政法规、地方性法规、自治条例和单行条例、规章不溯及既往，但为了更好地保护公民、法人和其他组织的权利和利益而作的特别规定除外"，金融市场发展日新月异，相应监管规定亦是服务于特定时代背景，指引金融市场主体于一定期间内为或者不为特定行为，若在先规章允许或未禁止股权代持行为，即便在后规章因最新的监管需求而作相反规定，亦难以认定其更好地保护了双方于此前特定背景下基于风险及收益考虑而达成的代持合意。如结合 2007 年《管理办法》及 2007 年《实施办法》的规定，虽可知股东不得为自然人代持股权，但难以得出为法人等其他主体代持股权同样不可行的结论，在此背景下，即便 2015 年修订的《实施办法》明确规定代他人持有股权的不得成为金融租赁公司股东，但对于发生在 2007 年《管理办法》和《实施办法》施行期间，存续至 2015 年《实施办法》施行后的代法人等持有股权的行为，亦难以认定 2015 年的规定更好地保护了发生于 2007 年监管背景下达成代持合意的双方的权益，2015 年《实施办法》不能溯及适用。当然，此类行为虽效力不受影响，但因在后规定已明确禁止，代持双方应通过解除合同等路径变更行为存续状态。

二、针对效力认定问题

若股权代持行为与其发生时的规章规定相悖，对其效力的判断应明确以下方面：

1. 与规章中涉及公序良俗的规定相悖系行为无效的理由。《民法典》第 153 条第 1 款规定，"违反法律、行政法规的强制性规定的民事法律行为无效。但是，该强制性规定不导致该民事法律行为无效的除外"，据此，关于效力性强制性规定与管理性强制性规定的区分应当仅针对法律法规而言，与规章无涉。虽然规章本身不属于行为无效的依据，但并不意味着与其相悖的行为效力均不受影响。根据《全国法院民商事审判工作会议纪要》第 31 条的规定，"违反规章一般情况下不影响合同效力，但该规章的内容涉及金融安全、市场秩序、国家宏观政策等公序良俗的，应当认定合同无效"，故与规章相悖并非认定行为无效的理由，与规章中涉及特定公共利益的规定相悖，有悖公序良俗方是代持行为无效的理由。

2.禁止代持的规定与公共利益牵连明显。禁止代持股权追根究底意在规范持股主体资格，即金融机构股权仅可为符合特定要件，且经监管部门审查批准的特定主体持有，此系因发起人及投资入股的出资人系金融机构得以设立及发展之基石，故其应满足开展金融活动所必需的一系列条件，包括较高标准的资金要求（如最低实缴注册资本）、人员要求（如董事、高级管理人员需符合特定任职资格条件，具备相应年限的工作经历等）、管理要求（如建立有效的公司治理、内部控制和风险管理体系，建立与业务经营和监管要求相适应的信息科技架构等）、行为要求（如不在一定期限内转让公司股权，在公司出现支付困难时，给予流动性支持，当经营损失侵蚀资本时，及时补足资本金等）。上述要求无一不与金融机构经营开展、抵御风险等能力直接挂钩，规章要求股权由此类符合特定要件的主体掌握，对于金融机构股权结构的稳定性和透明性、经营决策的科学性、风险抗衡的稳定性等意义重大，是金融机构得以长远发展的重要保障。反之，在代持安排下，金融机构的股权关系变得复杂和不透明，资金来源分散不清，不满足严格的主体要件、未经任何资质审批的投资人即可基于代持合意指示名义股东依其意志参与金融机构的经营决策，行使表决权等，更不必说实际投资人与名义股东常因投资收益不如预期而产生纠纷，代持行为对于金融机构的经营管理、风险抵御等能力均有负面影响。同时，考虑到金融机构或是与不特定多数人的财产利益甚至是人身利益相挂钩，如商业银行等银行业存款类金融机构，财产保险公司、人身保险公司等保险业金融机构，经营管理风险牵一发而动全身，或是虽涉及对象相对有限，却与特定行业的发展，与特定类型的主体利益密切相关（如金融租赁公司等非银行金融机构），机构的平稳运行对于丰富资本市场的融资形式等意义重大。故无论是何种类型，金融机构均系金融市场的重要组成部分，其能否健康发展对于金融秩序的安全稳定至关重要。股权代持行为的存在使得金融机构的健康发展存在风险，牵涉不特定多数人的人身、财产利益或特定行业之发展等公共利益，禁止代持的规定实系与金融安全等公共利益密切相关。

综上所述，若股权代持行为与其发生时的规章相悖，可认定该行为违背金融安全等公序良俗，相应的代持合同及行为应属无效。至于无效之后果，可依据代持行为的模式不同而分别处理：对于基于委托购买产生的代持行为，行为被认定为无效后，受托人不再为委托人持有金融机构股权，股权应以何种方式处分，需结合具体案情。如委托人能否具备显名资格等加以判断，至于代持期间产生的收益或损失应基于公平原则合理分配。对于基于股权转让形成的代持行为，行为无效之后果为受托人向委托人返还股权转让款，对于代持期间产生的收益或损失亦应基于公平原则合理分配。

案例编写人　上海市黄浦区人民法院　陈一鸣　邵宁宁　刘　畅

 专家点评

赵万一　　西南政法大学民商法学院教授、博士生导师，中国法学会商法学研究会副会长

　　合同行为的效力认定事关当事人的意思自治和行为目的的实现，因此，我国原《民法通则》采取了较为审慎的态度，仅将违反法律和行政法规强制性规定的行为作为判定合同行为无效的主要理由，以尽量压缩合同行为无效的适用范围。但由于许多行为虽未直接违反法律和行政法规的强制性规定，却有较大的社会危害性，所以我国《民法典》特别将有悖公序良俗作为判定合同行为无效的另一约束性条件。这里的公序良俗大多和社会公共利益、社会公共秩序、社会公共安全密切相关。该案的亮点就在于将公序良俗和国家金融安全进行有机衔接，从而丰富了民事法律行为的适用情形和适用范围。这一裁判思路也为《最高人民法院关于适用〈中华人民共和国民法典〉合同编通则若干问题的解释》所认可和采纳。

相关法条

《中华人民共和国民法典》

第一百五十三条　违反法律、行政法规的强制性规定的民事法律行为无效。但是，该强制性规定不导致该民事法律行为无效的除外。

违背公序良俗的民事法律行为无效。

第一百五十七条　民事法律行为无效、被撤销或者确定不发生效力后，行为人因该行为取得的财产，应当予以返还；不能返还或者没有必要返还的，应当折价补偿。有过错的一方应当赔偿对方由此所受到的损失；各方都有过错的，应当各自承担相应的责任。法律另有规定的，依照其规定。

45 某保理有限公司深圳分公司诉某福控股股份有限公司票据追索权纠纷案

——保理追索权与票据追索权行使顺序及受偿方式

案件索引

一审：上海市青浦区人民法院（2020）沪0118民初18668号（2021年9月10日）

二审：上海金融法院（2022）沪74民终18号（2022年6月7日）

基本案情

原告某保理有限公司深圳分公司（以下简称某保理公司）诉称：2018年6月11日，原告某保理公司与案外人上海某实业有限公司签订保理合同受让该司与案外人上海某天实业有限公司间应收账款，该司同时将该应收账款项下票面金额19746100元的电子商业汇票背书转让于原告某保理公司。原告某保理公司于汇票到期后提示付款被拒。被告某福控股股份有限公司（以下简称某福控股公司）为该汇票承兑人，原告某保理公司故起诉要求：（1）判令被告某福控股公司向原告某保理公司支付票据款人民币（以下币种均为人民币）19746100元；（2）判令被告某福控股公司向原告某保理公司支付以19746100元为基数，按同期全国银行间同业拆借中心公布的贷款市场报价利率计算，自2018年12月9日起至实际清偿之日止的利息。

法院经审理查明：2018年6月1日，原告某保理公司与案外人上海某实业有限公司签订有追索权《保理合同》，合同载明，上海某实业有限公司将已经发生但尚未到期的应收账款以及截至2019年4月16日将发生的应收账款及相关权益无条件转让给某保理公司。某保理公司在本合同项下任何权利未充分受偿时，可向上海某实业有限公司及付款人分别行使追索权和追偿权。同日，某保理公司与上海某实业有限公司、上海某天实业有限公司签订了

343

《应收账款转让协议》，该协议载明，上海某实业有限公司作为应收账款转让方，与作为应收账款付款方的上海某天实业有限公司间签订过多份商务合同及相关附件、补充文件。某保理公司与上海某实业有限公司已就受让应收账款及所涉融资事宜另行签署了《保理合同》，由某保理公司为上海某实业有限公司提供保理服务，上海某实业有限公司转让给某保理公司的应收账款包括：因履行商务合同所产生的应收账款 19746100 元；上海某实业有限公司与上海某天实业有限公司共同保证向某保理公司提供的商务合同和该合同项下所转让的应收账款真实有效，且未被其他融资机构所质押；上海某实业有限公司与上海某天实业有限公司确定已完成商务合同义务，并已符合付款条件，上海某天实业有限公司愿意无条件付款；上海某天实业有限公司对保理合同的内容及效力无任何异议，并确认上海某实业有限公司已履行完毕商务合同项下的义务且有权将标的应收账款转让给某保理公司；标的应收账款以商业承兑汇票支付，上海某天实业有限公司应向上海某实业有限公司交付以上海某实业有限公司为收款人，某福控股公司为出票人／承兑人，付款金额为 1700 万元的商业承兑汇票，上海某实业有限公司有权将该汇票背书转让给某保理公司。若上海某天实业有限公司在商业承兑汇票到期日前 5 日之前将标的应收账款支付至某保理公司指定账户，则某保理公司将商业承兑汇票返还上海某实业有限公司；若上海某天实业有限公司在商业承兑汇票到期日之前 3 日仍未支付，则某保理公司作为持票人将直接通过向商业承兑汇票记载的付款账号托收相应款项。如前述汇票无法正常使用等，不免除上海某天实业有限公司在保理合同项下的标的应收账款支付义务，上海某天实业有限公司应将标的应收账款支付至某保理公司指定账户；上海某天实业有限公司若未按上述约定回款，应按照应付未付款项向某保理公司支付逾期违约金；标的应收账款到期时，某保理公司有权向上海某实业有限公司追索。

上述转让协议项下的电子商业汇票即本案涉案汇票，出票日期为 2018 年 6 月 11 日，出票人为上海某天实业有限公司，收票人为上海某实业有限公司，承兑人为被告某福控股公司，票据金额 19746100 元，汇票到期日 2018 年 12 月 8 日。2018 年 6 月 11 日，上海某实业有限公司将上述汇票背书转让给原告某保理公司。同日，涉案应收账款在中国人民银行征信中心进行了动产权属登记。原告某保理公司于到期日提示付款被拒付。

原告某保理公司为此将上海某实业有限公司、上海某天实业有限公司、林某、宋某、林某某及某福控股公司诉至广东省深圳市福田区人民法院。该院以（2018）粤 0304 民初 38092 号立案。被告某福控股公司在该案审理中表示，原告某保理公司要求被告某福控股公司承担连带责任，但票据承兑不是保证，被告某福控股公司不是担保人，原告某保理公司没有任何可要求被告某福控股公司承担连带责任的合同或法律依据。该案判决确认原告某保理公司与上海某实业有限公司、上海某天实业有限公司间《应收账款转让协议》，与上海某实业有限公司间《保理合同》均有效。原告某保理公司向被告某福控股公司主张票据权利，与该案并非同一法律关系；且原告某保理公司作为持票人基于票据追索权的主张对象除某福控股公司外，还可包括上海某天实业有限公司、上海某实业有限公司等票据债务人，其票据责任可能与该案责任存在交叉重合之处，故该诉求不适宜在该案中一并处理，某保理公司可另循法律途径解决。据此，该院作出一审判决："一、上海某天实业有限公司应于判决生效之日起十日内，在应收账款本金 19746100 元及逾期违约金（以 19746100 元为基数自 2018 年 12 月 9 日起按中国人民银行同期贷款利率计算）范围内向某保理公司支付保理融资款本金 1500 万元和违约金（以 1500 万元为基数按年利率 24% 的标准，自 2018 年 12 月 9 日起计至债务全部清偿之日止）……"一审判决后，上海某天实业有限公司不服提出上诉。广东省深圳市中级人民法院后作出（2020）粤 03 民终 6187 号民事判决："一、维持深圳市福田区人民法院（2018）粤 0304 民初 38092 号民事判决第二项、第三项、第四项；二、变更深圳市福田区人民法院（2018）粤 0304 民初 38092 号民事判决第一项为：上海某天实业有限公司应于本判决生效之日起 10 日内，在应收账款本金 19746100 元及逾期违约金（以 19746100 元为基数自 2018 年 12 月 9 日起至 2019 年 8 月 19 日止按中国人民银行同期同类人民币贷款基准利率标准计算；自 2019 年 8 月 19 日起按全国银行间同业拆借中心公布的贷款市场报价利率计算）范围内向某保理公司支付保理融资款本金 1500 万元和违约金（以 1500 万元为基数按年利率 24% 的标准，自 2018 年 12 月 9 日起计至债务全部清偿之日止）；三、驳回上海某天实业有限公司的全部上诉请求。"上海某天实业有限公司后于 2020 年 12 月 7 日向广东省高级人民法院申请再审，该院于 2021 年 5 月 27 日作出（2020）粤民申 13004 号至 13006 号民事裁定，驳回上海某天实业有限公司再审申请。一审另查明，（2018）粤 0304 民初 38092 号案件生效后，原告某保理公司未申请执行。对于案涉票据，原告某保理公司未在电子商业汇票结算系统中发起追索。

原告某保理公司认为：本案与前案保理合同纠纷系不同之诉，不存在重复诉讼。原告在本案受偿后可自行扣减前案中各被告的付款义务。

被告某福控股公司辩称：首先，原告某保理公司曾以保理合同将案外人上海某实业有限公司、上海某天实业有限公司、林某、宋某、林某某及被告诉至广东省深圳市福田区人民法院且已立案。原告某保理公司已就基础关系提起诉讼并胜诉，故不得再以票据关系再行起诉。其次，原告某保理公司获得票据系基于让与担保，并非基于基础交易通过支付对价取得票据。原告某保理公司支付的是其在保理合同项下的保理融资款 1500 万元，而不是票据金额 19746100元，因此原告不能取得票据权利。再次，涉案保理合同项下基础关系不存在，原告某保理公司向被告某福控股公司主张权利无事实和法律依据。涉案电子票据不符合《票据法》对票据形式、背书转让等规定，属于无效票据。最后，原告某保理公司已在前述基础关系诉讼即（2018）粤 0304 民初 38092 号案件中胜诉，现原告某保理公司再依据票据关系提起诉讼，原告某保理公司存在双重受偿的可能。

核心争议焦点

1. 原告在提起保理合同之诉后再提起票据之诉是否构成重复诉讼，是否违反一事不再理原则；

2. 原告在保理合同纠纷一案胜诉后再行提起票据之诉能否获得支持。

审判思路

一、保理债权与票据债权属于不同之诉

保理合同之诉与票据之诉，系不同的诉讼标的。在保理合同之诉中，保理商系基于应收账款受让人要求债务人支付应收账款，基于保理追索权要求债权人回购应收账款，而在票据追索权中保理商系作为持票人要求票据当事人支付票据款，二者的诉讼对象不同；保理合同纠纷的诉请为支付应收账款，票据追索权纠纷中则为支付票据款，诉请亦不相同，故两诉并不相同。

二、有明确意思表示时依约定

保理商与债权人间先建立保理合同关系，债权人因取得保理融资款而向原告转让应收账款及相应的商业承兑汇票，此时，保理商对债权人享有两种债权，即保理债权（向债务人的付款请求权、向债权人的债权回购权）和票据债权（票据付款请求权和追索权）。如何行使上述债权，应先审查当事人间

是否有明确的意思表示，根据当事人的意思表示确定权利的行使顺序。如明确受让票据后保理债权消灭，则保理商就不得在收取票据后再行使保理追索权。本案明确约定了当汇票出现无法正常使用等情况，不免除上海某天实业有限公司在保理合同项下的标的应收账款支付义务，因此原告在票据拒付后仍可行使保理债权。

三、无意思表示或意思表示不明时享有选择权

如当事人就此无意思表示或意思表示不明时，保理商可自行选择先行使何项债权。《票据法》虽规定了持票人在付款请求权得不到实现后可行使追索的权利，但并无法律规定债权人在票据付款请求权无法实现时只能依据《票据法》继续行使追索权或《票据法》上规定的其他权利。当保理商先行使保理债权时，如债务人及债权人在该案中提出票据返还主张，应在处理保理债权的同时，明确保理商的票据返还义务，当应收债权清偿后，保理商应返还票据，否则保理商也会因在票据项下的不当得利而无法实际掌握款项。当保理商同时提起保理和票据两诉时，如债务人、债权人明确提出已通过票据偿付原因债务时，则可驳回保理商的保理诉讼，而在票据之诉中予以处理。

四、优先行使票据追索权

在约定不明时，债权人与债务人对基础交易达成以票据进行结算的合意。从票据性质来说，票据本就为支付、结算工具，如不先穷尽票据权利，则无法实现票据作用。当票据追索权穷尽，保理商仍未能得到清偿，即可表明保理人作为应收账款的受让人未能获得应收账款的对价，基础合同权利义务并未消灭，保理商当然可行使保理追索权。票据追索权时效较基础债权时效较短，且基于票据无因性，票据追索权的审理也较快，有利于保理商自身利益的尽快实现。

五、保理追索权与票据追索权的重复受偿

保理关系、票据关系总体上均基于应收账款基础关系，当其中部分主体实际承担责任后，保理商的上述请求权发生整体消灭的法律效果，故可从外部关系上免除其他主体对保理商的责任。从"先保理，后票据"的交易关系来看，票据属于应收账款的支付工具，保理商通过票据追索权获得的款项实际属于保理关系中应收账款的回款。就保理关系而言，若该回款超出保理融资金额，《保理合同》有明确约定的，可按照合同约定清算；合同无明确约定

的，则根据《民法典》第766条的规定，该回款在扣除保理融资款本息和相关费用后有剩余的，剩余部分应当返还给应收账款债权人。

如何处理保理追索权与票据追索请求权竞合是法律理论与实务界讨论的热点问题。本案从两诉的构成要件出发，分析了两诉的不同之处，得出了两诉不构成重复诉讼的结论。本案从票据属性出发，认为原告作为保理人受让应收账款取得债权及相应的票据，系票据的合法持有人，有权行使票据追索权。原告作为应收账款债权人、保理人及票据持有人享有多项请求权，在一项或多项请求权未获清偿时，可行使其他请求权要求就未获清偿部分行使诉权。本案还对电子商业汇票的线下追索、保理人责任等问题进行了论述。本案历时较长，裁判观点得到二审认可，并与将出台的相关类案裁判观点一致，具有较高的参考意义。

案例编写人　上海市青浦区人民法院　陈建东

吴光荣　　北京理工大学教授

本案具有一定的典型性和代表性。在保理追索权与票据请求权发生竞合时，根据我国民法关于权利竞合的处理模式，原则上允许当事人选择其中一项主张权利。不过，在当事人选择一项获得胜诉的情况下，是否还能选择其他权利主张，则不无疑问。由于票据权利具有特殊性，因此，在基于保理追索权获得胜诉的情况下，当事人依据所持有的票据主张权利，应该符合立法的目的。当然，如果被告的抗辩成立，则意味着原告不享有票据权利，原告基于票据权利的主张自然无法获得支持。但不能因此否定当事人的诉权。

相关法条

《中华人民共和国票据法》

第六十一条第一款　汇票到期被拒绝付款的，持票人可以对背书人、出票人以及汇票的其他债务人行使追索权。

第六十二条 持票人行使追索权时，应当提供被拒绝承兑或者被拒绝付款的有关证明。

持票人提示承兑或者提示付款被拒绝的，承兑人或者付款人必须出具拒绝证明，或者出具退票理由书。未出具拒绝证明或者退票理由书的，应当承担由此产生的民事责任。

第六十八条 汇票的出票人、背书人、承兑人和保证人对持票人承担连带责任。

持票人可以不按照汇票债务人的先后顺序，对其中任何一人、数人或者全体行使追索权。

持票人对汇票债务人中的一人或者数人已经进行追索的，对其他汇票债务人仍可以行使追索权。被追索人清偿债务后，与持票人享有同一权利。

第七十条第一款第一项、第二项 持票人行使追索权，可以请求被追索人支付下列金额和费用：

（一）被拒绝付款的汇票金额；

（二）汇票金额自到期日或者提示付款日起至清偿日止，按照中国人民银行规定的利率计算的利息；

《最高人民法院关于适用〈中华人民共和国民事诉讼法〉的解释》

第九十条 当事人对自己提出的诉讼请求所依据的事实或者反驳对方诉讼请求所依据的事实，应当提供证据加以证明，但法律另有规定的除外。

在作出判决前，当事人未能提供证据或者证据不足以证明其事实主张的，由负有举证证明责任的当事人承担不利的后果。

46 廖某某诉某市某区土地房屋征收中心、某区双福街道办事处行政协议案
——行政协议履行过程中单方解除权的司法审查

基本案情

2011 年 12 月 13 日，被告某区双福街道办事处（以下简称双福街道办事处）、某市某区土地房屋征收中心（以下简称区土地房屋征收中心）因实施津马路加宽项目建设，拟对原告廖某某的房屋进行拆迁，与其签订了《某区双福新区实施（津马路加宽）建设项目土地流转房屋拆迁补偿安置（定向购买）协议书》（以下简称《房屋拆迁补偿安置协议书》），协议约定被拆迁人廖某某获得安置购房资格；此后，廖某某将案涉房屋交付拆除，并足额交纳案涉安置房认购款。

经查明，案涉房屋系廖某某与其前夫陈某某于 2006 年 6 月 9 日申请取得建设许可，于当年 6 月 9 日便提出办证申请，从获批修建到申请产权证明仅 5 天时间，廖某某与其前夫陈某某系故意隐瞒未批先建事实。且廖某某随其前夫迁入户籍时系城镇户口，不具备农村村民建房的资格，而此二人隐瞒前述事实取得了案涉拆迁房屋产权证。

2017 年 5 月，因廖某某涉嫌提供虚假资料骗取案涉拆迁房屋产权证，不具备农转非安置资格，原某市某区国土资源和房屋管理局作出《终止履行某区双福新区实施（津马路加宽）建设项目土地流转房屋拆迁补偿安置（定向

购买）协议书的函》。廖某某不服该终止函告，诉请人民法院确认原某市某区国土资源和房屋管理局（以下简称区国土资源和房屋管理局）终止履行房屋拆迁补偿安置协议书的行为违法，该案以区国土资源和房屋管理局未提交作出终止函告的相应证据，应承担举证不能后果为由，法院判决确定区国土资源和房屋管理局终止履行《房屋拆迁补偿安置协议书》的行为违法。

2022 年 3 月 17 日，双福街道办事处、区土地房屋征收中心再次以廖某某涉嫌提供虚假资料，骗取案涉拆迁房屋产权证，不具备农转非安置资格为由，作出《终止履行某区双福新区实施（津马路加宽）建设项目土地流转房屋拆迁补偿安置（定向购买）协议书的通知》。廖某某不服该终止通知，认为双福街道办事处、区土地房屋征收中心不履行约定安置义务，经前诉确认违法后，又以相同事实重新作出行政行为，属于滥用职权，违反法律规定，严重损害其合法权益，遂向人民法院提起行政诉讼。

原告（上诉人）廖某某诉称：被告双福街道办事处、区土地房屋征收中心与其签订了案涉《房屋拆迁补偿安置协议书》，协议约定其取得安置购房资格，但其将房屋交付拆除并交纳安置购房款后，区国土资源和房屋管理局以其提供虚假资料骗取案涉拆迁房屋产权证为由，判定廖某某不具备农转非安置资格，并对廖某某作出终止履行房屋拆迁补偿安置协议的函，廖某某不服该终止函告遂提起诉讼，该案因区国土资源和房屋管理局未提交作出终止函告的证据，经判决确定该终止函告的行为违法。此后，被告双福街道办事处、区土地房屋征收中心再次以区国土资源和房屋管理局相同理由，作出解除案涉安置补偿协议通知，二被告经前诉确认违法后，又以相同事实重新作出行政行为，系滥用职权，损害其合法权益，遂诉请人民法院撤销二被告所作案涉解除补偿协议通知，并要求二被告履行案涉房屋拆迁补偿安置协议书约定义务。

被告（被上诉人）双福街道办事处辩称：本案解除安置补偿协议通知符合法律规定，廖某某并非农村村民也非就地农转非人员，其在当地没有承包地，不享有该社集体土地的承包经营权，不属于房屋安置对象，不具有获得征地房屋安置补偿的主体资格，若继续按照其原签订的补偿协议履行，必将严重损害国家利益和社会公共利益，为此通知廖某某解除与其签订的房屋拆迁补偿安置协议。

被告（被上诉人）区土地房屋征收中心辩称：其承担辖区内房屋征收与补偿的具体工作，对集体土地负有实施征收的职责，主体适格，经查明，廖某某于征地时系城镇户籍，依规不属于征地农转非人员为住房安置对象，故为避免国家利益和社会公共利益的无故损耗，依法对廖某某发出解除案涉房屋拆迁补偿安置协议的通知。

核心争议焦点

1. 本案土地征收协议是否系行政协议；
2. 行政机关援引行政优益权解除案涉土地征收协议，是否基于维系"公共利益"如何判断；
3. 本案土地征收协议解除后，当事人的权益如何维护。

审判思路

本案中行政机关基于拓宽城市马路目的，以行政机关身份与相对人廖某某协商后，签订案涉拆迁补偿协议，此协议无论从主体资格是否适格切入分析，还是以行为目的是否为维护公共利益，以及从协议的内容予以考量，其都符合行政协议的特征，系典型的行政征收补偿协议。但廖某某不具备案涉房屋拆迁补偿安置协议书适用的主体资格，其主体上不适格，若置之不顾，协议的继续履行势必造成国家利益、社会公共利益的无故损耗。故出于公共利益维护的目的，案涉行政机关主动作为，可援引行政优益权法定解除案涉《房屋拆迁补偿安置协议书》。

实践中，行政优益权的授权来源主要有如下两个：其一为专门条款授权，如《市政公用事业特许经营管理办法》第 13 条规定："获得特许经营权的企业承担政府公益性指令任务造成经济损失的，政府应当给予相应的补偿。"该条款就隐含了市场行政机关解除特许经营许可的权利。其二为法定职权的延伸，如在土地房屋征收补偿协议中，作为协议一方当事人的行政主体，根据其在从事土地房屋征收活动中的概括职权条款，延伸出基于公共利益之考虑，对协议予以单方变更或单方解除之权利。[①]但行政优益权理应受到维系"公共利益"目的的严格限制，并由缔约行政机关承担举证责任，而从证明标准上看，此处的证明参照民事诉讼标准，即达到高度盖然性标准即可。相较于"法律规定的公共利益"，对个案中出现"事实上的公共利益需要"判定的特

---

① 参见陈天昊：《行政协议变更、解除制度的整合与完善》，载《中国法学》2022年第 1 期。

殊情形，则可从证明责任入手，将证明的标准提高至高度盖然性与排除合理性怀疑之间，司法审查中结合个案事实从严作出认定，从而适应实践的需求。

本案中，案涉行政机关援引行政优益权解除征地补偿协议，其权利基础正是源于法定职权的合理延伸，本案社会公共利益的维护则体现为，避免了案涉征地补偿继续履行所带来的社会公共财产的损耗，以及社会土地征收正常秩序的维系，而案涉行政机关所举示证据确实充分，足以证明廖某某欺诈事实存在，故案涉行政机关单方解除行为具有合法性。

行政协议作为一种公法合同，协议的解除一经作出，虽具有消灭协议关系的效果，但这并不意味着行政机关与行政相对人之间权利义务的完全终止。一方面，行政协议作为一种合同，参照适用民事合同的相关规定，协议解除后，对已履行的义务，根据履行情况与合同性质，当事人享有请求恢复原状或是申请其他补偿的权利；另一方面，行政协议作为一种行政行为，协议的解除也应当受到合理信赖原则的辖制，若行政协议解除系由行政机关过错所致，则行政机关理应承担起对行政相对人赔偿损失的责任，而若行政机关解除协议系基于社会公共利益、国家利益的目的，行政机关则应承担起对行政相对人的补偿责任。

本案中，廖某某虽不具备集体安置的资格，但案涉拆迁补偿协议签订后，协议约定房屋待拆除义务已履行完毕。鉴于案涉房屋已拆除，不具备恢复原状的可行性，二被告理应对拆除的房屋作出补偿处理。而行政机关援引行政优益权解除案涉协议，并不排除行政相对人信赖利益的保护。原告廖某某基于合理信赖，将房屋交付拆除，如今案涉协议解除，二被告也应以合理补偿填补原告廖某某遭受的合法损失。

行政主体缔结行政协议旨在实现行政管理或公共服务目标，因此协议履行过程基于维系公共利益的需求，行政机关行为可能单方突破协议约定，这构成行政协议的单方变更解除制度。但行政协议亦以合同关系为基础，乃当事人意思表示一致的产物，故协议当事人仍应遵从严守契约原则的辖制，而行政机关对协议的单方解除的正当化依据应限制为维系公益。本案作为行政机关以维系公共利益为由解除行政协议的典型案例，以本案为样本，探索行政协议单方解除的裁判规则，发挥行政审判的监督职能，以司法审查确保行

政机关对协议的解除符合法律要求，在行政协议的履行和公共利益的维系间建立平衡，更好地发挥行政协议的社会功能与作用。

案例编写人 重庆市江津区人民法院 沈迎春 马 健

 专家点评

湛中乐 北京大学法学院教授、博士生导师，中国法学会行政法学研究会副会长

根据《国有土地上房屋征收与补偿条例》第 10 条、第 11 条的规定，行政机关享有决定房屋征收活动中相关征收补偿方案的权力。由此，可以延伸出行政机关享有单方变更、解除该方案以及根据方案订立征收补偿协议的权力。本案中，相对人不具备案涉拆迁补偿协议适用的主体资格，为避免协议继续履行减损公共财产，破坏土地征收正常秩序，行政机关单方解除案涉拆迁补偿协议，是基于维护公共利益需要，履行法定职权的正当行为。另外，尽管相对人因自身主体资格不合法导致行政协议被解除，依法应承担违约责任，但其已将协议约定的房屋待拆除义务履行完毕，因而人民法院据此判决行政机关补偿相对人合理损失，能够确保行政协议解除过程中公共利益与私人利益的平衡。

相关法条

《中华人民共和国行政诉讼法》

第十二条第十一项 人民法院受理公民、法人或者其他组织提起的下列诉讼：

（十一）认为行政机关不依法履行、未按照约定履行或者违法变更、解除政府特许经营协议、土地房屋征收补偿协议等协议的；

《最高人民法院关于审理行政协议案件若干问题的规定》

第十六条第一款 在履行行政协议过程中，可能出现严重损害国家利益、社会公共利益的情形，被告作出变更、解除协议的行政行为后，原告请求撤销该行为，人民法院经审理认为该行为合法的，判决驳回原告诉讼请求；给原告造成损失的，判决被告予以补偿。

第二十七条　人民法院审理行政协议案件，应当适用行政诉讼法的规定；行政诉讼法没有规定的，参照适用民事诉讼法的规定。

人民法院审理行政协议案件，可以参照适用民事法律规范关于民事合同的相关规定。

47 某汽车租赁公司诉某城市管理局 单方解除行政协议案

——行政机关单方解除行政协议是否符合约定、法定 或者优益权行使情形的认定

案件索引

一审： 河南省辉县市人民法院（2022）豫 0782 行初 33 号（2022 年 6 月 13 日）

二审： 河南省新乡市中级人民法院（2022）豫 07 行终 386 号（2022 年 7 月 26 日）

基本案情

2020 年 7 月，某城市管理局作为甲方，第三人杭州某科技有限公司（以下简称某科技公司）作为乙方，某汽车租赁公司作为丙方，签订战略合作协议，主要内容为："（一）合作内容：本着倡导'绿色出行，完善城区交通出行系统建设'的原则，乙方投资运营辉县市某助力车项目，并于 2020 年 10 月 1 日之前分批次投放某助力车不少于 1500 辆，后续可根据市场需求或当地居民需要适时增减投放某助力车数量。乙方负责辉县市所属行政管辖区域内的某助力车运营及管理工作；丙方负责某助力车在当地的运维管理工作；甲方充分发挥自身优势，为乙方提供政策支持，同时协调项目有关部门，确保某助力车项目快速落地、稳步运营，使某助力车项目成为辉县市交通系统的必要补充，尽快为市民提供方便、快捷的中短途绿色出行服务。（二）合作机制……（三）战略合作周期：本协议有效期自 2020 年 7 月 10 日起至 2021 年 7 月 9 日止，为期 1 年。合作期满无书面通知，自动延期一年。期满如任何一方提出终止合作，需提前 2 个月书面通知对方……（四）乙、丙方责任与义务：（1）乙方须积极配合甲方及有关部门落实城市交通建设，建立必要的

惩戒机制，积极教育用户、规范用户车辆停放秩序，对违章停放、违规骑行等用户，采取诚信、限制使用等必要惩戒措施，并且利用电子围栏技术，对车辆进行运营和管理，协助辉县市持续完善交通出行系统。（2）乙方在甲方管辖区域投放符合国家标准要求的某助力车……（3）乙方遵守国家网络和信息安全相关规定……（4）乙方保证运营符合国家相关规定，具备线上线下服务能力，自觉接受相关行政管理部门的监督和管理。（5）丙方发挥自身当地资源优势，协助乙方在辉县市的某助力车运营，并负责车辆的运维管理工作，对车辆运维人员进行日常管理、组织建设，保障车辆在辉县市的运营秩序良好。（五）甲方的责任和义务：（1）甲方及其他政府监管部门有权要求乙方利用其平台，对违规骑行、违章乱停乱放等类用户进行信息化管理，建立惩罚机制，必要时可要求乙方对相关用户采取阶段性禁止用车，制定定点停放激励等举措，引导市民规范用车，文明出行。（2）为便于甲方及相关部门的管理……（3）甲方有权对乙方的运营进行监督并提出整改意见，对电助力车无序摆放、乱停乱放等行为进行督导，并及时通知乙方整改，30分钟内响应，2小时内整改到位，达不到标准，甲方将对违规车辆实施暂扣管理。（4）甲方将宣传、发动社区志愿者或综合行政执法人员协助乙、丙方共同管理区域内某助力车……（5）甲方每季度对运营企业进行考核，若乙方、丙方出现管理不善，连续3次考核不达标的，甲方将提出整改意见，到期仍未整改到位的，三方协调择期退出市场。（六）保密条款……（七）其他约定：（1）因本协议发生争议的各方应友好协商。（2）本协议自签字盖章后即日生效，……"

战略合作协议签订后，在某电助力车投放辉县市场运营过程中，某城市管理局执法大队办公室建立共享电车整改群，群内成员包括电助力车运营企业负责人，在该群中及时发布共享电助力车乱停乱放信息及照片，由某汽车租赁公司及时进行整改。2021年6月11日，被告向某科技公司、某汽车租赁公司下达《关于限期清理回收未按规定投放某电助力车的函》，内容为：2021年6月10日，城市管理局对辉县市城区内某电助力车进行了全面排查，共排查1946辆，已超出双方签订的战略合作协议约定的投放数量，函告某科技公司、某汽车租赁公司于2021年6月15日之前清理回收未按规定投放的某电助力车，逾期未清理回收到位的，某城市管理局将按照相关规定进行暂扣并处罚。2021年8月17日，某汽车租赁公司向某城市管理局出具承诺书，承诺：在运营期间积极配合城市管理执法部门对共享车辆的规范管理，杜绝乱停乱放现象，严格按照战略协议之规定不超标投放（1500辆），并对城管执法部门提出的整改规范要求30分钟内响应，2小时内整改到位。自愿接受城管执法部门的监督及处罚，结合城市管理部门建议，择期退出运营市场。2021年10月26日，某城市管理局作出《关于解除与某电助力车合作的函》，内容为：某科技公司、某汽车租赁公司与某城市管理局签订的关于某电助力车在辉县市运营战略合作协议以来，某电助力车在管理上出现混乱，造成电助力车乱停乱放、部分车辆无人管理等问题，给我市市容市貌及市民出行便利带来了不良影响。现该局解除与二公司签订的战略合作协议，请二公司接到函后，于2021年11月2日前对辉县市运营的某电助力车进行清理，逾期未清理到位的，该局将依法进行强制清理，由此造成的一切损失，由二公司承担。并以邮寄方式分别于2021年10月28日向某汽车租赁公司送达、于2021年10月29日向某科技公司送达。2021年11月29日，某科技公司关联企业某软件科技有限公司向某汽车租赁公司作出《解除通知函》，解除双方于2020年7月15日签订的某电单车运营合作协议。

原告某汽车租赁公司诉称：合同未到期，被告即与他人签订合作协议，并向原告出具解除合作函，与他人合作，给原告造成巨大经济损失，被告单方解除行为无事实和法律依据，应依法确认违法。

被告某城市管理局辩称：合作期间，原告管理混乱，经被告多次通知责令整改，始终未整改到位，解除合作函符合合同约定、法律规定，被告解除行政协议系依法解除，关联公司亦向原告作出了解除通知函，且第三人认可解除的效力，并出具委托证明函，委托其他公司作为对接人经营，原告的诉求应依法驳回。

第三人某科技公司和被告观点一致。

核心争议焦点

某城市管理局作出的《关于解除与某电助力车合作的函》是否符合约定、法定或者优益权行使情形。

审判思路

法院生效裁判认为：行政协议一经签订，无论行政机关还是公民、法人或者其他组织，均应诚信地履行约定的义务，否则将依法依约承担相应的责任。行使国家行政权的行政主体基于国家行政管理与公共利益的需要，享有单方面解除合同的权利，但这种权利的行使因关系到相对方当事人的利益与社会公共利益等，应审慎行使，只有在符合协议约定或法律规定的条件时，行政机关才能行使单方解除权，从而提前终止合同相对方的权利义务关系。

本案中，从某城市管理局作出的《关于解除与某电助力车合作的函》的内容来看，其认为案涉合作协议签订以来，某电助力车在管理上出现混乱，造成电助力车乱停乱放、部分车辆无人管理等问题，给辉县市的市容市貌及市民出行便利带来了不良影响，据此，某城市管理局对该协议予以单方解除。上述解除理由，不符合案涉《战略合作协议》第4条乙、丙责任与义务第3项和第5项等的约定，现某城市管理局提交的证据不足以证实案涉协议履行过程中出现了其要求某汽车租赁公司整改、某汽车租赁公司不整改或经整改仍不到位等可以解除协议的情形。

从行政机关行使单方解除权的法律规定来看，《最高人民法院关于审理行政协议案件若干问题的规定》（以下简称《行政协议司法解释》）第16条规定，在履行行政协议过程中可能出现严重损害国家利益、社会公共利益的情形，行政机关可以作出解除行政协议的行政行为。本案中，某城市管理局作出的《关于解除与某电助力车合作的函》，未援引任何法律规定，如其系基于行政优益权对协议予以单方解除，亦应符合特定前提，即继续履行行政协议可能出现严重损害国家利益、社会公共利益等情形，且这种单方解除权的行使，也应当依据《行政协议司法解释》第11条第1款之规定，正确适用法律法规，遵循正当程序原则，应当及时告知协议相对人相关情况并说明理由，共同协商修改方案或采取补救措施，确实无法继续履行协议或者各方对协议修改方案及补救措施未能达成一致的，方可行使解除权。但某城市管理局提交的证据不足以证实案涉合作协议的继续履行将会损害国家利益和社会公共利益等，亦不能证实其行使单方解除权遵循了正当程序原则。

因此，某城市管理局作出的案涉《关于解除与某电助力车合作的函》，缺乏事实根据和法律依据，依法应予撤销。但根据查明的案件事实，案涉《关于解除与某电助力车合作的函》作出后，某城市管理局已与案外人辉县市某汽车租赁服务有限公司签订了某电助力车在辉县市运营的行政协议，故法院撤销案涉《关于解除与某电助力车合作的函》将会对社会公共利益造成损害，原审判决依据《行政诉讼法》第74条第1款第1项之规定，确认该函违法，认定事实清楚，适用法律正确，裁判结果并无不当。某城市管理局应当积极采取补救措施，与某汽车租赁公司协商善后事宜，从实质上化解行政争议。

案件点睛

根据《行政诉讼法》第 12 条第 11 项的规定，当事人可以请求判决撤销行政机关变更、解除行政协议的行政行为，也可以请求确认行政机关变更、解除行政协议的行为违法，还可以请求判决行政机关依法履行或者按照行政协议约定履行义务。2019 年 11 月 12 日《行政协议司法解释》进一步明确了单方变更、解除行政协议案件的审理裁判标准。

第一类，行政机关依照行政协议的约定行使单方变更解除权。《民法典》第 543 条规定，当事人协商一致，可以变更合同。第 562 条规定，当事人协商一致，可以解除合同。当事人可以约定一方解除合同的事由。解除合同的事由发生时解除权人可以解除合同。因此，行政机关及当事人可以在行政协议履行过程中协商一致，变更或者解除合同；也可以在行政协议中约定变更、解除合同的事由，待事由发生时，行使解除权、变更权。

第二类，行政机关依据法律规定行使单方变更解除权。包括《民法典》的相关规定和其他法律规定。《民法典》第 563 条规定了当事人在不可抗力、预期违约、根本违法情形下，可以解除合同。行政协议履行过程中，行政机关可以根据《民法典》的相关规定行使单方变更解除权，但需要注意履行通知程序和注意除斥期间。

第三类，行政机关行使优益权单方变更、解除行政协议。《行政协议司法解释》第 16 条规定中的"严重损害国家利益、社会公共利益的情形"是行政机关得以行使优益权的情形。

行政相对人对此三类行为均可以提起行政诉讼，人民法院对此三类行为应进行全面合法性审查。本案中，行政协议单方解除应进行全面的合法性审查，即被告单方解除行政协议属于约定、法定或者优益权行使条件的哪一类型需要确定下来，方可围绕该类型审查是否具有事实根据和法律依据。

在民事合同中，解除权是合同当事人可以将合同解除的权利。解除权的行使，产生合同解除的效果。解除权是形成权，不需要对方当事人同意，只需要解除权人单方意思表示，就可以解除合同。行政协议中，行政相对人解除协议的途径与民事合同有显著区别。行政协议常常涉及国家利益或者社会公共利益，如果行政相对人可以随意单方解除协议，将可能有损国家利益、社会公共利益或者他人合法权益。由于行政诉讼的原告恒定为行政相对人，如果行政相对人享有单方解除权，单方解除协议通知到达行政机关后，行政机关将无法提起行政诉讼来确认行政相对人解除行为的效力，只能作出行政决定通过非诉执行程序主张下一步权利。因此，行政相对人对于行政协议没有单方解除权，只能通过与行政机关达成一致解除协议，或者提起诉讼请求人民法院解除协议（即行使形成诉权）这两种途径来实现解除行政协议的目的。《行政协议司法解释》第17条对此作出了具体规定，即原告请求解除行政协议，人民法院认为符合法律规定或者约定的解除协议情形，且不损害国家利益、社会公共利益和他人合法权益的，可以判决解除该协议。本案中，原、被告签订的协议符合行政协议的构成要件，属于行政协议的一种，应按照行政协议而非民事协议进行审理。

行政协议中行政优益权主要体现在：第一，监督指导权。虽然行政协议的签订，双方有一定的自主权，但是签订行政协议启动以及协议的主要内容都是行政机关根据公共服务的需要事先单方确定的，因此行政机关有权也有义务对相对人的履约行为进行必要的评估和指导。第二，非诉执行申请权。行政协议相对人经催告后不履行，行政机关可以作出要求其履行协议的书面决定，行政相对人收到书面决定后在法定期限内未申请行政复议或者提起行政诉讼，且仍不履行，协议内容具有可执行性的，行政机关可以向人民法院申请强制执行。第三，行使行政优益权变更、解除行政协议。行政协议缔结后，如果出现行政协议继续履行将严重损害国家利益、社会公共利益的情形，行政机关可以单方变更或者解除行政协议。第四，对行政协议相对人严重单方违约的制裁权。

对行政机关行使优益权变更、解除行政协议的合法性审查。公共利益是一个模糊的概念，行政机关可能会滥用自由裁量权，置行政相对人于不利地位。人民法院对行政机关行使行政优益权变更解除协议行为的审查，除了对被告订立、履行、变更、解除行政协议的行为是否具有法定职权、是否滥用职权、适用法律法规是否正确；是否遵守法定程序、是否明显不当、是否履行相应法定职责等方面进行合法性审查外，还应当从程序和实体上严格进行司法审查，避免以公共利益为由滥用行政优益权，侵害协议相对人的合法权益。行政机关程序上应当遵循：第一，应当说明理由。行政机关在行使单方变更解除权前，应当告知相对人变更解除的原因、依据、内容、补偿等事项。相对人可以提出自己的意见和申辩，行政机关应当记录在案并作出答复。如果涉及相对人重大权益的，行政机关还应当进行听证。第二，书面送达相对人。行政机关变更、解除行政协议的决定以及对相对人的告知、答复等都应当以书面形式作出。行政机关实体上应当遵循：第一，损害最小。体现在对行政协议权利义务的调整应限于必要的范围内。如果国家利益和公共利益受损轻微，即不符合《行政协议司法解释》规定的"严重损害国家利益、社会公共利益的情形"，行政机关直接行使单方解除权应视为缺乏相关证据；如果行政机关能够通过与相对人签订补充协议或者达成一致变更协议内容的方式实现协议目的，弥补国家利益和公共利益损失的，行政机关不应当直接解除行政协议；如果解除行政协议一部分非主要内容就能使协议其他部分继续履行，并防止国家利益和公共利益受损的，行政机关不应当直接解除整个协议。第二，鼓励交易。法律鼓励交易各方达成合法的行政协议并履行，从严认定协议无效，允许行政协议漏洞增补和适当的协议解释。第三，信赖利益保护。行政协议相对人出于对行政机关的信任与其缔结行政协议，不能让相对人因其信赖而遭受不合理的损失，应当充分补偿行政协议相对人。《行政协议司法解释》第 16 条规定，人民法院对行政机关行使优益权变更、解除行政协议行为进行司法审查，如果该行为合法，则应当判决行政机关对行政相对人受到的损失进行补偿。本案中，虽然被告认为原告系违约导致其单方解除行政协议，但在证据不足以证明原告违约的情形下，也应全面进行合法性审查，判断被告行使单方解除权是否符合行政优益权的行使条件。

《行政协议司法解释》中既规定了当事人可以对行政机关单方变更、解除协议的行为提起诉讼，又规定了当事人可以请求判决行政机关按照行政协议的约定履行协议。关于协议履行过程中，行政机关以决定形式单方变更、解除行政协议，相对人提起履约之诉，人民法院应在履约之诉一案中一并对该行政机关单方变更、解除行政协议行为的合法性进行审查。在行政机关以决定形式单方变更、解除协议的情况下，应根据当事人不同的诉讼请求，明确不同的诉讼类型，确定审理对象。如果当事人对行政机关变更、解除行政协议的行为提起诉讼，是行为之诉，当事人可以请求判决撤销行政机关变更、解除行政协议的行为，也可以请求确认该行政行为违法。如果当事人请求判决行政机关依法履约或者按照协议约定履行义务，请求判决行政机关赔偿或者补偿的，是履约之诉。行政机关的决定行为应视为否定协议效力的行为，人民法院应当在履约之诉中同时对该决定行为的合法性进行审查，而不应以有生效行政决定改变原协议为由驳回起诉，也不应以当事人对于单方变更、解除协议的决定另行提起诉讼为由裁定驳回起诉。本案中，被告单方行使解除权解除行政协议不符合约定解除、法定解除及行使行政优益权解除的情形，依法应撤销其单方解除行为，撤销后会导致行政协议继续履行，但继续履行行政协议会损害社会公共利益时，应判决确认违法。

案例编写人　河南省辉县市人民法院　刘志飞　侯玉庆

湛中乐　　北京大学法学院教授、博士生导师，中国法学会行政法学研究会副会长

　　只有明确行政机关单方解除行政协议是基于约定、法定或者行政优益权行使条件，才能对行政协议单方解除行为展开全面的合法性审查。特别是基于维护国家利益、社会公共利益等需要，行政机关享有单方变更、解除行政协议的行政优益权。此种优益权仅在依法行政的范围内享有，有严格的适用条件、程序要求，且在适用上优于合同约定。本案中，行政机关单方解除行政协议不符合约定条件、未援引任何法律规定，也不满足行政优益权的行使条件，即提交的证据不足以证实案涉协议继续履行将会损害国家利益和公共利益，亦不能证实其行使单方解除权遵循了正当程序原则，未积极推动合同继续履行、协商修改方案或采取补救措施，径行单方解除合同属于违法行政行为。

相关法条

《最高人民法院关于审理行政协议案件若干问题的规定》

　　第十一条第一款　人民法院审理行政协议案件，应当对被告订立、履行、变更、解除行政协议的行为是否具有法定职权、是否滥用职权、适用法律法规是否正确、是否遵守法定程序、是否明显不当、是否履行相应法定职责进行合法性审查。

　　第十六条　在履行行政协议过程中，可能出现严重损害国家利益、社会公共利益的情形，被告作出变更、解除协议的行政行为后，原告请求撤销该行为，人民法院经审理认为该行为合法的，判决驳回原告诉讼请求；给原告造成损失的，判决被告予以补偿。

　　被告变更、解除行政协议的行政行为存在行政诉讼法第七十条规定情形的，人民法院判决撤销或者部分撤销，并可以责令被告重新作出行政行为。

　　被告变更、解除行政协议的行政行为违法，人民法院可以依据行政诉讼法第七十八条的规定判决被告继续履行协议、采取补救措施；给原告造成损失的，判决被告予以赔偿。

48 某水力发电公司诉某区水利局、某市水利局行政行为及行政复议案

——行政机关确认自身行政行为无效的认定

案件索引

基本案情

2012 年 6 月 7 日，某区水利局收到名称为某电站的取水许可申请书，该申请书载明申请取水理由为补办。2012 年 6 月 12 日，某电站成立。同日，某区水利局向某电站颁发《116 号取水许可证》。2021 年 1 月 12 日、1 月 13 日，某区水利局工作人员分别向赵某、刘某调查了解《116 号取水许可证》的办理情况。2021 年 1 月 15 日，某区水利局向某水力发电公司作出《通知》，告知某水力发电公司因《116 号取水许可证》由某电站以隐瞒有关情况、提供虚假材料骗取获得，《116 号取水许可证》无效。2021 年 2 月 7 日，某区水利局向某水力发电公司告知如对通知不服，可在收到通知之日起 60 日内向某市水利局申请行政复议，或者在 6 个月之内向法院提起行政诉讼。2021 年 4 月 12 日，某水力发电公司向某市水利局申请行政复议。2021 年 9 月 15 日，司法鉴定机构作出取水许可申请书上加盖某电站红色印文与公安系统备案印模不一致的鉴定。2021 年 10 月 14 日，某市水利局作出复议决定书，维持某区水利局作出通知的行政行为。原告某水力发电公司诉请：（1）撤销某区水利局作出的通知；（2）撤销某市水利局作出的复议决定书。

原告某水力发电公司诉称：其一直按照相关规定向被告缴纳各种规费，

不存在违法行为。2021 年 1 月 15 日，某区水利局向某水力发电公司作出《通知》，认定《116 号取水许可证》无效。2021 年 10 月 14 日，被告某市水利局作出复议决定书，维持某区水利局作出的通知行政行为。某区水利局作出的《通知》距事发已过多年，已经超过行政行为追诉时效。

被告某区水利局辩称：（1）某电站在申领《116 号取水许可证》过程中，存在提供虚假材料的事实。（2）诉争《通知》适用法律、法规正确。（3）某区水利局具有作出被诉行政行为职权的依据。（4）某区水利局作出被诉行政行为符合法定程序要求。（5）某水力发电公司认为超过行政行为追诉时效的主张不成立。

被告某市水利局辩称：（1）行政复议行为程序合法，证据充分，适用法律、法规正确。（2）某区水利局行政行为合法，证据充分，其行政行为应当予以维持。同时，某电站并非新申请而为申请换发，不符合换发取水许可证系同一主体之要求。

重庆市巴南区人民法院于 2022 年 2 月 21 日作出（2021）渝 0113 行初 254 号行政判决：一、撤销被告某区水利局于 2021 年 1 月 15 日向原告某水力发电公司作出的《通知》；二、撤销被告某市水利局于 2021 年 10 月 14 日作出的渝水行复〔2021〕14 号《行政复议决定书》。

某区水利局不服一审判决，提起上诉。重庆市第五中级人民法院根据二审新事实于 2022 年 6 月 27 日判决如下：一、撤销重庆市巴南区人民法院（2021）渝 0113 行初 254 号行政判决；二、驳回某公司的诉讼请求。

核心争议焦点

行政机关确认自身行政行为无效，系行政许可还是行政纠错。

审判思路

对于违法或不当行政行为，行政机关具有自我纠错的权力和职责。根据《取水许可和水资源费征收管理条例》第 50 条之规定，水行政主管部门认为行政相对人系以提供虚假材料的手段取得取水许可证，有权确认该取水许可证无效。

某水力发电公司的前身某电站在申请补办取水许可证时尚未成立，其隐瞒彼时并未成立的情况，填写申请取水理由及依据为"2004 年 5 月换发的取水许可证取水（渝巴）字〔2004〕第 075 号，由于管理不善丢失，现申请补办"，取得某区水利局颁发的《116 号取水许可证》。某区水利局发现《116 号取水许可证》涉嫌提供虚假材料获取取水许可证的情形，由此认定某水力发电公司获得的《116 号取水许可证》无效，此属于行政机关自我纠错行为。

某区水利局作出《通知》，证据确凿，具有法律依据。某水力发电公司系通过隐瞒有关情况、提供虚假材料的方式取得《116 号取水许可证》，根据《取水许可和水资源费征收管理条例》第 50 条之规定，某区水利局有权确认该取水许可证无效。某区水利局的自我纠错行为符合程序正当原则。某区水利局在调查过程中对某水力发电公司法定代表人及相关工作人员进行询问，已告知其享有要求回避、陈述、申辩的权利。某市水利局作出的行政复议程序合法。

案件点睛

自我纠错价值在于减少或者避免行政争议产生，尽早结束行政行为效力不确定之状态，维护行政法律关系稳定，增强公众对行政机关的认同和信赖。在目前缺少法律明确规定情形下，行政机关进行自我纠错主要有撤销、补正、改变原行政行为、确认违法、确认无效等方式。从行政效率和优益角度考虑，基于保护行政相对人合理信赖利益和减少行政争议的产生来考量，行政机关应采取足够审慎的态度，只有在该行政行为瑕疵足以影响实质处理结果时，才采用确认行政行为无效方式进行纠错。通过检索中国裁判文书网，检索到行政机关确认自身行政行为无效的案例极少，抑或纠纷未进入诉讼程序。某区水利局通过确认自身行政行为无效方式进行纠错，具有新颖性、示范性。

一、行政机关用确认行政行为无效的方式进行纠错的动因

（一）受下位法部分规定影响

诚然，行政法律体系较为庞杂，所涉及的法律、法规、规章较为繁多。正如案例当中所涉法律文件，便存在《行政许可法》与《取水许可和水资源费征收管理条例》的适用问题。某区水利局从遵循该条例第 50 条的逻辑出发，宣告该取水许可证无效。但根据《行政许可法》第 69 条第 2 款"被许可人以欺骗、贿赂等不正当手段取得行政许可的，应当予以撤销"之规定，《行

政许可法》系《取水许可和水资源费征收管理条例》的上位法，在适用时，应予以优先考虑。某区水利局实然受到下位法规定影响，作出纠错的行政行为。

（二）未考虑相对人诉权，径行通过确认自身行为无效来自我纠错

某区水利局向行政相对人发出通知告知其取水许可证无效时，并未告知行政相对人诉权。嗣后，通过发出补充通知形式告知行政相对人享有复议权和诉权。前述行政机关一系列的行为表明其对于该纠错行为是完全属于自我纠错行为，还是属于对原行政行为补救的具体行政行为存在分歧，行政机关对以前述方式确认无效，影响行政相对人诉权亦存在担忧，不考虑相对人诉权抑或行政机关采用该种方式的内因。

（三）行政程序相对简单，采用通知方式告知可回避行政文书严谨问题

某区水利局未在拟对取水许可证宣告无效时向相对人告知陈述、申辩权，行政告知程序过于简单。同时，采用发出通知形式亦可能使行政相对人等公众产生行政文书不正式、不严谨的印象，运用决定书形式更为合理、恰当。

二、行政机关确认行政行为无效的法律适用

（一）现行法律法规无授权行政机关确认自身行为无效的规定

综观传统的行政法法源理论，"成文""权力"等因素在行政法法源体系建构中起到的作用较为明显。[1]《行政许可法》等法律亦未规定作出许可行政机关享有作出通知的职权。另外，行政机关确认行政行为无效，是其自我纠错机制中较为严厉的方式。就通说而言，具有重大而明显的瑕疵，构成具体行政行为无效。当前行政行为无效制度尚无明确法律规定，其构成要件与确认主体未有明确结论。《行政诉讼法》赋予法院宣告行政行为无效职能存在相应规定，并未对行政机关宣布自身行为无效有相关规定。

（二）现行司法案例已对行政机关确认自身行政行为无效作出规制

《最高人民法院公报》2022 年第 1 期刊载的（2018）苏行终 1715 号案件，判决行政机关并无确认离婚登记无效或撤销该离婚登记的职权。不具有级别管辖权的婚姻登记机关为符合离婚实质要件的涉外婚姻当事人进行离婚登记，

---

① 曾哲、周泽中：《反思与重述：行政诉讼的法源规范与依据选择》，载《岭南学刊》2017 年第 3 期。

其后又以无管辖权为由，以自行纠错方式确认离婚登记行为无效的，对于该自行纠正的行政行为，人民法院不予支持。

（三）水行政主管部门确认行政行为无效的法律适用

前述公报案例涉及婚姻登记相关行政行为，与某区水利局根据前述条例第 50 条之规定，作出确认取水许可证无效的通知，有所不同。行政机关通过告知行政许可无效方式纠正其作出许可的问题，使行政相对人根据原行政许可决定进行所有取水活动，以及基于原行政许可所可能享有的权利均丧失法律基础，因申请人提供虚假材料骗取取水许可证，某区水利局的行为符合通过必要、适当且与行政管理目的相适应方式实施行政行为之要义，符合行政法比例原则。虽然某区水利局行为符合比例原则，但行政机关在采用确认原行政行为无效纠错方式时应格外慎重、严谨。

三、行政机关确认行政行为无效的逻辑建构及法理依据

（一）无效行政行为的法律后果应符合行政法上比例原则

从行政行为的效力理论上看，主要有无效与可撤销两种。[①] 司法实践或司法理论上，大多数行政越权行为，可以通过行政机关自行撤销纠错及法院裁判确认无效或撤销等途径予以纠正。但就少数特定行政越权行为，若以确认无效形式予以纠正，将会给国家利益、社会公共利益及社会管理秩序带来冲击，并造成一定损害，且客观上难以得到有效恢复与补救，该种情形不应确认无效。

某区水利局作出无效通知，应考虑行政行为比例原则，即考量适当性、必要性等方面。行政主体在实施行政行为时应兼顾行政目标实现和相对人权益保护，某区水利局因相对人在申请取水许可证时提供虚假材料而作出该证无效的通知，体现了行政管理公定力与及时纠错性，同时对相对人因取水许可而获得利益，并未从重加以处罚，遵循对行政相对人的权益保护，已然保持适度要求，符合比例原则。

（二）宣告行政行为无效对行政相对人的影响

1.行政相对人不能从事相应经营活动。

行政行为被通知宣告无效后，行政机关往往会对相对人发出责令停止生

---

① 余凌云：《行政行为无效与可撤销二元结构质疑》，载《上海政法学院学报》2005年第 4 期。

产经营等通知，行政相对人若继续经营，会存在违法经营情形，故从行政机关确认原行政行为无效之时，行政相对人已陷入不能经营之境地。

2. 行政机关确认原行政行为无效，应是自始无效。

从行政行为原理来看，无效行政行为属于自始、当然、确定无效。[①] 这就涉及相对人之前经营活动的正当性问题，而是否返还经营所得亦是一个具有争议的问题。虽然《行政许可法》第 69 条第 4 款规定"依照本条第二款的规定撤销行政许可的，被许可人基于行政许可取得的利益不受保护"，但并未规定该利益是否返还，该利益所牵扯的其他法律关系是否解除，后续问题仍处于有争议的状态下。

3. 行政机关确认原行政行为无效，行政相对人权利救济受限。

如前所述，行政机关认为自身确认行为无效不为行政行为，属自我纠错行为，行政相对人无诉权和救济渠道，故才会出现案例中行政机关最初并未告知相对人救济渠道和诉权，而嗣后通过发出补充通知的方式予以补救。

（三）行政机关宣告原行政行为无效的法理依据应为行政机关无过错及相对人存在过错

无效行政行为没有依据是指没有事实依据。行政行为认定事实错误是可撤销的原因之一，导致行政行为无效的事实问题，仅限于事实根本不存在，而证据不足、认定事实不清等原因均不能构成没有事实依据。[②] 行政机关拟宣告原行政行为无效，应行使对原行政行为的审慎审查义务。若行政机关在作出原行政行为时，受到当时经济环境、推动公共利益项目建设等因素影响，未尽到审慎审查义务，且行政相对人对申请行为亦无重大明显违法，故此时亦不适用行政机关自行宣告原行政行为无效。从行政效率和优益角度考虑，基于保护行政相对人合理信赖利益和减少行政争议的产生来考量，行政机关应采取足够审慎的态度，充分研判纠错方法和程序。

案例编写人　重庆市巴南区人民法院　霍袁平　侯华贞

---

① 刘春：《确认无效诉讼起诉期限的司法填补》，载《行政法学研究》2019 年第 3 期。
② 张祺炜、金保阳：《无效行政行为的司法审查标准与程序规则》，载《人民司法·应用》2017 年第 7 期。

专家点评

余凌云　　清华大学法学院教授、博士生导师，中国法学会行政法学研究会副会长

　　该案是行政机关发现曾经授予许可证的单位不符合资质进而自我纠错的典型案例。法院首先从不同位阶的法律适用出发，比较《取水许可和水资源费征收管理条例》和上位法《行政许可法》可能对当事人法律地位产生的不同影响。随后又将本案和公报案例的事实场景加以对比，肯定行政机关能够通过必要、适当且与行政管理目的相适应的方式作出确认无效的决定。

　　该案在肯定行政机关积极纠错，确保行政行为实质正确的工作作风的同时，特别关注行政机关是否采取了足够审慎的执法态度，充分研判纠错方法和程序。据此提出具有一定普适意义的行政机关确认行政行为无效的逻辑建构及法理依据，为尽早结束行政行为效力不确定状态提供了经验和启示。

相关法条

《中华人民共和国水法》

　　第十二条　国家对水资源实行流域管理与行政区域管理相结合的管理体制。

　　国务院水行政主管部门负责全国水资源的统一管理和监督工作。

　　国务院水行政主管部门在国家确定的重要江河、湖泊设立的流域管理机构（以下简称流域管理机构），在所管辖的范围内行使法律、行政法规规定的和国务院水行政主管部门授予的水资源管理和监督职责。

　　县级以上地方人民政府水行政主管部门按照规定的权限，负责本行政区域内水资源的统一管理和监督工作。

《中华人民共和国行政许可法》

　　第四十七条　行政许可直接涉及申请人与他人之间重大利益关系的，行政机关在作出行政许可决定前，应当告知申请人、利害关系人享有要求听证的权利；申请人、利害关系人在被告知听证权利之日起五日内提出听证申请的，行政机关应当在二十日内组织听证。

　　申请人、利害关系人不承担行政机关组织听证的费用。

第六十九条 有下列情形之一的，作出行政许可决定的行政机关或者其上级行政机关，根据利害关系人的请求或者依据职权，可以撤销行政许可：

（一）行政机关工作人员滥用职权、玩忽职守作出准予行政许可决定的；

（二）超越法定职权作出准予行政许可决定的；

（三）违反法定程序作出准予行政许可决定的；

（四）对不具备申请资格或者不符合法定条件的申请人准予行政许可的；

（五）依法可以撤销行政许可的其他情形。

被许可人以欺骗、贿赂等不正当手段取得行政许可的，应当予以撤销。

依照前两款的规定撤销行政许可，可能对公共利益造成重大损害的，不予撤销。

依照本条第一款的规定撤销行政许可，被许可人的合法权益受到损害的，行政机关应当依法给予赔偿。依照本条第二款的规定撤销行政许可的，被许可人基于行政许可取得的利益不受保护。

《取水许可和水资源费征收管理条例》

第三条 县级以上人民政府水行政主管部门按照分级管理权限，负责取水许可制度的组织实施和监督管理。

国务院水行政主管部门在国家确定的重要江河、湖泊设立的流域管理机构（以下简称流域管理机构），依照本条例规定和国务院水行政主管部门授权，负责所管辖范围内取水许可制度的组织实施和监督管理。

县级以上人民政府水行政主管部门、财政部门和价格主管部门依照本条例规定和管理权限，负责水资源费的征收、管理和监督。

第三十八条 县级以上人民政府水行政主管部门或者流域管理机构应当依照本条例规定，加强对取水许可制度实施的监督管理。

县级以上人民政府水行政主管部门、财政部门和价格主管部门应当加强对水资源费征收、使用情况的监督管理。

第五十条 申请人隐瞒有关情况或者提供虚假材料骗取取水申请批准文件或者取水许可证的，取水申请批准文件或者取水许可证无效，对申请人给予警告，责令其限期补缴应当缴纳的水资源费，处2万元以上10万元以下罚款；构成犯罪的，依法追究刑事责任。

49 国家矿山安全监察局某局诉某省社保中心核定工伤保险待遇案

——工伤保险缺失变更程序亟待国家作出统一规定

案件索引

一审： 河南省郑州市郑州航空港经济综合实验区人民法院（2021）豫0192行初63号（2021年11月3日）

二审： 河南省郑州市中级人民法院（2021）豫01行终859号（2022年1月20日）

重审一审： 河南省郑州市郑州航空港经济综合实验区人民法院（2022）豫0192行初20号（2022年8月12日）

基本案情

张某为某省煤矿安全监察局（以下简称省煤监局）公务员，2020年4月2日调动至该省煤矿安全监察局某市监察分局（以下简称市煤监分局）任职，4月7日省煤监局向省社保中心申请变更张某的工伤保险登记（调出），应省社保中心要求，通过网络方式提交了《参加工伤保险人员登记变动申报表》，5月13日省社保中心按停保程序予以审批，5月1日生效。张某于5月15日因公去世，5月18日市煤监分局为张某申请变更工伤保险登记（调入），省社保中心按参保程序审批，5月19日生效。

2020年6月，该市人社局认定张某视同工伤，同年7月20日，市煤监分局填写《工伤职工伤残（亡）待遇业务（网厅）办理表》并报送省社保中心，申请支付张某工伤保险待遇。省社保中心在办理表中书面审批同意。后市煤监分局在上传职工工亡待遇申报资料时弹出对话框提示"工伤发生时间不得早于首次参保日期"无法进行下一步操作，于2020年8月20日作出有关张某工伤保险费用缴纳情况说明，并于11月9日向社保中心递交《关于解决张某同志工伤保险问题的申请》，请求补缴张某从省局停保到分局交保中断部分的工伤保险，并申请支付张某工伤保险待遇。省社保中心于11月13日作出《关于市煤监分局解决张某工伤保险问题的复函》，认为张某属于先伤后保情形，发生工伤时未参加工伤保险，工伤保险待遇依法由用人单位承担。市煤监分局认为张某工伤待遇应由省社保中心支付，提起行政诉讼请求撤销以上复函，重新核定并支付张某的工伤保险待遇。

诉讼中因机构调整，市煤监分局调整为国家矿山安全监察局某局内设机构。

原告市煤监分局诉称：省社保中心作出的复函没有法律依据，适用法律错误，依法应当予以撤销。原因如下：（1）省社保中心办理时间过长且未通知办理结果导致后续办理超期。2020年4月7日，省煤监局人事处同事前往省社保中心处办理张某工伤保险事宜，被告知因疫情原因要求通过网络办理。省煤监局当日将张某工伤保险办理手续发送至被告指定邮箱。截至2020年5月17日，未收到被告关于办理结果的回复。（2）2020年7月20日，省社保中心在市煤监分局申请的《工伤职工伤残（亡）待遇业务（网厅）办理表》中认定，"经审核，该工伤职工符合《工伤保险条例》规定的工亡待遇，按规定予以核发"。行政机关在没有法定程序的情况下擅自撤销其已经作出的生效行政行为是非法的、无效的。（3）张某工伤问题是公务员参加工伤保险的问题，根据我国《劳动法》第1条和第2条、《劳动合同法》第1条和第2条、《工伤保险条例》第2条和第65条等相关规定，公务员和国家机关之间的公务员法律关系，包括工资、福利、保险、辞职与辞退、退休、纠纷解决等，属于《公务员法》的调整范围，不属于《劳动法》《劳动合同法》《工伤保险条例》调整的范围。（4）办理工伤保险手续填写的申请参加工伤保险人员登记变动申报表中是调出和调入，并非停保和新参保，人事调动不适用中断缴费这一情况。张某属于系统内的工作调动，公务员人事关系没有终止或解除，这与《劳动法》下劳动者与用人单位劳动关系的解除和新建存在根本不同。《工伤保险条例》及为执行《工伤保险条例》的系列法律文件，在制定之时的立法目的和程序安排上，根本未考虑公务员根据人事任免等内部行政行为衍生的工伤保险问题。公务员工伤保险待遇仅是参照《工伤保险条例》等处理，故公务员因交流而发生的工作变动，不能简单套用劳动者流动引发的与原用人单位终止和与新用人单位建立工伤保险关系的办理流程。比如，《成都市公务员工伤保险实施办法》第12条规定，公务员工作变动不得终止工伤保险关系。

被告省社保中心辩称：（1）张某发生工伤时，没有参加工伤保险。根据市煤监分局书面材料和社保中心在职职工工伤保险参保信息数据资料显示，张某参加工伤保险的时间分为两个阶段：一是 2015 年 1 月 1 日至 2020 年 5 月 13 日在省煤监局参加工伤保险，社保中心核定张某在省煤监局工伤保险停保时间为 2020 年 5 月 13 日。二是 2020 年 5 月 19 日至 2020 年 6 月 24 日，张某在市煤监分局参加工伤保险。资料显示，市煤监分局为张某申请办理工伤参保时间为 5 月 18 日。张某发生工伤的时间是 2020 年 5 月 15 日，属于未在保状态，张某属于先伤后保的情形。（2）张某的工伤保险待遇依法应由所在单位承担。豫人社办〔2015〕25 号文是河南省省直各部门、中央机关、各级工伤行政部门、经办机构应当遵循的政策法规。其第 6 条规定"机关单位工作人员因工作遭受事故伤害，其工伤保险待遇等按国务院《工伤保险条例》《河南省工伤保险条例》及配套相关政策标准执行"，其第 9 条规定"机关单位应当参加工伤保险而未参加工伤保险，其工作人员发生工伤的，由所在单位按有关规定支付相关待遇费用"。《河南省工伤保险条例》第 21 条"职工因工作遭受事故伤害……经劳动保障行政部门认定为工伤或者视同工伤后，参加工伤保险的，由用人单位向经办机构申报结算；未参加工伤保险的，按工伤保险有关规定由用人单位支付"；《社会保险法》第 41 条"职工所在用人单位未依法缴纳工伤保险费，发生工伤事故的，由用人单位支付工伤保险待遇"之规定以作依据。（3）市煤监分局为张某申请办理工伤参保手续时隐瞒了张某已故的事实，正因其没有如实向社保中心说明实情，导致社保中心审核通过了参保手续。（4）关于复函的问题，此函是接到市煤监分局的申请材料后，依据有关政策对张某参加工伤保险的事实情况，依法依规作出的具体行政行为。（5）张某从 2020 年 4 月 2 日被任命到市煤监分局任职后，市煤监分局应及时为新增加的职工办理工伤保险参保手续关系、缴纳工伤保险费，而非在其去世三天后才办理参保手续。及时办理新增职工工伤保险的参保手续和减少职工的工伤保险停保手续，是职工所在单位应尽的职责。综上所述，省社保中心核定张某工伤保险待遇应由市煤监分局支付的意见，执行政策无误、程序合法。

核心争议焦点

1. 省社保中心于 11 月 13 日作出《关于市煤监分局解决张某工伤保险问题的复函》是否系行政行为，原告是否适格；

2. 该复函是否应予撤销。

审判思路 ....

涉案复函系省社保中心因市煤监分局（机构调整后名称变更为本案原告国家矿山安全监察局某局）向其提出《关于解决张某同志工伤保险问题的申请》而作出的函复，内容明确认定张某属于先伤后保的情形，工伤保险待遇支付的主体应当是市煤监分局，对市煤监分局的权利义务产生了影响，其符合《行政诉讼法》第 25 条规定的"行政行为的相对人以及其他与行政行为有利害关系的公民、法人或者其他组织，有权提起诉讼"中"有利害关系"这一情形，故本案原告具备诉讼主体资格。

根据工伤保险待遇办理流程，初步审核通过后，对是否符合支付情形进一步审核确认，符合条件的核定支付。本案中省社保中心作出符合工亡待遇的初审意见与事实相符，但最终因张某工亡时处于未参保状态，保险电脑系统自动提示无法进行下一步操作，省社保中心据此不予通过市煤监分局的申报符合办理流程，不能视为违反法律规定。

因工伤保险可重叠缴纳，省煤监局及市煤监分局可分别为张某缴纳工伤保险，即市煤监分局申请增加张某参保并不受限于省煤监局先停保且停保审批完毕才能办理。参加保险系用人单位的法定义务，市煤监分局理应在张某调入时起即为张某参保，一天未办理，就有一天自行承担工伤保险责任的风险，社保部门并无通知用人单位办理参保的法定义务。固然公务员普遍存在的调动情况在社保中对应的办理程序理应是接续更为合理，但全国仅有个别省市对接续参保作出规定，其他多数省份均未对公务员接续参保作出特别规定，参保机关只能按普通规定分别办理停保、参保，出现人员调动情况的国家机关尤其是调入机关完全可以通过及时参保先行保障调入公务员的工伤保险，并将社保系统不支持接续的情况向有关部门提出反映和建议，而非坚持己见等待停保后再办理参保。事实上分别办理停保、参保与（假设存在的）接续相比，调出单位可能会多支出少量保险费用，调入单位并不额外增加费用，社保是否接续对调入单位来说并无大的区别。本案原告为调入机关，社保系统是否支持接续对其并无实质影响，导致本案纠纷发生更多的原因应归于市煤监分局未及时申报参保，如其在张某到岗当日即申报工伤保险增员，则本案完全可避免发生。根据依法行政基本原则，社保中心在没有可接续办理社保规定的情况下，进行退保、参保操作无违法之处。

案件点睛

本案是机关单位公务员群体在参加工伤保险中因法律依据不明确、配套机制不完善而引发的行政纠纷。《工伤保险条例》第 2 条规定了工伤保险的适用范围为：中华人民共和国境内的企业、事业单位、社会团体、民办非企业单位、基金会、律师事务所、会计师事务所等组织和有雇工的个体工商户应当依照本条例规定参加工伤保险，对于上述范围外的公务员等群体规定"公务员和参照公务员法管理的事业单位、社会团体的工作人员因工作遭受事故伤害或者患职业病的，由所在单位支付费用"，即公务员群体的工伤保险费用在立法之初是规定由所在单位支出而不是从工伤保险基金支出，故工伤保险系统在设计时仅针对企业适用对象设计了增员参保、减员退保的办理状态，未考虑机关单位人员交流所需的社保变更情况。《社会保险法》公布施行之后，机关事业单位参加社会保险改革工作提上日程，2015 年国务院发布《关于机关事业单位工作人员养老保险制度改革的决定》，机关事业单位的养老保险改革开始启动，同年 3 月，河南省人社厅和财政厅发文明确全省区域内的机关单位按通知规定参加工伤保险和缴纳工伤保险费，但通知只针对保险费率和缴纳方式等必备的情况作了规定，并未对社保办理机制进行规定。公务员交流是《公务员法》规定的制度，交流方式包括调任、转任，这是与企业职工离职、入职的根本区别，公务员交流期间不停止履行公职，亦不存在调任后是否继续参保缴费的问题，社保状态理应接续计算不发生变化，即使出现短时间未成功缴费，也属于操作问题，而不能按未参保处理。但目前社保系统因无变更机制，仍然沿用针对企业设计的先退保再参保的机制，退保后未缴费即为脱保，与现实脱节。各项社保中，养老保险和医疗保险待遇为延后享受，暂时性脱保影响不大，但工伤保险则因为先伤后保不被系统所许可，脱保对工伤保险待遇能否从工伤保险基金支出造成根本性影响，这也正是导致本案发生的原因。虽然人民法院根据依法行政原则进行了裁判，当事人亦服判息诉，但其中暴露出来的公务员交流这一机关单位特有情况在针对企业设计的社保机制和社保系统中没有对应解决方法的问题，并未得到根本性解决。

本案在办理过程中，查询到四川、甘肃等地通过发布规范性文件进行了配套制度改进，明确规定公务员调动情况下的工伤保险按变更、延续办理不得终止，如 2018 年《成都市公务员工伤保险实施办法》规定公务员工作变动不得终止工伤保险关系，2021 年《眉山市公务员工伤保险管理办法》规定公务员调离原机关单位……由新的机关单位接续参加工伤保险，不得终止工伤保险关系，2018年《关于甘肃省国家机关公务员和参照公务员法管理事业单位工作人员参加工伤保险有关问题的通知》规定，机关和参公管理单位工伤人员按照组织决定或经批准，在机关单位之间或与其他单位交流调动的，应当按规定办理工伤保险变更、接续等手续。但以上这些文件毕竟只是地方性规定，适用范围有限，亟待国家对此作出统一的、效力更强的规定，在社保系统中增加变更社保关系的操作程序或以行政法规形式规定调任、转任情况下工伤保险关系按接续处理不得终止，以避免类似本案这样的情况再度发生。

另外，我们也要看到，虽然社保系统需要增加设计一套针对公务员等参保群体所需的变更机制，但在该机制未出台前，也要正视现状，使用好目前的退保、参保机制，避免出现脱保空档期。这同样适用于企业，有的企业为入职职工办理社保时存在拖延办理或在办理时选择下月生效，形成办理空档期，一旦在此期间出现工伤事故，则需由用人单位自行承担工伤保险费用。正如本案判决所指出的，参加社会保险系用人单位的法定义务，办理参保并不取决于首先退保成功，即使没有变更机制，调入机关（或参保企业）亦应在调入人员时即申请工伤保险参保，一天未申请办理，就有一天自行承担工伤保险责任的风险，而社保部门不具通知用人单位办理参保的法定义务。如人员到岗当日即申报工伤保险增员，则本案完全可以避免发生。

案例编写人　河南省郑州航空港经济综合实验区人民法院　李　萌　赵妙金

 专家点评

余凌云　　清华大学法学院教授、博士生导师，中国法学会行政法学研究会副会长

　　本案存在三组法律关系，分别是省煤监局和省社保中心的停保关系、市煤监分局和省社保中心的参保关系以及工亡人和市煤监分局的求偿关系。对于市煤监分局提出的因拖延停保给其申请工伤保险待遇造成的阻碍，法院根据目前的退保、参保机制，理顺了市煤监分局参保和省煤监分局退保之间的并列关系，指出工伤保险可重叠缴纳，社保中心如何处理前序退保关系于调入单位不发生实际影响。

　　本案的意义在于，本案是公务员群体因为工作调度而引发的工伤保险接续不及时、有关工亡赔偿具体由谁承担不确定的纠纷。法院在

严格依照实定法作出驳回诉请的裁判时，也注意到社保系统允许接续参保对于调任、转任的公务员群体具有重要意义。该案对于全国范围内补充变更机制，避免出现脱保空档期有一定的借鉴价值。

 相关法条

《中华人民共和国行政诉讼法》

第二十五条第一款 行政行为的相对人以及其他与行政行为有利害关系的公民、法人或者其他组织，有权提起诉讼。

第六十九条 行政行为证据确凿，适用法律、法规正确，符合法定程序的，或者原告申请被告履行法定职责或者给付义务理由不成立的，人民法院判决驳回原告的诉讼请求。

⑤⓪ 申请人某市人民政府与某露天煤业股份有限公司申请确认生态环境损害赔偿磋商协议效力案

——生态损害赔偿磋商主体及责任承担方式的认定

案件索引

一审： 内蒙古自治区通辽市中级人民法院（2019）内 05 民特 4 号（2020 年 2 月 11 日）

基本案情

2019 年 4 月 22 日，某市人民政府与某露天煤业股份有限公司达成《生态环境损害赔偿协议》，主要内容为：乙方（某露天煤业股份有限公司）赔偿和修复乙方南、北露天矿排土场包括待治理未治理、已治理未达标及违规占用草原破坏生态环境面积共计 10152 亩；承担生态修复、服务功能损失及鉴定费用近 2.85 亿元。另，甲方（某市人民政府）对生态环境修复效果进行评估验收产生的费用由乙方据实承担。乙方修复义务为：（1）乙方自筹资金于 2020 年前按照中国环境科学院环境生态研究所编制《北露天煤矿排土场生态修复总体方案》《南露天煤矿排土场生态修复总体方案》《一号露天煤矿排土场生态修复专项治理方案》的时间节点及标准完成生态修复，并由甲方验收。（2）乙方未能在 2021 年 7 月前修复或修复后未通过验收，可以委托双方共同指定的第三方机构修复。赔偿款支付方式和用途为：（1）损害赔偿金作为甲方非税收入全额上缴同级国库，纳入预算管理。同等条件下，甲方可将生态环境损害赔偿金优先用于乙方矿区环境修复。（2）乙方在人民法院对本协议予以司法确认后的两个月内，将除生态环境修复费用外的赔偿款项一次性汇入甲方资金账户。乙方未在约定期限支付赔偿款或未能一次性支付赔偿款的，承担未支付部分 0.05% 的违约金。

2019 年 12 月 11 日，双方就《生态环境损害赔偿协议》的效力共同向法院申请进行司法确认。

依照《最高人民法院关于审理生态环境损害赔偿案件的若干规定（试行）》等规定，本案相关信息（人民法院公告、磋商协议以及修复方案）在人民法院公告网以及审理法院官网公告 30 日，公告期为 2019 年 12 月 26 日至 2020 年 1 月 26 日。在公告期内，未收到书面异议意见。

本案为生态环境损害赔偿司法确认案件，属于人民法院受案范围。申请人主体适格，双方达成的《生态环境损害赔偿协议》依据吉林中实司法鉴定中心出具的《生态环境损害鉴定司法鉴定意见书》（吉中实司鉴中心〔2019〕环损鉴字第 17 号）以及中国环境科学研究院环境生态研究所编制的《北露天煤矿排土场生态修复总体方案》《南露天煤矿排土场生态修复总体方案》《一号露天煤矿排土场生态修复专项治理方案》等文件所制定，是双方真实的意思表示，内容不违反法律法规强制性规定，且不损害国家利益、社会公共利益，应予以确认其合法有效。依据《最高人民法院关于审理生态环境损害赔偿案件的若干规定（试行）》第 1 条，第 20 条第 1 款、第 2 款的规定，裁定申请人某市人民政府与申请人某露天煤业股份有限公司于 2019 年 4 月 22 日达成的《生态环境损害赔偿协议》有效。

案件点睛

一、以能动履职保障生态环境损害赔偿制度全面落实

草原是人类文明的发祥地，具有不可或缺的社会价值，同时，草原是重要的生态屏障，具有涵养水源、保持水土、防风固沙、调节气候、维护生物多样性等重要功能。草原生态一旦破坏，修复难度很大。人民法院依照生态环境损害赔偿协议司法确认相关法律和司法解释规定，依法对双方当事人达成的生态环境损害赔偿磋商协议进行司法确认，落实破坏草原生态环境赔偿责任，有力践行了"环境有价、损害担责"之理念，对于司法保护通辽市北部山地草原生态环境、促进科尔沁沙地治理具有一定示范意义。

二、以司法确认制度的探索支持与确认政府机关依法行使环境监管职权

生态环境损害赔偿请求权实际上属于国家的环境保护义务和行政法上政府的环境监管权。行政机关享有行政职权，又负有相应的职责义务。对于案涉《生态环境损害赔偿协议》的司法确认，体现了审判机关对生态环境行政机关及主管部门依法行使职权的支持与确认，通过司法程序赋予了赔偿协议强制执行的效力，也进一步督促政府机关履行生态环境损害监督职责。

三、以修复性司法理念为指导，促进损害赔偿协议的履行成效

赔偿权利人和赔偿义务人经磋商程序达成生态环境损害赔偿协议是快速修复生态环境的重要手段。但生态环境的修复具有复杂性、专业性、长期性的特点，这就需要环境专业机构在对已污染部分的甄别、研究基础上出具专业的修复意见。本案在调查、磋商、修复过程中，始终坚持修复为本的理念，并依托相关部门共同开展索赔和修复监督。修复过程中，政府必然督促生态环境等部门对赔偿义务人的修复行为进行全过程监督，多种履行方式及违约金条款的约定，有效地保障了修复责任的落实。

案例编写人　内蒙古自治区开鲁县人民法院　秦晓明

 专家点评

汪世荣　　西北政法大学学术委员会副主任、教授、博士生导师，中国法律史学会第八届、第九届执行会长，浙江大学新时代枫桥经验研究院执行院长

环境损害赔偿的修复责任，是优先适用民事责任，通过恢复原状，实现环境有效保护的创新举措。一直以来对于此类案件的审理，采取的大部分是追究行为人的刑事责任并予以罚款的方式，动用刑罚和行政处罚，惩罚违法犯罪，杜绝此类行为的再次发生。新时代对人民司法提出了全新的要求：个案的审理，应有助于发挥司法参与社会治理的作用。本案通过政府与造成环境污染的企业协商，达成损害赔偿协议，指向了环境修复目标，创新了环境审判制度，具有里程碑式的意义。建议进一步优化赔偿款的使用途径和方式，确保将之真正用于被破坏的环境修复，充分发挥司法的社会治理功能。

相关法条

《最高人民法院关于审理生态环境损害赔偿案件的若干规定（试行）》

第一条 具有下列情形之一，省级、市地级人民政府及其指定的相关部门、机构，或者受国务院委托行使全民所有自然资源资产所有权的部门，因与造成生态环境损害的自然人、法人或者其他组织经磋商未达成一致或者无法进行磋商的，可以作为原告提起生态环境损害赔偿诉讼：

（一）发生较大、重大、特别重大突发环境事件的；

（二）在国家和省级主体功能区规划中划定的重点生态功能区、禁止开发区发生环境污染、生态破坏事件的；

（三）发生其他严重影响生态环境后果的。

前款规定的市地级人民政府包括设区的市，自治州、盟、地区，不设区的地级市，直辖市的区、县人民政府。

第二十条 经磋商达成生态环境损害赔偿协议的，当事人可以向人民法院申请司法确认。

人民法院受理申请后，应当公告协议内容，公告期间不少于三十日。公告期满后，人民法院经审查认为协议的内容不违反法律法规强制性规定且不损害国家利益、社会公共利益的，裁定确认协议有效。裁定书应当写明案件的基本事实和协议内容，并向社会公开。